2026

브랜드 만족 1위

7·9급 교정직 및 승진 시험대비
박문각
공무원
법령집

합격까지 함께

법조항, 시행령, 시행규칙으로 체계적 정리
최신 개정 법령 완벽 반영
최신 판례 압축 정리

이준 편저

동영상 강의
www.pmg.co.kr

이준
마법교정학 ★★★★★
관계법령집

박문각

PREFACE 이 책의 머리말

마법교정학에 끊임없이 관심과 사랑을 베풀어 주신 수험생님께 감사드립니다.

해가 갈수록 교정학 관계법령의 중요성이 커지고 있습니다.
형집행법, 시행령, 시행규칙을 중심으로 출제 경향이 변화되고 있으며, 뚜렷하게 출제 빈도 수가 높아지고 있습니다. 특히, 최근에는 형집행법 시행규칙을 중심으로 매우 지엽적인 원문을 출제하고 있는 상황에서 합격을 위해서는 수험생들이 법령을 꼭 숙지해야 하므로 본서를 출간하게 되었습니다.

법령의 암기사항과 함께, 좀 더 쉽게 다가설 수 있게 법령을 기준으로 이론적 내용을 포함함으로써 법령만으로도 단시간 내에 효과적인 학습을 할 수 있도록 체계적이고 쉽게 충실히 구성하였습니다.
아울러, 승진 시험에 집중되는 판례의 내용까지 함께 수록하여 최종 정리에 도움이 될 수 있도록 한눈에 볼 수 있게 구성하였습니다.

끝으로, 본서가 기본서를 숙지한 수험생에게 최종 정리로 활용될 수 있었으면 하는 간절한 마음이며, 수험생 여러분의 합격을 위한 최적의 길잡이가 되기를 기원합니다.

마지막까지 곁에서 조언해 주시는 이언담 박사님과 윤희선, 이기욱님께 감사 인사드립니다.

2025. 8.
이준 드림

CONTENTS 이 책의 차례

교정학 관계 법령

01 형의 집행 및 수용자의 처우에 관한 법률 ···· 6

제1편 총칙 ··········· 7

제2편 수용자의 처우 ··········· 13
- 제1장 수용 ··········· 13
- 제2장 물품지급 ··········· 22
- 제3장 금품관리 ··········· 28
- 제4장 위생과 의료 ··········· 33
- 제5장 접견·편지수수 및 전화통화 ··········· 38
- 제6장 종교와 문화 ··········· 52
- 제7장 특별한 보호 ··········· 58
- 제8장 수형자의 처우 ··········· 65
- 제9장 미결수용자의 처우 ··········· 95
- 제10장 사형확정자 ··········· 102
- 제11장 안전과 질서 ··········· 106
- 제12장 규율과 상벌 ··········· 132
- 제13장 권리구제 ··········· 149

제3편 수용의 종료 ··········· 154
- 제1장 가석방 ··········· 154
- 제2장 석방 ··········· 163
- 제3장 사망 ··········· 167

제4편 교정자문위원회 등 ··········· 169

제5편 벌칙 ··········· 172

02 민영교도소 등의 설치·운영에 관한 법률 ··········· 182
- 제1장 총칙 ··········· 182
- 제2장 교정법인 ··········· 185
- 제3장 민영교도소 등의 설치·운영 ··········· 190
- 제4장 민영교도소 등의 직원 ··········· 193
- 제5장 지원·감독 등 ··········· 195
- 제6장 보칙 ··········· 198

03 교도작업의 운영 및 특별회계에 관한 법률 ··········· 199

04 교도관직무규칙 ··········· 204
- 제1장 총칙 ··········· 204
- 제2장 교정직교도관의 직무 ··········· 208
- 제3장 기술·관리운영 직군 교도관의 직무 ··········· 216
- 제4장 직업훈련교도관의 직무 ··········· 220

05 국제수형자이송법 ··········· 221
- 제1장 총칙 ··········· 221
- 제3장 국내이송 ··········· 222
- 제4장 국외이송 ··········· 225
- 제5장 보칙 ··········· 227

06 수형자 등 호송 규정 ··········· 228

07 가석방자관리규정 ··········· 230

08 국가인권위원회법 ··········· 233
- 제1장 총칙 ··········· 233
- 제2장 위원회의 구성과 운영 ··········· 234
- 제3장 위원회의 업무와 권한 ··········· 237
- 제4장 인권침해 및 차별행위의 조사와 구제 ··········· 238

09 수용자 처우에 관한 UN최저기준규칙 ··········· 240

제1편 통칙 ··········· 241

제2편 특별한 범주에 적용되는 규칙 ··········· 257

STRUCTURE 형집행법 구조

수용자	공통처우	제1편 총칙 제2편 수용자의 처우 수용/물품지급/금품관리/위생과 의료/접견 등/종교와 문화/특별한 보호/안전과 질서/규율과 상벌/권리구제/형사벌칙
	미결수용자	무죄 추정/참관금지/사건관련 분리수용/사복 착용/의사에 반한 머리카락과 수염 단삭 금지/변호인 접견과 편지수수/조사·징벌 시 권리보장/신청작업과 교화/유치장 준용
	사형확정자	독거수용원칙/참관금지/교육과 교화/신청에 의한 작업/사형집행
	수형자	통칙/분류심사/교육과 교화프로그램/작업과 직업훈련/귀휴
	그 밖의 법률/적법절차에 의해 수용된 자	감치자/일시수용자/보호감호자 등
	※ 특별한 보호대상자	여성/노인/장애인/외국인/소년

보안본부

가족 접견실   변호인 접견실

수용자 접견호실

정문 — 근무자실 — 접견진행실 | 1 | 2 | 3 | 4 | 5 | 6
민원실 | 1 | 2 | 3 | 4 | 5 | 6

민원인 접견호실

개방지역
(구외)

가족만남의 집

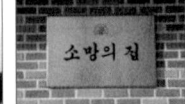
중간처우소
(소망의 집)

개방지역작업장

외부정문 — 근무자실

이준 마법교정학

교정학 관계 법령

01 형의 집행 및 수용자의 처우에 관한 법률
02 민영교도소 등의 설치·운영에 관한 법률
03 교도작업의 운영 및 특별회계에 관한 법률
04 교도관직무규칙
05 국제수형자이송법
06 수형자 등 호송 규정
07 가석방자관리규정
08 국가인권위원회법
09 수용자 처우에 관한 UN최저기준규칙

합격까지 함께

형의 집행 및 수용자의 처우에 관한 법률(2022.12.27) / 시행령(2020.8.5) / 시행규칙(2024.2.8)

법무부(교정기획과)

형집행법의 제정과 발전

1. 형집행법의 제정
① 1945년 8월 15일 광복이후 미군정은 일제시대 감옥법(조선감옥령)을 그대로 의용
② 1950년 3월 2일 「행형법」 제정·공포
③ 2007년 12월 21일 「형의 집행 및 수용자의 처우에 관한 법률」 제정·공포

2. 형집행법의 개정

구 분	주요 개정내용
광복 이후 (1945.8.15)	미군정하 일제시대 감옥법(조선감옥령) 그대로 의용
법 제정 (1950.3.2)	「행형법」 제정·공포
제1차 개정 (1961.12.23)	형무소·형무관을 교도소·교도관으로 개칭
1991	4개 지방교정청 신설
2000	민영교도소 신설
2007	교정국에서 교정본부로 조직 확대
제10차 개정 (2007.12.21)	「형의 집행 및 수용자의 처우에 관한 법률」 전면개정
제23차 개정 (2022.12.27)	• 교정시설에서의 과도한 작업으로부터 수형자의 건강을 보호하기 위하여 수형자의 작업시간과 연장시간을 명시함. • 수형자에게 공휴일·토요일 등에 작업을 부과할 수 있는 사유를 명시함. • 위로금을 지급 사유가 발생하면 언제든지 지급할 수 있도록 함. • 수용자의 재판청구권 등을 실질적으로 보장하기 위하여 대통령령으로 정하는 경우로서 교정시설의 안전 또는 질서를 해칠 우려가 없는 경우 수용자가 접촉차단시설이 설치되지 아니한 장소에서 접견하게 함.

제1편 총칙

제1조 목적

이 법은 수형자의 교정교화와 건전한 사회복귀를 도모하고, 수용자의 처우와 권리 및 교정시설의 운영에 관하여 필요한 사항을 규정함을 목적으로 한다.

제2조 정의

이 법에서 사용하는 용어의 뜻은 다음과 같다.

1. 수용자	수형자·미결수용자·사형확정자 등 법률과 적법한 절차에 따라 교도소·구치소 및 그 지소(이하 "교정시설"이라 한다)에 수용된 사람을 말한다.
2. 수형자	징역형·금고형 또는 구류형의 선고를 받아 그 형이 확정되어 교정시설에 수용된 사람과 벌금 또는 과료를 완납하지 아니하여 노역장 유치명령을 받아 교정시설에 수용된 사람을 말한다.
3. 미결수용자	형사피의자 또는 형사피고인으로서 체포되거나 구속영장의 집행을 받아 교정시설에 수용된 사람을 말한다.
4. 사형확정자	사형의 선고를 받아 그 형이 확정되어 교정시설에 수용된 사람을 말한다.

✦ 법률과 적법한 절차에 따라 교정시설에 수용된 사람

1. 보호관찰대상자의 유치: 보호관찰 준수사항을 위반하여 수용시설에 유치된 자(보호관찰 등에 관한 법률 제42조)
2. 감치명령을 받은 자: 법정질서 문란자에게 "법원은 20일 이내의 감치에 처하거나 100만원 이하의 과태료를 부과. 이 경우 병과할 수 있다"는 규정에 따라 감치된 자(법원조직법 제61조)
3. 일시수용자: 피석방자가 질병 등의 이유로 귀가하기 곤란하여 신청에 의해 일시적으로 교정시설에 수용된 자
4. 피보호감호자: 사회보호법 폐지 경과규정에 의해 형기종료 후 보호감호를 받고 있는 자

시행규칙

제2조 정의
이 규칙에서 사용하는 용어의 뜻은 다음과 같다.

1. 자비구매물품	수용자가 교도소·구치소 및 그 지소(이하 "교정시설"이라 한다)의 장의 허가를 받아 자신의 비용으로 구매할 수 있는 물품을 말한다.
2. 교정시설의 보관범위	수용자 1명이 교정시설에 보관할 수 있는 물품의 수량으로서 법무부장관이 정하는 범위를 말한다.
3. 수용자가 지닐 수 있는 범위	수용자 1명이 교정시설 안에서 지닌 채 사용할 수 있는 물품의 수량으로서 법무부장관이 정하는 범위를 말한다.
4. 전달금품	수용자 외의 사람이 교정시설의 장(이하 "소장"이라 한다)의 허가를 받아 수용자에게 건넬 수 있는 금품을 말한다.
5. 처우등급	수형자의 처우 및 관리와 관련하여 수형자를 수용할 시설, 수형자에 대한 계호의 정도, 처우의 수준 및 처우의 내용을 구별하는 기준을 말한다.
6. 외부통근자	건전한 사회복귀와 기술습득을 촉진하기 위하여 외부기업체 또는 교정시설 안에 설치된 외부기업체의 작업장에 통근하며 작업하는 수형자를 말한다.
7. 교정장비	교정시설 안(교도관이 교정시설 밖에서 수용자를 계호하고 있는 경우 그 장소를 포함한다)에서 사람의 생명과 신체의 보호, 도주의 방지 및 교정시설의 안전과 질서유지를 위하여 교도관이 사용하는 장비와 기구 및 그 부속품을 말한다.

제3조 범죄횟수
① 수용자의 범죄횟수는 징역 또는 금고 이상의 형을 선고받아 확정된 횟수로 한다. 다만, 집행유예의 선고를 받은 사람이 유예기간 중 고의로 범한 죄로 금고 이상의 실형이 확정되지 아니하고 그 기간이 지난 경우에는 집행이 유예된 형은 범죄횟수에 포함하지 아니한다.
② 형의 집행을 종료하거나 그 집행이 면제된 날부터 다음 각 호의 기간이 지난 경우에는 범죄횟수에 포함하지 아니한다. 다만, 그 기간 중 자격정지 이상의 형을 선고받아 확정된 경우는 제외한다.
   1. 3년을 초과하는 징역 또는 금고: 10년
   2. 3년 이하의 징역 또는 금고: 5년
③ 수용기록부 등 수용자의 범죄횟수를 기록하는 문서에는 필요한 경우 수용횟수(징역 또는 금고 이상의 형을 선고받고 그 집행을 위하여 교정시설에 수용된 횟수를 말한다)를 함께 기록하여 해당 수용자의 처우에 참고할 수 있도록 한다.

제3조 적용범위
이 법은 교정시설의 구내와 교도관이 수용자를 계호하고 있는 그 밖의 장소로서 교도관의 통제가 요구되는 공간에 대하여 적용한다.

제4조 인권의 존중
이 법을 집행하는 때에 수용자의 인권은 최대한으로 존중되어야 한다.

제5조 차별금지

수용자는 합리적인 이유 없이 성별, 종교, 장애, 나이, 사회적 신분, 출신지역, 출신국가, 출신민족, 용모 등 신체조건, 병력, 혼인 여부, 정치적 의견 및 성적 지향 등을 이유로 차별받지 아니한다.

제5조의2 기본계획의 수립

① 법무부장관은 이 법의 목적을 효율적으로 달성하기 위하여 5년마다 형의 집행 및 수용자 처우에 관한 기본계획(이하 "기본계획"이라 한다)을 수립하고 추진하여야 한다.
② 기본계획에는 다음 각 호의 사항이 포함되어야 한다.
  1. 형의 집행 및 수용자 처우에 관한 기본 방향
  2. 인구·범죄의 증감 및 수사 또는 형 집행의 동향 등 교정시설의 수요 증감에 관한 사항
  3. 교정시설의 수용 실태 및 적정한 규모의 교정시설 유지 방안
  4. 수용자에 대한 처우 및 교정시설의 유지·관리를 위한 적정한 교도관 인력 확충 방안
  5. 교도작업과 직업훈련의 현황, 수형자의 건전한 사회복귀를 위한 작업설비 및 프로그램의 확충 방안
  6. 수형자의 교육·교화 및 사회적응에 필요한 프로그램의 추진방향
  7. 수용자 인권보호 실태와 인권 증진 방안
  8. 교정사고의 발생 유형 및 방지에 필요한 사항
  9. 형의 집행 및 수용자 처우와 관련하여 관계 기관과의 협력에 관한 사항
  10. 그 밖에 법무부장관이 필요하다고 인정하는 사항
③ 법무부장관은 기본계획을 수립 또는 변경하려는 때에는 법원, 검찰 및 경찰 등 관계 기관과 협의하여야 한다.
④ 법무부장관은 기본계획을 수립하기 위하여 실태조사와 수요예측 조사를 실시할 수 있다.
⑤ 법무부장관은 기본계획을 수립하기 위하여 필요하다고 인정하는 경우에는 관계 기관의 장에게 필요한 자료를 요청할 수 있다. 이 경우 자료를 요청받은 관계 기관의 장은 특별한 사정이 없으면 요청에 따라야 한다.

제5조의3 협의체의 설치 및 운영

① 법무부장관은 형의 집행 및 수용자 처우에 관한 사항을 협의하기 위하여 법원, 검찰 및 경찰 등 관계 기관과 협의체를 설치하여 운영할 수 있다.
② 제1항에 따른 협의체의 설치 및 운영 등에 필요한 사항은 대통령령으로 정한다.

> 시행령

제1조의2 협의체의 구성 및 운영 등
① 「형의 집행 및 수용자의 처우에 관한 법률」(이하 "법"이라 한다) 제5조의3에 따른 협의체(이하 "협의체"라 한다)는 위원장을 포함하여 12명의 위원으로 구성한다.
② 협의체의 위원장은 법무부차관이 되고, 협의체의 위원은 다음 각 호의 사람이 된다.
   1. 기획재정부, 교육부, 법무부, 국방부, 행정안전부, 보건복지부, 고용노동부, 경찰청 및 해양경찰청 소속 고위공무원단에 속하는 공무원(국방부의 경우에는 고위공무원단에 속하는 공무원 또는 이에 상당하는 장성급 장교를, 경찰청 및 해양경찰청의 경우에는 경무관 이상의 경찰공무원을 말한다) 중에서 해당 소속 기관의 장이 지명하는 사람 각 1명
   2. 법원행정처 소속 판사 또는 3급 이상의 법원일반직공무원 중에서 법원행정처장이 지명하는 사람 1명
   3. 대검찰청 소속 검사 또는 고위공무원단에 속하는 공무원 중에서 검찰총장이 지명하는 사람 1명
③ 협의체의 위원장은 협의체 회의를 소집하며, 회의 개최 7일 전까지 회의의 일시·장소 및 안건 등을 각 위원에게 알려야 한다.
④ 협의체의 위원장은 협의체의 회의 결과를 위원이 소속된 기관의 장에게 통보해야 한다.

제6조 교정시설의 규모 및 설비
① 신설하는 교정시설은 수용인원이 500명 이내의 규모가 되도록 하여야 한다. 다만, 교정시설의 기능·위치나 그 밖의 사정을 고려하여 그 규모를 늘릴 수 있다.
② 교정시설의 거실·작업장·접견실이나 그 밖의 수용생활을 위한 설비는 그 목적과 기능에 맞도록 설치되어야 한다. 특히, 거실은 수용자가 건강하게 생활할 수 있도록 적정한 수준의 공간과 채광·통풍·난방을 위한 시설이 갖추어져야 한다.
③ 법무부장관은 수용자에 대한 처우 및 교정시설의 유지·관리를 위한 적정한 인력을 확보하여야 한다.

제7조 교정시설 설치·운영의 민간위탁
① 법무부장관은 교정시설의 설치 및 운영에 관한 업무의 일부를 법인 또는 개인에게 위탁할 수 있다.
② 제1항에 따라 위탁을 받을 수 있는 법인 또는 개인의 자격요건, 교정시설의 시설기준, 수용대상자의 선정기준, 수용자 처우의 기준, 위탁절차, 국가의 감독, 그 밖에 필요한 사항은 따로 법률로 정한다.

제8조 교정시설의 순회점검
법무부장관은 교정시설의 운영, 교도관의 복무, 수용자의 처우 및 인권실태 등을 파악하기 위하여 매년 1회 이상 교정시설을 순회점검하거나 소속 공무원으로 하여금 순회점검하게 하여야 한다.

제9조 교정시설의 시찰 및 참관

① 판사와 검사는 직무상 필요하면 교정시설을 시찰할 수 있다.
② 제1항의 판사와 검사 외의 사람은 교정시설을 참관하려면 학술연구 등 정당한 이유를 명시하여 교정시설의 장(이하 "소장"이라 한다)의 허가를 받아야 한다.

시행령

제2조 판사 등의 시찰
① 판사 또는 검사가 법 제9조 제1항에 따라 교도소·구치소 및 그 지소(이하 "교정시설"이라 한다)를 시찰할 경우에는 미리 그 신분을 나타내는 증표를 교정시설의 장(이하 "소장"이라 한다)에게 제시해야 한다.
② 소장은 제1항의 경우에 교도관에게 시찰을 요구받은 장소를 안내하게 해야 한다.

제3조 참관
① 소장은 법 제9조 제2항에 따라 판사와 검사 외의 사람이 교정시설의 참관을 신청하는 경우에는 그 성명·직업·주소·나이·성별 및 참관 목적을 확인한 후 허가 여부를 결정하여야 한다.
② 소장은 외국인에게 참관을 허가할 경우에는 미리 관할 지방교정청장의 승인을 받아야 한다.
③ 소장은 제1항 및 제2항에 따라 허가를 받은 사람에게 참관할 때의 주의사항을 알려주어야 한다.

제10조 교도관의 직무

이 법에 규정된 사항 외에 교도관의 직무에 관하여는 따로 법률로 정한다.

관련판례

[1] 일석점호시에 甲이 번호를 잘못 불렀기 때문에 단체기합을 받은 것이 사실이라면 그들이 혹시 그 분풀이로 甲에 대하여 폭행 등 위해를 가할지도 모를 것이 예상된다 할 것이고, 이와 같은 경우에는 교도소 직원으로서는 통례적인 방법에 의한 감시에 그칠 것이 아니라 특별히 세심한 주의를 다하여 경계함으로써 그와 같은 사고의 발생을 미연에 방지할 직무상의 의무가 있으므로 이를 태만히 한 경우에는 교도소 직원에게 직무상 과실이 있다(대법원 1979.7.10. 79다521).

[2] 교정공무원은 범죄자를 상대로 하기 때문에 근무중 법령을 준수하여야 할 의무가 보다 강하게 요구되는데 교정공무원인 원고가 야간근무 중 법령에 위배하여 재소자에게 3회에 걸쳐 담배 등을 그것도 1회는 양담배까지 제공하였다면 원고가 8년간 성실하게 근무하였고 또한 생활이 곤란하여 딱한 처지에 있다는 사유만으로 원고에 대한 파면처분이 재량권을 남용하였거나 그 한계를 일탈하였다고 볼 수 없다(대법원 1984.10.10. 84누464).

[3] 교도소 수용자에게 반입이 금지된 일용품 등을 전달하여 주고 그 가족 등으로부터 금품 및 향응을 제공받은 교도관에 대한 해임처분이 적법하다(대법원 1998.11.10. 98두12017).

[4] 형집행법 및 교도관직무규칙의 규정과 구치소라는 수용시설의 특성에 비추어 보면, 공휴일 또는 야간에는 소장을 대리하는 당직간부에게는 구치소에 수용된 수용자들의 생명·신체에 대한 위험을 방지할 법령상 내지 조리상의 의무가 있다고 할 것이고, 이와 같은 의무를 직무로서 수행하는 교도관들의 업무는 업무상과실치사죄에서 말하는 업무에 해당한다(대법원 2007.5.31. 2006도3493).

[5] 교도소 내에서 수용자가 자살한 사안에서, 담당 교도관은 급성정신착란증의 증세가 있는 망인의 자살사고의 발생위험에 대비하여 보호장비의 사용을 그대로 유지하거나 또는 보호장비의 사용을 일시 해제하는 경우에는 CCTV상으로 보다 면밀히 관찰하여야 하는 등의 직무상 주의의무가 있음에도 이를 위반하였다(대법원 2010.1.28. 2008다75768).

[6] 교도관이 수형자에게 '취침시 출입구 쪽으로 머리를 두면 취침하는 동안 CCTV나 출입문에 부착된 시찰구를 통해서도 얼굴부위를 확인할 수 없으므로, 출입구 반대방향인 화장실 방향으로 머리를 두라'고 한 교정시설 내 특정취침자세 강요행위는 교도관들의 우월적 지위에서 일방적으로 청구인에게 특정한 취침자세를 강제한 것이 아니므로, 헌법소원심판의 대상인 공권력의 행사라고 보기 어렵다(헌재 2012.10.26. 2012헌마750). **[2019. 8급 승진]**

[7] 사동에서 인원점검을 하면서 청구인을 비롯한 수형자들을 정렬시킨 후 차례로 번호를 외치도록 한 행위는 교정시설의 안전과 질서를 유지하기 위한 것으로, 그 목적이 정당하고 그 목적을 달성하기 위한 적절한 수단이 된다(헌재 2012.7.26. 2011헌마332). **[2018. 8급 승진]**

[8] 이 사건 교정시설에서는 라디에이터 등 간접 난방시설이 설치되어 운용되고 있음이 인정되는바, 헌법의 규정상 또는 헌법의 해석상 특별히 교도소장에게 직접 난방시설 등을 설치해야 할 작위의무가 부여되어 있다고 볼 수 없고, 형집행법 및 관계 법령을 모두 살펴보아도 교도소장에게 위와 같은 작위의무가 있다는 점을 발견할 수 없다(헌재 2012.5.8. 2012헌마328). **[2018. 5급 승진]**

제2편 수용자의 처우

제1장 수용

제11조 구분수용

① 수용자는 다음 각 호에 따라 구분하여 수용한다.
  1. 19세 이상 수형자: 교도소
  2. 19세 미만 수형자: 소년교도소
  3. 미결수용자: 구치소
  4. 사형확정자: 교도소 또는 구치소. 이 경우 구체적인 구분 기준은 법무부령으로 정한다.
② 교도소 및 구치소의 각 지소에는 교도소 또는 구치소에 준하여 수용자를 수용한다.

시행규칙

제150조 구분수용 등
① 사형확정자는 사형집행시설이 설치되어 있는 교정시설에 수용하되, 다음 각 호와 같이 구분하여 수용한다. 다만, 수용관리 또는 처우상 필요한 경우에는 사형집행시설이 설치되지 않은 교정시설에 수용할 수 있다

1. 교도소	교도소 수용 중 사형이 확정된 사람, 교도소에서 교육·교화프로그램 또는 신청에 따른 작업을 실시할 필요가 있다고 인정되는 사람
2. 구치소	구치소 수용 중 사형이 확정된 사람, 교도소에서 교육·교화프로그램 또는 신청에 따른 작업을 실시할 필요가 없다고 인정되는 사람

② 사형확정자의 심리적 안정 도모 또는 교정시설의 안전과 질서유지를 위하여 특히 필요하다고 인정하는 경우에는 제1항 각 호에도 불구하고 교도소에 수용할 사형확정자를 구치소에 수용할 수 있고, 구치소에 수용할 사형확정자를 교도소에 수용할 수 있다.
③ 사형확정자와 소년수용자를 같은 교정시설에 수용하는 경우에는 서로 분리하여 수용한다.
④ 소장은 사형확정자의 자살·도주 등의 사고를 방지하기 위하여 필요한 경우에는 사형확정자와 미결수용자를 혼거수용할 수 있고, 사형확정자의 교육·교화프로그램, 작업 등의 적절한 처우를 위하여 필요한 경우에는 사형확정자와 수형자를 혼거수용할 수 있다.
⑤ 사형확정자의 번호표 및 거실표의 색상은 붉은색으로 한다.

제12조 구분수용의 예외

① 다음 각 호의 어느 하나에 해당하는 사유가 있으면 교도소에 미결수용자를 수용할 수 있다.
  1. 관할 법원 및 검찰청 소재지에 구치소가 없는 때
  2. 구치소의 수용인원이 정원을 훨씬 초과하여 정상적인 운영이 곤란한 때
  3. 범죄의 증거인멸을 방지하기 위하여 필요하거나 그 밖에 특별한 사정이 있는 때
② 취사 등의 작업을 위하여 필요하거나 그 밖에 특별한 사정이 있으면 구치소에 수형자를 수용할 수 있다.
③ 수형자가 소년교도소에 수용 중에 19세가 된 경우에도 교육·교화프로그램, 작업, 직업훈련 등을 실시하기 위하여 특히 필요하다고 인정되면 23세가 되기 전까지는 계속하여 수용할 수 있다.
④ 소장은 특별한 사정이 있으면 제11조의 구분수용 기준에 따라 다른 교정시설로 이송하여야 할 수형자를 6개월을 초과하지 아니하는 기간 동안 계속하여 수용할 수 있다.

제13조 분리수용

① 남성과 여성은 분리하여 수용한다.
② 제12조에 따라 수형자와 미결수용자, 19세 이상의 수형자와 19세 미만의 수형자를 같은 교정시설에 수용하는 경우에는 서로 분리하여 수용한다.

관련판례

행형업무를 담당하는 교도관으로서는 미결수들을 수용함에 있어서는 그 죄질을 감안하여 구별 수용하여야 하고, 수용시설의 사정에 의하여 부득이 죄질의 구분 없이 혼거수용하는 경우에는 그에 따라 발생할 수 있는 미결수들 사이의 폭력에 의한 사적 제재 등 제반 사고를 예상하여 감시와 시찰을 더욱 철저히 하여야 할 주의의무가 있음에도 불구하고, 소년 미결수들을 수용함에 있어 그 죄질이 현저히 다른 강도상해범과 과실범을 같은 방에 수용하고도 철저한 감시의무를 다하지 못함으로써 수감자 상호 간의 폭행치사사고가 일어나도록 한 과실이 인정된다(대법원 1994.10.11. 94다22569).

제14조 독거수용

수용자는 독거수용한다. 다만, 다음 각 호의 어느 하나에 해당하는 사유가 있으면 혼거수용할 수 있다.
1. 독거실 부족 등 시설여건이 충분하지 아니한 때
2. 수용자의 생명 또는 신체의 보호, 정서적 안정을 위하여 필요한 때
3. 수형자의 교화 또는 건전한 사회복귀를 위하여 필요한 때

시행령

제4조 독거실의 비율
교정시설을 새로 설치하는 경우에는 법 제14조에 따른 수용자의 거실수용을 위하여 독거실과 혼거실의 비율이 적정한 수준이 되도록 한다.

제5조 독거수용의 구분
독거수용은 다음 각 호와 같이 구분한다.

1. 처우상 독거수용	주간에는 교육·작업 등의 처우를 위하여 일과에 따른 공동생활을 하게 하고 휴업일과 야간에만 독거수용하는 것을 말한다.
2. 계호상 독거수용	사람의 생명·신체의 보호 또는 교정시설의 안전과 질서유지를 위하여 항상 독거수용하고 다른 수용자와의 접촉을 금지하는 것을 말한다. 다만, 수사·재판·실외운동·목욕·접견·진료 등을 위하여 필요한 경우에는 그러하지 아니하다.

제6조 계호상 독거수용자의 시찰
① 교도관은 제5조 제2호에 따라 독거수용된 사람(이하 "계호상 독거수용자"라 한다)을 수시로 시찰하여 건강상 또는 교화상 이상이 없는지 살펴야 한다.
② 교도관은 제1항의 시찰 결과, 계호상 독거수용자가 건강상 이상이 있는 것으로 보이는 경우에는 교정시설에 근무하는 의사(공중보건의사를 포함한다. 이하 "의무관"이라 한다)에게 즉시 알려야 하고, 교화상 문제가 있다고 인정하는 경우에는 소장에게 지체 없이 보고하여야 한다.
③ 의무관은 제2항의 통보를 받은 즉시 해당 수용자를 상담·진찰하는 등 적절한 의료조치를 하여야 하며, 계호상 독거수용자를 계속하여 독거수용하는 것이 건강상 해롭다고 인정하는 경우에는 그 의견을 소장에게 즉시 보고하여야 한다.
④ 소장은 계호상 독거수용자를 계속하여 독거수용하는 것이 건강상 또는 교화상 해롭다고 인정하는 경우에는 이를 즉시 중단하여야 한다.

제7조 여성수용자에 대한 시찰
소장은 특히 필요하다고 인정하는 경우가 아니면 남성교도관이 야간에 수용자거실에 있는 여성수용자를 시찰하게 하여서는 아니 된다.

제8조 혼거수용 인원의 기준
혼거수용 인원은 3명 이상으로 한다. 다만, 요양이나 그 밖의 부득이한 사정이 있는 경우에는 예외로 한다.

제9조 혼거수용의 제한
소장은 노역장 유치명령을 받은 수형자와 징역형·금고형 또는 구류형을 선고받아 형이 확정된 수형자를 혼거수용해서는 아니 된다. 다만, 징역형·금고형 또는 구류형의 집행을 마친 다음에 계속해서 노역장 유치명령을 집행하거나 그 밖에 부득이한 사정이 있는 경우에는 그러하지 아니하다.

관련판례

[1] **독거수용실에만 텔레비전시청시설을 설치하지 않음으로써 독거수용중인 청구인이 TV시청을 할 수 없도록 한 교도소장의 행위가 TV시청시설을 갖춰 텔레비전시청을 허용하고 있는 혼거실 수용자와 차별대우하여 청구인의 평등권을 침해하였는지 여부**(소극)

독거수용자들에 대해서는 교도소내의 범죄를 방지하고, 안전을 도모하며 본래적인 교도행정의 목적을 효과적으로 달성하기 위하여 행정적 제재 및 교정의 필요상 TV시청을 규제할 필요성이 있다. 다른 수용자와 싸움의 우려가 있고, 성격·습관 등이 공동생활에 적합하지 못하다고 인정되어 교도소장이 혼거수용에 적합하지 않다고 판단하여 독거수용된 청구인의 경우, 교도행정의 효율성 및 교정·교화교육의 적절한 실현을 위하여 청구인에게 TV시청을 규제한 조치는 납득할 수 있다. 더구나 청구인은 혼거실의 수용을 스스로 기피하고 TV시설이 설치되지 아니한 독거실의 수용을 자청하였다. 이러한 이유로 독거수용중인 청구인이 TV시청을 제한받게 되어 혼거실 수용자 등 다른 수용자들과 차별적 처우가 이루어지는 결과가 되었다고 하더라도 이러한 행위가 곧 합리적인 이유가 없는 자의적 차별이라고는 할 수 없어 헌법상의 평등원칙에 위배된다고 볼 수 없다(헌재 2005.5.26. 2004헌마571).

[2] 형집행법은 독거수용을 원칙으로 하고 있지만, 필요한 경우 혼거수용을 할 수 있도록 하고 그 밖에 수용자의 거실을 지정하는 경우 수용자의 여러 특성을 고려하도록 하고 있는바, 그렇다면 교정시설의 장에게 모든 수용자를 독거수용하여야 할 의무가 있다고 볼 수 없으며, 수용자를 교정시설 내의 어떤 수용거실에 수용할 지 여부는 수용자의 교정교화와 건전한 사회복귀를 도모할 수 있도록 구체적인 사항을 참작하여 교정시설의 장이 결정할 수 있다 할 것이다. 나아가 헌법이나 형집행법 등에 수용자가 독거수용 신청을 할 수 있다는 규정이나, 그와 같은 신청이 있는 경우 이를 어떻게 처리할 것인지에 대한 규정도 존재하지 아니한다. 이러한 점을 고려하면 청구인과 같은 수용자에게 독거수용을 신청할 권리가 있다고 할 수 없다(헌재 2013.6.4. 2013헌마287). [2019. 8급 승진]

제15조 수용거실 지정

[소장은 수용자의 거실을 지정하는 경우에는 죄명·형기·죄질·성격·범죄전력·나이·경력 및 수용생활 태도, 그 밖에 수용자의 개인적 특성을 고려하여야 한다.]

시행령

제10조 수용자의 자리 지정
소장은 수용자의 생명·신체의 보호, 증거인멸의 방지 및 교정시설의 안전과 질서유지를 위하여 필요하다고 인정하면 혼거실·교육실·강당·작업장, 그 밖에 수용자들이 서로 접촉할 수 있는 장소에서 수용자의 자리를 지정할 수 있다.

제11조 거실의 대용금지
소장은 수용자거실을 작업장으로 사용해서는 아니 된다. 다만, 수용자의 심리적 안정, 교정교화 또는 사회적응능력 함양을 위하여 특히 필요하다고 인정하면 그러하지 아니하다.

제12조 현황표 등의 부착 등
① 소장은 수용자거실에 면적, 정원 및 현재인원을 적은 현황표를 붙여야 한다.
② 소장은 수용자거실 앞에 이름표를 붙이되, 이름표 윗부분에는 수용자의 성명·출생연도·죄명·형명 및 형기를 적고, 그 아랫부분에는 수용자번호 및 입소일을 적되, 윗부분의 내용이 보이지 않도록 해야 한다.
③ 소장은 수용자가 법령에 따라 지켜야 할 사항과 수용자의 권리구제 절차에 관한 사항을 수용자거실의 보기 쉬운 장소에 붙이는 등의 방법으로 비치하여야 한다.

관련판례

[1] 구치소 내 과밀수용행위가 수형자인 청구인의 인간의 존엄과 가치를 침해하는지 여부(적극)
수형자가 인간 생존의 기본조건이 박탈된 교정시설에 수용되어 인간의 존엄과 가치를 침해당하였는지 여부를 판단함에 있어서는 1인당 수용면적뿐만 아니라 수형자 수와 수용거실 현황 등 수용시설 전반의 운영 실태와 수용기간, 국가 예산의 문제 등 제반 사정을 종합적으로 고려할 필요가 있다. 그러나 교정시설의 1인당 수용면적이 수형자의 인간으로서의 기본 욕구에 따른 생활조차 어렵게 할 만큼 지나치게 협소하다면, 이는 그 자체로 국가형벌권 행사의 한계를 넘어 수형자의 인간의 존엄과 가치를 침해하는 것이다(헌법재판소 2016.12.29. 2013헌마142). [2017. 7급] 총 2회 기출

[2] 교도소장이 청구인을 비롯한 ○○교도소 수용자의 동절기 취침시간을 21:00로 정한 행위가 청구인의 일반적 행동자유권을 침해하는지 여부(소극)
교도소는 수용자가 공동생활을 영위하는 장소이므로 질서유지를 위하여 취침시간의 일괄처우가 불가피한 바, 교도소장은 취침시간을 21:00로 정하되 기상시간을 06:20으로 정함으로써 동절기 일조시간의 특성을 수면시간에 반영하였고, 이에 따른 수면시간은 9시간 20분으로 성인의 적정 수면시간 이상을 보장하고 있다. 나아가 21:00 취침은 전국 교도소의 보편적 기준에도 부합하고, 특별한 사정이 있거나 수용자가 부상·질병으로 적절한 치료를 받아야 할 경우에는 관련규정에 따라 21:00 취침의 예외가 인정될 수 있으므로, 이 사건 취침시간은 청구인의 일반적 행동자유권을 침해하지 아니한다(헌재 2016.6.30. 2015헌마36). [2018. 7급 승진] 총 2회 기출

[3] 구치소가 청구인의 수용 거실 변경 요구와 관련하여 각서를 요구하였다는 자료는 없고, 구치소가 청구인의 요구사항을 받아들여 수용 거실을 변경하였고 그 과정에서 청구인이 '추후 어떤 거실이라도 지정되면 불편함이 있더라도 참고 성실히 수용생활을 잘 하겠다.'는 내용의 자술서를 제출한 사실을 인정할 수 있다. 설사 구치소 직원이 청구인의 수용 거실을 변경하여 주는 과정에서 청구인에게 위와 같은 자술서의 작성을 요구하였다 하더라도, 구치소장은 수용자의 거실을 지정함에 있어서 광범위한 재량을 가지고 있다는 점(형집행법 제15조)과 위 자술서의 내용을 더하여 보면 위와 같은 내용의 자술서 작성 요구가 청구인에 대한 법률관계의 변동을 가져온다거나 청구인의 헌법상 기본권을 침해한다고 볼 수 없다(헌재 2013.6.25. 2013헌마383).

[4] 수용거실의 지정은 교도소장이 죄명·형기·죄질·성격·범죄전력·나이·경력 및 수용생활 태도, 그 밖에 수용자의 개인적 특성을 고려하여 결정하는 것으로(형집행법 제15조) 소장의 재량적 판단사항이며, 수용자에게 수용거실의 변경을 신청할 권리 내지 특정 수용거실에 대한 신청권이 있다고 볼 수 없다(헌재 2013.8.29. 2012헌마886). [2019. 6급 승진] 총 2회 기출

제16조 신입자의 수용 등

① 소장은 법원·검찰청·경찰관서 등으로부터 처음으로 교정시설에 수용되는 사람(이하 "신입자"라 한다)에 대하여는 집행지휘서, 재판서, 그 밖에 수용에 필요한 서류를 조사한 후 수용한다.
② 소장은 신입자에 대하여는 지체 없이 신체·의류 및 휴대품을 검사하고 건강진단을 하여야 한다.
③ 신입자는 제2항에 따라 소장이 실시하는 검사 및 건강진단을 받아야 한다.

제16조의2 간이입소절차

다음 각 호의 어느 하나에 해당하는 신입자의 경우에는 법무부장관이 정하는 바에 따라 간이입소절차를 실시한다.
1. 「형사소송법」 제200조의2(영장에 의한 체포), 제200조의3(긴급체포) 또는 제212조(현행범인의 체포)에 따라 체포되어 교정시설에 유치된 피의자
2. 「형사소송법」 제201조의2(구속영장 청구와 피의자 심문) 제10항 및 제71조의2(구인 후의 유치)에 따른 구속영장 청구에 따라 피의자 심문을 위하여 교정시설에 유치된 피의자

시행령

제13조 신입자의 인수
① 소장은 법원·검찰청·경찰관서 등으로부터 처음으로 교정시설에 수용되는 사람(이하 "신입자"라 한다)을 인수한 경우에는 호송인에게 인수서를 써 주어야 한다. 이 경우 신입자에게 부상·질병, 그 밖에 건강에 이상(이하 이 조에서 "부상 등"이라 한다)이 있을 때에는 호송인으로부터 그 사실에 대한 확인서를 받아야 한다.
② 신입자를 인수한 교도관은 제1항의 인수서에 신입자의 성명, 나이 및 인수일시를 적고 서명 또는 날인하여야 한다.
③ 소장은 제1항 후단에 따라 확인서를 받는 경우에는 호송인에게 신입자의 성명, 나이, 인계일시 및 부상 등의 사실을 적고 서명 또는 날인하도록 하여야 한다.

제14조 신입자의 신체 등 검사
소장은 신입자를 인수한 경우에는 교도관에게 신입자의 신체·의류 및 휴대품을 지체 없이 검사하게 하여야 한다.

제15조 신입자의 건강진단
법 제16조 제2항에 따른 신입자의 건강진단은 수용된 날부터 3일 이내에 하여야 한다. 다만, 휴무일이 연속되는 등 부득이한 사정이 있는 경우에는 예외로 한다.

제16조 신입자의 목욕
소장은 신입자에게 질병이나 그 밖의 부득이한 사정이 있는 경우가 아니면 지체 없이 목욕을 하게 하여야 한다.

제17조 고지사항

신입자 및 다른 교정시설로부터 이송되어 온 사람에게는 말이나 서면으로 다음 각 호의 사항을 알려 주어야 한다.
1. 형기의 기산일 및 종료일
2. 접견·편지, 그 밖의 수용자의 권리에 관한 사항
3. 청원, 「국가인권위원회법」에 따른 진정, 그 밖의 권리구제에 관한 사항
4. 징벌·규율, 그 밖의 수용자의 의무에 관한 사항
5. 일과 그 밖의 수용생활에 필요한 기본적인 사항

제18조 수용의 거절

① 소장은 다른 사람의 건강에 위해를 끼칠 우려가 있는 감염병에 걸린 사람의 수용을 거절할 수 있다.
② 소장은 제1항에 따라 수용을 거절하였으면 그 사유를 지체 없이 수용지휘기관과 관할 보건소장에게 통보하고 법무부장관에게 보고하여야 한다.

> **참고자료**
>
> 교정법인은 민영교도소 등에 수용되는 자에게 특별한 사유가 있다는 이유로 수용을 거절할 수 없다. 다만, 수용·작업·교화, 그 밖의 처우를 위하여 특별히 필요하다고 인정되는 경우에는 법무부장관에게 수용자의 이송을 신청할 수 있다(민영교도소 등의 설치·운영에 관한 법률 제25조 제2항).

제19조 사진촬영 등

① 소장은 신입자 및 다른 교정시설로부터 이송되어 온 사람에 대하여 다른 사람과의 식별을 위하여 필요한 한도에서 사진촬영, 지문채취, 수용자 번호지정, 그 밖에 대통령령으로 정하는 조치를 하여야 한다.
② 소장은 수용목적상 필요하면 수용 중인 사람에 대하여도 제1항의 조치를 할 수 있다.

시행령

제17조 신입자의 신체 특징 기록 등
① 소장은 신입자의 키·용모·문신·흉터 등 신체 특징과 가족 등 보호자의 연락처를 수용기록부에 기록하여야 하며, 교도관이 업무상 필요한 경우가 아니면 이를 열람하지 못하도록 하여야 한다.
② 소장은 신입자 및 다른 교정시설로부터 이송되어 온 사람(이하 "이입자"라 한다)에 대하여 수용자번호를 지정하고 수용 중 번호표를 상의의 왼쪽 가슴에 붙이게 하여야 한다. 다만, 수용자의 교화 또는 건전한 사회복귀를 위하여 특히 필요하다고 인정하면 번호표를 붙이지 아니할 수 있다.

제18조 신입자거실 수용 등
① 소장은 신입자가 환자이거나 부득이한 사정이 있는 경우가 아니면 수용된 날부터 3일 동안 신입자거실에 수용하여야 한다.
② 소장은 제1항에 따라 신입자거실에 수용된 사람에게는 작업을 부과해서는 아니 된다.
③ 소장은 19세 미만의 신입자 그 밖에 특히 필요하다고 인정하는 수용자에 대하여는 제1항의 기간을 30일까지 연장할 수 있다.

제19조 수용기록부 등의 작성
소장은 신입자 또는 이입자를 수용한 날부터 3일 이내에 수용기록부, 수용자명부 및 형기종료부를 작성·정비하고 필요한 사항을 기록하여야 한다.

제20조 신입자의 신원조사
① 소장은 신입자의 신원에 관한 사항을 조사하여 수용기록부에 기록하여야 한다.
② 소장은 신입자의 본인 확인 및 수용자의 처우 등을 위하여 불가피한 경우 「개인정보 보호법」 제23조에 따른 정보, 같은 법 시행령 제18조 제2호에 따른 범죄경력자료에 해당하는 정보, 같은 영 제19조에 따른 주민등록번호, 여권번호, 운전면허의 면허번호 또는 외국인등록번호가 포함된 자료를 처리할 수 있다.

참고자료

- 법 제12조 제3항: 계속 수용 - 본인 신청(×)
- 계호상 독거수용의 예외사유: 수사·재판·실외운동·목욕·접견·진료 등을 위하여 필요한 경우(시행령 제5조 제2호).
- 법 제16조: 수용에 필요한 서류(○) ➡ 적법한 서류(×)
- 법 제16조 제2항은 소장의 신입자에 대한 신체 등의 필요적 검사 및 건강진단 실시 규정이고, 제3항은 검사 및 건강진단을 받을 신입자의 의무규정이다.
- 간이입소절차를 실시하지 않는 경우: 구속적부심사를 위하여 교정시설에 유치된 피의자, 판사의 피의자 심문 후 구속영장이 발부되어 교정시설에 유치된 피의자, 구속영장이 집행되어 교정시설에 유치된 피의자
- 시행령 제17조 제2항: 시설의 안전 또는 질서를 위하여 특히 필요하다고 인정하면 번호표를 붙이지 아니할 수 있다.(×)
- 시행령 제18조: ~ 작업을 부과해서는 아니 된다.(○) ➡ 작업을 부과하지 않을 수 있다.(×)
- 시행령 제20조 제2항:「개인정보 보호법」제23조에 따른 정보 ➡ 민감정보: 사상·신념, 노동조합·정당의 가입·탈퇴, 정치적 견해, 건강, 성생활 등에 관한 정보, 그 밖에 정보주체의 사생활을 현저히 침해할 우려가 있는 개인정보

제20조 수용자의 이송

① 소장은 수용자의 수용·작업·교화·의료, 그 밖의 처우를 위하여 필요하거나 시설의 안전과 질서유지를 위하여 필요하다고 인정하면 법무부장관의 승인을 받아 수용자를 다른 교정시설로 이송할 수 있다.
② 법무부장관은 제1항의 이송승인에 관한 권한을 대통령령으로 정하는 바에 따라 지방교정청장에게 위임할 수 있다.

시행령

제22조 지방교정청장의 이송승인권
① 지방교정청장은 법 제20조 제2항에 따라 다음 각 호의 어느 하나에 해당하는 경우에는 수용자의 이송을 승인할 수 있다.
  1. 수용시설의 공사 등으로 수용거실이 일시적으로 부족한 때
  2. 교정시설 간 수용인원의 뚜렷한 불균형을 조정하기 위하여 특히 필요하다고 인정되는 때
  3. 교정시설의 안전과 질서유지를 위하여 긴급하게 이송할 필요가 있다고 인정되는 때
② 제1항에 따른 지방교정청장의 이송승인은 관할 내 이송으로 한정한다.

제23조 이송 중지
소장은 수용자를 다른 교정시설에 이송하는 경우에 의무관으로부터 수용자가 건강상 감당하기 어렵다는 보고를 받으면 이송을 중지하고 그 사실을 이송받을 소장에게 알려야 한다.

제24조 호송 시 분리
수용자를 이송이나 출정, 그 밖의 사유로 호송하는 경우에는 수형자는 미결수용자와, 여성수용자는 남성수용자와, 19세 미만의 수용자는 19세 이상의 수용자와 각각 호송 차량의 좌석을 분리하는 등의 방법으로 서로 접촉하지 못하게 하여야 한다.

> **참고자료**
> - 법 제20조 제1항의 법무부장관의 이송 승인 사유(수용자의 수용·작업·교화·의료, 그 밖의 처우를 위하여 필요, 시설의 안전과 질서유지를 위하여 필요)와 시행령 제22조 제1항의 지방교정청장의 이송 승인 사유는 구분해서 암기 要
> - 시행령 제23조: ~ 그 사실을 이송받을 소장에게 알려야 한다.(○) ➡ 법무부장관에게 보고(×)
> - 시행령 제24조: 호송차량의 좌석을 분리(○) ➡ 호송차량을 분리(×)

> **참고자료** **지방교정청장**
> ① 소장은 외국인에게 참관을 허가할 경우에는 미리 관할 지방교정청장의 승인을 받아야 한다(시행령 제3조).
> ② 지방교정청장의 관할 내 이송 승인권(시행령 제22조).
> ③ 집체직업훈련 대상자는 집체직업훈련을 실시하는 교정시설의 관할 지방교정청장이 선정한다(시행규칙 제124조 제2항).
> ④ 지방교정청장은 소속 교정시설의 보호장비 사용 실태를 정기적으로 점검하여야 한다(시행령 제124조 제2항).
> ⑤ 수용자는 그 처우에 관하여 불복하는 경우 관할 지방교정청장에게 청원할 수 있다(법 제117조 제1항).
> ⑥ 수용자는 지방교정청장에게 정보의 공개를 청구할 수 있다(법 제117조의2 제1항).
> ⑦ 소장은 교도작업을 중지하려면 지방교정청장의 승인을 받아야 한다(교도작업법 시행규칙 제6조 제2항).
> ⑧ 교정시설의 장은 민간기업이 참여할 교도작업의 내용을 해당 기업체와의 계약으로 정하고 이에 대하여 법무부장관의 승인(재계약의 경우에는 지방교정청장의 승인)을 받아야 한다(교도작업법 제6조).
> ⑨ 법무부장관은 권한의 일부를 관할 지방교정청장에게 위임할 수 있다(민영교도소법 제39조).

관련판례

[1] 피고인이 교도소장의 타교도소로의 이송처분에 대하여 한 관할이전 신청 또는 이의신청의 당부(소극)

항소심에서 유죄판결을 선고받고 이에 불복하여 상고를 제기한 피고인을 교도소 소장이 검사의 이송지휘도 없이 다른 교도소로 이송처분한 경우 피고인은 이에 대하여 관할이전신청이나 이의신청을 할 수 없다.

미결수용자의 구금장소 변경이 법률상 명문의 규정이 있는 경우에만 허용되거나 법원의 사전허가를 받아야 하는 것은 아니지만 이러한 이송처분이 행정소송의 대상이 되는 행정처분임에는 틀림없고, 나아가 이송처분으로 인하여 미결수용자의 방어권이나 접견권의 행사에 중대한 장애가 생기는 경우에는 그 이송처분은 재량의 한계를 넘은 위법한 처분으로서 법원의 판결에 의하여 취소될 수 있음은 물론이다. 수용능력이 부족하다는 점이나 이러한 사유가 존재한다는 것만으로 위 이송처분이 적법한 것이라고 단정할 수는 없고 이 사건 기록에 나타난 사정만으로는 위 이송처분의 취소를 구하는 본안소송에서 그것이 신청인의 방어권이나 접견권의 행사를 침해하는 위법한 처분으로 판단되어 취소될 가능성을 배제할 수는 없다(대법원 1983.7.5. 83초20).

☞ 대법원은 "상소한 미결수용자를 상소심법원으로부터 멀리 떨어진 구치소로 이송한 사안에 대해서 부적법하다고 판단하면서 미결수용자에 대해서는 작업이나 교화, 수용능력 부족 등을 이유로 이송할 수 없다."고 판시하였다(대법원 1992.8.7. 92두30).

[2] 법무부장관의 수형자 이송지휘처분의 공권력행사 해당 여부(소극)

법무부장관의 수형자에 대한 이송지휘처분은 형집행법 제20조의 규정에 따른 교도소장의 수형자 이송승인 신청에 대하여 이를 승인하는 의사표시에 불과하여 이것이 곧 기본권침해의 원인이 된 '공권력의 행사'에 해당한다고 할 수 없다(헌재 2013.8.20. 2013헌마543).

[3] 교도소장의 출정비용 징수행위(상계행위)는 수용자로 인해 소요된 비용을 반환받는 것으로, 사경제 주체로서 행하는 사법상의 법률행위에 불과하므로 헌법소원심판 청구대상으로서의 '공권력의 행사'에는 해당된다고 볼 수 없다(헌재 2010.8.10. 2010헌마470).

[4] 교도소장이 출정비용납부거부 또는 상계동의거부를 이유로 수형자의 행정소송 변론기일에 청구인의 출정을 제한한 행위가 청구인의 재판청구권을 침해하는지 여부(적극)

교도소장은 수형자가 출정비용을 예납하지 않았거나 영치금과의 상계에 동의하지 않았다고 하더라도, 우선 수형자를 출정시키고 사후에 출정비용을 받거나 영치금과의 상계를 통하여 출정비용을 회수하여야 하는 것이지, 이러한 이유로 수형자의 출정을 제한할 수 있는 것은 형벌의 집행을 위하여 필요한 한도를 벗어나서 청구인의 재판청구권을 과도하게 침해하였다고 할 것이다(헌재 2012.3.29. 2010헌마475). [2018. 7급 승진]

[5] 소장은 법무부장관의 승인을 받아 수용자를 다른 교정시설로 이송할 수 있는데, 이는 교도소장의 재량행위이고 따라서 수용자에게 자신이 원하는 교도소에서의 수용생활을 요구할 권리가 있다고 할 수 없다(헌재 2013.7.2. 2013헌마388).

제21조 수용사실의 알림

소장은 신입자 또는 다른 교정시설로부터 이송되어 온 사람이 있으면 그 사실을 수용자의 가족(배우자, 직계 존속·비속 또는 형제자매를 말한다. 이하 같다)에게 지체 없이 알려야 한다. 다만, 수용자가 알리는 것을 원하지 아니하면 그러하지 아니하다.

시행령

제21조 형 또는 구속의 집행정지 사유의 통보
소장은 수용자에 대하여 건강상의 사유로 형의 집행정지 또는 구속의 집행정지를 할 필요가 있다고 인정하는 경우에는 의무관의 진단서와 인수인에 대한 확인서류를 첨부하여 그 사실을 검사에게, 기소된 상태인 경우에는 법원에도 지체 없이 통보하여야 한다.

제2장 물품지급

제22조 의류 및 침구 등의 지급

① 소장은 수용자에게 건강유지에 적합한 의류·침구, 그 밖의 생활용품을 지급한다.
② 의류·침구, 그 밖의 생활용품의 지급기준 등에 관하여 필요한 사항은 법무부령으로 정한다.

시행령

제25조 생활용품 지급 시의 유의사항
① 소장은 법 제22조 제1항에 따라 의류·침구, 그 밖의 생활용품(이하 "의류 등"이라 한다)을 지급하는 경우에는 수용자의 건강, 계절 등을 고려하여야 한다.
② 소장은 수용자에게 특히 청결하게 관리할 수 있는 재질의 식기를 지급하여야 하며, 다른 사람이 사용한 의류 등을 지급하는 경우에는 세탁하거나 소독하여 지급하여야 한다.

제26조 생활기구의 비치
① 소장은 거실·작업장, 그 밖에 수용자가 생활하는 장소(이하 이 조에서 "거실 등"이라 한다)에 수용생활에 필요한 기구를 갖춰 둬야 한다.
② 거실 등에는 갖춰 둔 기구의 품목·수량을 기록한 품목표를 붙여야 한다.

시행규칙

의류의 품목 (제4조)	평상복	(겨울옷·봄가을옷·여름옷×수형자용(用), 미결수용자용 및 피보호감호자용)×남녀용=18종	
	특수복	모범수형자복·외부통근자복	겨울옷·봄가을옷·여름옷×남녀용=6종
		임산부복	봄가을옷·여름옷×수형자용과 미결수용자용=4종
		환자복	겨울옷·여름옷×남녀용=4종
		운동복	1종
		반바지	1종
	보조복	위생복·조끼 및 비옷=3종	
	의복부속물	러닝셔츠·팬티·겨울내의·장갑·양말=5종	
	모자	모범수형자모·외부통근자모·방한모 및 위생모=4종	
	신발	고무신·운동화 및 방한화=3종	
의류의 품목별 착용시기 및 대상 (제5조)	평상복	실내생활 수용자, 교도작업·직업능력개발훈련(직업훈련) 수용자, 각종 교육을 받는 수용자 및 다른 교정시설로 이송되는 수용자가 착용	
	모범수형자복	개방처우급에 해당하는 수형자가 작업·교육 등 일상생활을 하는 때, 가석방예정자가 실외생활을 하는 때 및 수형자가 사회봉사활동 등 대내외 행사 참석 시 소장이 필요하다고 인정하는 때 착용	
	외부통근자복	외부통근자로서 실외생활을 하는 때에 착용	
	임산부복	임신하거나 출산한 수용자가 착용	
	환자복	의료거실 수용자가 착용	
	운동복	소년수용자로서 운동을 하는 때에 착용	
	반바지	수용자가 여름철에 실내생활 또는 운동을 하는 때에 착용	
	위생복	수용자가 운영지원작업(이발·취사·간병, 그 밖에 교정시설의 시설운영과 관리에 필요한 작업)을 하는 때에 착용	
	조끼	수용자가 겨울철에 겉옷 안에 착용 ➡ 겉옷 밖에 착용 ×	
	비옷	수용자가 우천 시 실외작업을 하는 때에 착용	
	러닝셔츠·팬티·겨울내의 및 양말	모든 수형자 및 소장이 지급할 필요가 있다고 인정하는 미결수용자가 착용	
	장갑	작업을 하는 수용자 중 소장이 지급할 필요가 있다고 인정하는 자가 착용 ➡ 작업을 하는 수용자가 착용 ×	
	모자	모범수형자모	모범수형자복 착용자가 착용
		외부통근자모	외부통근자복 착용자가 착용
		방한모	외부작업 수용자가 겨울철에 착용
		위생모	취사장에서 작업하는 수용자가 착용

신발 (슬리퍼×)		고무신	수용자가 선택하여 착용
		운동화	
		방한화	작업을 하는 수용자 중 소장이 지급할 필요가 있다고 인정하는 사람이 착용
침구의 품목 (제6조)	이불 2종(솜이불·겹이불), 매트리스 2종(일반매트리스·환자매트리스), 담요 및 베개		
침구의 품목별 사용시기 및 대상 (제7조)	이불	솜이불	환자·노인·장애인·임산부 등의 수용자 중 소장이 지급할 필요가 있다고 인정하는 자가 겨울철에 사용
		겹이불	수용자가 봄·여름·가을철에 사용
	매트리스	일반매트리스	수용자가 겨울철에 사용
		환자매트리스	의료거실에 수용된 수용자 중 의무관이 지급할 필요가 있다고 인정하는 사람이 사용
	담요 및 베개		모든 수용자가 사용
의류·침구 등 생활용품의 지급기준 (제8조)	① 수용자에게 지급하는 의류 및 침구는 1명당 1매로 하되, 작업 여부 또는 난방 여건을 고려하여 2매를 지급할 수 있다. ② 의류·침구 외에 수용자에게 지급하는 생활용품의 품목, 지급수량, 사용기간, 지급횟수 등에 대한 기준은 별표 1과 같다. ③ 생활용품 지급일 이후에 수용된 수용자에 대하여는 다음 지급일까지 쓸 적절한 양을 지급하여야 한다. ④ 신입수용자에게는 수용되는 날에 칫솔, 치약 및 수건 등 수용생활에 필요한 최소한의 생활용품을 지급하여야 한다.		
의류·침구의 색채·규격 (제9조)	수용자 의류·침구의 품목별 색채 및 규격은 법무부장관이 정한다.		

시행규칙

제84조 물품지급
① 소장은 수형자의 경비처우급에 따라 물품에 차이를 두어 지급할 수 있다. 다만, 주·부식, 음료, 그 밖에 건강유지에 필요한 물품은 그러하지 아니하다.
② 제1항에 따라 의류를 지급하는 경우 수형자가 개방처우급인 경우에는 색상, 디자인 등을 다르게 할 수 있다.

관련판례

구치소 측은 수용자들이 희망하는 경우에 한하여 그의 비용부담으로 외부업체에서 플라스틱 컵을 구매하여 당해 수용자에게 지급하였고, 수용자가 희망하지 않는 경우에는 세라믹 재질로 된 밥그릇에 식수를 제공하고 있는 사실을 확인할 수 있는바, 이러한 사정을 고려하면 플라스틱 컵 제공행위를 헌법소원의 대상이 되는 권력적 사실행위로 볼 수는 없다 할 것이다(헌재 2012.11.6. 2012헌마828).

제23조 음식물의 지급

① 소장은 수용자에게 건강상태, 나이, 부과된 작업의 종류, 그 밖의 개인적 특성을 고려하여 건강 및 체력을 유지하는 데에 필요한 음식물을 지급한다.
② 음식물의 지급기준 등에 관하여 필요한 사항은 법무부령으로 정한다.

시행령

제27조 음식물의 지급
법 제23조에 따라 수용자에게 지급하는 음식물은 주식·부식·음료, 그 밖의 영양물로 한다.

제28조 주식의 지급
① 수용자에게 지급하는 주식은 쌀로 한다.
② 소장은 쌀 수급이 곤란하거나 그 밖에 필요하다고 인정하면 주식을 쌀과 보리 등 잡곡의 혼합곡으로 하거나 대용식을 지급할 수 있다.

시행규칙

제10조 주식의 지급
소장이 「형의 집행 및 수용자의 처우에 관한 법률 시행령」 제28조 제2항에 따라 주식을 쌀과 보리 등 잡곡의 혼합곡으로 하거나 대용식을 지급하는 경우에는 법무부장관이 정하는 바에 따른다.

제11조 주식의 지급
① 수용자에게 지급하는 주식은 1명당 1일 390 그램을 기준으로 한다.
② 소장은 수용자의 나이, 건강, 작업 여부 및 작업의 종류 등을 고려하여 필요한 경우에는 제1항의 지급 기준량을 변경할 수 있다.
③ 소장은 수용자의 기호 등을 고려하여 주식으로 빵이나 국수 등을 지급할 수 있다.

제12조 주식의 확보
소장은 수용자에 대한 원활한 급식을 위하여 해당 교정시설의 직전 분기 평균 급식 인원을 기준으로 1개월분의 주식을 항상 확보하고 있어야 한다.

제13조 부식
① 부식은 주식과 함께 지급하며, 1명당 1일의 영양섭취기준량은 별표 2와 같다.
② 소장은 작업의 장려나 적절한 처우를 위하여 필요하다고 인정하는 경우 특별한 부식을 지급할 수 있다.

제14조 주·부식의 지급횟수 등
① 주·부식의 지급횟수는 1일 3회로 한다.
② 수용자에게 지급하는 음식물의 총열량은 1명당 1일 2천500 킬로칼로리를 기준으로 한다.

시행령

제29조 특식의 지급
소장은 국경일이나 그 밖에 이에 준하는 날에는 특별한 음식물을 지급할 수 있다.

제30조 환자의 음식물
소장은 의무관의 의견을 고려하여 환자에게 지급하는 음식물의 종류 또는 정도를 달리 정할 수 있다.

시행규칙

제15조 특식 등 지급
① 영 제29조에 따른 특식은 예산의 범위에서 지급한다.
② 소장은 작업시간을 3시간 이상 연장하는 경우에는 수용자에게 주·부식 또는 대용식 1회분을 간식으로 지급할 수 있다.

제24조 물품의 자비구매

① 수용자는 소장의 허가를 받아 자신의 비용으로 음식물·의류·침구, 그 밖에 수용생활에 필요한 물품을 구매할 수 있다.
② 물품의 자비구매 허가범위 등에 관하여 필요한 사항은 법무부령으로 정한다.

시행령

제31조 자비 구매 물품의 기준
수용자가 자비로 구매하는 물품은 교화 또는 건전한 사회복귀에 적합하고 교정시설의 안전과 질서를 해칠 우려가 없는 것이어야 한다.

제32조 자비 구매 의류 등의 사용
소장은 수용자가 자비로 구매한 의류 등을 보관한 후 그 수용자가 사용하게 할 수 있다.

제33조 의류 등의 세탁 등
① 소장은 수용자가 사용하는 의류 등을 적당한 시기에 세탁·수선 또는 교체(이하 이 조에서 "세탁 등"이라 한다)하도록 하여야 한다.
② 자비로 구매한 의류 등을 세탁 등을 하는 경우 드는 비용은 수용자가 부담한다.

시행규칙

제16조 자비구매물품의 종류 등
① 자비구매물품의 종류는 다음 각 호와 같다.
   1. 음식물
   2. 의약품 및 의료용품
   3. 의류·침구류 및 신발류
   4. 신문·잡지·도서 및 문구류
   5. 수형자 교육 등 교정교화에 필요한 물품
   6. 그 밖에 수용생활에 필요하다고 인정되는 물품
② 제1항 각 호에 해당하는 자비구매물품의 품목·유형 및 규격 등은 영 제31조에 어긋나지 아니하는 범위에서 소장이 정하되, 수용생활에 필요한 정도, 가격과 품질, 다른 교정시설과의 균형, 공급하기 쉬운 정도 및 수용자의 선호도 등을 고려하여야 한다.
③ 법무부장관은 자비구매물품 공급의 교정시설 간 균형 및 교정시설의 안전과 질서유지를 위하여 공급물품의 품목 및 규격 등에 대한 통일된 기준을 제시할 수 있다.

제17조 구매허가 및 신청제한
① 소장은 수용자가 자비구매물품의 구매를 신청하는 경우에는 법무부장관이 교정성적 또는 제74조에 따른 경비처우급을 고려하여 정하는 보관금의 사용한도, 교정시설의 보관범위 및 수용자가 지닐 수 있는 범위에서 허가한다.
② 소장은 감염병(「감염병의 예방 및 관리에 관한 법률」에 따른 감염병을 말한다)의 유행 또는 수용자의 징벌집행 등으로 자비구매물품의 사용이 중지된 경우에는 구매신청을 제한할 수 있다.

제18조 우선 공급
소장은 교도작업제품(교정시설 안에서 수용자에게 부과된 작업에 의하여 생산된 물품을 말한다)으로서 자비구매물품으로 적합한 것은 제21조에 따라 지정받은 자비구매물품 공급자를 거쳐 우선하여 공급할 수 있다.

제19조 제품 검수
① 소장은 물품공급업무 담당공무원을 검수관으로 지정하여 제21조(공급업무를 담당하는 법인 또는 개인의 지정)에 따라 지정받은 자비구매물품 공급자로부터 납품받은 제품의 수량·상태 및 소비기한 등을 검사하도록 해야 한다.
② 검수관은 공급제품이 부패, 파손, 규격미달, 그 밖의 사유로 수용자에게 공급하기에 부적당하다고 인정하는 경우에는 소장에게 이를 보고하고 필요한 조치를 하여야 한다.

제20조 주요사항 고지 등
① 소장은 수용자에게 자비구매물품의 품목·가격, 그 밖에 구매에 관한 주요사항을 미리 알려주어야 한다.
② 소장은 제품의 변질, 파손, 그 밖의 정당한 사유로 수용자가 교환, 반품 또는 수선을 원하는 경우에는 신속히 적절한 조치를 하여야 한다.

제21조 공급업무의 담당자 지정
① 법무부장관은 자비구매물품의 품목·규격·가격 등의 교정시설 간 균형을 유지하고 공급과정의 효율성·공정성을 높이기 위하여 그 공급업무를 담당하는 법인 또는 개인을 지정할 수 있다.
② 제1항에 따라 지정받은 법인 또는 개인은 그 업무를 처리하는 경우 교정시설의 안전과 질서유지를 위하여 선량한 관리자로서의 의무를 다하여야 한다.
③ 자비구매물품 공급업무의 담당자 지정 등에 관한 세부사항은 법무부장관이 정한다.

제3장 금품관리

제25조 휴대금품의 보관 등

① 소장은 수용자의 휴대금품을 교정시설에 보관한다. 다만, 휴대품이 다음 각 호의 어느 하나에 해당하는 것이면 수용자로 하여금 자신이 지정하는 사람에게 보내게 하거나 그 밖에 적당한 방법으로 처분하게 할 수 있다.
  1. 썩거나 없어질 우려가 있는 것
  2. 물품의 종류·크기 등을 고려할 때 보관하기에 적당하지 아니한 것
  3. 사람의 생명 또는 신체에 위험을 초래할 우려가 있는 것
  4. 시설의 안전 또는 질서를 해칠 우려가 있는 것
  5. 그 밖에 보관할 가치가 없는 것
② 소장은 수용자가 제1항 단서에 따라 처분하여야 할 휴대품을 상당한 기간 내에 처분하지 아니하면 폐기할 수 있다.

시행령

제34조 휴대금품의 정의 등
① 법 제25조에서 "휴대금품"이란 신입자가 교정시설에 수용될 때에 지니고 있는 현금(자기앞수표를 포함한다. 이하 같다)과 휴대품을 말한다.
② 법 제25조 제1항 각 호의 어느 하나에 해당하지 아니한 신입자의 휴대품은 보관한 후 사용하게 할 수 있다.
③ 법 제25조 제1항 단서에 따라 신입자의 휴대품을 팔 경우에는 그 비용을 제외한 나머지 대금을 보관할 수 있다.
④ 소장은 신입자가 법 제25조 제1항 각 호의 어느 하나에 해당하는 휴대품을 법무부장관이 정한 기간에 처분하지 않은 경우에는 본인에게 그 사실을 고지한 후 폐기한다.

제35조 금품의 보관
수용자의 현금을 보관하는 경우에는 그 금액을 보관금대장에 기록하고 수용자의 물품을 보관하는 경우에는 그 품목·수량 및 규격을 보관품대장에 기록해야 한다.

제36조 귀중품의 보관
소장은 보관품이 금·은·보석·유가증권·인장, 그 밖에 특별히 보관할 필요가 있는 귀중품인 경우에는 잠금장치가 되어 있는 견고한 용기에 넣어 보관해야 한다.

제37조 보관품 매각대금의 보관
소장은 수용자의 신청에 따라 보관품을 팔 경우에는 그 비용을 제외한 나머지 대금을 보관할 수 있다.

제38조 보관금의 사용 등
① 소장은 수용자가 그의 가족(배우자, 직계존비속 또는 형제자매를 말한다. 이하 같다) 또는 배우자의 직계존속에게 도움을 주거나 그 밖에 정당한 용도로 사용하기 위하여 보관금의 사용을 신청한 경우에는 그 사정을 고려하여 허가할 수 있다.
② 제1항에 따라 보관금을 사용하는 경우 발생하는 비용은 수용자가 부담한다.
③ 보관금의 출납·예탁, 보관금품의 보관 등에 관하여 필요한 사항은 법무부장관이 정한다.

제44조 보관의 예외
음식물은 보관의 대상이 되지 않는다.

관련판례

[1] 형집행법상 교도소 등의 장이 수용자의 영치금품 사용을 허용한 이후에 이를 지출하는 행위 자체는 공법상의 행정처분이 아니라 사경제의 주체로서 행하는 사법상의 법률행위 또는 사실행위에 불과하므로 헌법소원의 대상이 되는 공권력의 행사로 볼 수 없다. 따라서 피청구인이 청구인의 영치금품 사용신청을 받고 동 신청에 따라 이를 지출한 등기우편발송료 과다지출행위는 헌법소원심판의 청구대상으로서의 공권력에는 해당된다고 볼 수 없다(헌재 2004.8.31. 2004헌마674).

[2] 청구인에게 소포로 송부되어 온 단추 달린 남방형 티셔츠에 대하여 이를 청구인에게 교부하지 아니한 채 영치, 즉 휴대를 불허한데 대하여 불허행위는 이른바 권력적 사실행위로서 행정청이 행하는 구체적 사실에 대한 법집행으로서의 공권력의 행사에 해당한다(헌재 2003.5.27. 2003헌마329).

[3] 원고의 긴 팔 티셔츠 2개(영치품)에 대한 사용신청 불허처분 이후 이루어진 원고의 다른 교도소로의 이송이라는 사정에 의하여 원고의 권리와 이익의 침해 등이 해소되지 아니한 점, 원고의 형기가 만료되기까지는 아직 상당한 기간이 남아 있을 뿐만 아니라, ○○교도소가 전국 교정시설의 결핵 및 정신질환 수형자들을 수용·관리하는 의료교도소인 사정을 감안할 때 원고의 ○○교도소로의 재이송 가능성이 소멸하였다고 단정하기 어려운 점 등을 종합하면, 원고로서는 영치품 사용신청 불허처분의 취소를 구할 이익이 있다고 봄이 상당하다(대법원 2008.2.14. 2007두13203). [2017. 7급]

[4] **수용자의 보관금 반환채권이 민사집행법 제246조 제1항 제2호 또는 제8호의 적용 또는 유추적용에 의하여 압류금지채권에 해당하는지 여부**(소극) **및 그 채권에 대한 압류가 가능한지 여부**(적극)

「부패재산의 몰수 및 회복에 관한 특례법」 제8조에 의하여 추징보전에 관하여 준용되는 「마약류 불법거래 방지에 관한 특례법」 제54조 제1항은 "추징보전명령은 검사의 명령에 따라 집행한다. 이 경우 검사의 명령은 민사집행법에 따른 가압류명령과 동일한 효력을 가진다."라고 정하고 있고, 같은 조 제3항 전문은 "추징보전명령의 집행에 관하여는 이 법에 특별한 규정이 있는 경우를 제외하고는 민사집행법이나 그 밖에 가압류집행의 절차에 관한 법령의 규정을 준용한다."라고 정하고 있다. 그리고 민사집행법 제291조가 가압류의 집행에 대하여 준용하는 같은 법 제246조 제1항은 제2호에서 '채무자가 구호사업이나 제3자의 도움으로 계속 받는 수입'을, 제8호에서 '채무자의 1월간 생계유지에 필요한 예금'을 압류금지채권으로 정하고, 민사집행법 시행령 제7조는 "민사집행법 제246조 제1항 제8호에 따라 압류하지 못하는 예금 등의 금액은 개인별 잔액이 185만 원 이하인 예금 등으로 한다."라고 정하고 있다.

「형의 집행 및 수용자의 처우에 관한 법률 시행령」 제38조 제3항의 위임에 따른 법무부예규인 「보관금품 관리지침」 제1조의2 제2호가 정하는 '보관금'이란 신입자가 교도소·구치소 및 그 지소(이하 "교정시설"이라 한다)에 수용될 때에 지니고 있는 휴대금, 수용자 이외의 사람이 수용자에게 보내 온 전달금, 그 밖에 법령에 따라 수용자에게 보내 온 금원으로서 교정시설에 보관이 허가된 금원을 말한다. 수용자가 대한민국에 대하여 가지는 보관금 반환채권은 민사집행법 제246조(압류금지채권) 제1항 제2호(채무자가 구호사업이나 제3자의 도움으로 계속 받는 수입) 또는 제8호(생계비계좌에 예치된 예금)가 정하는 압류금지채권에 해당한다고 보기 어렵고, 보관금 반환채권에 관하여 민사집행법 제246조 제1항 제8호를 유추적용할 수도 없으며, 그 압류를 제한하는 다른 규정도 없으므로, 수용자의 보관금 반환채권에 관하여는 압류가 가능하다. 다만, 법원은 수용자의 생활형편 등을 고려하여 민사집행법 제246조 제3항(당사자의 신청에 의한 압류명령의 전부 또는 일부 취소)에 따라 압류명령의 전부 또는 일부를 취소할 수 있을 뿐이다(대법원 2025.5.16. 2025모201).

제26조 수용자가 지니는 물품 등

① 수용자는 편지·도서, 그 밖에 수용생활에 필요한 물품을 법무부장관이 정하는 범위에서 지닐 수 있다.
② 소장은 제1항에 따라 법무부장관이 정하는 범위를 벗어난 물품으로서 교정시설에 특히 보관할 필요가 있다고 인정하지 아니하는 물품은 수용자로 하여금 자신이 지정하는 사람에게 보내게 하거나 그 밖에 적당한 방법으로 처분하게 할 수 있다.
③ 소장은 수용자가 제2항에 따라 처분하여야 할 물품을 상당한 기간 내에 처분하지 아니하면 폐기할 수 있다.

시행령

제39조 지닐 수 없는 물품의 처리
법 제26조 제2항 및 제3항에 따라 지닐 수 있는 범위를 벗어난 수용자의 물품을 처분하거나 폐기하는 경우에는 제34조 제3항(신입자의 휴대품을 팔 경우에는 그 비용을 제외한 나머지 대금을 보관) 및 제4항(신입자가 보관불허 휴대품을 법무부장관이 정한 기간에 처분하지 않은 경우에는 본인에게 그 사실을 고지한 후 폐기)을 준용한다.

제40조 물품의 폐기
수용자의 물품을 폐기하는 경우에는 그 품목·수량·이유 및 일시를 관계 장부에 기록하여야 한다.

제27조 수용자에 대한 금품 전달

① 수용자 외의 사람이 수용자에게 금품을 건네줄 것을 신청하는 때에는 소장은 다음 각 호의 어느 하나에 해당하지 아니하면 허가하여야 한다.
  1. 수형자의 교화 또는 건전한 사회복귀를 해칠 우려가 있는 때
  2. 시설의 안전 또는 질서를 해칠 우려가 있는 때
② 소장은 수용자 외의 사람이 수용자에게 주려는 금품이 제1항 각 호의 어느 하나에 해당하거나 수용자가 금품을 받지 아니하려는 경우에는 해당 금품을 보낸 사람에게 되돌려 보내야 한다.
③ 소장은 제2항의 경우에 금품을 보낸 사람을 알 수 없거나 보낸 사람의 주소가 불분명한 경우에는 금품을 다시 가지고 갈 것을 공고하여야 하며, 공고한 후 6개월이 지나도 금품을 돌려 달라고 청구하는 사람이 없으면 그 금품은 국고에 귀속된다.
④ 소장은 제2항 또는 제3항에 따른 조치를 하였으면 그 사실을 수용자에게 알려 주어야 한다.

시행령

제41조 금품전달 신청자의 확인
소장은 수용자가 아닌 사람이 법 제27조 제1항에 따라 수용자에게 금품을 건네줄 것을 신청하는 경우에는 그의 성명·주소 및 수용자와의 관계를 확인해야 한다.

제42조 전달 허가금품의 사용 등
① 소장은 법 제27조 제1항에 따라 수용자에 대한 금품의 전달을 허가한 경우에는 그 금품을 보관한 후 해당 수용자가 사용하게 할 수 있다.
② 법 제27조 제1항에 따라 수용자에게 건네주려고 하는 금품의 허가범위 등에 관하여 필요한 사항은 법무부령으로 정한다.

제43조 전달 허가물품의 검사
소장은 법 제27조 제1항에 따라 (수용자 외의 사람의 신청에 따라 수용자에게)건네줄 것을 허가한 물품은 검사할 필요가 없다고 인정되는 경우가 아니면 교도관으로 하여금 검사하게 해야 한다. 이 경우 그 물품이 의약품인 경우에는 의무관으로 하여금 검사하게 해야 한다.

시행규칙

제22조 전달금품의 허가
① 소장은 수용자 외의 사람이 수용자에게 금원을 건네줄 것을 신청하는 경우에는 현금·수표 및 우편환의 범위에서 허가한다. 다만, 수용자 외의 사람이 온라인으로 수용자의 예금계좌에 입금한 경우에는 금원을 건네줄 것을 허가한 것으로 본다.
② 소장은 수용자 외의 사람이 수용자에게 음식물을 건네줄 것을 신청하는 경우에는 법무부장관이 정하는 바에 따라 교정시설 안에서 판매되는 음식물 중에서 허가한다. 다만, 제30조 각 호에 해당하는 종교행사 및 제114조 각 호에 해당하는 교화프로그램의 시행을 위하여 특히 필요하다고 인정하는 경우에는 교정시설 안에서 판매되는 음식물이 아니더라도 건네줄 것을 허가할 수 있다.

> **참고자료**
> - 시행규칙 제30조: 종교집회, 종교의식, 교리 교육 및 상담, 그 밖에 법무부장관이 정하는 종교행사
> - 시행규칙 제114조: 문화프로그램, 문제행동예방프로그램, 가족관계회복프로그램, 교화상담, 그 밖에 법무부장관이 정하는 교화프로그램

③ 소장은 수용자 외의 사람이 수용자에게 음식물 외의 물품을 건네줄 것을 신청하는 경우에는 다음 각 호의 어느 하나에 해당하지 아니하면 법무부장관이 정하는 교정시설의 보관범위 및 수용자가 지닐 수 있는 범위에서 허가한다.
1. 오감 또는 통상적인 검사장비로는 내부검색이 어려운 물품
2. 음란하거나 현란한 그림·무늬가 포함된 물품
3. 사행심을 조장하거나 심리적인 안정을 해칠 우려가 있는 물품
4. 도주·자살·자해 등에 이용될 수 있는 금속류, 끈 또는 가죽 등이 포함된 물품
5. 위화감을 조성할 우려가 있는 높은 가격의 물품
6. 그 밖에 수형자의 교화 또는 건전한 사회복귀를 해칠 우려가 있거나 교정시설의 안전 또는 질서를 해칠 우려가 있는 물품

> **참고자료**
> - 법 제27조 제2항: ~ 해당 금품을 보낸 사람에게 되돌려 보내야 한다.(○) ➡ ~ 해당 금품을 교정시설에 보관한다.(×)
> - 시행규칙 제30조 각 호에 해당하는 종교행사: 종교집회, 종교의식, 교리 교육 및 상담, 그 밖에 법무부장관이 정하는 종교행사
> - 시행규칙 제114조 각 호에 해당하는 교화프로그램: 문화프로그램, 문제행동예방프로그램, 가족관계회복프로그램, 교화상담, 그 밖에 법무부장관이 정하는 교화프로그램

제28조 유류금품의 처리

① 소장은 사망자 또는 도주자가 남겨두고 간 금품이 있으면 사망자의 경우에는 그 상속인에게, 도주자의 경우에는 그 가족에게 그 내용 및 청구절차 등을 알려 주어야 한다. 다만, 썩거나 없어질 우려가 있는 것은 폐기할 수 있다.
② 소장은 상속인 또는 가족이 제1항의 금품을 내어달라고 청구하면 지체 없이 내어주어야 한다. 다만, 제1항에 따른 알림을 받은 날(알려줄 수가 없는 경우에는 청구사유가 발생한 날)부터 1년이 지나도 청구하지 아니하면 그 금품은 국고에 귀속된다.

시행령

제45조 유류금품의 처리
① 소장은 사망자의 유류품을 건네받을 사람이 원거리에 있는 등 특별한 사정이 있는 경우에는 유류품을 받을 사람의 청구에 따라 유류품을 팔아 그 대금을 보낼 수 있다.
② 법 제28조에 따라 사망자의 유류금품을 보내거나 제1항에 따라 유류품을 팔아 대금을 보내는 경우에 드는 비용은 유류금품의 청구인이 부담한다.

제29조 보관금품의 반환 등

① 소장은 수용자가 석방될 때 제25조에 따라 보관하고 있던 수용자의 휴대금품을 본인에게 돌려주어야 한다. 다만, 보관품을 한꺼번에 가져가기 어려운 경우 등 특별한 사정이 있어 수용자가 석방 시 소장에게 일정 기간 동안(1개월 이내의 범위로 한정한다) 보관품을 보관하여 줄 것을 신청하는 경우에는 그러하지 아니하다.
② 제1항 단서에 따른 보관 기간이 지난 보관품에 관하여는 제28조를 준용한다. 이 경우 "사망자" 및 "도주자"는 "피석방자"로, "금품"은 "보관품"으로, "상속인" 및 "가족"은 "피석방자 본인 또는 가족"으로 본다.

보관 기간이 지난 보관품의 처리(제28조 준용)
① 소장은 피석방자가 보관하여 줄 것을 신청한 보관품의 보관 기간이 지난 경우에는 피석방자 본인 또는 가족에게 그 내용 및 청구절차 등을 알려 주어야 한다. 다만, 썩거나 없어질 우려가 있는 것은 폐기할 수 있다.
② 소장은 피석방자 본인 또는 가족이 제1항의 보관품을 내어달라고 청구하면 지체 없이 내어주어야 한다. 다만, 제1항에 따른 알림을 받은 날(알려줄 수가 없는 경우에는 청구사유가 발생한 날)부터 1년이 지나도 청구하지 아니하면 그 금품은 국고에 귀속된다.

제4장 위생과 의료

제30조 위생·의료 조치의무

소장은 수용자가 건강한 생활을 하는 데에 필요한 위생 및 의료상의 적절한 조치를 하여야 한다.

제31조 청결유지

소장은 수용자가 사용하는 모든 설비와 기구가 항상 청결하게 유지되도록 하여야 한다.

시행령

제46조 보건·위생관리계획의 수립 등
소장은 수용자의 건강, 계절 및 시설여건 등을 고려하여 보건·위생관리계획을 정기적으로 수립하여 시행하여야 한다.

제47조 시설의 청소·소독
① 소장은 거실·작업장·목욕탕, 그 밖에 수용자가 공동으로 사용하는 시설과 취사장, 주식·부식 저장고, 그 밖에 음식물 공급과 관련된 시설을 수시로 청소·소독하여야 한다.
② 소장은 저수조 등 급수시설을 6개월에 1회 이상 청소·소독하여야 한다.

제32조 청결의무

① 수용자는 자신의 신체 및 의류를 청결히 하여야 하며, 자신이 사용하는 거실·작업장, 그 밖의 수용시설의 청결유지에 협력하여야 한다.
② 수용자는 위생을 위하여 머리카락과 수염을 단정하게 유지하여야 한다.

시행령

제48조 청결의무
수용자는 교도관이 법 제32조 제1항에 따라 자신이 사용하는 거실, 작업장, 그 밖의 수용시설의 청결을 유지하기 위하여 필요한 지시를 한 경우에는 이에 따라야 한다.

> **참고자료**
> 미결수용자의 머리카락과 수염은 특히 필요한 경우가 아니면 본인의 의사에 반하여 짧게 깎지 못한다(형집행법 제83조).

관련판례

교도소장이 수형자에 대하여 지속적이고 조직적으로 실시한 생활지도 명목의 이발 지도행위 및 앞머리는 눈썹이 보이도록, 옆머리는 귀를 가리지 않도록, 뒷머리는 목을 가리지 않도록 실시한 이발행위는 공권력의 행사라고 보기 어렵다(헌재 2012.4.24. 2010헌마751).

제33조 운동 및 목욕

① 소장은 수용자가 건강유지에 필요한 운동 및 목욕을 정기적으로 할 수 있도록 하여야 한다.
② 운동시간·목욕횟수 등에 관하여 필요한 사항은 대통령령으로 정한다.

시행령

제49조 실외운동
소장은 수용자가 매일(공휴일 및 법무부장관이 정하는 날은 제외한다) 「국가공무원 복무규정」 제9조에 따른 근무시간 내에서 1시간 이내의 실외운동을 할 수 있도록 하여야 한다. 다만, 다음 각 호의 어느 하나에 해당하면 실외운동을 실시하지 아니할 수 있다.
1. 작업의 특성상 실외운동이 필요 없다고 인정되는 때
2. 질병 등으로 실외운동이 수용자의 건강에 해롭다고 인정되는 때
3. 우천, 수사, 재판, 그 밖의 부득이한 사정으로 실외운동을 하기 어려운 때

제50조 목욕횟수
소장은 작업의 특성, 계절, 그 밖의 사정을 고려하여 수용자의 목욕횟수를 정하되 부득이한 사정이 없으면 매주 1회 이상이 되도록 한다.

제34조 건강검진

① 소장은 수용자에 대하여 건강검진을 정기적으로 하여야 한다.
② 건강검진의 횟수 등에 관하여 필요한 사항은 대통령령으로 정한다.

시행령

제51조 건강검진횟수
① 소장은 수용자에 대하여 1년에 1회 이상 건강검진을 하여야 한다. 다만, 19세 미만의 수용자와 계호상 독거수용자에 대하여는 6개월에 1회 이상 하여야 한다.
② 제1항의 건강검진은 「건강검진기본법」 제14조에 따라 지정된 건강검진기관에 의뢰하여 할 수 있다.

제35조 감염병 등에 관한 조치

소장은 감염병이나 그 밖에 감염의 우려가 있는 질병의 발생과 확산을 방지하기 위하여 필요한 경우 수용자에 대하여 예방접종·격리수용·이송, 그 밖에 필요한 조치를 하여야 한다.

시행령

제52조 감염병의 정의
법 제18조 제1항(수용의 거절), 법 제53조 제1항 제3호(감염병으로 인한 유아양육 불허사유) 및 법 제128조 제2항(감염병 예방을 위한 화장)에서 "감염병"이란 「감염병의 예방 및 관리에 관한 법률」에 따른 감염병을 말한다.

제53조 감염병에 관한 조치
① 소장은 수용자가 감염병에 걸렸다고 의심되는 경우에는 1주 이상 격리수용하고 그 수용자의 휴대품을 소독하여야 한다.
② 소장은 감염병이 유행하는 경우에는 수용자가 자비로 구매하는 음식물의 공급을 중지할 수 있다.
③ 소장은 수용자가 감염병에 걸린 경우에는 즉시 격리수용하고 그 수용자가 사용한 물품과 설비를 철저히 소독하여야 한다.
④ 소장은 제3항의 사실을 지체 없이 법무부장관에게 보고하고 관할 보건기관의 장에게 알려야 한다.

제36조 부상자 등 치료

① 소장은 수용자가 부상을 당하거나 질병에 걸리면 적절한 치료를 받도록 하여야 한다.
② 제1항의 치료를 위하여 교정시설에 근무하는 간호사는 야간 또는 공휴일 등에 「의료법」 제27조(무면허 의료행위 등 금지)에도 불구하고 대통령령으로 정하는 경미한 의료행위를 할 수 있다.

시행령

제54조 의료거실 수용 등
소장은 수용자가 부상을 당하거나 질병에 걸린 경우에는 그 수용자를 의료거실에 수용하거나, 다른 수용자에게 그 수용자를 간병하게 할 수 있다.

제54조의2 간호사의 의료행위
법 제36조 제2항에서 "대통령령으로 정하는 경미한 의료행위"란 다음 각 호의 의료행위를 말한다.
1. 외상 등 흔히 볼 수 있는 상처의 치료
2. 응급을 요하는 수용자에 대한 응급처치
3. 부상과 질병의 악화방지를 위한 처치
4. 환자의 요양지도 및 관리
5. 제1호부터 제4호까지의 의료행위에 따르는 의약품의 투여

제37조 외부의료시설 진료 등

① 소장은 수용자에 대한 적절한 치료를 위하여 필요하다고 인정하면 교정시설 밖에 있는 의료시설(이하 "외부의료시설"이라 한다)에서 진료를 받게 할 수 있다.
② 소장은 수용자의 정신질환 치료를 위하여 필요하다고 인정하면 법무부장관의 승인을 받아 치료감호시설로 이송할 수 있다.
③ 제2항에 따라 이송된 사람은 수용자에 준하여 처우한다.
④ 소장은 제1항 또는 제2항에 따라 수용자가 외부의료시설에서 진료받거나 치료감호시설로 이송되면 그 사실을 그 가족(가족이 없는 경우에는 수용자가 지정하는 사람)에게 지체 없이 알려야 한다. 다만, 수용자가 알리는 것을 원하지 아니하면 그러하지 아니하다.
⑤ 소장은 수용자가 자신의 고의 또는 중대한 과실로 부상 등이 발생하여 외부의료시설에서 진료를 받은 경우에는 그 진료비의 전부 또는 일부를 그 수용자에게 부담하게 할 수 있다.

시행령

제55조 외부의사의 치료
소장은 특히 필요하다고 인정하면 외부 의료시설에서 근무하는 의사(이하 "외부의사"라 한다)에게 수용자를 치료하게 할 수 있다.

제56조 위독 사실의 알림
소장은 수용자가 위독한 경우에는 그 사실을 가족에게 지체 없이 알려야 한다.

제57조 외부 의료시설 입원 등 보고
소장은 법 제37조 제1항(외부의료시설 진료)에 따라 수용자를 외부 의료시설에 입원시키거나 입원 중인 수용자를 교정시설로 데려온 경우에는 그 사실을 법무부장관에게 지체 없이 보고하여야 한다.

관련판례

외부의료시설 진료 후 환소차를 기다리는 과정에서 병원 밖 주차장 의자에 앉아 있을 것을 지시한 행위는 외부의료시설 진료에 이미 예정되어 있던 부수적 행위로서 강제성의 정도가 미약한 단순한 비권력적 사실행위에 불과하다(헌재 2012.10.25. 2011헌마429).

제38조 자비치료

소장은 수용자가 자신의 비용으로 외부의료시설에서 근무하는 의사(이하 "외부의사"라 한다)에게 치료받기를 원하면 교정시설에 근무하는 의사(공중보건의사를 포함하며, 이하 "의무관"이라 한다)의 의견을 고려하여 이를 허가할 수 있다.

> **관련판례**
>
> 청구인에게는 교도소장에게 자비로 외부의료시설의 치료를 요구할 법상 혹은 조리상의 신청권이 인정된다 할 것이고 이를 거부한 교도소장의 거부행위는 행정심판 및 행정소송의 대상이 되고 따라서 구제절차를 거치지 아니한 채 곧바로 제기한 이 사건 심판청구는 보충성 요건을 흠결하여 부적법하다(헌재 2013.7.30. 2013헌마477).

제39조 진료환경 등

① 교정시설에는 수용자의 진료를 위하여 필요한 의료 인력과 설비를 갖추어야 한다.
② 소장은 정신질환이 있다고 의심되는 수용자가 있으면 정신건강의학과 의사의 진료를 받을 수 있도록 하여야 한다.
③ 외부의사는 수용자를 진료하는 경우에는 법무부장관이 정하는 사항을 준수하여야 한다.
④ 교정시설에 갖추어야 할 의료설비의 기준에 관하여 필요한 사항은 법무부령으로 정한다.

시행규칙

제23조 의료설비의 기준
① 교정시설에는 「의료법」 제3조(의료기관)에 따른 의료기관 중 의원이 갖추어야 하는 시설 수준 이상의 의료시설(진료실 등의 의료용 건축물을 말한다. 이하 같다)을 갖추어야 한다.
② 교정시설에 갖추어야 하는 의료장비(혈압측정기 등의 의료기기를 말한다)의 기준은 별표 3과 같다.
③ 의료시설의 세부종류 및 설치기준은 법무부장관이 정한다.

제24조 비상의료용품 기준
① 소장은 수용정원과 시설여건 등을 고려하여 적정한 양의 비상의료용품을 갖추어 둔다.
② 교정시설에 갖추어야 하는 비상의료용품의 기준은 별표 4와 같다.

제40조 수용자의 의사에 반하는 의료조치

① 소장은 수용자가 진료 또는 음식물의 섭취를 거부하면 의무관으로 하여금 관찰·조언 또는 설득을 하도록 하여야 한다.
② 소장은 제1항의 조치에도 불구하고 수용자가 진료 또는 음식물의 섭취를 계속 거부하여 그 생명에 위험을 가져올 급박한 우려가 있으면 의무관으로 하여금 적당한 진료 또는 영양보급 등의 조치를 하게 할 수 있다.

> **참고자료** **수용자의 의사에 반하는 의료조치**(교도관직무규칙 제79조)
> ① 의무관은 법 제40조 제2항의 조치(수용자의 의사에 반하는 의료조치)를 위하여 필요하다고 인정하는 경우에는 의료과에 근무하는 교정직교도관(의료과에 근무하는 교정직교도관이 없거나 부족한 경우에는 당직간부)에게 법 제100조(강제력의 행사)에 따른 조치를 하도록 요청할 수 있다.
> ② 제1항의 요청을 받은 교정직교도관 또는 당직간부는 특별한 사정이 없으면 요청에 응하여 적절한 조치를 하여야 한다.

관련판례

[1] 강제적 의료조치에 대한 위헌 확인(소극)
교도소장으로 하여금 수용자의 의사에 반하는 의료조치를 취할 수 있도록 규정한 형집행법 제40조 제2항은 소장에게 재량의 여지를 부여하고 있으므로, 위 조항으로 인한 기본권 침해는 소장의 개별·구체적인 의료조치에 의하여 비로소 현실화되는 것일 뿐 위 조항 자체에 의하여 직접 기본권이 침해되는 것으로 볼 수 없다(헌재 2011.8.30. 2011헌마432).

[2] 교정시설의 의무관은 수용자에 대한 진찰·진료 등의 의료행위를 하는 경우 수용자의 생명·신체·건강을 관리하는 업무의 성질에 비추어 환자의 구체적인 증상이나 상황에 따라 위험을 방지하기 위하여 요구되는 최선의 조치를 행하여야 할 주의의무가 있을 뿐, 그 구체적인 치료 방법에 있어서는 의학적인 소견과 형의 집행 및 수용자의 처우와 관련된 판단에 따르는 것이므로, 헌법상 구치소장에게 수용자가 원하는 특정한 치료방법에 따른 치료행위를 하여야 할 작위의무가 있다고 보기는 어렵다(헌재 2013.7.16. 2013헌마446).

제5장 접견·편지수수 및 전화통화

제41조 접견

> ① 수용자는 교정시설의 외부에 있는 사람과 접견할 수 있다. 다만, 다음 각 호의 어느 하나에 해당하는 사유가 있으면 그러하지 아니하다.
>   1. 형사 법령에 저촉되는 행위를 할 우려가 있는 때
>   2. 「형사소송법」이나 그 밖의 법률에 따른 접견금지의 결정이 있는 때
>   3. 수형자의 교화 또는 건전한 사회복귀를 해칠 우려가 있는 때
>   4. 시설의 안전 또는 질서를 해칠 우려가 있는 때
> ② 수용자의 접견은 접촉차단시설이 설치된 장소에서 하게 한다. 다만, 다음 각 호의 어느 하나에 해당하는 경우에는 접촉차단시설이 설치되지 아니한 장소에서 접견하게 한다.
>   1. 미결수용자(형사사건으로 수사 또는 재판을 받고 있는 수형자와 사형확정자를 포함한다)가 변호인(변호인이 되려는 사람을 포함한다. 이하 같다)과 접견하는 경우
>   2. 수용자가 소송사건의 대리인인 변호사와 접견하는 경우 등 수용자의 재판청구권 등을 실질적으로 보장하기 위하여 대통령령으로 정하는 경우로서 교정시설의 안전 또는 질서를 해칠 우려가 없는 경우

③ 제2항에도 불구하고 다음 각 호의 어느 하나에 해당하는 경우에는 접촉차단시설이 설치되지 아니한 장소에서 접견하게 할 수 있다.
　1. 수용자가 미성년자인 자녀와 접견하는 경우
　2. 그 밖에 대통령령으로 정하는 경우

> [그 밖에 대통령령으로 정하는 경우(시행령 제59조 제3항)]
> 1. 수형자의 교정성적이 우수한 경우
> 2. 수형자의 교화 또는 건전한 사회복귀를 위하여 특히 필요하다고 인정되는 경우
> 3. 미결수용자의 처우를 위하여 소장이 특별히 필요하다고 인정하는 경우
> 4. 사형확정자의 교화나 심리적 안정을 위하여 소장이 특별히 필요하다고 인정하는 경우

④ 소장은 다음 각 호의 어느 하나에 해당하는 사유가 있으면 교도관으로 하여금 수용자의 접견내용을 청취·기록·녹음 또는 녹화하게 할 수 있다.
　1. 범죄의 증거를 인멸하거나 형사 법령에 저촉되는 행위를 할 우려가 있는 때
　2. 수형자의 교화 또는 건전한 사회복귀를 위하여 필요한 때
　3. 시설의 안전과 질서유지를 위하여 필요한 때
⑤ 제4항에 따라 녹음·녹화하는 경우에는 사전에 수용자 및 그 상대방에게 그 사실을 알려 주어야 한다.
⑥ 접견의 횟수·시간·장소·방법 및 접견내용의 청취·기록·녹음·녹화 등에 관하여 필요한 사항은 대통령령으로 정한다.

시행령

제58조 접견
① 수용자의 접견은 매일(공휴일 및 법무부장관이 정한 날은 제외한다) 「국가공무원 복무규정」 제9조에 따른 근무시간 내에서 한다.
② 변호인(변호인이 되려고 하는 사람을 포함한다. 이하 같다)과 접견하는 미결수용자를 제외한 수용자의 접견시간은 회당 30분 이내로 한다.
③ 수형자의 접견 횟수는 매월 4회로 한다.
④ 삭제 〈2019.10.22.〉
⑤ 법 및 이 영에 규정된 사항 외에 수형자, 사형확정자 및 미결수용자를 제외한 수용자의 접견 횟수·시간·장소 등에 관하여 필요한 사항은 법무부장관이 정한다.
⑥ 소장은 교정시설의 외부에 있는 사람의 수용자 접견에 관한 사무를 수행하기 위하여 불가피한 경우 「개인정보 보호법」 시행령 제19조에 따른 주민등록번호, 여권번호, 운전면허의 면허번호 또는 외국인등록번호가 포함된 자료를 처리할 수 있다.

관련판례

[1] 형의 집행 및 수용자의 처우에 관한 법률 시행령 제58조 제4항 위헌확인(적극)

형집행법 시행령 제58조 제4항에 따르면 수용자가 형사사건이 아닌 민사, 행정, 헌법소송 등 법률적 분쟁과 관련하여 변호사의 도움을 받는 경우에는 원칙적으로 접촉차단시설이 설치된 장소에서 접견을 해야 한다. 그 결과 수용자는 효율적인 재판준비를 하는 것이 곤란하게 되고, 특히 교정시설 내에서의 처우에 대하여 국가 등을 상대로 소송을 하는 경우에는 소송의 상대방에게 소송자료를 그대로 노출하게 되어 무기대등의 원칙을 훼손할 수 있다. 변호사 직무의 공공성, 윤리성 및 사회적 책임성은 변호사 접견권을 이용한 증거인멸, 도주 및 마약 등 금지물품 반입 시도 등의 우려를 최소화시킬 수 있으며, 변호사접견이라 하더라도 교정시설의 질서 등을 해할 우려가 있는 특별한 사정이 있는 경우에는 예외를 두도록 한다면 악용될 가능성도 방지할 수 있다. 따라서 형집행법 시행령 제58조 제4항은 과잉금지원칙에 위반하여 청구인의 재판청구권을 지나치게 제한하고 있으므로, 헌법에 위반된다(헌재 2013.8.29. 2011헌마122). **[2014. 7급] 총 2회 기출**

  ● 이 판례로 인해 시행령 제58조 제4항이 개정(2014.6.25.)되었고, 현재는 법 개정(2019.4.23.)으로 법 제41조 제2항에 규정되어있다.

[2] 수형자인 청구인이 헌법소원 사건의 국선대리인인 변호사를 접견함에 있어서 그 접견내용을 녹음, 기록한 피청구인의 행위가 청구인의 재판을 받을 권리를 침해하는지 여부(적극)

수형자와 변호사와의 접견내용을 녹음, 녹화하게 되면 그로 인해 제3자인 교도소 측에 접견내용이 그대로 노출되므로 수형자와 변호사는 상담과정에서 상당히 위축될 수밖에 없고, 특히 소송의 상대방이 국가나 교도소 등의 구금시설로서 그 내용이 구금시설 등의 부당처우를 다투는 내용일 경우에 접견내용에 대한 녹음, 녹화는 실질적으로 당사자대등의 원칙에 따른 무기평등을 무력화시킬 수 있다.

변호사는 다른 전문직에 비하여도 더욱 엄격한 직무의 공공성 등이 강조되고 있는 지위에 있으므로, 소송사건의 변호사가 접견을 통하여 수형자와 모의하는 등으로 법령에 저촉되는 행위를 하거나 이에 가담하는 등의 행위를 할 우려는 거의 없다. 또한, 접견의 내용이 소송준비를 위한 상담내용일 수밖에 없는 변호사와의 접견에 있어서 수형자의 교화나 건전한 사회복귀를 위해 접견내용을 녹음, 녹화할 필요성을 생각하는 것도 어렵다. 이 사건에 있어서 청구인과 헌법소원 사건의 국선대리인인 변호사의 접견내용에 대해서는 접견의 목적이나 접견의 상대방 등을 고려할 때 녹음, 기록이 허용되어서는 아니 될 것임에도, 이를 녹음, 기록한 행위는 청구인의 재판을 받을 권리를 침해한다(헌재 2013.9.26. 2011헌마398).

[3] 접견내용을 녹음·녹화하는 경우 수용자 및 그 상대방에게 그 사실을 말이나 서면 등으로 알려주어야 하고 취득된 접견기록물은 법령에 의해 보호·관리되고 있으므로 사생활의 비밀과 자유에 대한 침해를 최소화하는 수단이 마련되어 있다는 점, 청구인이 나눈 접견내용에 대한 사생활의 비밀로서의 보호가치에 비해 증거인멸의 위험을 방지하고 교정시설 내의 안전과 질서유지에 기여하려는 공익이 크고 중요하다는 점에 비추어 볼 때, 징벌혐의의 조사를 받고 있는 수용자가 변호인이 아닌 자와 접견할 당시 교도관이 참여하여 대화내용을 기록하게 한 행위는 수용자의 사생활의 비밀과 자유를 침해하였다고 볼 수 없다(헌재 2014.9.25. 2012헌마523). **[2018. 7급 승진]**

[4] 형집행법 제41조 제4항 제1호, 제3호 중 미결수용자의 접견내용의 녹음·녹화에 관한 조항은 직접적으로 물리적 강제력을 수반하는 강제처분이 아니므로 영장주의가 적용되지 않아 영장주의에 위배하였다고 할 수 없고, 수용자의 증거인멸의 가능성 및 추가범죄의 발생 가능성을 차단하고, 교정시설 내의 안전과 질서유지를 위한 것으로 목적의 정당성이 인정된다(헌재 2016.11.24. 2014헌바401).

제59조 접견의 예외

① 소장은 제58조 제1항(근무시간 내 접견) 및 제2항(30분 이내의 접견시간)에도 불구하고 수형자의 교화 또는 건전한 사회복귀를 위하여 특히 필요하다고 인정하면 접견 시간대 외에도 접견을 하게 할 수 있고 접견시간을 연장할 수 있다.
② 소장은 제58조 제3항(수형자의 접견횟수 매월 4회)에도 불구하고 수형자가 다음 각 호의 어느 하나에 해당하면 접견 횟수를 늘릴 수 있다.

1. 19세 미만인 때
2. 교정성적이 우수한 때
3. 교화 또는 건전한 사회복귀를 위하여 특히 필요하다고 인정되는 때

③ 법 제41조 제3항(접촉차단시설이 설치되지 아니한 장소에서 접견) 제2호에서 "대통령령으로 정하는 경우"란 다음 각 호의 어느 하나에 해당하는 경우를 말한다.
1. 수형자가 제2항 제2호 또는 제3호에 해당하는 경우
2. 미결수용자의 처우를 위하여 소장이 특별히 필요하다고 인정하는 경우
3. 사형확정자의 교화나 심리적 안정을 위하여 소장이 특별히 필요하다고 인정하는 경우

시행규칙

제87조 접견
① 수형자의 경비처우급별 접견의 허용횟수는 다음 각 호와 같다.
1. 개방처우급: 1일 1회
2. 완화경비처우급: 월 6회
3. 일반경비처우급: 월 5회
4. 중(重)경비처우급: 월 4회
② 제1항 제2호부터 제4호까지의 경우 접견은 1일 1회만 허용한다. 다만, 처우상 특히 필요한 경우에는 그러하지 아니하다.
③ 소장은 교화 및 처우상 특히 필요한 경우에는 수용자가 다른 교정시설의 수용자와 통신망을 이용하여 화상으로 접견하는 것(이하 "화상접견"이라 한다)을 허가할 수 있다. 이 경우 화상접견은 제1항의 접견 허용횟수에 포함한다.

제88조 접견 장소
소장은 개방처우급 수형자에 대하여는 법무부장관이 정하는 바에 따라 접촉차단시설이 설치된 장소 외의 적당한 곳에서 접견을 실시할 수 있다. 다만, 처우상 특히 필요하다고 인정하는 경우에는 그 밖의 수형자에 대하여도 이를 허용할 수 있다.

시행령

제59조의2 변호사와의 접견
① 제58조 제2항(30분 이내의 접견시간)에도 불구하고 수용자가 다음 각 호의 어느 하나에 해당하는 변호사와 접견하는 시간은 회당 60분으로 한다.
1. 소송사건의 대리인인 변호사
2. 「형사소송법」에 따른 상소권회복 또는 재심 청구사건의 대리인이 되려는 변호사
② 수용자가 제1항 각 호의 변호사와 접견하는 횟수는 다음 각 호의 구분에 따르되, 이를 제58조 제3항(수형자의 접견횟수 매월 4회), 제101조(미결수용자의 접견횟수 매일 1회) 및 제109조(사형확정자의 접견횟수 매월 4회)의 접견횟수에 포함시키지 아니한다.
1. 소송사건의 대리인인 변호사: 월 4회
2. 「형사소송법」에 따른 상소권회복 또는 재심 청구사건의 대리인이 되려는 변호사: 사건 당 2회
③ 소장은 제58조 제1항(근무시간 내 접견)과 이 조 제1항(변호사와 접견하는 시간 회당 60분) 및 제2항(변호사와 접견횟수)에도 불구하고 소송사건의 수 또는 소송내용의 복잡성 등을 고려하여 소송의 준비를 위하여 특히 필요하다고 인정하면 접견 시간대 외에도 접견을 하게 할 수 있고, 접견 시간 및 횟수를 늘릴 수 있다.

④ 소장은 제1항 및 제2항에도 불구하고 접견 수요 또는 접견실 사정 등을 고려하여 원활한 접견 사무 진행에 현저한 장애가 발생한다고 판단하면 접견 시간 및 횟수를 줄일 수 있다. 이 경우 줄어든 시간과 횟수는 다음 접견 시에 추가하도록 노력하여야 한다.
⑤ 수용자가 「형사소송법」에 따른 상소권회복 또는 재심 청구사건의 대리인이 되려는 변호사와 접견하는 경우에는 교정시설의 안전 또는 질서를 해칠 우려가 없는 한 접촉차단시설이 설치되지 않은 장소에서 접견하게 한다.
⑥ 제1항부터 제5항까지에서 규정한 사항 외에 수용자와 제1항 각 호의 변호사의 접견에 관하여 필요한 사항은 법무부령으로 정한다.

시행규칙

제29조의3 소송사건의 대리인인 변호사 등의 접견 등 신청
① 영 제59조의2 제1항 각 호의 변호사가 수용자를 접견하고자 하는 경우에는 별지 제32호 서식의 신청서를 소장에게 제출해야 한다. 다만, 영 제59조의2 제1항 제1호의 변호사는 소송위임장 사본 등 소송사건의 대리인임을 소명할 수 있는 자료를 첨부해야 한다.
② 영 제59조의2 제1항 각 호의 변호사가 같은 조 제3항에 따라 접견 시간을 연장하거나 접견 횟수를 추가하고자 하는 경우에는 별지 제33호 서식의 신청서에 해당 사유를 소명할 수 있는 자료를 첨부하여 소장에게 제출해야 한다.

관련판례

수형자와 소송대리인인 변호사의 접견을 일반 접견에 포함시켜 시간은 30분 이내로, 횟수는 월 4회로 제한한 구 형집행법 시행령 제58조 제2항 및 형집행법 시행령 제58조 제2항 중 각 '수형자'에 관한 부분, 제58조 제3항이 청구인의 재판청구권을 침해하는지 여부(적극)
수형자의 재판청구권을 실효적으로 보장하기 위해서는 소송대리인인 변호사와의 접견 시간 및 횟수를 적절하게 보장하는 것이 필수적이다.
변호사 접견 시 접견 시간의 최소한을 정하지 않으면 접견실 사정 등 현실적 문제로 실제 접견 시간이 줄어들 가능성이 있고, 변호사와의 접견 횟수와 가족 등과의 접견 횟수를 합산함으로 인하여 수형자가 필요한 시기에 변호사의 조력을 받지 못할 가능성도 높아진다. 접견의 최소시간을 보장하되 이를 보장하기 어려운 특별한 사정이 있는 경우에는 예외적으로 일정한 범위 내에서 이를 단축할 수 있도록 하고, 횟수 또한 별도로 정하면서 이를 적절히 제한한다면, 교정시설 내의 수용질서 및 규율의 유지를 도모하면서도 수형자의 재판청구권을 실효적으로 보장할 수 있을 것이다.
이와 같이 심판대상조항들은 법률전문가인 변호사와의 소송상담의 특수성을 고려하지 않고 소송대리인인 변호사와의 접견을 그 성격이 전혀 다른 일반 접견에 포함시켜 접견 시간 및 횟수를 제한함으로써 청구인의 재판청구권을 침해하여 헌법에 위반된다(헌재 2015.11.26. 2012헌마858).
● 이 판례로 인해 시행령 제59조의2가 신설(2016.6.28)되었다.

> 이번 결정은 수형자의 재판청구권을 침해한다는 것으로 수형자가 소송대리인과의 접견 교통권을 행사하는데 일반 접견과 동일하게 제한되어서는 안 된다는 것이다.
> 헌법재판소는 형사절차가 종료되어 교정시설에 수용중인 수형자는 원칙적으로 변호인의 조력을 받을 권리의 주체가 될 수 없다고 하고 있다(헌재 1998.8.27. 96헌마398). 그러나 수형자라 하더라도 민사사건에서는 재판청구권을 통하여 변호사의 도움을 받을 권리를 향유할 수 있고, 수형자가 민사사건과 관련하여 소송대리인인 변호사를 접견하는 것을 일반 접견에 포함하여 제한하는 것은 수형자의 재판청구권을 침해한다는 것이다. 이번 결정은 헌법재판소가 2013.9.26. 2011헌마398 사건에서 교정시설의 장이 수형자와 헌법소원 사건의 국선대리인인 변호사와의 접견내용을 녹음, 기록한 행위가 위헌임을 확인한 결정과 더불어 수형자의 재판청구권을 보장하는데 중요한 역할을 할 수 있는 결정으로 보인다.

시행령

제60조 접견 시 외국어 사용
① 수용자와 교정시설 외부의 사람이 접견하는 경우에 법 제41조 제4항(접견내용의 청취·기록·녹음 또는 녹화)에 따라 접견내용이 청취·녹음 또는 녹화될 때에는 외국어를 사용해서는 아니 된다. 다만, 국어로 의사소통하기 곤란한 사정이 있는 경우에는 외국어를 사용할 수 있다.
② 소장은 제1항 단서의 경우에 필요하다고 인정하면 교도관 또는 통역인으로 하여금 통역하게 할 수 있다.

제61조 접견 시 유의사항 고지
소장은 법 제41조에 따라 접견을 하게 하는 경우에는 수용자와 그 상대방에게 접견 시 유의사항을 방송이나 게시물 부착 등 적절한 방법으로 알려줘야 한다.

제62조 접견내용의 청취·기록·녹음·녹화
① 소장은 법 제41조 제4항(접견내용의 청취·기록·녹음 또는 녹화)의 청취·기록을 위하여 다음 각 호의 사람을 제외한 수용자의 접견에 교도관을 참여하게 할 수 있다.
  1. 변호인과 접견하는 미결수용자
  2. 소송사건의 대리인인 변호사와 접견하는 수용자
② 소장은 특별한 사정이 없으면 교도관으로 하여금 법 제41조 제5항(녹음·녹화하는 경우 사전에 알림)에 따라 수용자와 그 상대방에게 접견내용의 녹음·녹화 사실을 수용자와 그 상대방이 접견실에 들어가기 전에 미리 말이나 서면 등 적절한 방법으로 알려 주게 하여야 한다.
③ 소장은 법 제41조 제4항(접견내용의 청취·기록·녹음 또는 녹화)에 따라 청취·녹음·녹화한 경우의 접견기록물에 대한 보호·관리를 위하여 접견정보 취급자를 지정하여야 하고, 접견정보 취급자는 직무상 알게 된 접견정보를 누설하거나 권한 없이 처리하거나 다른 사람이 이용하도록 제공하는 등 부당한 목적을 위하여 사용해서는 아니 된다.
④ 소장은 관계기관으로부터 다음 각 호의 어느 하나에 해당하는 사유로 제3항의 접견기록물의 제출을 요청받은 경우에는 기록물을 제공할 수 있다.
  1. 법원의 재판업무 수행을 위하여 필요한 때
  2. 범죄의 수사와 공소의 제기 및 유지에 필요한 때
⑤ 소장은 제4항에 따라 녹음·녹화 기록물을 제공할 경우에는 제3항의 접견정보 취급자로 하여금 녹음·녹화기록물을 요청한 기관의 명칭, 제공받는 목적, 제공 근거, 제공을 요청한 범위, 그 밖에 필요한 사항을 녹음·녹화기록물 관리프로그램에 입력하게 하고, 따로 이동식 저장매체에 옮겨 담아 제공한다.

제42조 접견의 중지 등

교도관은 접견 중인 수용자 또는 그 상대방이 다음 각 호의 어느 하나에 해당하면 접견을 중지할 수 있다.
1. 범죄의 증거를 인멸하거나 인멸하려고 하는 때
2. 제92조의 금지물품을 주고받거나 주고받으려고 하는 때
3. 형사 법령에 저촉되는 행위를 하거나 하려고 하는 때
4. 수용자의 처우 또는 교정시설의 운영에 관하여 거짓사실을 유포하는 때
5. 수형자의 교화 또는 건전한 사회복귀를 해칠 우려가 있는 행위를 하거나 하려고 하는 때
6. 시설의 안전 또는 질서를 해하는 행위를 하거나 하려고 하는 때

시행령

제63조 접견중지 사유의 고지
교도관이 법 제42조에 따라 수용자의 접견을 중지한 경우에는 그 사유를 즉시 알려주어야 한다.

제88조 준용규정

형사사건으로 수사 또는 재판을 받고 있는 수형자에 대하여는 제82조(미결수용자의 사복착용), 제84조(미결수용자의 변호인과의 접견 및 편지수수) 및 법 제85조(미결수용자의 조사·징벌 중의 권리행사 보장 특칙)를 준용한다.

> **참고자료** 형사사건으로 수사 또는 재판을 받고 있는 수형자에 대한 준용규정(법 제88조)
>
> 1. **사복착용**
>   형사사건으로 수사 또는 재판을 받고 있는 수형자는 수사·재판·국정감사 또는 법률로 정하는 조사에 참석할 때에는 사복을 착용할 수 있다. 다만, 소장은 도주우려가 크거나 특히 부적당한 사유가 있다고 인정하면 교정시설에서 지급하는 의류를 입게 할 수 있다.
> 2. **변호인과의 접견 및 편지수수**
>   ① 형사사건으로 수사 또는 재판을 받고 있는 수형자와 변호인과의 접견에는 교도관이 참여하지 못하며 그 내용을 청취 또는 녹취하지 못한다. 다만, 보이는 거리에서 수형자를 관찰할 수 있다.
>   ② 형사사건으로 수사 또는 재판을 받고 있는 수형자와 변호인 간의 접견은 시간과 횟수를 제한하지 아니한다.
>   ③ 형사사건으로 수사 또는 재판을 받고 있는 수형자와 변호인 간의 편지는 교정시설에서 상대방이 변호인임을 확인할 수 없는 경우를 제외하고는 검열할 수 없다.
> 3. **조사 등에서의 특칙**
>   소장은 형사사건으로 수사 또는 재판을 받고 있는 수형자가 징벌대상자로서 조사받고 있거나 징벌집행 중인 경우에도 소송서류의 작성, 변호인과의 접견·편지수수, 그 밖의 수사 및 재판 과정에서의 권리행사를 보장하여야 한다.

관련판례

[1] **피청구인 대전교도소장이 7회에 걸쳐 수형자인 청구인에게 화상접견시간을 각 10분 내외로 부여한 행위가 행정재량을 벗어나 과잉금지원칙에 위반하여 청구인의 헌법상 기본권을 침해한 것인지 여부**(소극)
피청구인 대전교도소장이 7회에 걸쳐 청구인에게 화상접견시간을 각 10분 내외로 부여한 것은 당시 대전교도소의 인적, 물적 접견설비의 범위 내에서 다른 수형자와 미결수용자의 접견교통권도 골고루 적절하게 보장하기 위한 행정목적에 따른 합리적인 필요최소한의 제한이었다 할 것이고, 청구인의 접견교통권을 과도하게 제한한 것으로는 보이지 아니한다. 따라서, 피청구인의 이 사건 각 화상접견시간 부여행위가 행정재량을 벗어나 과잉금지원칙에 위반하여 청구인의 헌법상 기본권을 침해한 것이라고는 볼 수 없다(헌재 2009.9.24. 2007헌마738).

[2] **부산구치소장이 청구인과 배우자의 접견을 녹음하여 부산지방검찰청 검사장에게 그 접견녹음파일을 제공한 행위가 청구인의 기본권을 침해한 것인지 여부**(소극)
녹음행위는 교정시설 내의 안전과 질서유지에 기여하기 위한 것으로서 그 목적이 정당할 뿐 아니라 수단이 적절하고, 제공행위는 형사사법의 실체적 진실을 발견하고 이를 통해 형사사법의 적정한 수행을 도모하기 위한 것으로 그 목적이 정당하고, 수단 역시 적합하다. 그러므로 부산구치소장이 청구인과 배우자의 접견을 녹음하여 부산지방검찰청 검사장에게 그 접견녹음파일을 제공한 행위는 청구인의 기본권을 침해하지 않는다(헌재 2012.12.27. 2010헌마153).

[3] 형집행법 제88조가 형사재판의 피고인으로 출석하는 수형자에 대하여, 사복착용을 허용하는 형집행법 제82조를 준용하지 아니한 것이 공정한 재판을 받을 권리, 인격권, 행복추구권을 침해하는지 여부(적극)
　수형자라 하더라도 확정되지 않은 별도의 형사재판에서만큼은 미결수용자와 같은 지위에 있으므로, 이러한 수형자로 하여금 형사재판 출석 시 아무런 예외 없이 사복착용을 금지하고 재소자용 의류를 입도록 하여 인격적인 모욕감과 수치심 속에서 재판을 받도록 하는 것은 재판부나 검사 등 소송관계자들에게 유죄의 선입견을 줄 수 있고, 이미 수형자의 지위로 인해 크게 위축된 피고인의 방어권을 필요 이상으로 제약하는 것이다. 또한 형사재판에 피고인으로 출석하는 수형자의 사복착용을 추가로 허용함으로써 통상의 미결수용자와 구별되는 별도의 계호상 문제점이 발생된다고 보기 어렵다. 따라서 심판대상조항이 형사재판의 피고인으로 출석하는 수형자에 대하여 사복착용을 허용하지 아니한 것은 청구인의 공정한 재판을 받을 권리, 인격권, 행복추구권을 침해한다(헌재 2015.12.23. 2013헌마712).
　◉ 이 판례로 인해 형집행법 제88조가 개정(2016.12.2.)되었다.

[4] 형집행법 제88조가 민사재판의 당사자로 출석하는 수형자에 대하여, 사복착용을 허용하는 형집행법 제82조를 준용하지 아니한 것이 공정한 재판을 받을 권리, 인격권, 행복추구권을 침해하는지 여부(소극)
　민사재판에서 법관이 당사자의 복장에 따라 불리한 심증을 갖거나 불공정한 재판진행을 하게 될 우려가 있다고 볼 수는 없으므로, 심판대상조항이 민사재판에 당사자로 출석하는 수형자의 사복착용을 불허하는 것은 공정한 재판을 받을 권리 및 청구인의 인격권과 행복추구권을 침해하지 아니한다(헌재 2015.12.23. 2013헌마712).

[5] 미결수용자의 접견신청에 대한 교도소장의 불허처분에 대하여는 「행정심판법」, 「행정소송법」에 의하여 행정심판과 행정소송이 가능할 것이므로 이러한 구제절차를 거치지 아니하고 제기한 헌법소원은 부적법하다(헌재 1998.2.27. 96헌마179). [2018. 7급 승진]

[6] 수용자에 대한 접견신청이 있는 경우 이는 수용자의 처우에 관한 사항이므로 그 장소가 교도관의 수용자 계호 및 통제가 요구되는 공간이라면 교도소장·구치소장 또는 그 위임을 받은 교도관이 그 허가 여부를 결정하는 것이 원칙이나, 형사소송법 제243조의2 제1항은 피의자신문 중에 변호인 접견신청이 있는 경우에는 검사 또는 사법경찰관으로 하여금 그 허가 여부를 결정하도록 하고 있고, 형사소송법 제34조는 변호인의 접견교통권과 변호인이 되려는 자의 접견교통권에 차이를 두지 않고 함께 규정하고 있으므로, 변호인이 되려는 자가 피의자신문 중에 형사소송법 제34조에 따라 접견신청을 한 경우에도 그 허가 여부를 결정할 주체는 검사 또는 사법경찰관이라고 보아야 할 것이므로 피의자신문 중 변호인 등의 접견신청이 있는 경우 피의자를 수사기관으로 호송한 교도관에게 이를 허가하거나 제한할 권한은 인정되지 않는다고 할 것이다(헌재 2019.2.28. 2015헌마1204).

[7] 피의자신문 중에 교도관이 변호인이 되려는 자의 접견 신청을 허용할 수 없다고 통보하면서 그 근거로 형집행법 시행령 제58조 제1항을 제시한 경우, 동 조항에 대하여 기본권 침해의 자기관련성을 인정할 수 있는지 여부(소극)
　이 사건 접견시간 조항은 수용자의 접견을 국가공무원 복무규정에 따른 근무시간 내로 한정함으로써 피의자와 변호인 등(변호인과 변호인이 되려는 자)의 접견교통을 제한하고 있는데, 위 조항은 교도소장·구치소장이 그 허가 여부를 결정하는 변호인 등의 접견신청의 경우에 적용되는 조항으로서, 형사소송법 제243조의2 제1항에 따라 검사 또는 사법경찰관이 그 허가 여부를 결정하는 피의자신문 중 변호인 등의 접견신청의 경우에는 적용된다고 볼 수 없으므로, 위 조항을 근거로 피의자신문 중 변호인 등의 접견신청을 불허하거나 제한할 수도 없다. 따라서 피의자신문 중에 교도관이 변호인이 되려는 자의 접견 신청을 허용할 수 없다고 통보하면서 그 근거로 이 사건 접견시간 조항을 제시한 경우, 동 조항에 대하여 기본권 침해의 자기관련성을 인정할 수 없다(헌재 2019.2.28. 2015헌마1204).

제43조 편지수수

① 수용자는 다른 사람과 편지를 주고받을 수 있다. 다만, 다음 각 호의 어느 하나에 해당하는 사유가 있으면 그러하지 아니하다.
   1. 「형사소송법」이나 그 밖의 법률에 따른 편지의 수수금지 및 압수의 결정이 있는 때
   2. 수형자의 교화 또는 건전한 사회복귀를 해칠 우려가 있는 때
   3. 시설의 안전 또는 질서를 해칠 우려가 있는 때
② 제1항 각 호 외의 부분 본문에도 불구하고 같은 교정시설의 수용자 간에 편지를 주고받으려면 소장의 허가를 받아야 한다.
③ 소장은 수용자가 주고받는 편지에 법령에 따라 금지된 물품이 들어 있는지 확인할 수 있다.
④ 수용자가 주고받는 편지의 내용은 검열받지 아니한다. 다만, 다음 각 호의 어느 하나에 해당하는 사유가 있으면 그러하지 아니하다.
   1. 편지의 상대방이 누구인지 확인할 수 없는 때
   2. 「형사소송법」이나 그 밖의 법률에 따른 편지검열의 결정이 있는 때
   3. 제1항 제2호 또는 제3호에 해당하는 내용이나 형사 법령에 저촉되는 내용이 기재되어 있다고 의심할 만한 상당한 이유가 있는 때

   > • 수형자의 교화 또는 건전한 사회복귀를 해칠 우려가 있는 내용이 기재되어 있다고 의심할 만한 상당한 이유가 있는 때
   > • 시설의 안전 또는 질서를 해칠 우려가 있는 내용이 기재되어 있다고 의심할 만한 상당한 이유가 있는 때
   > • 형사 법령에 저촉되는 내용이 기재되어 있다고 의심할 만한 상당한 이유가 있는 때

   4. 대통령령으로 정하는 수용자 간의 편지인 때

   > [대통령령으로 정하는 수용자 간의 편지인 때(시행령 제66조 제1항)]
   > 1. 법 제104조 제1항에 따른 마약류사범·조직폭력사범 등 법무부령으로 정하는 수용자인 때
   > 2. 편지를 주고받으려는 수용자와 같은 교정시설에 수용 중인 때
   > 3. 규율위반으로 조사 중이거나 징벌집행 중인 때
   > 4. 범죄의 증거를 인멸할 우려가 있는 때

⑤ 소장은 제3항(금지물품의 확인) 또는 제4항 단서(편지내용의 검열사유)에 따라 확인 또는 검열한 결과 수용자의 편지에 법령으로 금지된 물품이 들어 있거나 편지의 내용이 다음 각 호의 어느 하나에 해당하면 발신 또는 수신을 금지할 수 있다.
   1. 암호·기호 등 이해할 수 없는 특수문자로 작성되어 있는 때
   2. 범죄의 증거를 인멸할 우려가 있는 때
   3. 형사 법령에 저촉되는 내용이 기재되어 있는 때
   4. 수용자의 처우 또는 교정시설의 운영에 관하여 명백한 거짓사실을 포함하고 있는 때
   5. 사생활의 비밀 또는 자유를 침해할 우려가 있는 때
   6. 수형자의 교화 또는 건전한 사회복귀를 해칠 우려가 있는 때
   7. 시설의 안전 또는 질서를 해칠 우려가 있는 때

⑥ 소장이 편지를 발송하거나 내어주는 경우에는 신속히 하여야 한다.
⑦ 소장은 제1항 단서 또는 제5항에 따라 발신 또는 수신이 금지된 편지는 그 구체적인 사유를 서면으로 작성해 관리하고, 수용자에게 그 사유를 알린 후 교정시설에 보관한다. 다만, 수용자가 동의하면 폐기할 수 있다.
⑧ 편지발송의 횟수, 편지 내용물의 확인방법 및 편지 내용의 검열절차 등에 관하여 필요한 사항은 대통령령으로 정한다.

시행령

제64조 편지수수의 횟수
수용자가 보내거나 받는 편지는 법령에 어긋나지 않으면 횟수를 제한하지 않는다.

제65조 편지 내용물의 확인
① 수용자는 편지를 보내려는 경우 해당 편지를 봉함하여 교정시설에 제출한다. 다만, 소장은 다음 각 호의 어느 하나에 해당하는 경우로서 법 제43조 제3항(금지물품의 확인)에 따른 금지물품의 확인을 위하여 필요한 경우에는 편지를 봉함하지 않은 상태로 제출하게 할 수 있다.
　1. 다음 각 목의 어느 하나에 해당하는 수용자가 변호인 외의 자에게 편지를 보내려는 경우
　　가. 법 제104조 제1항에 따른 마약류사범·조직폭력사범 등 법무부령으로 정하는 수용자
　　나. 제84조 제2항(처우등급의 부여)에 따른 처우등급이 법 제57조 제2항 제4호의 중경비시설 수용대상인 수형자
　2. 수용자가 같은 교정시설에 수용 중인 다른 수용자에게 편지를 보내려는 경우
　3. 규율위반으로 조사 중이거나 징벌집행 중인 수용자가 다른 수용자에게 편지를 보내려는 경우
② 소장은 수용자에게 온 편지에 금지물품이 들어 있는지를 개봉하여 확인할 수 있다.

제66조 편지 내용의 검열
① 소장은 법 제43조 제4항 제4호(대통령령으로 정하는 수용자 간의 편지인 때)에 따라 다음 각 호의 어느 하나에 해당하는 수용자가 다른 수용자와 편지를 주고받는 때에는 그 내용을 검열할 수 있다.
　1. 법 제104조 제1항에 따른 마약류사범·조직폭력사범 등 법무부령으로 정하는 수용자인 때
　2. 편지를 주고받으려는 수용자와 같은 교정시설에 수용 중인 때
　3. 규율위반으로 조사 중이거나 징벌집행 중인 때
　4. 범죄의 증거를 인멸할 우려가 있는 때
② 수용자 간에 오가는 편지에 대한 제1항의 검열은 편지를 보내는 교정시설에서 한다. 다만, 특히 필요하다고 인정되는 경우에는 편지를 받는 교정시설에서도 할 수 있다.
③ 소장은 수용자가 주고받는 편지가 법 제43조 제4항(편지내용의 검열사유) 각 호의 어느 하나에 해당하면 이를 개봉한 후 검열할 수 있다.
④ 소장은 제3항에 따라 검열한 결과 편지의 내용이 법 제43조 제5항의 발신 또는 수신 금지사유에 해당하지 아니하면 발신편지는 봉함한 후 발송하고, 수신편지는 수용자에게 건네준다.
⑤ 소장은 편지의 내용을 검열했을 때에는 그 사실을 해당 수용자에게 지체 없이 알려주어야 한다.

제67조 관계기관 송부문서
소장은 법원·경찰관서, 그 밖의 관계기관에서 수용자에게 보내온 문서는 다른 법령에 특별한 규정이 없으면 열람한 후 본인에게 전달하여야 한다.

제68조 편지 등의 대서
소장은 수용자가 편지, 소송서류, 그 밖의 문서를 스스로 작성할 수 없어 대신 써 달라고 요청하는 경우에는 교도관이 대신 쓰게 할 수 있다.

제69조 편지 등 발송비용의 부담
수용자의 편지·소송서류, 그 밖의 문서를 보내는 경우에 드는 비용은 수용자가 부담한다. 다만, 소장은 수용자가 그 비용을 부담할 수 없는 경우에는 예산의 범위에서 해당 비용을 부담할 수 있다.

> **참고자료**
> - 같은 교정시설에 수용 중인 수용자 간의 편지는 허가(법 제43조 제2항)와 검열(시행령 제66조 제1항 제2호) 및 편지를 봉함하지 않은 상태로 제출하게 할 수 있는 사유(시행령 제65조 제1항 제2호)가 되고, 다른 교정시설에 수용되어 있는 수용자와 주고받는 편지는 일정한 경우 검열(시행령 제66조 제1항 제1호·제3호·제4호)과 편지를 봉함하지 않은 상태로 제출하게 할 수 있는 사유(시행령 제65조 제1항 제1호·제3호)가 된다.
> - 법 제43조 제4항 관련: 제43조 제4항 단서(편지 검열사유)에도 불구하고 미결수용자와 변호인 간, 형사사건으로 수사 또는 재판을 받고 있는 수형자·사형확정자와 변호인 간의 편지는 교정시설에서 상대방이 변호인임을 확인할 수 없는 경우를 제외하고는 검열할 수 없다.
> - 법 제43조 제1항 제1호: 「형사소송법」이나 그 밖의 법률에 따른 편지의 수수금지 및 압수의 결정이 있는 때(○) ➡ 편지 검열의 결정이 있는 때(×)
> - 법 제43조 제7항: 법 제25조 제1항 및 법 제93조 제5항과 비교·구분할 것
> - 시행령 제67조 관련: 구금·보호시설에 소속된 공무원 또는 직원은 위원회명의의 서신을 개봉한 결과 당해 서신이 위원회가 진정인인 시설수용자에게 발송한 서신임이 확인된 때에는 당해 서신 중 위원회가 열람금지를 요청한 특정서면은 이를 열람하여서는 아니 된다(국가인권위원회법 시행령 제8조).
> - 시행령 제69조: ~예산의 범위에서 해당 비용을 부담할 수 있다.(○) ➡ ~우표를 필요한 만큼 지급할 수 있다.(×)

관련판례

[1] 교도소장으로 하여금 수용자가 주고받는 서신에 금지 물품이 들어 있는지를 확인할 수 있도록 규정하고 있는 형집행법 제43조 제3항이 청구인의 기본권을 직접 침해하는지 여부(소극)

이 사건 법률조항은 수용자의 서신에 금지물품이 들어 있는지 여부에 대한 확인을 교도소장의 재량에 맡기고 있으므로 교도소장의 금지물품 확인이라는 구체적인 집행행위를 매개로 하여 수용자인 청구인의 권리에 영향을 미치게 되는바, 위 법률조항이 청구인의 기본권을 직접 침해한다고 할 수 없다(헌재 2012.2.23. 2009헌마333).

[2] 수용자가 밖으로 내보내는 모든 서신을 봉함하지 않은 상태로 교정시설에 제출하도록 규정하고 있는 형집행법 시행령 제65조 제1항이 청구인의 통신 비밀의 자유를 침해하는지 여부(적극)

이 사건 시행령조항은 교정시설의 안전과 질서유지, 수용자의 교화 및 사회복귀를 원활하게 하기 위해 수용자가 밖으로 내보내는 서신을 봉함하지 않은 상태로 제출하도록 한 것이나, 이와 같은 목적은 ⊙ 교도관이 수용자의 면전에서 서신에 금지물품이 들어 있는지를 확인하고 수용자로 하여금 서신을 봉함하게 하는 방법, ⓒ 봉함된 상태로 제출된 서신을 X-ray 검색기 등으로 확인한 후 의심이 있는 경우에만 개봉하여 확인하는 방법, ⓒ 서신에 대한 검열이 허용되는 경우에만 무봉함 상태로 제출하도록 하는 방법 등으로도 얼마든지 달성할 수 있다고 할 것인바, 위 시행령 조항이 수용자가 보내려는 모든 서신에 대해 무봉함 상태의 제출을 강제함으로써 수용자의 발송 서신 모두를 사실상 검열 가능한 상태에 놓이도록 하는 것은 기본권 제한의 최소 침해성 요건을 위반하여 수용자인 청구인의 통신비밀의 자유를 침해하는 것이다(헌재 2012.2.23. 2009헌마333).

[3] **미결수용자와 변호인이 아닌 자 사이의 서신을 검열한 행위가 헌법에 위반되는지 여부**(소극)

질서유지 또는 공공복리를 위하여 구속제도가 헌법 및 법률상 이미 용인되어 있는 이상, 미결수용자는 구속제도 자체가 가지고 있는 일면의 작용인 사회적 격리의 점에 있어 외부와의 자유로운 교통과는 상반되는 성질을 가지고 있으므로, 증거인멸이나 도망을 예방하고 교도소 내의 질서를 유지하여 미결구금제도를 실효성 있게 운영하고 일반사회의 불안을 방지하기 위하여 미결수용자의 서신에 대한 검열은 그 필요성이 인정된다(헌재 1995.7.21. 92헌마144).

[4] **미결수용자와 변호인 사이의 서신을 검열한 행위가 헌법에 위반되는지 여부**

신체구속을 당한 사람에게 변호인과 사이의 충분한 접견교통을 허용함은 물론 교통내용에 대하여 비밀이 보장되고 부당한 간섭이 없어야 하는 것이며, 이러한 취지는 접견의 경우뿐만 아니라 변호인과 미결수용자 사이의 서신에도 적용되어 그 비밀이 보장되어야 할 것이다. 다만 미결수용자와 변호인 사이의 서신으로서 그 비밀을 보장받기 위하여는, 첫째, 교도소측에서 상대방이 변호인이라는 사실을 확인할 수 있어야 하고, 둘째, 서신을 통하여 마약 등 소지금지품의 반입을 도모한다든가 그 내용에 도주·증거인멸·수용시설의 규율과 질서의 파괴·기타 형벌법령에 저촉되는 내용이 기재되어 있다고 의심할 만한 합리적인 이유가 있는 경우가 아니어야 한다(헌재 1995.7.21. 92헌마144).

[5] **수형자의 서신을 검열하는 것이 수형자의 통신의 자유 등 기본권을 침해하는 것인지 여부**(소극)

구금시설은 다수의 수형자를 집단으로 관리하는 시설로서 규율과 질서유지가 필요하므로 수형자의 서신수발의 자유에는 내재적 한계가 있고, 구금의 목적을 달성하기 위하여 수형자의 서신에 대한 검열은 불가피하다. 현행법령과 제도 하에서 수형자가 수발하는 서신에 대한 검열로 인하여 수형자의 통신의 비밀이 일부 제한되는 것은 국가안전보장·질서유지 또는 공공복리라는 정당한 목적을 위하여 부득이할 뿐만 아니라 유효적절한 방법에 의한 최소한의 제한이며 통신의 자유의 본질적 내용을 침해하는 것이 아니다(헌재 1998.8.27. 96헌마398).

제44조 전화통화

① 수용자는 소장의 허가를 받아 교정시설의 외부에 있는 사람과 전화통화를 할 수 있다.
② 제1항에 따른 허가에는 통화내용의 청취 또는 녹음을 조건으로 붙일 수 있다.
③ 제42조(접견의 중지)는 수용자의 전화통화에 관하여 준용한다.

> [전화통화 중지사유]
> 1. 범죄의 증거를 인멸하거나 인멸하려고 하는 때
> 2. 제92조의 금지물품을 주고받거나 주고받으려고 하는 때
> 3. 형사 법령에 저촉되는 행위를 하거나 하려고 하는 때
> 4. 수용자의 처우 또는 교정시설의 운영에 관하여 거짓사실을 유포하는 때
> 5. 수형자의 교화 또는 건전한 사회복귀를 해칠 우려가 있는 행위를 하거나 하려고 하는 때
> 6. 시설의 안전 또는 질서를 해하는 행위를 하거나 하려고 하는 때
>
> ※ 형집행법 제44조 제3항은 동법 제42조를 준용하고 있는데, 제42조 제2호(금지물품을 주고받거나 주고받으려고 하는 때)는 그 성질상 전화통화에 준용되지 않는다.

④ 제2항에 따라 통화내용을 청취 또는 녹음하려면 사전에 수용자 및 상대방에게 그 사실을 알려 주어야 한다.
⑤ 전화통화의 허가범위, 통화내용의 청취·녹음 등에 관하여 필요한 사항은 법무부령으로 정한다.

시행령

제70조 전화통화
수용자의 전화통화에 관하여는 제60조 제1항(접견 시 외국어 사용) 및 제63조(접견중지사유의 알림)를 준용한다.

제71조 참고사항의 기록
교도관은 수용자의 접견, 편지수수, 전화통화 등의 과정에서 수용자의 처우에 특히 참고할 사항을 알게 된 경우에는 그 요지를 수용기록부에 기록해야 한다.

시행규칙

제25조 전화통화의 허가
① 소장은 전화통화(발신하는 것만을 말한다. 이하 같다)를 신청한 수용자에 대하여 다음 각 호의 어느 하나에 해당하는 사유가 없으면 전화통화를 허가할 수 있다. 다만, 미결수용자에게 전화통화를 허가할 경우 그 허용횟수는 월 2회 이내로 한다.
 1. 범죄의 증거를 인멸할 우려가 있을 때
 2. 형사법령에 저촉되는 행위를 할 우려가 있을 때
 3. 「형사소송법」 제91조(비변호인과의 접견, 교통의 접견) 및 같은 법 제209조(피의자 구속에 관하여 제91조 준용)에 따라 접견·편지수수 금지결정을 하였을 때
 4. 교정시설의 안전 또는 질서를 해칠 우려가 있을 때
 5. 수형자의 교화 또는 건전한 사회복귀를 해칠 우려가 있을 때
② 소장은 제1항에 따른 허가를 하기 전에 전화번호와 수신자(수용자와 통화할 상대방을 말한다. 이하 같다)를 확인하여야 한다. 이 경우 수신자에게 제1항 각 호에 해당하는 사유가 있으면 제1항의 허가를 아니할 수 있다.
③ 전화통화의 통화시간은 특별한 사정이 없으면 5분 이내로 한다.

제26조 전화이용시간
① 수용자의 전화통화는 매일(공휴일 및 법무부장관이 정한 날은 제외한다) 「국가공무원 복무규정」 제9조에 따른 근무시간 내에서 실시한다.
② 소장은 제1항에도 불구하고 평일에 전화를 이용하기 곤란한 특별한 사유가 있는 수용자에 대해서는 전화이용시간을 따로 정할 수 있다.

제27조 통화허가의 취소
소장은 다음 각 호의 어느 하나에 해당할 때에는 전화통화의 허가를 취소할 수 있다.
1. 수용자 또는 수신자가 전화통화 내용의 청취·녹음에 동의하지 아니할 때
2. 수신자가 수용자와의 관계 등에 대한 확인 요청에 따르지 아니하거나 거짓으로 대답할 때
3. 전화통화 허가 후 제25조 제1항 각 호의 어느 하나에 해당되는 사유가 발견되거나 발생하였을 때

제28조 통화내용의 청취·녹음
① 소장은 제25조 제1항(전화통화 불허사유) 각 호의 어느 하나에 해당하지 아니한다고 명백히 인정되는 경우가 아니면 통화내용을 청취하거나 녹음한다.
② 제1항의 녹음기록물은 「공공기록물 관리에 관한 법률」에 따라 관리하고, 특히 녹음기록물이 손상되지 아니하도록 유의해서 보존하여야 한다.
③ 소장은 제1항의 녹음기록물에 대한 보호·관리를 위해 전화통화정보 취급자를 지정해야 하고, 전화통화정보 취급자는 직무상 알게 된 전화통화정보를 누설 또는 권한 없이 처리하거나 다른 사람이 이용하도록 제공하는 등 부당한 목적으로 사용해서는 안 된다.
④ 제1항의 녹음기록물을 관계기관에 제공하는 경우에는 영 제62조 제4항(접견기록물의 제공: 법원의 재판업무 수행, 범죄의 수사와 공소제기 및 유지에 필요한 때) 및 제5항(접견기록물을 제공할 경우: 녹음·녹화기록물 관리프로그램에 입력하고, 이동식 저장매체에 옮겨 제공)을 준용한다.

제29조 통화요금의 부담
① 수용자의 전화통화 요금은 수용자가 부담한다.
② 소장은 교정성적이 양호한 수형자 또는 보관금이 없는 수용자 등에 대하여는 제1항에도 불구하고 예산의 범위에서 요금을 부담할 수 있다.

제29조의2 세부사항
이 규칙에서 정한 사항 외에 전화통화의 허가범위, 통화내용의 청취·녹음 등에 필요한 세부사항은 법무부장관이 정한다.

제90조 전화통화의 허용횟수
① 수형자의 경비처우급별 전화통화의 허용횟수는 다음 각 호와 같다.
　1. 개방처우급: 월 20회 이내
　2. 완화경비처우급: 월 10회 이내
　3. 일반경비처우급: 월 5회 이내
　4. 중경비처우급: 처우상 특히 필요한 경우 월 2회 이내
② 소장은 제1항에도 불구하고 처우상 특히 필요한 경우에는 개방처우급·완화경비처우급·일반경비처우급 수형자의 전화통화 허용횟수를 늘릴 수 있다.
③ 제1항 각 호의 경우 전화통화는 1일 1회만 허용한다. 다만, 처우상 특히 필요한 경우에는 그러하지 아니하다.

제156조 전화통화
소장은 사형확정자의 심리적 안정과 원만한 수용생활을 위하여 필요하다고 인정하는 경우에는 월 3회 이내의 범위에서 전화통화를 허가할 수 있다.

제6장 종교와 문화

제45조 종교행사의 참석 등

① 수용자는 교정시설의 안에서 실시하는 종교의식 또는 행사에 참석할 수 있으며, 개별적인 종교상담을 받을 수 있다.
② 수용자는 자신의 신앙생활에 필요한 책이나 물품을 지닐 수 있다.
③ 소장은 다음 각 호의 어느 하나에 해당하는 사유가 있으면 제1항 및 제2항에서 규정하고 있는 사항을 제한할 수 있다.
  1. 수형자의 교화 또는 건전한 사회복귀를 위하여 필요한 때
  2. 시설의 안전과 질서유지를 위하여 필요한 때
④ 종교행사의 종류·참석대상·방법, 종교상담의 대상·방법 및 종교도서·물품을 지닐 수 있는 범위 등에 관하여 필요한 사항은 법무부령으로 정한다.

시행규칙

제30조 종교행사의 종류
「형의 집행 및 수용자의 처우에 관한 법률」 제45조에 따른 종교행사의 종류는 다음 각 호와 같다.
1. 종교집회: 예배·법회·미사 등
2. 종교의식: 세례·수계·영세 등
3. 교리 교육 및 상담
4. 그 밖에 법무부장관이 정하는 종교행사

제31조 종교행사의 방법
① 소장은 교정시설의 안전과 질서를 해치지 아니하는 범위에서 종교단체 또는 종교인이 주재하는 종교행사를 실시한다.
② 소장은 종교행사를 위하여 각 종교별 성상·성물·성화·성구가 구비된 종교상담실·교리교육실 등을 설치할 수 있으며, 특정 종교행사를 위하여 임시행사장을 설치하는 경우에는 성상 등을 임시로 둘 수 있다.

제32조 종교행사의 참석대상
수용자는 자신이 신봉하는 종교행사에 참석할 수 있다. 다만, 소장은 다음 각 호의 어느 하나에 해당할 때에는 수용자의 종교행사 참석을 제한할 수 있다.
1. 종교행사용 시설의 부족 등 여건이 충분하지 아니할 때
2. 수용자가 종교행사 장소를 허가 없이 벗어나거나 다른 사람과 연락을 할 때
3. 수용자가 계속 큰 소리를 내거나 시끄럽게 하여 종교행사를 방해할 때
4. 수용자가 전도를 핑계삼아 다른 수용자의 평온한 신앙생활을 방해할 때
5. 그 밖에 다른 법령에 따라 공동행사의 참석이 제한될 때

제33조 종교상담
소장은 수용자가 종교상담을 신청하거나 수용자에게 종교상담이 필요한 경우에는 해당 종교를 신봉하는 교도관 또는 교정참여인사(법 제130조의 교정위원, 그 밖에 교정행정에 참여하는 사회 각 분야의 사람 중 학식과 경험이 풍부한 사람을 말한다)로 하여금 상담하게 할 수 있다.

제34조 종교물품 등을 지닐 수 있는 범위
① 소장은 수용자의 신앙생활에 필요하다고 인정하는 경우에는 외부에서 제작된 휴대용 종교도서 및 성물을 수용자가 지니게 할 수 있다.
② 소장이 수용자에게 제1항의 종교도서 및 성물을 지니는 것을 허가하는 경우에는 그 재질·수량·규격·형태 등을 고려해야 하며, 다른 수용자의 수용생활을 방해하지 않도록 해야 한다.

관련판례

[1] 종교집회행사참여금지 위헌확인(소극)

청구인은 천주교를 신봉하는 자로서 피청구인은 청구인의 천주교집회에는 참석을 모두 허용하였으나 청구인이 평소 신봉하지 않던 불교집회에 참석하겠다고 신청을 하여 이를 거부하였는바, 이는 수형자가 그가 신봉하는 종파의 교의에 의한 특별교회를 청원할 때에는 당해 소장은 그 종파에 위촉하여 교회할 수 있다고 규정하고 있는 형집행법 규정에 따른 것이다. 뿐만 아니라, 수형자가 원한다고 하여 종교집회의 참석을 무제한 허용한다면, 효율적인 수형관리와 계호상의 어려움이 발생하고, 진정으로 그 종파를 신봉하는 다른 수형자가 종교집회에 참석하지 못하게 되는 결과를 초래하므로, 피청구인의 위와 같은 조치는 청구인의 기본권을 본질적으로 침해하는 것이 아니다(헌재 2005.2.15. 2004헌마911).

[2] 구치소장이 구치소 내 미결수용자를 대상으로 한 개신교 종교행사를 4주에 1회, 일요일이 아닌 요일에 실시한 행위가 청구인의 종교의 자유를 침해하는지 여부(소극)

구치소에 종교행사 공간이 1개뿐이고, 종교행사는 종교, 수형자와 미결수용자, 성별, 수용동 별로 진행되며, 미결수용자는 공범이나 동일사건 관련자가 있는 경우 이를 분리하여 참석하게 해야 하는 점을 고려하면 구치소장이 미결수용자 대상 종교행사를 4주에 1회 실시했더라도 종교의 자유를 과도하게 제한하였다고 보기 어렵고, 구치소의 인적·물적 여건상 하루에 여러 종교행사를 동시에 하기 어려우며, 개신교의 경우에만 그 교리에 따라 일요일에 종교행사를 허용할 경우 다른 종교와의 형평에 맞지 않고, 공휴일인 일요일에 종교행사를 할 행정적 여건도 마련되어 있지 않다는 점을 고려하면, 이 사건 종교행사 처우는 청구인의 종교의 자유를 침해하지 않는다(헌재 2015.4.30. 2013헌마190).

[3] 구치소장이 구치소 내에서 실시하는 종교의식 또는 행사에 미결수용자인 청구인의 참석을 금지한 행위가 청구인의 종교의 자유를 침해하였는지 여부(적극)

형집행법 제45조는 종교행사 등에의 참석 대상을 수용자로 규정하고 있어 수형자와 미결수용자를 구분하고 있지도 아니하고, 무죄추정의 원칙이 적용되는 미결수용자들에 대한 기본권 제한은 징역형 등의 선고를 받아 그 형이 확정된 수형자의 경우보다는 더 완화되어야 할 것임에도, 구치소장이 수용자 중 미결수용자에 대하여만 일률적으로 종교행사 등에의 참석을 불허한 것은 미결수용자의 종교의 자유를 나머지 수용자의 종교의 자유보다 더욱 엄격하게 제한한 것이다. 나아가 공범 등이 없는 경우 내지 공범 등이 있는 경우라도 공범이나 동일사건 관련자를 분리하여 종교행사 등에의 참석을 허용하는 등의 방법으로 미결수용자의 기본권을 덜 침해하는 수단이 존재함에도 불구하고 이를 전혀 고려하지 아니하였으므로 이 사건 종교행사 등 참석불허 처우는 침해의 최소성 요건 및 과잉금지원칙을 위반하여 청구인의 종교의 자유를 침해하였다(헌재 2011.12.29. 2009헌마527).

[4] 미결수용자 및 미지정 수형자 종교집회 참석 제한 위헌확인(적극)

교정시설의 종교집회도 교정교화를 목적으로 실시되는 한 구치소장이 원칙적으로 수형자를 대상으로 종교집회를 실시하는 것에는 합리적 이유가 있다. 그러나 구치소장은 미결수용자와 미지정 수형자 인원의 1/8에 불과한 출력수에게 매월 3~4회의 종교집회 참석 기회를 보장하는 반면, 미결수용자와 미지정 수형자에 대해서는 원칙적으로 매월 1회, 그것도 공간의 협소함과 관리 인력의 부족을 이유로 수용동별로 돌아가며 종교집회를 실시하여 실제 연간 1회 정도의 종교집회 참석 기회를 부여하고 있다. 이는 미결수용자 및 미지정 수형자의 구금기간을 고려하면 사실상 종교집회 참석 기회가 거의 보장되지 않는 결과를 초래할 수도 있어, 구치소의 열악한 시설을 감안하더라도 종교의 자유를 과도하게 제한하는 것이다(헌재 2014.6.26. 2012헌마782).

> ※ 미결수용자에게 원칙적으로 종교행사에 참석하는 것을 금하는 것은 종교의 자유를 침해한다(헌재 2011.12.29. 2009헌마527)는 것에 이어 원칙적으로는 허용하되 지나치게 제한하는 것 역시 위헌(헌재 2014.6.26. 2012헌마782)이라는 헌법재판소의 판단이다.

제46조 도서비치 및 이용

소장은 수용자의 지식함양 및 교양습득에 필요한 도서를 비치하고 수용자가 이용할 수 있도록 하여야 한다.

시행령

제72조 비치도서의 이용
① 소장은 수용자가 쉽게 이용할 수 있도록 비치도서의 목록을 정기적으로 공개하여야 한다.
② 비치도서의 열람방법, 열람기간 등에 관하여 필요한 사항은 법무부장관이 정한다.

제47조 신문 등의 구독

① 수용자는 자신의 비용으로 신문·잡지 또는 도서(이하 "신문 등"이라 한다)의 구독을 신청할 수 있다.
② 소장은 제1항에 따라 구독을 신청한 신문 등이 「출판문화산업 진흥법」에 따른 유해간행물인 경우를 제외하고는 구독을 허가하여야 한다.
③ 제1항에 따라 구독을 신청할 수 있는 신문 등의 범위 및 수량은 법무부령으로 정한다.

시행규칙

제35조 구독신청 수량
법 제47조에 따라 수용자가 구독을 신청할 수 있는 신문·잡지 또는 도서(이하 이 절에서 "신문 등"이라 한다)는 교정시설의 보관범위 및 수용자가 지닐 수 있는 범위를 벗어나지 않는 범위에서 신문은 월 3종 이내로, 도서(잡지를 포함한다)는 월 10권 이내로 한다. 다만, 소장은 수용자의 지식함양 및 교양습득에 특히 필요하다고 인정하는 경우에는 신문 등의 신청 수량을 늘릴 수 있다.

제36조 구독허가의 취소 등
① 소장은 신문 등을 구독하는 수용자가 다음 각 호의 어느 하나에 해당하는 사유가 있으면 구독의 허가를 취소할 수 있다.
   1. 허가 없이 다른 거실 수용자와 신문 등을 주고받을 때
   2. 그 밖에 법무부장관이 정하는 신문 등과 관련된 지켜야 할 사항을 위반하였을 때
② 소장은 소유자가 분명하지 아니한 도서를 회수하여 비치도서로 전환하거나 폐기할 수 있다.

관련판례

교화상 또는 구금목적에 특히 부적당하다고 인정되는 기사, 조직범죄 등 수용자 관련 범죄기사에 대해 신문을 삭제한 후 수용자에게 구독하게 한 행위의 위헌 여부(소극)

교화상 또는 구금목적에 특히 부적당하다고 인정되는 기사, 조직범죄 등 수용자 관련 범죄기사에 대한 신문기사 삭제행위는 구치소내 질서유지와 보안을 위한 것으로, 신문기사 중 탈주에 관한 사항이나 집단단식, 선동 등 구치소내 단체생활의 질서를 교란하는 내용이 미결수용자에게 전달될 때 과거의 예와 같이 동조단식이나 선동 등 수용의 내부질서와 규율을 해하는 상황이 전개될 수 있고, 이는 수용자가 과밀하게 수용되어 있는 현 구치소의 실정과 과소한 교도인력을 볼 때 구치소 내의 질서유지와 보안을 어렵게 할 우려가 있다. 이 사건 신문기사의 삭제 내용은 그러한 범위내에 그치고 있을 뿐 신문기사 중 주요기사 대부분이 삭제된 바 없음이 인정되므로, 구치소의 질서유지와 보안에 대한 공익을 비교할 때 청구인의 알 권리를 과도하게 침해한 것은 아니다(헌재 1998.10.29. 98헌마4). [2014. 7급] 총 2회 기출

제48조 라디오 청취와 텔레비전 시청

① 수용자는 정서안정 및 교양습득을 위하여 라디오 청취와 텔레비전 시청을 할 수 있다.
② 소장은 다음 각 호의 어느 하나에 해당하는 사유가 있으면 수용자에 대한 라디오 및 텔레비전의 방송을 일시 중단하거나 개별 수용자에 대하여 라디오 및 텔레비전의 청취 또는 시청을 금지할 수 있다.
  1. 수형자의 교화 또는 건전한 사회복귀를 해칠 우려가 있는 때
  2. 시설의 안전과 질서유지를 위하여 필요한 때
③ 방송설비·방송프로그램·방송시간 등에 관하여 필요한 사항은 법무부령으로 정한다.

시행령

제73조 라디오 청취 등의 방법
법 제48조 제1항에 따른 수용자의 라디오 청취와 텔레비전 시청은 교정시설에 설치된 방송설비를 통하여 할 수 있다.

시행규칙

제37조 방송의 기본원칙
① 수용자를 대상으로 하는 방송은 무상으로 한다.
② 법무부장관은 방송의 전문성을 강화하기 위하여 외부전문가의 협력을 구할 수 있고, 모든 교정시설의 수용자를 대상으로 통합방송을 할 수 있다.
③ 소장은 방송에 대한 의견수렴을 위하여 설문조사 등의 방법으로 수용자의 반응도 및 만족도를 측정할 수 있다.

제38조 방송설비
① 소장은 방송을 위하여 텔레비전, 라디오, 스피커 등의 장비와 방송선로 등의 시설을 갖추어야 한다.
② 소장은 물품관리법령에 따라 제1항의 장비와 시설을 정상적으로 유지·관리하여야 한다.

제39조 방송편성시간
소장은 수용자의 건강과 일과시간 등을 고려하여 1일 6시간 이내에서 방송편성시간을 정한다. 다만, 토요일·공휴일, 작업·교육실태 및 수용자의 특성을 고려하여 방송편성시간을 조정할 수 있다.

제40조 방송프로그램
① 소장은 「방송법」 제2조의 텔레비전방송 또는 라디오방송을 녹음·녹화하여 방송하거나 생방송할 수 있으며, 비디오테이프에 의한 영상물 또는 자체 제작한 영상물을 방송할 수 있다.
② 방송프로그램은 그 내용에 따라 다음 각 호와 같이 구분한다.
  1. 교육콘텐츠: 한글·한자·외국어 교육, 보건위생 향상, 성(性)의식 개선, 약물남용 예방 등
  2. 교화콘텐츠: 인간성 회복, 근로의식 함양, 가족관계 회복, 질서의식 제고, 국가관 고취 등
  3. 교양콘텐츠: 다큐멘터리, 생활정보, 뉴스, 직업정보, 일반상식 등
  4. 오락콘텐츠: 음악, 연예, 드라마, 스포츠 중계 등
  5. 그 밖에 수용자의 정서안정에 필요한 콘텐츠
③ 소장은 방송프로그램을 자체 편성하는 경우에는 다음 각 호의 어느 하나에 해당하는 내용이 포함되지 아니하도록 특히 유의하여야 한다.
  1. 폭력조장, 음란 등 미풍양속에 반하는 내용
  2. 특정 종교의 행사나 교리를 찬양하거나 비방하는 내용
  3. 그 밖에 수용자의 정서안정 및 수용질서 확립에 유해하다고 판단되는 내용

제41조 수용자가 지켜야 할 사항 등
① 수용자는 소장이 지정한 장소에서 지정된 채널을 통하여 텔레비전을 시청하거나 라디오를 청취하여야 한다. 다만, 제86조(자치생활)에 따른 자치생활 수형자는 법무부장관이 정하는 방법에 따라 텔레비전을 시청할 수 있다.
② 수용자는 방송설비 또는 채널을 임의 조작·변경하거나 임의수신 장비를 지녀서는 안 된다.
③ 수용자가 방송시설과 장비를 손상하거나 그 밖의 방법으로 그 효용을 해친 경우에는 배상을 하여야 한다.

제49조 집필

① 수용자는 문서 또는 도화를 작성하거나 문예·학술, 그 밖의 사항에 관하여 집필할 수 있다. 다만, 소장이 시설의 안전 또는 질서를 해칠 명백한 위험이 있다고 인정하는 경우는 예외로 한다.
② 제1항에 따라 작성 또는 집필한 문서나 도화를 지니거나 처리하는 것에 관하여는 제26조(수용자가 지니는 물품 등)를 준용한다.

> [작성 또는 집필한 문서나 도화를 지니거나 처리(법 제49조 제2항)]
> ① 수용자는 작성 또는 집필한 문서나 도화를 법무부장관이 정하는 범위에서 지닐 수 있다.
> ② 소장은 제1항에 따라 법무부장관이 정하는 범위를 벗어난 문서나 도화로서 교정시설에 특히 보관할 필요가 있다고 인정하지 아니하는 문서나 도화는 수용자로 하여금 자신이 지정하는 사람에게 보내게 하거나 그 밖에 적당한 방법으로 처분하게 할 수 있다.
> ③ 소장은 수용자가 제2항에 따라 처분하여야 할 문서나 도화를 상당한 기간 내에 처분하지 아니하면 폐기할 수 있다.

③ 제1항에 따라 작성 또는 집필한 문서나 도화가 제43조 제5항(편지의 발신·수신 금지사유) 각 호의 어느 하나에 해당하면 제43조 제7항(발신·수신이 금지된 편지의 보관 및 폐기)을 준용한다.

> [외부 발송이 금지된 문서나 도화의 보관 및 폐기(법 제49조 제3항)]
> ① 보관 및 폐기사유
>   ㉠ 암호·기호 등 이해할 수 없는 특수문자로 작성되어 있는 때
>   ㉡ 범죄의 증거를 인멸할 우려가 있는 때
>   ㉢ 형사 법령에 저촉되는 내용이 기재되어 있는 때
>   ㉣ 수용자의 처우 또는 교정시설의 운영에 관하여 명백한 거짓사실을 포함하고 있는 때
>   ㉤ 사생활의 비밀 또는 자유를 침해할 우려가 있는 때
>   ㉥ 수형자의 교화 또는 건전한 사회복귀를 해칠 우려가 있는 때
>   ㉦ 시설의 안전 또는 질서를 해칠 우려가 있는 때
> ② 소장은 외부 발송이 금지된 문서나 도화는 그 구체적인 사유를 서면으로 작성해 관리하고, 수용자에게 그 사유를 알린 후 교정시설에 보관한다. 다만, 수용자가 동의하면 폐기할 수 있다.

④ 집필용구의 관리, 집필의 시간·장소, 집필한 문서 또는 도화의 외부반출 등에 관하여 필요한 사항은 대통령령으로 정한다.

시행령

제74조 집필용구의 구입비용
집필용구의 구입비용은 수용자가 부담한다. 다만, 소장은 수용자가 그 비용을 부담할 수 없는 경우에는 필요한 집필용구를 지급할 수 있다.

제75조 집필의 시간대·시간 및 장소
① 수용자는 휴업일 및 휴게시간 내에 시간의 제한 없이 집필할 수 있다. 다만, 부득이한 사정이 있는 경우에는 그러하지 아니하다.
② 수용자는 거실·작업장, 그 밖에 지정된 장소에서 집필할 수 있다.

제76조 문서·도화의 외부 발송 등
① 소장은 수용자 본인이 작성 또는 집필한 문서나 도화를 외부에 보내거나 내가려고 할 때에는 그 내용을 확인하여 법 제43조 제5항(편지수수·발신 금지사유) 각 호의 어느 하나에 해당하지 않으면 허가해야 한다.
② 제1항에 따라 문서나 도화를 외부로 보내거나 내갈 때 드는 비용은 수용자가 부담한다.
③ 법 및 이 영에 규정된 사항 외에 수용자의 집필에 필요한 사항은 법무부장관이 정한다.

제7장 특별한 보호

제50조 여성수용자의 처우

① 소장은 여성수용자에 대하여 여성의 신체적·심리적 특성을 고려하여 처우하여야 한다.
② 소장은 여성수용자에 대하여 건강검진을 실시하는 경우에는 나이·건강 등을 고려하여 부인과질환에 관한 검사를 포함시켜야 한다.
③ 소장은 생리 중인 여성수용자에 대하여는 위생에 필요한 물품을 지급하여야 한다.

제51조 여성수용자 처우 시의 유의사항

① 소장은 여성수용자에 대하여 상담·교육·작업 등(이하 이 조에서 "상담 등"이라 한다)을 실시하는 때에는 여성교도관이 담당하도록 하여야 한다. 다만, 여성교도관이 부족하거나 그 밖의 부득이한 사정이 있으면 그러하지 아니하다.
② 제1항 단서에 따라 남성교도관이 1인의 여성수용자에 대하여 실내에서 상담 등을 하려면 투명한 창문이 설치된 장소에서 다른 여성을 입회시킨 후 실시하여야 한다.

시행령

제7조 여성수용자에 대한 시찰
소장은 특히 필요하다고 인정하는 경우가 아니면 남성교도관이 야간에 수용자거실에 있는 여성수용자를 시찰하게 하여서는 아니 된다.

제77조 여성수용자의 목욕
① 소장은 제50조(목욕횟수 매주 1회 이상)에 따라 여성수용자의 목욕횟수를 정하는 경우에는 그 신체적 특성을 특히 고려하여야 한다.
② 소장은 여성수용자가 목욕을 하는 경우에 계호가 필요하다고 인정하면 여성교도관이 하도록 하여야 한다.

> **참고자료**
> - 여성의 신체·의류 및 휴대품에 대한 검사는 여성교도관이 하여야 한다(법 제93조 제4항).
> - 자살 등의 우려가 큰 때에는 전자영상장비로 거실에 있는 여성수용자를 계호할 수 있으며(법 제94조 제1항 단서), 이 경우 여성교도관이 계호하여야 한다(법 제94조 제2항 후단).

제52조 임산부인 수용자의 처우

① 소장은 수용자가 임신 중이거나 출산(유산·사산을 포함한다)한 경우에는 모성보호 및 건강유지를 위하여 정기적인 검진 등 적절한 조치를 하여야 한다.
② 소장은 수용자가 출산하려고 하는 경우에는 외부의료시설에서 진료를 받게 하는 등 적절한 조치를 하여야 한다.

시행령

제78조 출산의 범위
법 제52조 제1항에서 "출산(유산·사산을 포함한다)한 경우"란 출산(유산·사산한 경우를 포함한다) 후 60일이 지나지 아니한 경우를 말한다.

제53조 유아의 양육

① 여성수용자는 자신이 출산한 유아를 교정시설에서 양육할 것을 신청할 수 있다. 이 경우 소장은 다음 각 호의 어느 하나에 해당하는 사유가 없으면, 생후 18개월에 이르기까지 허가하여야 한다.
  1. 유아가 질병·부상, 그 밖의 사유로 교정시설에서 생활하는 것이 특히 부적당하다고 인정되는 때
  2. 수용자가 질병·부상, 그 밖의 사유로 유아를 양육할 능력이 없다고 인정되는 때
  3. 교정시설에 감염병이 유행하거나 그 밖의 사정으로 유아양육이 특히 부적당한 때
② 소장은 제1항에 따라 유아의 양육을 허가한 경우에는 필요한 설비와 물품의 제공, 그 밖에 양육을 위하여 필요한 조치를 하여야 한다.

시행령

제79조 유아의 양육
소장은 법 제53조 제1항에 따라 유아의 양육을 허가한 경우에는 교정시설에 육아거실을 지정·운영하여야 한다.

시행규칙

제42조 임산부수용자 등에 대한 특칙
소장은 임산부인 수용자 및 법 제53조에 따라 유아의 양육을 허가받은 수용자에 대하여 필요하다고 인정하는 경우에는 교정시설에 근무하는 의사(공중보건의사를 포함한다. 이하 "의무관"이라 한다)의 의견을 들어 필요한 양의 죽 등의 주식과 별도로 마련된 부식을 지급할 수 있으며, 양육유아에 대하여는 분유 등의 대체식품을 지급할 수 있다.

시행령

제80조 유아의 인도
① 소장은 유아의 양육을 허가하지 아니하는 경우에는 수용자의 의사를 고려하여 유아보호에 적당하다고 인정하는 법인 또는 개인에게 그 유아를 보낼 수 있다. 다만, 적당한 법인 또는 개인이 없는 경우에는 그 유아를 해당 교정시설의 소재지를 관할하는 시장·군수 또는 구청장에게 보내서 보호하게 하여야 한다.
② 법 제53조 제1항에 따라 양육이 허가된 유아가 출생 후 18개월이 지나거나, 유아양육의 허가를 받은 수용자가 허가의 취소를 요청하는 때 또는 법 제53조 제1항(유아 양육 불허사유) 각 호의 어느 하나에 해당되는 때에도 제1항과 같다.

> **참고자료**
> - 법 제51조 제2항: 다른 여성을 입회시킨 후(○) ➡ 다른 여성교도관, 다른 교도관, 다른 남성을 입회시킨 후(×)
> - 법 제53조 제1항: 생후 18개월에 이르기까지(○) ➡ 허가 후 18개월에 이르기까지(×)
> - 법 제53조 제1항: 양육불허사유에 해당하지 않는 한 필요적 허가
> - 시행령 제80조 제1항: 수용자의 의사를 고려(○), 교정시설의 소재지를 관할하는(○) ➡ 교도관회의의 결정에 의해(×), 유아가 태어난 곳의 소재지를 관할하는(×)
> - 비교·구분: 법 제50조 제1항, 법 제50조 제2항, 시행령 제77조 제1항 및 법 제54조
> - 유아의 양육: 여성수용자가 친모(母)이면서 법적모(母)가 아닌 경우에는 양육신청이 가능하지만, 친모가 아니면서 법적모인 여성수용자는 양육신청을 할 수 없다.
> - 신청자는 해당 여성수용자에 한하므로 남편 등 가족에게는 유아양육 신청이 인정되지 않는다.
> - 유아의 양육은 해당 수용자의 신청에 의하므로 유아를 양육할 적당한 보호자가 없는 경우라도 소장이 직권으로 유아양육을 결정할 수 없다.
> - 소장은 불허사유 요건에 해당하지 않는 한, 유아의 양육을 허가한 후에는 그 처분을 임의로 취소할 수 없다.

제53조의2 수용자의 미성년 자녀 보호에 대한 지원

① 소장은 신입자에게 「아동복지법」 제15조(보호대상아동에 대한 보호조치)에 따른 보호조치를 의뢰할 수 있음을 알려주어야 한다.
② 소장은 수용자가 「아동복지법」 제15조에 따른 보호조치를 의뢰하려는 경우 보호조치 의뢰가 원활하게 이루어질 수 있도록 지원하여야 한다.
③ 제1항에 따른 안내 및 제2항에 따른 보호조치 의뢰 지원의 방법·절차, 그 밖에 필요한 사항은 법무부장관이 정한다.

제54조 수용자에 대한 특별한 처우

① 소장은 노인수용자에 대하여 나이·건강상태 등을 고려하여 그 처우에 있어 적정한 배려를 하여야 한다.
② 소장은 장애인수용자에 대하여 장애의 정도를 고려하여 그 처우에 있어 적정한 배려를 하여야 한다.
③ 소장은 외국인수용자에 대하여 언어·생활문화 등을 고려하여 적정한 처우를 하여야 한다.
④ 소장은 소년수용자에 대하여 나이·적성 등을 고려하여 적정한 처우를 하여야 한다.
⑤ 노인수용자·장애인수용자·외국인수용자 및 소년수용자에 대한 적정한 배려 또는 처우에 관하여 필요한 사항은 법무부령으로 정한다.

노인수용자

제81조 노인수용자의 정의
① 법 제54조 제1항에서 "노인수용자"란 65세 이상인 수용자를 말한다.

시행규칙

제43조 전담교정시설
① 법 제57조 제6항(전담교정시설 수용)에 따라 법무부장관이 노인수형자의 처우를 전담하도록 정하는 시설(이하 "노인수형자 전담교정시설"이라 한다)에는 「장애인·노인·임산부 등의 편의증진보장에 관한 법률 시행령」 별표 2의 교도소·구치소 편의시설의 종류 및 설치기준에 따른 편의시설을 갖추어야 한다.
② 노인수형자 전담교정시설에는 별도의 공동휴게실을 마련하고 노인이 선호하는 오락용품 등을 갖춰두어야 한다.

제44조 수용거실
① 노인수형자 전담교정시설이 아닌 교정시설에서는 노인수용자를 수용하기 위하여 별도의 거실을 지정하여 운용할 수 있다.
② 노인수용자의 거실은 시설부족 또는 그 밖의 부득이한 사정이 없으면 건물의 1층에 설치하고, 특히 겨울철 난방을 위하여 필요한 시설을 갖추어야 한다.

제45조 주·부식 등 지급
소장은 노인(장애인, 소년)수용자의 나이·건강상태 등을 고려하여 필요하다고 인정하면 제4조부터 제8조까지의 규정, 제10조, 제11조, 제13조 및 제14조에 따른 수용자의 지급기준을 초과하여 주·부식, 의류·침구, 그 밖의 생활용품을 지급할 수 있다.

제46조 운동·목욕
① 소장은 노인(장애인, 소년)수용자의 나이·건강상태 등을 고려하여 필요하다고 인정하면 영 제49조에 따른 운동시간을 연장하거나 영 제50조에 따른 목욕횟수를 늘릴 수 있다.
② 소장은 노인(장애인, 소년)수용자가 거동이 불편하여 혼자서 목욕하기 어려운 경우에는 교도관, 자원봉사자 또는 다른 수용자로 하여금 목욕을 보조하게 할 수 있다.

제47조 전문의료진 등
① 노인(소년)수형자 전담교정시설의 장은 노인성 질환에 관한 전문적인 지식을 가진 의료진과 장비를 갖추고, 외부의료시설과 협력체계를 강화하여 노인(소년)수형자가 신속하고 적절한 치료를 받을 수 있도록 노력하여야 한다.
② 소장은 노인(소년)수용자에 대하여 6개월에 1회 이상 건강검진을 하여야 한다.

제48조 교육·교화프로그램 및 작업
① 노인(장애인, 소년)수형자 전담교정시설의 장은 노인(장애인, 소년)문제에 관한 지식과 경험이 풍부한 외부전문가를 초빙하여 교육하게 하는 등 노인(장애인, 소년)수형자의 교육 받을 기회를 확대하고, 노인(장애인, 소년)전문오락, 그 밖에 노인(장애인, 소년)의 특성에 알맞은 교화프로그램을 개발·시행하여야 한다.
② 소장은 노인(장애인, 소년)수용자가 작업을 원하는 경우에는 나이·건강상태 등을 고려하여 해당 수용자가 감당할 수 있는 정도의 작업을 부과한다. 이 경우 의무관의 의견을 들어야 한다.

> **참고자료**
> - 시행규칙 제47조 제2항: 6개월에 1회 이상 건강검진 대상자 – 노인수용자, 19세 미만의 수용자, 소년수용자, 계호상 독거수용자
> - 시행규칙 제48조 제2항: 노인수용자가 작업을 원하는 경우 – 의무관의 의견(○) ➡ 담당교도관의 의견(×)
> - 시행령 제93조: 신청에 따른 작업 취소시 – 교도관의 의견(○) ➡ 의무관의 의견(×)

장애인수용자

제81조 장애인수용자의 정의
② 법 제54조 제2항에서 "장애인수용자"란 시각·청각·언어·지체 등의 장애로 통상적인 수용생활이 특히 곤란하다고 인정되는 사람으로서 법무부령으로 정하는 수용자를 말한다.

시행규칙

제49조 정의
"장애인수용자"란 「장애인복지법 시행령」 별표 1의 제1호부터 제15호까지의 규정에 해당하는 사람으로서 시각·청각·언어·지체 등의 장애로 통상적인 수용생활이 특히 곤란하다고 인정되는 수용자를 말한다.

제50조 전담교정시설
① 법 제57조 제6항(전담교정시설 수용)에 따라 법무부장관이 장애인수형자의 처우를 전담하도록 정하는 시설(이하 "장애인수형자 전담교정시설"이라 한다)의 장은 장애종류별 특성에 알맞은 재활치료프로그램을 개발하여 시행하여야 한다.
② 장애인수형자 전담교정시설 편의시설의 종류 및 설치기준에 관하여는 제43조 제1항(편의시설 완비)을 준용한다.

제51조 수용거실
① 장애인수형자 전담교정시설이 아닌 교정시설에서는 장애인수용자를 수용하기 위하여 별도의 거실을 지정하여 운용할 수 있다.
② 장애인수용자의 거실은 시설부족 또는 그 밖의 부득이한 사정이 없으면 건물의 1층에 설치하고, 특히 장애인이 이용할 수 있는 변기 등의 시설을 갖추도록 하여야 한다.

제52조 전문의료진 등
장애인수형자 전담교정시설의 장은 장애인의 재활에 관한 전문적인 지식을 가진 의료진과 장비를 갖추도록 노력하여야 한다.

제53조 직업훈련
장애인수형자 전담교정시설의 장은 장애인수형자에 대한 직업훈련이 석방 후의 취업과 연계될 수 있도록 그 프로그램의 편성 및 운영에 특히 유의하여야 한다.

제54조 준용규정
장애인수용자의 장애정도, 건강 등을 고려하여 필요하다고 인정하는 경우 주·부식 등의 지급, 운동·목욕 및 교육·교화프로그램·작업에 관하여 제45조(주·부식 등 지급)·제46조(운동·목욕) 및 제48조(교육·교화프로그램)를 준용한다.

외국인수용자

제81조 외국인수용자의 정의
③ 법 제54조 제3항에서 "외국인수용자"란 대한민국의 국적을 가지지 아니한 수용자를 말한다.

시행규칙

제55조 전담교정시설
법 제57조 제6항(전담교정시설 수용)에 따라 법무부장관이 외국인수형자의 처우를 전담하도록 정하는 시설의 장은 외국인의 특성에 알맞은 교화프로그램 등을 개발하여 시행하여야 한다.

제56조 전담요원 지정
① 외국인수용자를 수용하는 소장은 외국어에 능통한 소속 교도관을 전담요원으로 지정하여 일상적인 개별면담, 고충해소, 통역·번역 및 외교공관 또는 영사관 등 관계기관과의 연락 등의 업무를 수행하게 하여야 한다.
② 제1항의 전담요원은 외국인 미결수용자에게 소송 진행에 필요한 법률지식을 제공하는 등의 조력을 하여야 한다.

제57조 수용거실 지정
① 소장은 외국인수용자의 수용거실을 지정하는 경우에는 종교 또는 생활관습이 다르거나 민족감정 등으로 인하여 분쟁의 소지가 있는 외국인수용자는 거실을 분리하여 수용하여야 한다.
② 소장은 외국인수용자에 대하여는 그 생활양식을 고려하여 필요한 수용설비를 제공하도록 노력하여야 한다.

제58조 주·부식 지급
① 외국인수용자에게 지급하는 음식물의 총열량은 제14조 제2항(1명당 1일 2천500 킬로칼로리)에도 불구하고 소속 국가의 음식문화, 체격 등을 고려하여 조정할 수 있다.
② 외국인수용자에 대하여는 쌀, 빵 또는 그 밖의 식품을 주식으로 지급하되, 소속 국가의 음식문화를 고려하여야 한다.
③ 외국인수용자에게 지급하는 부식의 지급기준은 법무부장관이 정한다.

제59조 위독 또는 사망 시의 조치
소장은 외국인수용자가 질병 등으로 위독하거나 사망한 경우에는 그의 국적이나 시민권이 속하는 나라의 외교공관 또는 영사관의 장이나 그 관원 또는 가족에게 이를 즉시 알려야 한다.

시행령

소년수용자

제81조 소년수용자의 정의
④ 법 제54조 제4항에서 "소년수용자"란 다음 각 호의 사람을 말한다.
  1. 19세 미만의 수형자
  2. 법 제12조 제3항(계속 수용)에 따라 소년교도소에 수용 중인 수형자
  3. 19세 미만의 미결수용자

시행규칙

제59조의2 전담교정시설
① 법 제57조 제6항(전담교정시설 수용)에 따라 법무부장관이 19세 미만의 수형자(이하 "소년수형자"라 한다)의 처우를 전담하도록 정하는 시설(이하 "소년수형자 전담교정시설"이라 한다)의 장은 소년의 나이·적성 등 특성에 알맞은 교육·교화프로그램을 개발하여 시행하여야 한다.
② 소년수형자 전담교정시설에는 별도의 공동학습공간을 마련하고 학용품 및 소년의 정서 함양에 필요한 도서, 잡지 등을 갖춰 두어야 한다.

제59조의3 수용거실
① 소년수형자 전담교정시설이 아닌 교정시설에서는 소년수용자(영 제81조 제4항에 따른 소년수용자를 말한다. 이하 같다)를 수용하기 위하여 별도의 거실을 지정하여 운용할 수 있다.
② 소년수형자 전담교정시설이 아닌 교정시설에서 소년수용자를 수용한 경우 교육·교화프로그램에 관하여는 제59조의2 제1항을 준용한다.

제59조의4 의류
법무부장관은 제4조 및 제5조에도 불구하고 소년수용자의 나이·적성 등을 고려하여 필요하다고 인정하는 경우 의류의 품목과 품목별 착용 시기 및 대상을 달리 정할 수 있다.

제59조의5 접견·전화
소장은 소년수형자 등의 나이·적성 등을 고려하여 필요하다고 인정하면 제87조(경비처우급별 접견의 허용횟수) 및 제90조(경비처우급별 전화통화의 허용횟수)에 따른 접견 및 전화통화 횟수를 늘릴 수 있다.

제59조의6 사회적 처우
제92조 제1항(경비처우급별 사회적 처우)에도 불구하고 소장은 소년수형자 등의 나이·적성 등을 고려하여 필요하다고 인정하면 소년수형자 등에게 같은 항 각 호(사회견학, 사회봉사, 자신이 신봉하는 종교행사 참석, 연극·영화·그 밖의 문화공연 관람)에 해당하는 활동을 허가할 수 있다. 이 경우 소장이 허가할 수 있는 활동에는 발표회 및 공연 등 참가 활동을 포함한다.

제59조의7 준용규정
소년수용자의 나이·건강상태 등을 고려하여 필요하다고 인정하는 경우 주·부식의 등의 지급, 운동·목욕, 전문의료진 등 및 작업에 관하여 제45조부터 제48조까지의 규정을 준용한다.

> **참고자료**
>
> - 시행규칙 제59조의5와 제59조의6에서 '소년수형자 등'은 시행령 제81조 제4항 제1호(19세 미만의 수형자)와 제2호(계속 수용에 따라 소년교도소에 수용 중인 수형자)의 수형자를 의미하는 것으로 보이며, 법령에 '소년수형자 등'의 정의가 없는 것은 입법불비로 보인다.
> - 소년수용자에 대한 준용규정(시행규칙 제59조의7)
>   1. 주·부식 등 지급
>   소장은 소년수용자의 나이·건강상태 등을 고려하여 필요하다고 인정하면 수용자의 지급기준을 초과하여 주·부식, 의류·침구, 그 밖의 생활용품을 지급할 수 있다.
>   2. 운동·목욕
>   ① 소장은 소년수용자의 나이·건강상태 등을 고려하여 필요하다고 인정하면 운동시간을 연장하거나 목욕횟수를 늘릴 수 있다.
>   ② 소장은 소년수용자가 거동이 불편하여 혼자서 목욕하기 어려운 경우에는 교도관, 자원봉사자 또는 다른 수용자로 하여금 목욕을 보조하게 할 수 있다.
>   3. 전문의료진 등
>   ① 소년수형자 전담교정시설의 장은 소년에 관한 전문적인 지식을 가진 의료진과 장비를 갖추고, 외부의료시설과 협력체계를 강화하여 소년수형자가 신속하고 적절한 치료를 받을 수 있도록 노력하여야 한다.
>   ② 소장은 소년수용자에 대하여 6개월에 1회 이상 건강검진을 하여야 한다.
>   4. 작업
>   소장은 소년수용자가 작업을 원하는 경우에는 나이·건강상태 등을 고려하여 해당 수용자가 감당할 수 있는 정도의 작업을 부과한다. 이 경우 의무관의 의견을 들어야 한다.

제8장 수형자의 처우

제1절 통칙

제55조 수형자 처우의 원칙

수형자에 대하여는 교육·교화프로그램, 작업, 직업훈련 등을 통하여 교정교화를 도모하고 사회생활에 적응하는 능력을 함양하도록 처우하여야 한다.

제56조 개별처우계획의 수립 등

① 소장은 제62조의 분류처우위원회의 의결에 따라 수형자의 개별적 특성에 알맞은 교육·교화프로그램, 작업, 직업훈련 등의 처우에 관한 계획(이하 "개별처우계획"이라 한다)을 수립하여 시행한다.
② 소장은 수형자가 스스로 개선하여 사회에 복귀하려는 의욕이 고취되도록 개별처우계획을 정기적으로 또는 수시로 점검하여야 한다.

시행령

제82조 수형자로서의 처우 개시
① 소장은 미결수용자로서 자유형이 확정된 사람에 대하여는 검사의 집행 지휘서가 도달된 때부터 수형자로 처우할 수 있다.
② 제1항의 경우 검사는 집행 지휘를 한 날부터 10일 이내에 재판서나 그 밖에 적법한 서류를 소장에게 보내야 한다.

제57조 처우

① 수형자는 제59조의 분류심사의 결과에 따라 그에 적합한 교정시설에 수용되며, 개별처우계획에 따라 그 특성에 알맞은 처우를 받는다.
② 교정시설은 도주방지 등을 위한 수용설비 및 계호의 정도(이하 "경비등급"이라 한다)에 따라 다음 각 호로 구분한다. 다만, 동일한 교정시설이라도 구획을 정하여 경비등급을 달리할 수 있다.

1. 개방시설	도주방지를 위한 통상적인 설비의 전부 또는 일부를 갖추지 아니하고 수형자의 자율적 활동이 가능하도록 통상적인 관리·감시의 전부 또는 일부를 하지 아니하는 교정시설
2. 완화경비시설	도주방지를 위한 통상적인 설비 및 수형자에 대한 관리·감시를 일반경비시설보다 완화한 교정시설
3. 일반경비시설	도주방지를 위한 통상적인 설비를 갖추고 수형자에 대하여 통상적인 관리·감시를 하는 교정시설
4. 중경비시설	도주방지 및 수형자 상호 간의 접촉을 차단하는 설비를 강화하고 수형자에 대한 관리·감시를 엄중히 하는 교정시설

③ 수형자에 대한 처우는 교화 또는 건전한 사회복귀를 위하여 교정성적에 따라 상향 조정될 수 있으며, 특히 그 성적이 우수한 수형자는 개방시설에 수용되어 사회생활에 필요한 적정한 처우를 받을 수 있다.
④ 소장은 가석방 또는 형기 종료를 앞둔 수형자 중에서 법무부령으로 정하는 일정한 요건을 갖춘 사람에 대해서는 가석방 또는 형기 종료 전 일정 기간 동안 지역사회 또는 교정시설에 설치된 개방시설에 수용하여 사회적응에 필요한 교육, 취업지원 등의 적정한 처우를 할 수 있다.
⑤ 수형자는 교화 또는 건전한 사회복귀를 위하여 교정시설 밖의 적당한 장소에서 봉사활동·견학, 그 밖에 사회적응에 필요한 처우를 받을 수 있다.
⑥ 학과교육생·직업훈련생·외국인·여성·장애인·노인·환자·소년(19세 미만인 자를 말한다), 제4항에 따른 처우(이하 "중간처우"라 한다)의 대상자, 그 밖에 별도의 처우가 필요한 수형자는 법무부장관이 특히 그 처우를 전담하도록 정하는 시설(이하 "전담교정시설"이라 한다)에 수용되며, 그 특성에 알맞은 처우를 받는다. 다만, 전담교정시설의 부족이나 그 밖의 부득이한 사정이 있는 경우에는 예외로 할 수 있다.
⑦ 제2항 각 호의 시설의 설비 및 계호의 정도에 관하여 필요한 사항은 대통령령으로 정한다.

시행령

제83조 경비등급별 설비 및 계호
법 제57조 제2항(경비등급에 따른 교정시설) 각 호의 수용설비 및 계호의 정도는 다음 각 호의 규정에 어긋나지 않는 범위에서 법무부장관이 정한다.
1. 수형자의 생명이나 신체, 그 밖의 인권 보호에 적합할 것
2. 교정시설의 안전과 질서유지를 위하여 필요한 최소한의 범위일 것
3. 법 제56조 제1항의 개별처우계획의 시행에 적합할 것

제84조 수형자의 처우등급 부여 등
① 법 제57조 제3항(교정성적에 따른 단계별 처우)에서 "교정성적"이란 수형자의 수용생활 태도, 상벌 유무, 교육 및 작업의 성과 등을 종합적으로 평가한 결과를 말한다.
② 소장은 수형자의 처우수준을 개별처우계획의 시행에 적합하게 정하거나 조정하기 위하여 교정성적에 따라 처우등급을 부여할 수 있다.
③ 수형자에게 부여하는 처우등급에 관하여 필요한 사항은 법무부령으로 정한다.

제58조 외부전문가의 상담 등

소장은 수형자의 교화 또는 건전한 사회복귀를 위하여 필요하면 교육학·교정학·범죄학·사회학·심리학·의학 등에 관한 학식 또는 교정에 관한 경험이 풍부한 외부전문가로 하여금 수형자에 대한 상담·심리치료 또는 생활지도 등을 하게 할 수 있다.

제2절 분류심사

제59조 분류심사

① 소장은 수형자에 대한 개별처우계획을 합리적으로 수립하고 조정하기 위하여 수형자의 인성, 행동특성 및 자질 등을 과학적으로 조사·측정·평가(이하 "분류심사"라 한다)하여야 한다. 다만, 집행할 형기가 짧거나 그 밖의 특별한 사정이 있는 경우에는 예외로 할 수 있다.
② 수형자의 분류심사는 형이 확정된 경우에 개별처우계획을 수립하기 위하여 하는 심사와 일정한 형기가 지나거나 상벌 또는 그 밖의 사유가 발생한 경우에 개별처우계획을 조정하기 위하여 하는 심사로 구분한다.
③ 소장은 분류심사를 위하여 수형자를 대상으로 상담 등을 통한 신상에 관한 개별사안의 조사, 심리·지능·적성 검사, 그 밖에 필요한 검사를 할 수 있다.
④ 소장은 분류심사를 위하여 외부전문가로부터 필요한 의견을 듣거나 외부전문가에게 조사를 의뢰할 수 있다.
⑤ 이 법에 규정된 사항 외에 분류심사에 관하여 필요한 사항은 법무부령으로 정한다.

관련판례

수용자에 대한 분류심사는 수용자의 개별적인 요청이나 희망에 따라 행하여지는 것이 아니라 행형기관의 교정정책 또는 형사정책적 판단에 따라 이루어지는 재량적 조치로서, 청구인이 분류심사에서 어떠한 처우등급을 받을 것인지 여부는 행형기관의 재량적 판단에 달려 있고, 청구인에게 등급의 상향조정을 청구할 권리가 있는 것이 아니다. 따라서 행형기관이 청구인에 대한 분류심사를 함에 있어 청구인의 과거 범죄전력을 반영하여 낮은 처우등급으로 결정하였다고 하더라도 이러한 분류심사행위는 행형기관이 여러 고려 사항들을 반영하여 결정하는 재량적 조치로서, 청구인의 법률관계나 법적지위를 직접적이고 구체적으로 불리하게 변경시키는 것이라고 할 수 없으므로 헌법소원심판의 대상이 되는 공권력의 행사에 해당한다고 할 수 없다(헌재 2018.5.29. 2018헌마458).

[2019. 8급 승진]

제60조 관계기관 등에 대한 사실조회 등

① 소장은 분류심사와 그 밖에 수용목적의 달성을 위하여 필요하면 수용자의 가족 등을 면담하거나 법원·경찰관서, 그 밖의 관계 기관 또는 단체(이하 "관계기관 등"이라 한다)에 대하여 필요한 사실을 조회할 수 있다.
② 제1항의 조회를 요청받은 관계기관 등의 장은 특별한 사정이 없으면 지체 없이 그에 관하여 답하여야 한다.

제61조 분류전담시설

법무부장관은 수형자를 과학적으로 분류하기 위하여 분류심사를 전담하는 교정시설을 지정·운영할 수 있다.

🔒 Corrections

시행령

제86조 분류전담시설
법무부장관은 법 제61조(분류전담시설)의 분류심사를 전담하는 교정시설을 지정·운영하는 경우에는 지방교정청별로 1개소 이상이 되도록 하여야 한다.

시행규칙

제60조 이송·재수용 수형자의 개별처우계획 등
① 소장은 해당 교정시설의 특성 등을 고려하여 필요한 경우에는 다른 교정시설로부터 이송되어 온 수형자의 개별처우계획(법 제56조 제1항에 따른 개별처우계획을 말한다. 이하 같다)을 변경할 수 있다.
② 소장은 형집행정지 중에 있는 사람이 기간만료 또는 그 밖의 정지사유가 없어져 재수용된 경우에는 석방 당시와 동일한 처우등급을 부여할 수 있다.
③ 소장은 형집행정지 중에 있는 사람이「자유형 등에 관한 검찰집행사무규칙」제33조제2항(형집행정지자가 주거지 이탈하여 소재불명되어 검사는 그 소재불명이 형집행정지의 취소 사유로 인정되는 때에 한하여 형집행정지를 취소하여야 한다)에 따른 형집행정지의 취소로 재수용된 경우에는 석방 당시보다 한 단계 낮은 처우등급(제74조의 경비처우급에만 해당한다)을 부여할 수 있다.
④ 소장은 제260조(가석방의 취소사유)에 따른 가석방의 취소로 재수용되어 남은 형기가 집행되는 경우에는 석방 당시보다 한 단계 낮은 처우등급(제74조의 경비처우급에만 해당한다)을 부여한다. 다만,「가석방자관리규정」제5조 단서(천재지변, 질병, 부득이한 사유로 출석의무를 위반시)를 위반하여 가석방이 취소되는 등 가석방 취소사유에 특히 고려할 만한 사정이 있는 때에는 석방 당시와 동일한 처우등급을 부여할 수 있다.
⑤ 소장은 형집행정지 중이거나 가석방기간 중에 있는 사람이 형사사건으로 재수용되어 형이 확정된 경우에는 개별처우계획을 새로 수립하여야 한다.

> **참고자료 가석방자의 출석의무**
> 가석방자는 가석방증에 적힌 기한 내에 관할경찰서에 출석하여 가석방증에 출석확인을 받아야 한다. 다만, 천재지변, 질병, 그 밖의 부득이한 사유로 기한 내에 출석할 수 없거나 출석하지 아니하였을 때에는 지체 없이 그 사유를 가장 가까운 경찰서의 장에게 신고하고 확인서를 받아 관할경찰서의 장에게 제출하여야 한다(가석방자관리규정 제5조).

제61조 국제수형자 및 군수형자의 개별처우계획
① 소장은「국제수형자이송법」에 따라 외국으로부터 이송되어 온 수형자에 대하여는 개별처우계획을 새로 수립하여 시행한다. 이 경우 해당 국가의 교정기관으로부터 접수된 그 수형자의 수형생활 또는 처우 등에 관한 내용을 고려할 수 있다.
② 소장은 군사법원에서 징역형 또는 금고형이 확정되거나 그 형의 집행 중에 있는 사람이 이송되어 온 경우에는 개별처우계획을 새로 수립하여 시행한다. 이 경우 해당 군교도소로부터 접수된 그 수형자의 수형생활 또는 처우 등에 관한 내용을 고려할 수 있다.

제62조 분류심사 제외 및 유예
① 다음 각 호의 사람에 대해서는 분류심사를 하지 아니한다.
  1. 징역형·금고형이 확정된 사람으로서 집행할 형기가 형집행지휘서 접수일부터 3개월 미만인 사람
  2. 구류형이 확정된 사람
② 소장은 수형자가 다음 각 호의 어느 하나에 해당하는 사유가 있으면 분류심사를 유예한다.

1. 질병 등으로 분류심사가 곤란한 때
2. 법 제107조 제1호부터 제5호까지의 규정에 해당하는 행위 및 이 규칙 제214조 각 호에 해당하는 행위(이하 "징벌대상행위"라 한다)의 혐의가 있어 조사 중이거나 징벌집행 중인 때
3. 그 밖의 사유로 분류심사가 특히 곤란하다고 인정하는 때

③ 소장은 제2항 각 호에 해당하는 사유가 소멸한 경우에는 지체 없이 분류심사를 하여야 한다. 다만, 집행할 형기가 사유 소멸일부터 3개월 미만인 경우에는 분류심사를 하지 아니한다.

제63조 분류심사 사항

분류심사 사항은 다음 각 호와 같다.
1. 처우등급에 관한 사항
2. 작업, 직업훈련, 교육 및 교화프로그램 등의 처우방침에 관한 사항
3. 보안상의 위험도 측정 및 거실 지정 등에 관한 사항
4. 보건 및 위생관리에 관한 사항
5. 이송에 관한 사항
6. 가석방 및 귀휴심사에 관한 사항
7. 석방 후의 생활계획에 관한 사항
8. 그 밖에 수형자의 처우 및 관리에 관한 사항

제64조 신입심사 시기

개별처우계획을 수립하기 위한 분류심사(이하 "신입심사"라 한다)는 매월 초일부터 말일까지 형집행지휘서가 접수된 수형자를 대상으로 하며, 그 다음 달까지 완료하여야 한다. 다만, 특별한 사유가 있는 경우에는 그 기간을 연장할 수 있다.

제65조 재심사의 구분

개별처우계획을 조정할 것인지를 결정하기 위한 분류심사(이하 "재심사"라 한다)는 다음 각 호와 같이 구분한다.
1. 정기재심사: 일정한 형기가 도달한 때 하는 재심사
2. 부정기재심사: 상벌 또는 그 밖의 사유가 발생한 경우에 하는 재심사

제66조 정기재심사

① 정기재심사는 다음 각 호의 어느 하나에 해당하는 경우에 한다. 다만, 형집행지휘서가 접수된 날부터 6개월이 지나지 아니한 경우에는 그러하지 아니하다.
  1. 형기의 3분의 1에 도달한 때
  2. 형기의 2분의 1에 도달한 때
  3. 형기의 3분의 2에 도달한 때
  4. 형기의 6분의 5에 도달한 때
② 부정기형의 재심사 시기는 단기형을 기준으로 한다.
③ 무기형과 20년을 초과하는 징역형·금고형의 재심사 시기를 산정하는 경우에는 그 형기를 20년으로 본다.
④ 2개 이상의 징역형 또는 금고형을 집행하는 수형자의 재심사 시기를 산정하는 경우에는 그 형기를 합산한다. 다만, 합산한 형기가 20년을 초과하는 경우에는 그 형기를 20년으로 본다.

제67조 부정기재심사

부정기재심사는 다음 각 호의 어느 하나에 해당하는 경우에 할 수 있다.
1. 분류심사에 오류가 있음이 발견된 때
2. 수형자가 교정사고(교정시설에서 발생하는 화재, 수용자의 자살·도주·폭행·소란, 그 밖에 사람의 생명·신체를 해하거나 교정시설의 안전과 질서를 위태롭게 하는 사고를 말한다. 이하 같다)의 예방에 뚜렷한 공로가 있는 때
3. 수형자를 징벌하기로 의결한 때
4. 수형자가 집행유예의 실효 또는 추가사건(현재 수용의 근거가 된 사건 외의 형사사건을 말한다. 이하 같다)으로 금고 이상의 형이 확정된 때

5. 수형자가 「숙련기술장려법」 제20조 제2항에 따른 전국기능경기대회 입상, 기사 이상의 자격취득, 학사 이상의 학위를 취득한 때
6. 삭제 〈2014.11.17. 가석방 심사와 관련하여 필요한 때〉
7. 그 밖에 수형자의 수용 또는 처우의 조정이 필요한 때

제68조 재심사 시기 등
① 소장은 재심사를 할 때에는 그 사유가 발생한 달의 다음 달까지 완료하여야 한다.
② 재심사에 따라 제74조의 경비처우급을 조정할 필요가 있는 경우에는 한 단계의 범위에서 조정한다. 다만, 수용 및 처우를 위하여 특히 필요한 경우에는 두 단계의 범위에서 조정할 수 있다.

제69조 분류조사 사항
① 신입심사를 할 때에는 다음 각 호의 사항을 조사한다.
   1. 성장과정
   2. 학력 및 직업경력
   3. 생활환경
   4. 건강상태 및 병력사항
   5. 심리적 특성
   6. 마약·알코올 등 약물중독 경력
   7. 가족 관계 및 보호자 관계
   8. 범죄경력 및 범행내용
   9. 폭력조직 가담여부 및 정도
   10. 교정시설 총 수용기간
   11. 교정시설 수용(과거에 수용된 경우를 포함한다) 중에 받은 징벌 관련 사항
   12. 도주(음모, 예비 또는 미수에 그친 경우를 포함한다) 또는 자살기도 유무와 횟수
   13. 상담관찰 사항
   14. 수용생활태도
   15. 범죄피해의 회복 노력 및 정도
   16. 석방 후의 생활계획
   17. 재범의 위험성
   18. 처우계획 수립에 관한 사항
   19. 그 밖에 수형자의 처우 및 관리에 필요한 사항
② 재심사를 할 때에는 제1항 각 호의 사항 중 변동된 사항과 다음 각 호의 사항을 조사한다.
   1. 교정사고 유발 및 징벌 관련 사항
   2. 제77조의 소득점수를 포함한 교정처우의 성과
   3. 교정사고 예방 등 공적 사항
   4. 추가사건 유무
   5. 재범의 위험성
   6. 처우계획 변경에 관한 사항
   7. 그 밖에 재심사를 위하여 필요한 사항

제70조 분류조사 방법
분류조사의 방법은 다음 각 호와 같다.
1. 수용기록 확인 및 수형자와의 상담
2. 수형자의 가족 등과의 면담
3. 검찰청, 경찰서, 그 밖의 관계기관에 대한 사실조회
4. 외부전문가에 대한 의견조회
5. 그 밖에 효율적인 분류심사를 위하여 필요하다고 인정되는 방법

제71조 분류검사
① 소장은 분류심사를 위하여 수형자의 인성, 지능, 적성 등의 특성을 측정·진단하기 위한 검사를 할 수 있다.
② 인성검사는 신입심사 대상자 및 그 밖에 처우상 필요한 수형자를 대상으로 한다. 다만, 수형자가 다음 각 호의 어느 하나에 해당하면 인성검사를 하지 아니할 수 있다.
　1. 제62조 제2항에 따라 분류심사가 유예된 때
　2. 그 밖에 인성검사가 곤란하거나 불필요하다고 인정되는 사유가 있는 때
③ 이해력의 현저한 부족 등으로 인하여 인성검사를 하지 아니한 경우에는 상담 내용과 관련 서류를 토대로 인성을 판정하여 경비처우급 분류지표를 결정할 수 있다.
④ 지능 및 적성 검사는 제2항 각 호의 어느 하나에 해당하지 아니하는 신입심사 대상자로서 집행할 형기가 형집행지휘서 접수일부터 1년 이상이고 나이가 35세 이하인 경우에 한다. 다만, 직업훈련 또는 그 밖의 처우를 위하여 특히 필요한 경우에는 예외로 할 수 있다.

제72조 처우등급
수형자의 처우등급은 다음 각 호와 같이 구분한다.
1. 기본수용급: 성별·국적·나이·형기 등에 따라 수용할 시설 및 구획 등을 구별하는 기준
2. 경비처우급: 도주 등의 위험성에 따라 수용시설과 계호의 정도를 구별하고, 범죄성향의 진전과 개선정도, 교정성적에 따라 처우수준을 구별하는 기준
3. 개별처우급: 수형자의 개별적인 특성에 따라 중점처우의 내용을 구별하는 기준

제73조 기본수용급
기본수용급은 다음 각 호와 같이 구분한다.
1. 여성수형자
2. 외국인수형자
3. 금고형수형자
4. 19세 미만의 소년수형자
5. 23세 미만의 청년수형자
6. 65세 이상의 노인수형자
7. 형기가 10년 이상인 장기수형자
8. 정신질환 또는 장애가 있는 수형자
9. 신체질환 또는 장애가 있는 수형자

제74조 경비처우급
① 경비처우급은 다음 각 호와 같이 구분한다.
　1. 개방처우급: 법 제57조 제2항 제1호의 개방시설에 수용되어 가장 높은 수준의 처우가 필요한 수형자
　2. 완화경비처우급: 법 제57조 제2항 제2호의 완화경비시설에 수용되어 통상적인 수준보다 높은 수준의 처우가 필요한 수형자
　3. 일반경비처우급: 법 제57조 제2항 제3호의 일반경비시설에 수용되어 통상적인 수준의 처우가 필요한 수형자
　4. 중경비처우급: 법 제57조 제2항 제4호의 중(重)경비시설(이하 "중경비시설"이라 한다)에 수용되어 기본적인 처우가 필요한 수형자
② 경비처우급에 따른 작업기준은 다음 각 호와 같다.
　1. 개방처우급: 외부통근작업 및 개방지역작업 가능
　2. 완화경비처우급: 개방지역작업 및 필요시 외부통근작업 가능
　3. 일반경비처우급: 구내작업 및 필요시 개방지역작업 가능
　4. 중경비처우급: 필요시 구내작업 가능

제76조 개별처우급
개별처우급은 다음 각 호와 같이 구분한다.
1. 직업훈련
2. 학과교육
3. 생활지도
4. 작업지도
5. 운영지원작업
6. 의료처우
7. 자치처우
8. 개방처우
9. 집중처우

제77조 소득점수
소득점수는 다음 각 호의 범위에서 산정한다.
1. 수형생활 태도: 5점 이내
2. 작업 또는 교육 성적: 5점 이내

제78조 소득점수 평가 기간 및 방법
① 소장은 수형자(제62조에 따라 분류심사에서 제외되거나 유예되는 사람은 제외한다)의 소득점수를 별지 제1호 서식의 소득점수 평가 및 통지서에 따라 매월 평가하여야 한다. 이 경우 대상기간은 매월 초일부터 말일까지로 한다.
② 수형자의 소득점수 평가 방법은 다음 각 호로 구분한다.
   1. 수형생활 태도: 품행·책임감 및 협동심의 정도에 따라 매우양호(수, 5점)·양호(우, 4점)·보통(미, 3점)·개선요망(양, 2점)·불량(가, 1점)으로 구분하여 채점한다.
   2. 작업 또는 교육 성적: 법 제63조·제65조에 따라 부과된 작업·교육의 실적 정도와 근면성 등에 따라 매우우수(수, 5점)·우수(우, 4점)·보통(미, 3점)·노력요망(양, 2점)·불량(가, 1점)으로 구분하여 채점한다.
③ 제2항에 따라 수형자의 작업 또는 교육 성적을 평가하는 경우에는 작업 숙련도, 기술력, 작업기간, 교육태도, 시험성적 등을 고려할 수 있다.
④ 보안·작업 담당교도관 및 수용관리팀(교정시설의 효율적인 운영과 수용자의 적정한 관리 및 처우를 위하여 수용동별 또는 작업장별로 나누어진 교정시설 안의 일정한 구역을 관리하는 단위조직을 말한다. 이하 같다)의 팀장은 서로 협의하여 소득점수 평가 및 통지서에 해당 수형자에 대한 매월 초일부터 말일까지의 소득점수를 채점한다.

제79조 소득점수 평가기준
① 수형생활 태도 점수와 작업 또는 교육성적 점수는 제78조 제2항의 방법에 따라 채점하되, 수는 소속 작업장 또는 교육장 전체 인원의 10퍼센트를 초과할 수 없고, 우는 30퍼센트를 초과할 수 없다. 다만, 작업장 또는 교육장 전체인원이 4명 이하인 경우에는 수·우를 각각 1명으로 채점할 수 있다.
② 소장이 작업장 중 작업의 특성이나 난이도 등을 고려하여 필수 작업장으로 지정하는 경우 소득점수의 수는 5퍼센트 이내, 우는 10퍼센트 이내의 범위에서 각각 확대할 수 있다.
③ 소장은 수형자가 부상이나 질병, 그 밖의 부득이한 사유로 작업 또는 교육을 받지 못한 경우에는 3점 이내의 범위에서 작업 또는 교육 성적을 부여할 수 있다.

제80조 소득점수 평정 등
① 소장은 제66조(정기재심사) 및 제67조(부정기재심사)에 따라 재심사를 하는 경우에는 그때마다 제78조에 따라 평가한 수형자의 소득점수를 평정하여 경비처우급을 조정할 것인지를 고려하여야 한다. 다만, 부정기재심사의 소득점수 평정대상기간은 사유가 발생한 달까지로 한다.
② 제1항에 따라 소득점수를 평정하는 경우에는 평정 대상기간 동안 매월 평가된 소득점수를 합산하여 평정 대상기간의 개월 수로 나누어 얻은 점수(이하 "평정소득점수"라 한다)로 한다.

제81조 경비처우급 조정
경비처우급을 상향 또는 하향 조정하기 위하여 고려할 수 있는 평정소득점수의 기준은 다음 각 호와 같다. 다만, 수용 및 처우를 위하여 특히 필요한 경우 법무부장관이 달리 정할 수 있다.
1. 상향 조정: 8점 이상[제66조 제1항 제4호(형기의 6분의 5에 도달한 때)에 따른 재심사의 경우에는 7점 이상]
2. 하향 조정: 5점 이하

제82조 조정된 처우등급의 처우 등
① 조정된 처우등급에 따른 처우는 그 조정이 확정된 다음 날부터 한다. 이 경우 조정된 처우등급은 그 달 초일부터 적용된 것으로 본다.
② 소장은 수형자의 경비처우급을 조정한 경우에는 지체 없이 해당 수형자에게 그 사항을 알려야 한다.

제83조 처우등급별 수용 등
① 소장은 수형자를 기본수용급별·경비처우급별로 구분하여 수용하여야 한다. 다만 처우상 특히 필요하거나 시설의 여건상 부득이한 경우에는 기본수용급·경비처우급이 다른 수형자를 함께 수용하여 처우할 수 있다.
② 소장은 제1항에 따라 수형자를 수용하는 경우 개별처우의 효과를 증진하기 위하여 경비처우급·개별처우급이 같은 수형자 집단으로 수용하여 처우할 수 있다.

제84조 물품지급
① 소장은 수형자의 경비처우급에 따라 물품에 차이를 두어 지급할 수 있다. 다만, 주·부식, 음료, 그 밖에 건강유지에 필요한 물품은 그러하지 아니하다.
② 제1항에 따라 의류를 지급하는 경우 수형자가 개방처우급인 경우에는 색상, 디자인 등을 다르게 할 수 있다.

제85조 봉사원 선정
① 소장은 개방처우급·완화경비처우급·일반경비처우급 수형자로서 교정성적, 나이, 인성 등을 고려하여 다른 수형자의 모범이 된다고 인정되는 경우에는 봉사원으로 선정하여 담당교도관의 사무처리와 그 밖의 업무를 보조하게 할 수 있다.
② 소장은 봉사원의 활동기간을 1년 이하로 정하되, 필요한 경우에는 그 기간을 연장할 수 있다.
③ 소장은 봉사원의 활동과 역할 수행이 부적당하다고 인정하는 경우에는 그 선정을 취소할 수 있다.
④ 제1항부터 제3항까지에서 규정한 사항 외에 봉사원 선정, 기간연장 및 선정취소 등에 필요한 사항은 법무부장관이 정한다.

제86조 자치생활
① 소장은 개방처우급·완화경비처우급 수형자에게 자치생활을 허가할 수 있다.
② 수형자 자치생활의 범위는 인원점검, 취미활동, 일정한 구역 안에서의 생활 등으로 한다.
③ 소장은 자치생활 수형자들이 교육실, 강당 등 적당한 장소에서 월 1회 이상 토론회를 할 수 있도록 하여야 한다.
④ 소장은 자치생활 수형자가 법무부장관 또는 소장이 정하는 자치생활 중 지켜야 할 사항을 위반한 경우에는 자치생활 허가를 취소할 수 있다.

제87조 접견
① 수형자의 경비처우급별 접견의 허용횟수는 다음 각 호와 같다.
　1. 개방처우급: 1일 1회
　2. 완화경비처우급: 월 6회
　3. 일반경비처우급: 월 5회
　4. 중경비처우급: 월 4회
② 제1항 제2호부터 제4호까지의 경우 접견은 1일 1회만 허용한다. 다만, 처우상 특히 필요한 경우에는 그러하지 아니하다.
③ 소장은 교화 및 처우상 특히 필요한 경우에는 수용자가 다른 교정시설의 수용자와 통신망을 이용하여 화상으로 접견하는 것(이하 "화상접견"이라 한다)을 허가할 수 있다. 이 경우 화상접견은 제1항의 접견 허용횟수에 포함한다.

제88조 접견 장소
소장은 개방처우급 수형자에 대하여는 법무부장관이 정하는 바에 따라 접촉차단시설이 설치된 장소 외의 적당한 곳에서 접견을 실시할 수 있다. 다만, 처우상 특히 필요하다고 인정하는 경우에는 그 밖의 수형자에 대하여도 이를 허용할 수 있다.

제89조 가족 만남의 날 행사 등
① 소장은 개방처우급·완화경비처우급 수형자에 대하여 가족 만남의 날 행사에 참여하게 하거나 가족 만남의 집을 이용하게 할 수 있다. 이 경우 제87조의 접견 허용횟수에는 포함되지 아니한다.
② 제1항의 경우 소장은 가족이 없는 수형자에 대하여는 결연을 맺었거나 그 밖에 가족에 준하는 사람으로 하여금 그 가족을 대신하게 할 수 있다.
③ 소장은 제1항에도 불구하고 교화를 위하여 특히 필요한 경우에는 일반경비처우급 수형자에 대하여도 가족 만남의 날 행사 참여 또는 가족 만남의 집 이용을 허가할 수 있다.
④ 제1항 및 제3항에서 "가족 만남의 날 행사"란 수형자와 그 가족이 교정시설의 일정한 장소에서 다과와 음식을 함께 나누면서 대화의 시간을 갖는 행사를 말하며, "가족 만남의 집"이란 수형자와 그 가족이 숙식을 함께 할 수 있도록 교정시설에 수용동과 별도로 설치된 일반주택 형태의 건축물을 말한다.

제90조 전화통화의 허용횟수
① 수형자의 경비처우급별 전화통화의 허용횟수는 다음 각 호와 같다.
  1. 개방처우급: 월 20회 이내
  2. 완화경비처우급: 월 10회 이내
  3. 일반경비처우급: 월 5회 이내
  4. 중경비처우급: 처우상 특히 필요한 경우 월 2회 이내
② 소장은 제1항에도 불구하고 처우상 특히 필요한 경우에는 개방처우급·완화경비처우급·일반경비처우급 수형자의 전화통화 허용횟수를 늘릴 수 있다.
③ 제1항 각 호의 경우 전화통화는 1일 1회만 허용한다. 다만, 처우상 특히 필요한 경우에는 그러하지 아니하다.

제91조 경기 또는 오락회 개최 등
① 소장은 개방처우급·완화경비처우급 또는 자치생활 수형자에 대하여 월 2회 이내에서 경기 또는 오락회를 개최하게 할 수 있다. 다만, 소년수형자에 대하여는 그 횟수를 늘릴 수 있다.
② 제1항에 따라 경기 또는 오락회가 개최되는 경우 소장은 해당 시설의 사정을 고려하여 참석인원, 방법 등을 정할 수 있다.
③ 제1항에 따라 경기 또는 오락회가 개최되는 경우 소장은 관련 분야의 전문지식과 자격을 가지고 있는 외부강사를 초빙할 수 있다.

제92조 사회적 처우
① 소장은 개방처우급·완화경비처우급 수형자에 대하여 교정시설 밖에서 이루어지는 다음 각 호에 해당하는 활동을 허가할 수 있다. 다만, 처우상 특히 필요한 경우에는 일반경비처우급 수형자에게도 이를 허가할 수 있다.
  1. 사회견학
  2. 사회봉사
  3. 자신이 신봉하는 종교행사 참석
  4. 연극, 영화 그 밖의 문화공연 관람
② 제1항 각 호의 활동을 허가하는 경우 소장은 별도의 수형자 의류를 지정하여 입게 한다. 다만, 처우상 필요한 경우에는 자비구매의류를 입게 할 수 있다.
③ 제1항 제4호의 활동에 필요한 비용은 수형자가 부담한다. 다만, 처우상 필요한 경우에는 예산의 범위에서 그 비용을 지원할 수 있다.

제93조 중간처우
① 소장은 개방처우급 혹은 완화경비처우급 수형자가 다음 각 호의 사유에 모두 해당하는 경우에는 교정시설에 설치된 개방시설에 수용하여 사회 적응에 필요한 교육, 취업지원 등 적정한 처우를 할 수 있다.
  1. 형기가 2년 이상인 사람
  2. 범죄 횟수가 3회 이하인 사람
  3. 중간처우를 받는 날부터 가석방 또는 형기 종료 예정일까지 기간이 3개월 이상 2년 6개월 미만인 사람
② 소장은 제1항에 따른 처우의 대상자 중 다음 각 호의 사유에 모두 해당하는 수형자에 대해서는 지역사회에 설치된 개방시설에 수용하여 제1항에 따른 처우를 할 수 있다.
  1. 범죄 횟수가 1회인 사람
  2. 중간처우를 받는 날부터 가석방 또는 형기 종료 예정일까지의 기간이 1년 6개월 미만인 사람
③ 제1항 및 제2항에 따른 중간처우 대상자의 선발절차, 교정시설 또는 지역사회에 설치하는 개방시설의 종류 및 기준, 그 밖에 필요한 사항은 법무부장관이 정한다.

> **참고자료**
>
> 시행규칙 제93조 제2항에서 '1년 6개월 미만인 사람'라고 '기간의 상한'만 규정되어 있는데, '기간의 하한'은 없나?
> 제93조 제1항의 '교정시설에 설치된 개방시설'의 수용 요건은 중간처우 대상자의 전제 조건이다. 제2항의 '지역사회에 설치된 개방시설'의 수용 요건은 제1항의 범위에서 정하여야 한다. 제1항에서 '3개월 이상 2년 6개월 이하인 사람'이라 규정되어 있으므로, 제2항은 '3개월 이상 1년 6개월 미만인 수형자'라고 보아야 하며, 이론적·실무적으로도 이와 같이 보고 있다.

제94조 작업·교육 등의 지도보조
소장은 수형자가 개방처우급 또는 완화경비처우급으로서 작업·교육 등의 성적이 우수하고 관련 기술이 있는 경우에는 교도관의 작업지도를 보조하게 할 수 있다.

제95조 개인작업
① 소장은 수형자가 개방처우급 또는 완화경비처우급으로서 작업기술이 탁월하고 작업성적이 우수한 경우에는 수형자 자신을 위한 개인작업을 하게 할 수 있다. 이 경우 개인작업 시간은 교도작업에 지장을 주지 아니하는 범위에서 1일 2시간 이내로 한다.
② 소장은 제1항에 따라 개인작업을 하는 수형자에게 개인작업 용구를 사용하게 할 수 있다. 이 경우 작업용구는 특정한 용기에 보관하도록 하여야 한다.
③ 제1항의 개인작업에 필요한 작업재료 등의 구입비용은 수형자가 부담한다. 다만, 처우상 필요한 경우에는 예산의 범위에서 그 비용을 지원할 수 있다.

제96조 외부 직업훈련
① 소장은 수형자가 개방처우급 또는 완화경비처우급으로서 직업능력 향상을 위하여 특히 필요한 경우에는 교정시설 외부의 공공기관 또는 기업체 등에서 운영하는 직업훈련을 받게 할 수 있다.
② 제1항에 따른 직업훈련의 비용은 수형자가 부담한다. 다만, 처우상 특히 필요한 경우에는 예산의 범위에서 그 비용을 지원할 수 있다.

제62조 분류처우위원회

① 수형자의 개별처우계획, 가석방심사신청 대상자 선정, 그 밖에 수형자의 분류처우에 관한 중요 사항을 심의·의결하기 위하여 교정시설에 분류처우위원회(이하 이 조에서 "위원회"라 한다)를 둔다.
② 위원회는 위원장을 포함한 5명 이상 7명 이하의 위원으로 구성하고, 위원장은 소장이 되며, 위원은 위원장이 소속 기관의 부소장 및 과장(지소의 경우에는 7급 이상의 교도관) 중에서 임명한다.
③ 위원회는 그 심의·의결을 위하여 외부전문가로부터 의견을 들을 수 있다.
④ 이 법에 규정된 사항 외에 위원회에 관하여 필요한 사항은 법무부령으로 정한다.

시행규칙

제96조의2 분류전담시설
① 법 제61조 및 영 제86조에 따른 분류심사를 전담하는 교정시설(이하 이 절에서 "분류전담시설"이라 한다)의 장은 범죄의 피해가 중대하고 재범의 위험성이 높은 수형자(이하 이 절에서 "고위험군 수형자"라 한다)의 개별처우계획을 수립·조정하기 위해 고위험군 수형자의 개별적 특성과 재범의 위험성 등을 면밀히 분석·평가하기 위한 분류심사(이하 이 절에서 "정밀분류심사"라 한다)를 실시할 수 있다.
② 분류전담시설의 장은 정밀분류심사를 실시한 고위험군 수형자의 개별처우계획 이행 여부를 지속적으로 평가해야 한다.

제97조 심의·의결 대상
법 제62조의 분류처우위원회(이하 이 절에서 "위원회"라 한다)는 다음 각 호의 사항을 심의·의결한다.
1. 처우등급 판단 등 분류심사에 관한 사항
2. 소득점수 등의 평가 및 평정에 관한 사항
3. 수형자 처우와 관련하여 소장이 심의를 요구한 사항
4. 가석방 적격심사 신청 대상자 선정 등에 관한 사항
5. 그 밖에 수형자의 수용 및 처우에 관한 사항

제98조 위원장의 직무
① 위원장은 위원회를 소집하고 위원회의 사무를 총괄한다.
② 위원장이 부득이한 사유로 그 직무를 수행할 수 없을 때에는 위원장이 미리 지정한 위원이 그 직무를 대행할 수 있다.

제99조 회의
① 위원회의 회의는 매월 10일에 개최한다. 다만, 위원회의 회의를 개최하는 날이 토요일, 공휴일, 그 밖에 법무부장관이 정한 휴무일일 때에는 그 다음 날에 개최한다.
② 위원장은 수형자의 처우와 관련하여 필요한 경우에는 임시회의를 개최할 수 있다.
③ 위원회의 회의는 재적위원 3분의 2이상의 출석으로 개의하고, 출석위원 과반수의 찬성으로 의결한다.

제100조 간사
① 위원회의 사무를 처리하기 위하여 분류심사 업무를 담당하는 교도관 중에서 간사 1명을 둔다.
② 간사는 위원회의 회의록을 작성하여 유지하여야 한다.

제100조의2 분류전담시설에 두는 위원회
제97조(분류처우위원회의 심의·의결 대상), 제98조(분류처우위원회 위원장의 직무), 제99조(분류처우위원회의 회의), 제100조(분류처우위원회의 간사)의 규정에도 불구하고 법무부장관은 분류전담시설에 두는 위원회의 심의·의결 대상 및 개최시기 등을 달리 정할 수 있다.

> **참고자료**

- 비교·구분: 법 제59조 제1항(분류심사)과 제3항(분류검사)을 확실히 구분하여 숙지
- 법 제59조 제4항: 분류심사시 외부전문가 활용에 관한 법적 근거
- 시행규칙 제60조 제1항: 개별처우계획의 변경은 원칙적으로 할 수 없으나, 교정시설의 여건이 수형자의 개별처우에 상응할 수 없는 경우에는 예외적으로 탄력적 운영이 가능하도록 함
- 시행규칙 제60조 제1항: 해당 교정시설의 특성 등을 고려하여(○) ➡ 해당 수형자의 개별특성을 고려하여(×)
- 시행규칙 제60조 제2항: ~ 처우등급을 부여할 수 있다(○) ➡ 분류급을 부여할 수 있다(×), 경비등급을 부여할 수 있다(×)
- 형집행정지 중에 있는 사람이 주거지 이탈로 소재불명되어 검사의 형집행정지의 취소로 재수용된 경우: ~ 처우등급을 부여할 수 있다(○) ➡ 부여하여야 한다.(×)
- 시행규칙 제60조 제4항: 가석방 이전의 개별처우계획 중 기본수용급 및 개별처우급은 그대로 반영된다.
- 시행규칙 제60조 제5항: 재수용되었더라도 형이 확정되기 전까지는 개별처우계획을 새로 수립하지 않는다.
- 개별처우계획을 새로 수립해야 하는 경우: 시행규칙 제60조 제5항, 동 규칙 제61조 제1항·제2항
- 시행규칙 제62조 제3항 단서: 분류심사 유예 ➡ 유예사유 소멸 ➡ 집행할 형기가 유예사유 소멸일부터 3개월 미만인 경우 ⇨ 분류심사를 아니한다.
- 시행규칙 제63조 – 분류심사 사항이 아닌 것: 가족관계에 관한 사항, 부정기 재심사에 관한 사항, 피해의 회복 및 정도
- 귀휴심사에 관한 사항은 분류심사 사항(규칙 제63조)에는 포함되나, 부정기재심사 사유(규칙 제67조)에는 포함되지 않는다.
- 시행규칙 제67조 제3호: 수형자를 징벌하기로 의결한 때(○) ➡ 조사하기로 의결한 때(×), 징벌위원회에 회부하기로 의결한 때(×)
- 시행규칙 제78조 제4항: 보안·작업담당교도관은 소득점수의 채점에는 반드시 수용관리팀 팀장은 서로 협의하여야 한다.
- 시행규칙 제83조 본문: 수형자 구분수용의 기준이 되는 처우등급 – 기본수용급 및 경비처우급
- 자치생활: 개방처우급·완화경비처우급(규칙 제86조)
- 자치활동: 외부통근자(외부통근작업 대상자)(규칙 제123조)
- 시행규칙 제92조 제1항: 현행 법령상 사회적 처우의 종류
- 시행규칙 제92조 제1항: 제1호~제3호 – 필요한 비용은 예산의 범위 내에서, 제4호 – 필요한 비용은 수형자가 부담
- 법 제62조 제1항: 가석방 심사신청 대상자 선정(○) ➡ 가석방대상자 결정(×)

제3절 교육과 교화프로그램

제63조 교육

① 소장은 수형자가 건전한 사회복귀에 필요한 지식과 소양을 습득하도록 교육할 수 있다.
② 소장은 「교육기본법」 제8조의 의무교육을 받지 못한 수형자에 대하여는 본인의 의사·나이·지식정도, 그 밖의 사정을 고려하여 그에 알맞게 교육하여야 한다.
③ 소장은 제1항 및 제2항에 따른 교육을 위하여 필요하면 수형자를 중간처우를 위한 전담교정시설에 수용하여 다음 각 호의 조치를 할 수 있다.
　1. 외부 교육기관에의 통학
　2. 외부 교육기관에서의 위탁교육
④ 교육과정·외부통학·위탁교육 등에 관하여 필요한 사항은 법무부령으로 정한다.

시행령

제87조 교육
① 소장은 법 제63조에 따른 교육을 효과적으로 시행하기 위하여 교육실을 설치하는 등 교육에 적합한 환경을 조성하여야 한다.
② 소장은 교육 대상자, 시설 여건 등을 고려하여 교육계획을 수립하여 시행하여야 한다.

시행규칙

제101조 교육관리 기본원칙
① 소장은 교육대상자를 소속기관(소장이 관할하고 있는 교정시설을 말한다. 이하 같다)에서 선발하여 교육한다. 다만, 소속기관에서 교육대상자를 선발하기 어려운 경우에는 다른 기관에서 추천한 사람을 모집하여 교육할 수 있다.
② 소장은 교육대상자의 성적불량, 학업태만 등으로 인하여 교육의 목적을 달성하기 어려운 경우에는 그 선발을 취소할 수 있다.
③ 소장은 교육대상자 및 시험응시 희망자의 학습능력을 평가하기 위하여 자체 평가시험을 실시할 수 있다.
④ 소장은 교육의 효과를 거두지 못하였다고 인정하는 교육대상자에 대하여 다시 교육을 할 수 있다.
⑤ 소장은 기관의 교육전문인력, 교육시설, 교육대상인원 등의 사정을 고려하여 단계별 교육과 자격취득 목표를 설정할 수 있으며, 자격취득·대회입상 등을 하면 처우에 반영할 수 있다.

제102조 교육대상자가 지켜야 할 기본원칙
① 교육대상자는 교육의 시행에 관한 관계법령, 학칙 및 교육관리지침을 성실히 지켜야 한다.
② 제110조부터 제113조까지의 규정(독학에 의한 학위 취득과정, 방송통신대학과정, 전문대학 위탁교육과정, 정보화 및 외국어 교육과정)에 따른 교육을 실시하는 경우 소요되는 비용은 특별한 사정이 없으면 교육대상자의 부담으로 한다.
③ 교육대상자로 선발된 수형자는 소장에게 다음의 선서를 하고 서약서를 제출해야 한다.
　"나는 교육대상자로서 긍지를 가지고 제반규정을 지키며, 교정시설 내 교육을 성실히 이수할 것을 선서합니다."

제103조 교육대상자 선발 등
① 소장은 각 교육과정의 선정 요건과 수형자의 나이, 학력, 교정성적, 자체 평가시험 성적, 정신자세, 성실성, 교육계획과 시설의 규모, 교육대상인원 등을 고려하여 교육대상자를 선발하거나 추천하여야 한다.
② 소장은 정당한 이유 없이 교육을 기피한 사실이 있거나 자퇴(제적을 포함한다)한 사실이 있는 수형자는 교육대상자로 선발하거나 추천하지 아니할 수 있다.

제104조 교육대상자 관리 등
① 학과교육대상자의 과정수료 단위는 학년으로 하되, 학기의 구분은 국공립학교의 학기에 준한다. 다만, 독학에 의한 교육은 수업 일수의 제한을 받지 아니한다.
② 소장은 교육을 위하여 필요한 경우에는 외부강사를 초빙할 수 있으며, 카세트 또는 재생전용기기의 사용을 허용할 수 있다.
③ 소장은 교육의 실효성을 확보하기 위하여 교육실을 설치·관리하여야 하며, 교육목적을 위하여 필요한 경우 신체장애를 보완하는 교육용 물품의 사용을 허가하거나 예산의 범위에서 학용품과 응시료를 지원할 수 있다.

제105조 교육 취소 등
① 소장은 교육대상자가 다음 각 호의 어느 하나에 해당하는 경우에는 교육대상자 선발을 취소할 수 있다.
  1. 각 교육과정의 관계법령, 학칙, 교육관리지침 등을 위반한 때
  2. 학습의욕이 부족하여 구두경고를 하였는데도 개선될 여지가 없거나 수학능력이 현저히 부족하다고 판단되는 때
  3. 징벌을 받고 교육 부적격자로 판단되는 때
  4. 중대한 질병, 부상, 그 밖의 부득이한 사정으로 교육을 받을 수 없다고 판단되는 때
② 교육과정의 변경은 교육대상자의 선발로 보아 제103조를 준용한다.
③ 소장은 교육대상자에게 질병, 부상, 그 밖의 부득이한 사정이 있는 경우에는 교육과정을 일시 중지할 수 있다.

제106조 이송 등
① 소장은 특별한 사유가 없으면 교육기간 동안에 교육대상자를 다른 기관으로 이송할 수 없다.
② 교육대상자의 선발이 취소되거나 교육대상자가 교육을 수료하였을 때에는 선발 당시 소속기관으로 이송한다. 다만, 다음 각 호의 어느 하나에 해당하는 경우에는 소속기관으로 이송하지 아니하거나 다른 기관으로 이송할 수 있다.
  1. 집행할 형기가 이송 사유가 발생한 날부터 3개월 이내인 때
  2. 제105조 제1항 제3호(징벌을 받고 교육 부적격자로 판단되는 때)의 사유로 인하여 교육대상자 선발이 취소된 때
  3. 소속기관으로의 이송이 부적당하다고 인정되는 특별한 사유가 있는 때

제107조 작업 등
① 교육대상자에게는 작업·직업훈련 등을 면제한다.
② 작업·직업훈련 수형자 등도 독학으로 검정고시·학사고시 등에 응시하게 할 수 있다. 이 경우 자체 평가시험 성적 등을 고려해야 한다.

제108조 검정고시반 설치 및 운영
① 소장은 매년 초 다음 각 호의 시험을 준비하는 수형자를 대상으로 검정고시반을 설치·운영할 수 있다.
  1. 초등학교 졸업학력 검정고시
  2. 중학교 졸업학력 검정고시
  3. 고등학교 졸업학력 검정고시
② 소장은 교육기간 중에 검정고시에 합격한 교육대상자에 대하여는 해당 교육과정을 조기 수료시키거나 상위 교육과정에 임시 편성시킬 수 있다.
③ 소장은 고등학교 졸업 또는 이와 동등한 수준 이상의 학력이 인정되는 수형자를 대상으로 대학입학시험 준비반을 편성·운영할 수 있다.

제109조 방송통신고등학교과정 설치 및 운영
① 소장은 수형자에게 고등학교 과정의 교육기회를 부여하기 위하여 「초·중등교육법」 제51조에 따른 방송통신고등학교 교육과정을 설치·운영할 수 있다.
② 소장은 중학교 졸업 또는 이와 동등한 수준 이상의 학력이 인정되는 수형자가 제1항의 방송통신고등학교 교육과정을 지원하여 합격한 경우에는 교육대상자로 선발할 수 있다.
③ 소장은 제1항의 방송통신고등학교 교육과정의 입학금, 수업료, 교과용 도서 구입비 등 교육에 필요한 비용을 예산의 범위에서 지원할 수 있다.

제110조 독학에 의한 학위 취득과정 설치 및 운영
① 소장은 수형자에게 학위취득 기회를 부여하기 위하여 독학에 의한 학사학위 취득과정(이하 "학사고시반 교육"이라 한다)을 설치·운영할 수 있다.
② 소장은 다음 각 호의 요건을 갖춘 수형자가 제1항의 학사고시반 교육을 신청하는 경우에는 교육대상자로 선발할 수 있다.
  1. 고등학교 졸업 또는 이와 동등한 수준 이상의 학력이 인정될 것
  2. 교육개시일을 기준으로 형기의 3분의 1(21년 이상의 유기형 또는 무기형의 경우에는 7년)이 지났을 것
  3. 집행할 형기가 2년 이상일 것

제111조 방송통신대학과정 설치 및 운영
① 소장은 대학 과정의 교육기회를 부여하기 위하여 「고등교육법」 제2조에 따른 방송통신대학 교육과정을 설치·운영할 수 있다.
② 소장은 제110조 제2항 각 호의 요건을 갖춘 개방처우급·완화경비처우급·일반경비처우급 수형자가 제1항의 방송통신대학 교육과정에 지원하여 합격한 경우에는 교육대상자로 선발할 수 있다.

제112조 전문대학 위탁교육과정 설치 및 운영
① 소장은 전문대학과정의 교육기회를 부여하기 위하여 「고등교육법」 제2조에 따른 전문대학 위탁교육과정을 설치·운영할 수 있다.
② 소장은 제110조 제2항 각 호의 요건을 갖춘 개방처우급·완화경비처우급·일반경비처우급 수형자가 제1항의 전문대학 위탁교육과정에 지원하여 합격한 경우에는 교육대상자로 선발할 수 있다.
③ 제1항의 전문대학 위탁교육과정의 교과과정, 시험응시 및 학위취득에 관한 세부사항은 위탁자와 수탁자 간의 협약에 따른다.
④ 소장은 제1항부터 제3항까지의 규정에 따른 교육을 위하여 필요한 경우 수형자를 중간처우를 위한 전담교정시설에 수용할 수 있다.

제113조 정보화 및 외국어 교육과정 설치 및 운영 등
① 소장은 수형자에게 지식정보사회에 적응할 수 있는 교육기회를 부여하기 위하여 정보화 교육과정을 설치·운영할 수 있다.
② 소장은 개방처우급·완화경비처우급·일반경비처우급 수형자에게 다문화 시대에 대처할 수 있는 교육기회를 부여하기 위하여 외국어 교육과정을 설치·운영할 수 있다.
③ 소장은 외국어 교육대상자가 교육실 외에서의 어학학습장비를 이용한 외국어학습을 원하는 경우에는 계호 수준, 독거 여부, 교육 정도 등에 대한 교도관회의(「교도관직무규칙」 제21조에 따른 교도관회의를 말한다. 이하 같다)의 심의를 거쳐 허가할 수 있다.
④ 소장은 이 규칙에서 정한 교육과정 외에도 법무부장관이 수형자로 하여금 건전한 사회복귀에 필요한 지식과 소양을 습득하게 하기 위하여 정하는 교육과정을 설치·운영할 수 있다.

> **참고자료**
>
> - 법 제63조: 일반교육 – 임의적, 의무교육 – 필요적
> - 법 제63조: 미결수용자에 준용(법 제86조 제2항)
> - 법 제63조 제1항: 건전한 사회복귀에 필요한 지식과 소양을 습득(○) ➡ 건전한 인격형성 촉진과 심신단련에 필요한 지식과 기술을 습득(×)
> - 법 제63조 제1항: 교육은 임의적, 교화프로그램은 필요적 규정(법 제64조 제1항)
> - 법 제63조 제3항: 외부통학제도 – 법에 규정
> - 시행령 제87조 제2항: 교육계획은 소장이 수립·시행한다.
> - 교육 취소 사유: 시행규칙 제101조 제2항, 동 규칙 제105조 제1항
> - 수형자에 대한 현행 교육과정: 검정고시반, 방송통신고등학교과정, 독학에 의한 학위취득과정, 방송통신대학과정, 전문대학위탁교육과정, 정보화 및 외국어 교육과정
> - 시행규칙 제110조 제2항의 선발요건은 독학에 의한 학위취득과정, 방송통신대학과정, 전문대학위탁교육과정에 공통된다.
> - 검정고시반, 방송통신고, 독학에 의한 학위취득과정, 정보화 교육과정 – 모든 경비처우급(즉 경비처우급에 따른 차등이 없다)
> - 방송통신대학과정, 전문대학위탁교육과정, 외국어 교육과정 – 개방처우급·완화경비처우급·일반경비처우급 수형자
> - 교육·교화프로그램·작업
>
> | 구 분 | 교 육 | 교화프로그램 | 작 업 |
> |---|---|---|---|
> | 징역수형자 | ○ | ○ | ○ |
> | 노역장유치자 | × | × | ○ |
> | 금고·구류수형자 | ○ | ○ | 신청 |
> | 사형확정자 | ○ | ○ | 신청 |
> | 미결수용자 | 신청 | 신청 | 신청 |

제64조 교화프로그램

① 소장은 수형자의 교정교화를 위하여 상담·심리치료, 그 밖의 교화프로그램을 실시하여야 한다.
② 소장은 제1항에 따른 교화프로그램의 효과를 높이기 위하여 범죄원인별로 적절한 교화프로그램의 내용, 교육장소 및 전문인력의 확보 등 적합한 환경을 갖추도록 노력하여야 한다.
③ 교화프로그램의 종류·내용 등에 관하여 필요한 사항은 법무부령으로 정한다.

시행령

제88조 정서교육
소장은 수형자의 정서 함양을 위하여 필요하다고 인정하면 연극·영화관람, 체육행사, 그 밖의 문화예술활동을 하게 할 수 있다.

시행규칙

제114조 교화프로그램의 종류
교화프로그램의 종류는 다음 각 호와 같다.
1. 문화프로그램
2. 문제행동예방프로그램
3. 가족관계회복프로그램
4. 교화상담
5. 그 밖에 법무부장관이 정하는 교화프로그램

제115조 문화프로그램
소장은 수형자의 인성 함양, 자아존중감 회복 등을 위하여 음악, 미술, 독서 등 문화예술과 관련된 다양한 프로그램을 도입하거나 개발하여 운영할 수 있다.

제116조 문제행동예방프로그램
소장은 수형자의 죄명, 죄질 등을 구분하여 그에 따른 심리측정·평가·진단·치료 등의 문제행동예방프로그램을 도입하거나 개발하여 실시할 수 있다.

제117조 가족관계회복프로그램
① 소장은 수형자와 그 가족의 관계를 유지·회복하기 위하여 수형자의 가족이 참여하는 각종 프로그램을 운영할 수 있다. 다만, 가족이 없는 수형자의 경우 교화를 위하여 필요하면 결연을 맺었거나 그 밖에 가족에 준하는 사람의 참여를 허가할 수 있다.
② 제1항의 경우 대상 수형자는 교도관회의의 심의를 거쳐 선발하고, 참여인원은 5명 이내의 가족으로 한다. 다만, 특히 필요하다고 인정하는 경우에는 참여인원을 늘릴 수 있다.

제118조 교화상담
① 소장은 수형자의 건전한 가치관 형성, 정서안정, 고충해소 등을 위하여 교화상담을 실시할 수 있다.
② 소장은 제1항의 교화상담을 위하여 교도관이나 제33조의 교정참여인사를 교화상담자로 지정할 수 있으며, 수형자의 안정을 위하여 결연을 주선할 수 있다.

제119조 교화프로그램 운영 방법
① 소장은 교화프로그램을 운영하는 경우 약물중독·정신질환·신체장애·건강·성별·나이 등 수형자의 개별 특성을 고려하여야 하며, 프로그램의 성격 및 시설 규모와 인원을 고려하여 이송 등의 적절한 조치를 할 수 있다.
② 소장은 교화프로그램을 운영하기 위하여 수형자의 정서적인 안정이 보장될 수 있는 장소를 따로 정하거나 방송설비 및 방송기기를 이용할 수 있다.
③ 소장은 교정정보시스템(교정시설에서 통합적으로 정보를 관리하는 시스템을 말한다)에 교화프로그램의 주요 진행내용을 기록하여 수형자 처우에 활용하여야 하며, 상담내용 등 개인정보가 유출되지 아니하도록 하여야 한다.
④ 교화프로그램 운영에 관하여는 제101조부터 제107조까지의 규정을 준용한다.

제119조의2 전문인력
① 법무부장관은 교화프로그램의 효과를 높이기 위해 소속 공무원 중에서 법 제64조 제2항(교화프로그램)에 따른 전문인력을 선발 및 양성할 수 있다.
② 제1항에 따른 전문인력 선발 및 양성의 요건, 방법, 그 밖에 필요한 사항은 법무부장관이 정한다.

제4절 작업과 직업훈련

제65조 작업의 부과

① 수형자에게 부과하는 작업은 건전한 사회복귀를 위하여 기술을 습득하고 근로의욕을 고취하는 데에 적합한 것이어야 한다.
② 소장은 수형자에게 작업을 부과하려면 나이·형기·건강상태·기술·성격·취미·경력·장래생계, 그 밖의 수형자의 사정을 고려하여야 한다.

제66조 작업의무

수형자는 자신에게 부과된 작업과 그 밖의 노역을 수행하여야 할 의무가 있다.

시행령

제89조 작업의 종류
소장은 법무부장관의 승인을 받아 수형자에게 부과하는 작업의 종류를 정한다.

제90조 소년수형자의 작업 등
소장은 19세 미만의 수형자에게 작업을 부과하는 경우에는 정신적·신체적 성숙 정도, 교육적 효과 등을 고려하여야 한다.

제91조 작업의 고지 등
① 소장은 수형자에게 작업을 부과하는 경우에는 작업의 종류 및 작업과정을 정하여 고지하여야 한다.
② 제1항의 작업과정은 작업성적, 작업시간, 작업의 난이도 및 숙련도를 고려하여 정한다. 작업과정을 정하기 어려운 경우에는 작업시간을 작업과정으로 본다.

제92조 작업실적의 확인
소장은 교도관에게 매일 수형자의 작업실적을 확인하게 하여야 한다.

시행규칙

제94조 작업·교육 등의 지도보조
소장은 수형자가 개방처우급 또는 완화경비처우급으로서 작업·교육 등의 성적이 우수하고 관련 기술이 있는 경우에는 교도관의 작업지도를 보조하게 할 수 있다.

제95조 개인작업
① 소장은 수형자가 개방처우급 또는 완화경비처우급으로서 작업기술이 탁월하고 작업성적이 우수한 경우에는 수형자 자신을 위한 개인작업을 하게 할 수 있다. 이 경우 개인작업 시간은 교도작업에 지장을 주지 아니하는 범위에서 1일 2시간 이내로 한다.
② 소장은 제1항에 따라 개인작업을 하는 수형자에게 개인작업 용구를 사용하게 할 수 있다. 이 경우 작업용구는 특정한 용기에 보관하도록 하여야 한다.
③ 제1항의 개인작업에 필요한 작업재료 등의 구입비용은 수형자가 부담한다. 다만, 처우상 필요한 경우에는 예산의 범위에서 그 비용을 지원할 수 있다.

🔒 Corrections

관련판례 ★

형의 집행 및 수용자의 처우에 관한 법률 제66조 위헌확인
수형자의 교정교화와 건전한 사회복귀를 도모하고, 노동의 강제를 통하여 범죄에 대한 응보 및 일반예방에 기여하기 위한 것으로서 그 목적이 정당하고, 수단의 적합성도 인정된다. 나아가 이 사건 법률조항으로 말미암아 작업이 강제됨으로써 제한되는 수형자의 개인적 이익에 비하여 징역형 수형자 개개인에 대한 재사회화와 이를 통한 사회질서 유지 및 공공복리라는 공익이 더 크므로 법익의 균형성도 인정되므로, 이 사건 법률조항은 신체의 자유를 침해하지 아니한다.
이 사건 법률조항은 징역형의 집행방법으로 구금과 의무적인 작업을 규정하고 있을 뿐, 징역형 수형자를 금고형 수형자에 비하여 차별하려는 의도로 만들어진 것이 아니고, 결과적으로 징역형 수형자에게만 작업의무를 부과한다는 점에서 차별이 있다 하더라도 이는 책임에 따른 형벌의 개별화를 실현하려는 입법자의 의사가 반영된 것으로 그 차별에 합리적 이유도 인정되므로, 청구인의 평등권을 침해하지 아니한다(헌재 2012.11.29. 2011헌마318).

제67조 신청에 따른 작업

[소장은 금고형 또는 구류형의 집행 중에 있는 사람에 대하여는 신청에 따라 작업을 부과할 수 있다.]

시행령

제93조 신청 작업의 취소
소장은 법 제67조에 따라 작업이 부과된 수형자가 작업의 취소를 요청하는 경우에는 그 수형자의 의사, 건강 및 교도관의 의견 등을 고려하여 작업을 취소할 수 있다.

제68조 외부 통근 작업 등

[① 소장은 수형자의 건전한 사회복귀와 기술습득을 촉진하기 위하여 필요하면 외부기업체 등에 통근 작업하게 하거나 교정시설의 안에 설치된 외부기업체의 작업장에서 작업하게 할 수 있다.
② 외부 통근 작업 대상자의 선정기준 등에 관하여 필요한 사항은 법무부령으로 정한다.]

시행규칙

제120조 선정기준
① 외부기업체에 통근하며 작업하는 수형자는 다음 각 호의 요건을 갖춘 수형자 중에서 선정한다.
    1. 18세 이상 65세 미만일 것
    2. 해당 작업 수행에 건강상 장애가 없을 것
    3. 개방처우급·완화경비처우급에 해당할 것
    4. 가족·친지 또는 법 제130조의 교정위원(이하 "교정위원"이라 한다) 등과 접견·편지수수·전화통화 등으로 연락하고 있을 것
    5. 집행할 형기가 7년 미만이고 가석방이 제한되지 아니할 것

② 교정시설 안에 설치된 외부기업체의 작업장에 통근하며 작업하는 수형자는 제1항 제1호부터 제4호까지의 요건(같은 항 제3호의 요건의 경우에는 일반경비처우급에 해당하는 수형자도 포함한다)을 갖춘 수형자로서 집행할 형기가 10년 미만이거나 형기기산일부터 10년 이상이 지난 수형자 중에서 선정한다.
③ 소장은 제1항 및 제2항에도 불구하고 작업 부과 또는 교화를 위하여 특히 필요하다고 인정하는 경우에는 제1항 및 제2항의 수형자 외의 수형자에 대하여도 외부통근자로 선정할 수 있다.

제121조 선정 취소
소장은 외부통근자가 법령에 위반되는 행위를 하거나 법무부장관 또는 소장이 정하는 지켜야 할 사항을 위반한 경우에는 외부통근자 선정을 취소할 수 있다.

제122조 외부통근자 교육
소장은 외부통근자로 선정된 수형자에 대하여는 자치활동·행동수칙·안전수칙·작업기술 및 현장적응훈련에 대한 교육을 하여야 한다.

제123조 자치활동
소장은 외부통근자의 사회적응능력을 기르고 원활한 사회복귀를 촉진하기 위하여 필요하다고 인정하는 경우에는 수형자 자치에 의한 활동을 허가할 수 있다.

> **참고자료**
> - 법 제65조 제2항: 필요적 규정
> - 법무부장관의 승인 ○, 소장: 작업의 종류(시행령 제89조), 직업훈련 직종 선정 및 훈련과정별 인원(시행규칙 제124조 제1항)
> - 법무부장관의 승인 ×, 소장 권한: 직업훈련 대상자 선정(시행규칙 제124조 제2항)
> - 시행령 제91조 제2항: 작업시간을 작업과정으로 본다(○) ➡ 작업성적을 작업과정으로 본다(×)
> - 시행령 제92조: 작업실적 확인(○) ➡ 작업시간 확인(×), 작업성적 확인(×)
> - 시행령 제93조: 신청에 따른 작업 취소시 - 교도관의 의견(○) ➡ 의무관의 의견(×)
> - 시행규칙 제48조 제2항: 노인수용자가 작업을 원하는 경우 - 의무관의 의견(○) ➡ 담당교도관의 의견(×)
> - 법 제67조: 금고형·구류형 ➡ 신청 ➡ 작업을 부과할 수 있다. 교육·교화프로그램은 당연히 실시(수형자의 개념에 들어가므로)

제69조 직업능력개발훈련

① 소장은 수형자의 건전한 사회복귀를 위하여 기술 습득 및 향상을 위한 직업능력개발훈련(이하 "직업훈련"이라 한다)을 실시할 수 있다.
② 소장은 수형자의 직업훈련을 위하여 필요하면 외부의 기관 또는 단체에서 훈련을 받게 할 수 있다.
③ 직업훈련 대상자의 선정기준 등에 관하여 필요한 사항은 법무부령으로 정한다.

시행령

제94조 직업능력개발훈련 설비 등의 구비
소장은 법 제69조에 따른 직업능력개발훈련을 하는 경우에는 그에 필요한 설비 및 실습 자재를 갖추어야 한다.

시행규칙

제96조 외부 직업훈련
① 소장은 수형자가 개방처우급 또는 완화경비처우급으로서 직업능력 향상을 위하여 특히 필요한 경우에는 교정시설 외부의 공공기관 또는 기업체 등에서 운영하는 직업훈련을 받게 할 수 있다.
② 제1항에 따른 직업훈련의 비용은 수형자가 부담한다. 다만, 처우상 특히 필요한 경우에는 예산의 범위에서 그 비용을 지원할 수 있다.

제124조 직업훈련 직종 선정 등
① 직업훈련 직종 선정 및 훈련과정별 인원은 법무부장관의 승인을 받아 소장이 정한다.
② 직업훈련 대상자는 소속기관의 수형자 중에서 소장이 선정한다. 다만, 집체직업훈련(직업훈련 전담 교정시설이나 그 밖에 직업훈련을 실시하기에 적합한 교정시설에 수용하여 실시하는 훈련을 말한다) 대상자는 집체직업훈련을 실시하는 교정시설의 관할 지방교정청장이 선정한다.

제125조 직업훈련 대상자 선정기준
① 소장은 수형자가 다음 각 호의 요건을 갖춘 경우에는 수형자의 의사, 적성, 나이, 학력 등을 고려하여 직업훈련 대상자로 선정할 수 있다.
　1. 집행할 형기 중에 해당 훈련과정을 이수할 수 있을 것(기술숙련과정 집체직업훈련 대상자는 제외한다)
　2. 직업훈련에 필요한 기본소양을 갖추었다고 인정될 것
　3. 해당 과정의 기술이 없거나 재훈련을 희망할 것
　4. 석방 후 관련 직종에 취업할 의사가 있을 것
② 소장은 소년수형자의 선도를 위하여 필요한 경우에는 제1항의 요건을 갖추지 못한 경우에도 직업훈련 대상자로 선정하여 교육할 수 있다.

제126조 직업훈련 대상자 선정의 제한
소장은 제125조에도 불구하고 수형자가 다음 각 호의 어느 하나에 해당하는 경우에는 직업훈련 대상자로 선정해서는 아니 된다.
1. 15세 미만인 경우
2. 교육과정을 수행할 문자해독능력 및 강의 이해능력이 부족한 경우
3. 징벌대상행위의 혐의가 있어 조사 중이거나 징벌집행 중인 경우
4. 작업, 교육·교화프로그램 시행으로 인하여 직업훈련의 실시가 곤란하다고 인정되는 경우
5. 질병·신체조건 등으로 인하여 직업훈련을 감당할 수 없다고 인정되는 경우

제127조 직업훈련 대상자 이송
① 법무부장관은 직업훈련을 위하여 필요한 경우에는 수형자를 다른 교정시설로 이송할 수 있다.
② 소장은 제1항에 따라 이송된 수형자나 직업훈련 중인 수형자를 다른 교정시설로 이송해서는 아니 된다. 다만, 훈련취소 등 특별한 사유가 있는 경우에는 그러하지 아니하다.

제128조 직업훈련의 보류 및 취소 등
① 소장은 직업훈련 대상자가 다음 각 호의 어느 하나에 해당하는 경우에는 직업훈련을 보류할 수 있다.
　1. 징벌대상행위의 혐의가 있어 조사를 받게 된 경우
　2. 심신이 허약하거나 질병 등으로 훈련을 감당할 수 없는 경우
　3. 소질·적성·훈련성적 등을 종합적으로 고려한 결과 직업훈련을 계속할 수 없다고 인정되는 경우
　4. 그 밖에 직업훈련을 계속할 수 없다고 인정되는 경우
② 소장은 제1항에 따라 직업훈련이 보류된 수형자가 그 사유가 소멸되면 본래의 과정에 복귀시켜 훈련하여야 한다. 다만, 본래 과정으로 복귀하는 것이 부적당하다고 인정하는 경우에는 해당 훈련을 취소할 수 있다.

관련판례

성폭력방지교육 미이수자 집체훈련대상제외 위헌확인
교도소장은 엄중관리대상자로 지정되어 있었고, 개방작업장에 취업하여 교육활동에 제한이 있으며, 성폭력사범 기본교육과정을 이수하지 아니한 청구인을 직업훈련대상에서 제외하였는바, 이는 교도소장이 적절하게 재량권을 행사한 것으로 보이고 달리 청구인을 집체직업훈련대상에 포함시켜야 할 법적 의무가 존재한다고 볼 만한 사정이 없다(헌재 2013.2.5. 2013헌마6).

시행령

제85조 수형자 취업알선 등 협의기구
① 수형자의 건전한 사회복귀를 지원하기 위하여 교정시설에 취업알선 및 창업지원에 관한 협의기구를 둘 수 있다.
② 제1항의 협의기구의 조직·운영, 그 밖에 활동에 필요한 사항은 법무부령으로 정한다.

시행규칙

취업지원협의회

제144조 기능
영 제85조 제1항에 따른 수형자 취업지원협의회(이하 이 장에서 "협의회"라 한다)의 기능은 다음 각 호와 같다.
1. 수형자 사회복귀 지원 업무에 관한 자문에 대한 조언
2. 수형자 취업·창업 교육
3. 수형자 사회복귀 지원을 위한 지역사회 네트워크 추진
4. 취업 및 창업 지원을 위한 자료제공 및 기술지원
5. 직업적성 및 성격검사 등 각종 검사 및 상담
6. 불우수형자 및 그 가족에 대한 지원 활동
7. 그 밖에 수형자 취업알선 및 창업지원을 위하여 필요한 활동

제145조 구성
① 협의회는 회장 1명을 포함하여 3명 이상 5명 이하의 내부위원과 10명 이상의 외부위원으로 구성한다.
② 협의회의 회장은 소장이 되고, 부회장은 2명을 두되 1명은 소장이 내부위원 중에서 지명하고 1명은 외부위원 중에서 호선한다.
③ 내부위원은 소장이 지명하는 소속기관의 부소장·과장(지소의 경우에는 7급 이상의 교도관)으로 구성한다.
④ 회장·부회장 외에 협의회 운영을 위하여 기관실정에 적합한 수의 임원을 둘 수 있다.

제146조 외부위원
① 법무부장관은 협의회의 외부위원을 다음 각 호의 사람 중에서 소장의 추천을 받아 위촉한다.
  1. 고용노동부 고용센터 등 지역 취업·창업 유관 공공기관의 장 또는 기관 추천자
  2. 취업컨설턴트, 창업컨설턴트, 기업체 대표, 시민단체 및 기업연합체의 임직원
  3. 변호사, 「고등교육법」에 따른 대학(이하 "대학"이라 한다)에서 법률학을 가르치는 강사 이상의 직에 있는 사람
  4. 그 밖에 교정에 관한 학식과 경험이 풍부하고 수형자 사회복귀 지원에 관심이 있는 외부인사
② 외부위원의 임기는 3년으로 하며, 연임할 수 있다.
③ 법무부장관은 외부위원이 다음 각 호의 어느 하나에 해당하는 경우에는 소장의 건의를 받아 해당 위원을 해촉할 수 있다.
  1. 심신장애로 직무수행이 불가능하거나 현저히 곤란하다고 인정되는 경우
  2. 직무와 관련된 비위사실이 있는 경우
  3. 직무태만, 품위손상, 그 밖의 사유로 인하여 위원으로 적합하지 아니하다고 인정되는 경우
  4. 위원 스스로 직무를 수행하는 것이 곤란하다고 의사를 밝히는 경우

제147조 회장의 직무
① 회장은 협의회를 소집하고 협의회 업무를 총괄한다.
② 회장이 부득이한 사유로 직무를 수행할 수 없을 때에는 소장이 지정한 부회장이 그 직무를 대행한다.

제148조 회의
① 협의회의 회의는 반기마다 개최한다. 다만, 다음 각 호의 어느 하나에 해당하는 경우에는 임시회의를 개최할 수 있다.
  1. 수형자의 사회복귀 지원을 위하여 협의가 필요할 때
  2. 회장이 필요하다고 인정하는 때
  3. 위원 3분의 1 이상의 요구가 있는 때
② 협의회의 회의는 회장이 소집하고 그 의장이 된다.
③ 협의회의 회의는 재적위원 과반수의 출석으로 개의하고, 출석위원 과반수의 찬성으로 의결한다.

제149조 간사
① 협의회의 사무를 처리하기 위하여 수형자 취업알선 및 창업지원 업무를 전담하는 직원 중에서 간사 1명을 둔다.
② 간사는 별지 제8호 서식에 따른 협의회의 회의록을 작성하여 유지하여야 한다.

제70조 집중근로에 따른 처우

① 소장은 수형자의 신청에 따라 제68조의 작업(외부통근작업), 제69조 제2항의 훈련(외부직업훈련), 그 밖에 집중적인 근로가 필요한 작업을 부과하는 경우에는 접견·전화통화·교육·공동행사 참가 등의 처우를 제한할 수 있다. 다만, 접견 또는 전화통화를 제한한 때에는 휴일이나 그 밖에 해당 수용자의 작업이 없는 날에 접견 또는 전화통화를 할 수 있게 하여야 한다.
② 소장은 제1항에 따라 작업을 부과하거나 훈련을 받게 하기 전에 수형자에게 제한되는 처우의 내용을 충분히 설명하여야 한다.

시행령

제95조 집중근로
법 제70조 제1항에서 "집중적인 근로가 필요한 작업"이란 수형자의 신청에 따라 1일 작업시간 중 접견·전화통화·교육 및 공동행사 참가 등을 하지 아니하고 휴게시간을 제외한 작업시간 내내 하는 작업을 말한다.

제71조 작업시간 등

① 1일의 작업시간(휴식·운동·식사·접견 등 실제 작업을 실시하지 않는 시간을 제외한다. 이하 같다)은 8시간을 초과할 수 없다.
② 제1항에도 불구하고 취사·청소·간병 등 교정시설의 운영과 관리에 필요한 작업의 1일 작업시간은 12시간 이내로 한다.
③ 1주의 작업시간은 52시간을 초과할 수 없다. 다만, 수형자가 신청하는 경우에는 1주의 작업시간을 8시간 이내의 범위에서 연장할 수 있다.
④ 제2항 및 제3항에도 불구하고 19세 미만 수형자의 작업시간은 1일에 8시간을, 1주에 40시간을 초과할 수 없다.
⑤ 공휴일·토요일과 대통령령으로 정하는 휴일에는 작업을 부과하지 아니한다. 다만, 다음 각 호의 어느 하나에 해당하는 경우에는 작업을 부과할 수 있다.
  1. 제2항에 따른 교정시설의 운영과 관리에 필요한 작업을 하는 경우
  2. 작업장의 운영을 위하여 불가피한 경우
  3. 공공의 안전이나 공공의 이익을 위하여 긴급히 필요한 경우
  4. 수형자가 신청하는 경우

시행령

제96조 휴업일
법 제71조에서 "그 밖의 휴일"이란 「각종 기념일 등에 관한 규정」에 따른 교정의 날 및 소장이 특히 지정하는 날을 말한다.

제72조 작업의 면제

① 소장은 수형자의 가족 또는 배우자의 직계존속이 사망하면 2일간, 부모 또는 배우자의 제삿날에는 1일간 해당 수형자의 작업을 면제한다. 다만, 수형자가 작업을 계속하기를 원하는 경우는 예외로 한다.
② 소장은 수형자에게 부상·질병, 그 밖에 작업을 계속하기 어려운 특별한 사정이 있으면 그 사유가 해소될 때까지 작업을 면제할 수 있다.

제73조 작업수입 등

① 작업수입은 국고수입으로 한다.
② 소장은 수형자의 근로의욕을 고취하고 건전한 사회복귀를 지원하기 위하여 법무부장관이 정하는 바에 따라 작업의 종류, 작업성적, 교정성적, 그 밖의 사정을 고려하여 수형자에게 작업장려금을 지급할 수 있다.
③ 제2항의 작업장려금은 석방할 때에 본인에게 지급한다. 다만, 본인의 가족생활 부조, 교화 또는 건전한 사회복귀를 위하여 특히 필요하면 석방 전이라도 그 전부 또는 일부를 지급할 수 있다.

> **참고자료**
>
> - 법 제70조(집중근로에 따른 처우)는 작업이 부과된 미결수용자에 준용되지만, 작업이 부과된 사형확정자에는 준용되지 않는다(법 제86조 제2항).
> - 법 제71조 ~ 제76조(작업시간 등, 작업의 면제, 작업수입 등, 위로금·조위금, 다른 보상·배상과의 관계, 위로금·조위금을 지급받을 권리의 보호)는 작업이 부과된 미결수용자·사형확정자에 준용된다(시행규칙 제153조 제4항).
> - 법 제72조 제1항: 가족 – 배우자, 직계 존속·비속 또는 형제자매(법 제21조)
> - 법 제73조 제2항: 작업장려금의 목적 – 수형자의 근로의욕을 고취하고 건전한 사회복귀를 지원하기 위하여
> - 법 제73조 제3항: ~ 특히 필요하면 석방 전이라도 그 전부 또는 일부를 지급할 수 있다. ➡ 경비처우급에 따른 차별이 없다.
> - 작업장려금(임의적 지급) ➡ 법무부장관이 정함. 청구권×, 작업종류·작업성적·교정성적 고려○
> - 위로금, 조위금(필요적 지급) ➡ 법무부장관이 정함. 청구권○, 비과세○, 양도·담보·압류×
> - 위로금 지급 사유: 법 제74조 제1항 제1호
> - 조위금 지급 사유: 법 제74조 제1항 제2호

제74조 위로금·조위금

① 소장은 수형자가 다음 각 호의 어느 하나에 해당하면 법무부장관이 정하는 바에 따라 위로금 또는 조위금을 지급한다.
  1. 작업 또는 직업훈련으로 인한 부상 또는 질병으로 신체에 장해가 발생한 때
  2. 작업 또는 직업훈련 중에 사망하거나 그로 인하여 사망한 때
② 위로금은 본인에게 지급하고, 조위금은 그 상속인에게 지급한다.

제75조 다른 보상·배상과의 관계

위로금 또는 조위금을 지급받을 사람이 국가로부터 동일한 사유로 「민법」이나 그 밖의 법령에 따라 제74조의 위로금 또는 조위금에 상당하는 금액을 지급받은 경우에는 그 금액을 위로금 또는 조위금으로 지급하지 아니한다.

제76조 위로금·조위금을 지급받을 권리의 보호

① 제74조의 위로금 또는 조위금을 지급받을 권리는 다른 사람 또는 법인에게 양도하거나 담보로 제공할 수 없으며, 다른 사람 또는 법인은 이를 압류할 수 없다.
② 제74조에 따라 지급받은 금전을 표준으로 하여 조세와 그 밖의 공과금을 부과하여서는 아니 된다.

관련판례

작업수입, 위로금·조위금 규정의 합헌성

수형자들에게 부과되는 교도작업은 경제적 이윤추구보다는 교화차원에서 이루어지는 기술습득에 목표가 있고 경제성을 따지지 아니하고 실시하는 것이므로 작업상여금은 급료가 될 수 없는 은혜적 금전인데다 석방시 본인에게 또는 석방전 가족에게 지급되는 것으로서 헌법에 위반되지 아니하고, 작업중 재해에 대하여도 수용자는 사법상의 계약관계를 맺고 작업하는 것이 아니라 형집행의 일부로서 정역에 복무하는 것이므로 각종 산재보험 등에 상당한 보험료를 지불하는 대가로 받는 사회일반인의 재해보상과 동일한 보상을 할 수 없는 이치로서 정상을 참작하여 위로금이나 조위금을 지급한다고 하여도 이는 헌법에 위반되지 아니한다(헌재 1998. 7.16. 96헌마268).

제5절 귀휴

제77조 귀휴

① 소장은 6개월 이상 형을 집행받은 수형자로서 그 형기의 3분의 1(21년 이상의 유기형 또는 무기형의 경우에는 7년)이 지나고 교정성적이 우수한 사람이 다음 각 호의 어느 하나에 해당하면 1년 중 20일 이내의 귀휴를 허가할 수 있다.
  1. 가족 또는 배우자의 직계존속이 위독한 때
  2. 질병이나 사고로 외부의료시설에의 입원이 필요한 때
  3. 천재지변이나 그 밖의 재해로 가족, 배우자의 직계존속 또는 수형자 본인에게 회복할 수 없는 중대한 재산상의 손해가 발생하였거나 발생할 우려가 있는 때
  4. 그 밖에 교화 또는 건전한 사회복귀를 위하여 법무부령으로 정하는 사유가 있는 때
② 소장은 다음 각 호의 어느 하나에 해당하는 사유가 있는 수형자에 대하여는 제1항에도 불구하고 5일 이내의 특별귀휴를 허가할 수 있다.
  1. 가족 또는 배우자의 직계존속이 사망한 때
  2. 직계비속의 혼례가 있는 때
③ 소장은 귀휴를 허가하는 경우에 법무부령으로 정하는 바에 따라 거소의 제한이나 그 밖에 필요한 조건을 붙일 수 있다.
④ 제1항 및 제2항의 귀휴기간은 형 집행기간에 포함한다.

시행령

제97조 귀휴자에 대한 조치
① 소장은 법 제77조에 따라 2일 이상의 귀휴를 허가한 경우에는 귀휴를 허가받은 사람(이하 "귀휴자"라 한다)의 귀휴지를 관할하는 경찰관서의 장에게 그 사실을 통보하여야 한다.
② 귀휴자는 귀휴 중 천재지변이나 그 밖의 사유로 자신의 신상에 중대한 사고가 발생한 경우에는 가까운 교정시설이나 경찰관서에 신고하여야 하고 필요한 보호를 요청할 수 있다.
③ 제2항의 보호 요청을 받은 교정시설이나 경찰관서의 장은 귀휴를 허가한 소장에게 그 사실을 지체 없이 통보하고 적절한 보호조치를 하여야 한다.

시행규칙

제129조 귀휴 허가
① 소장은 법 제77조에 따른 귀휴(일반귀휴·특별귀휴)를 허가하는 경우에는 제131조의 귀휴심사위원회의 심사를 거쳐야 한다.
② 소장은 개방처우급·완화경비처우급 수형자에게 법 제77조 제1항에 따른 귀휴(일반귀휴)를 허가할 수 있다. 다만, 교화 또는 사회복귀 준비 등을 위하여 특히 필요한 경우에는 일반경비처우급 수형자에게도 이를 허가할 수 있다.
③ 법 제77조 제1항 제4호에 해당하는 귀휴사유(법무부령으로 정하는 사유)는 다음 각 호와 같다.
   1. 직계존속, 배우자, 배우자의 직계존속 또는 본인의 회갑일이나 고희일인 때
   2. 본인 또는 형제자매의 혼례가 있는 때
   3. 직계비속이 입대하거나 해외유학을 위하여 출국하게 된 때
   4. 직업훈련을 위하여 필요한 때
   5. 「숙련기술장려법」 제20조 제2항에 따른 국내기능경기대회의 준비 및 참가를 위하여 필요한 때
   6. 출소 전 취업 또는 창업 등 사회복귀 준비를 위하여 필요한 때
   7. 입학식·졸업식 또는 시상식에 참석하기 위하여 필요한 때
   8. 출석수업을 위하여 필요한 때
   9. 각종 시험에 응시하기 위하여 필요한 때
   10. 그 밖에 가족과의 유대강화 또는 사회적응능력 향상을 위하여 특히 필요한 때

제130조 형기기준 등
① 법 제77조 제1항의 형기를 계산할 때 부정기형은 단기를 기준으로 하고, 2개 이상의 징역 또는 금고의 형을 선고받은 수형자의 경우에는 그 형기를 합산한다.
② 법 제77조 제1항의 "1년 중 20일 이내의 귀휴" 중 "1년"이란 매년 1월 1일부터 12월 31일까지를 말한다.

귀휴심사위원회

제131조 설치 및 구성
① 법 제77조(일반귀휴·특별귀휴)에 따른 수형자의 귀휴허가에 관한 심사를 하기 위하여 교정시설에 귀휴심사위원회(이하 이 절에서 "위원회"라 한다)를 둔다.
② 위원회는 위원장을 포함한 6명 이상 8명 이하의 위원으로 구성한다.
③ 위원장은 소장이 되며, 위원은 소장이 소속기관의 부소장·과장(지소의 경우에는 7급 이상의 교도관) 및 교정에 관한 학식과 경험이 풍부한 외부인사 중에서 임명 또는 위촉한다. 이 경우 외부위원은 2명 이상으로 한다.

제132조 위원장의 직무
① 위원장은 위원회를 소집하고 위원회의 업무를 총괄한다.
② 위원장이 부득이한 사유로 직무를 수행할 수 없을 때에는 부소장인 위원이 그 직무를 대행하고, 부소장이 없거나 부소장인 위원이 사고가 있는 경우에는 위원장이 미리 지정한 위원이 그 직무를 대행한다.

제133조 회 의
① 위원회의 회의는 위원장이 수형자에게 법 제77조 제1항 및 제2항에 따른 귀휴사유(일반귀휴 사유·특별귀휴 사유)가 발생하여 귀휴심사가 필요하다고 인정하는 때에 개최한다.
② 위원회의 회의는 재적위원 과반수의 출석으로 개의하고, 출석위원 과반수의 찬성으로 의결한다.

제134조 심사의 특례

① 소장은 토요일, 공휴일, 그 밖에 위원회의 소집이 매우 곤란한 때에 법 제77조 제2항 제1호(가족 또는 배우자의 직계존속이 사망한 때)의 사유가 발생한 경우에는 제129조 제1항(귀휴허가시 귀휴심사위원회의 심사)에도 불구하고 위원회의 심사를 거치지 아니하고 귀휴를 허가할 수 있다. 다만, 이 경우 다음 각 호에 해당하는 부서의 장의 의견을 들어야 한다.
  1. 수용관리를 담당하고 있는 부서
  2. 귀휴업무를 담당하고 있는 부서
② 제1항 각 호에 해당하는 부서의 장은 제137조 제3항의 서류(귀휴심사부, 수용기록부, 그 밖에 귀휴심사에 필요하다고 인정되는 서류)를 검토하여 그 의견을 지체 없이 소장에게 보고하여야 한다.

제135조 심사사항

위원회는 귀휴심사대상자(이하 이 절에서 "심사대상자"라 한다)에 대하여 다음 각 호의 사항을 심사해야 한다.

1. 수용관계	2. 범죄관계	3. 환경관계
가. 건강상태	가. 범행 시의 나이	가. 가족 또는 보호자
나. 징벌유무 등 수용생활 태도	나. 범죄의 성질 및 동기	나. 가족과의 결속 정도
다. 작업·교육의 근면·성실 정도	다. 공범관계	다. 보호자의 생활상태
라. 작업장려금 및 보관금	라. 피해의 회복 여부 및 피해자의 감정	라. 접견·전화통화의 내용 및 횟수
마. 사회적 처우의 시행 현황	마. 피해자에 대한 보복범죄의 가능성	마. 귀휴예정지 및 교통·통신 관계
바. 공범·동종범죄자 또는 심사대상자가 속한 범죄단체 구성원과의 교류 정도	바. 범죄에 대한 사회의 감정	바. 공범·동종범죄자 또는 심사대상자가 속한 범죄단체의 활동상태 및 이와 연계한 재범 가능성

제136조 외부위원

① 외부위원의 임기는 2년으로 하며, 연임할 수 있다.
② 소장은 외부위원이 다음 각 호의 어느 하나에 해당하는 경우에는 해당 위원을 해촉할 수 있다.
  1. 심신장애로 직무수행이 불가능하거나 현저히 곤란하다고 인정되는 경우
  2. 직무와 관련된 비위사실이 있는 경우
  3. 직무태만, 품위손상, 그 밖의 사유로 인하여 위원으로 적합하지 아니하다고 인정되는 경우
  4. 위원 스스로 직무를 수행하는 것이 곤란하다고 의사를 밝히는 경우
③ 외부위원에게는 예산의 범위에서 수당과 여비를 지급할 수 있다.

제137조 간사

① 위원회의 사무를 처리하기 위하여 귀휴업무를 담당하는 교도관 중에서 간사 1명을 둔다.
② 간사는 위원장의 명을 받아 위원회의 사무를 처리한다.
③ 간사는 다음 각 호의 서류를 위원회에 제출하여야 한다.
  1. 별지 제2호 서식의 귀휴심사부
  2. 수용기록부
  3. 그 밖에 귀휴심사에 필요하다고 인정되는 서류
④ 간사는 별지 제3호 서식에 따른 위원회 회의록을 작성하여 유지하여야 한다.

제138조 사실조회 등

① 소장은 수형자의 귀휴심사에 필요한 경우에는 법 제60조 제1항에 따라 사실조회를 할 수 있다.
② 소장은 심사대상자의 보호관계 등을 알아보기 위하여 필요하다고 인정하는 경우에는 그의 가족 또는 보호관계에 있는 사람에게 위원회 회의의 참석을 요청할 수 있다.

귀휴허가 후 조치

제139조 귀휴허가증 발급 등
소장은 귀휴를 허가한 때에는 별지 제4호 서식의 귀휴허가부에 기록하고 귀휴허가를 받은 수형자(이하 "귀휴자"라 한다)에게 별지 제5호 서식의 귀휴허가증을 발급하여야 한다.

제140조 귀휴조건
귀휴를 허가하는 경우 법 제77조 제3항에 따라 붙일 수 있는 조건(이하 "귀휴조건"이라 한다)은 다음 각 호와 같다.
1. 귀휴지 외의 지역 여행 금지
2. 유흥업소, 도박장, 성매매업소 등 건전한 풍속을 해치거나 재범 우려가 있는 장소 출입 금지
3. 피해자 또는 공범·동종범죄자 등과의 접촉금지
4. 귀휴지에서 매일 1회 이상 소장에게 전화보고(제141조 제1항에 따른 귀휴는 제외한다)
5. 그 밖에 귀휴 중 탈선 방지 또는 귀휴 목적 달성을 위하여 필요한 사항

제141조 동행귀휴 등
① 소장은 수형자에게 귀휴를 허가한 경우 필요하다고 인정하면 교도관을 동행시킬 수 있다.
② 소장은 귀휴자의 가족 또는 보호관계에 있는 사람으로부터 별지 제6호 서식의 보호서약서를 제출받아야 한다.
③ 영 제97조 제1항에 따라 경찰관서의 장에게 귀휴사실을 통보하는 경우에는 별지 제7호 서식에 따른다.

제142조 귀휴비용 등
① 귀휴자의 여비와 귀휴 중 착용할 복장은 본인이 부담한다.
② 소장은 귀휴자가 신청할 경우 작업장려금의 전부 또는 일부를 귀휴비용으로 사용하게 할 수 있다.

제78조 귀휴의 취소

소장은 귀휴 중인 수형자가 다음 각 호의 어느 하나에 해당하면 그 귀휴를 취소할 수 있다.
1. 귀휴의 허가사유가 존재하지 아니함이 밝혀진 때
2. 거소의 제한이나 그 밖에 귀휴허가에 붙인 조건을 위반한 때

시행규칙

제143조 귀휴조건 위반에 대한 조치
소장은 귀휴자가 귀휴조건을 위반한 경우에는 법 제78조에 따라 귀휴를 취소하거나 이의 시정을 위하여 필요한 조치를 하여야 한다.

제9장 미결수용자의 처우

제79조 미결수용자 처우의 원칙

미결수용자는 무죄의 추정을 받으며 그에 합당한 처우를 받는다.

시행령

제82조 수형자로서의 처우 개시
① 소장은 미결수용자로서 자유형이 확정된 사람에 대하여는 검사의 집행 지휘서가 도달된 때부터 수형자로 처우할 수 있다.
② 제1항의 경우 검사는 집행 지휘를 한 날부터 10일 이내에 재판서나 그 밖에 적법한 서류를 소장에게 보내야 한다.

제98조 미결수용시설의 설비 및 계호의 정도
미결수용자를 수용하는 시설의 설비 및 계호의 정도는 법 제57조 제2항 제3호의 일반경비시설에 준한다.

제99조 법률구조 지원
소장은 미결수용자가 빈곤하거나 무지하여 수사 및 재판 과정에서 권리를 충분히 행사하지 못한다고 인정하는 경우에는 법률구조에 필요한 지원을 할 수 있다.

관련판례

형집행법에 의한 교도소·구치소에 수용 중인 자는 당해 법률에 의하여 생계유지의 보호를 받고 있으므로 이러한 생계유지의 보호를 받고 있는 교도소·구치소에 수용 중인 자에 대하여 국민기초생활 보장법에 의한 중복적인 보장을 피하기 위하여 개별가구에서 제외키로 한 입법자의 판단이 헌법상 용인될 수 있는 재량의 범위를 일탈하여 인간다운 생활을 할 권리를 침해한다고 볼 수 없다(헌재 2011.3.31. 2009헌마617).

제80조 참관금지

미결수용자가 수용된 거실은 참관할 수 없다.

제81조 분리수용

소장은 미결수용자로서 사건에 서로 관련이 있는 사람은 분리수용하고 서로 간의 접촉을 금지하여야 한다.

시행령

제100조 공범 분리
소장은 이송이나 출정, 그 밖의 사유로 미결수용자를 교정시설 밖으로 호송하는 경우에는 해당 사건에 관련된 사람과 호송 차량의 좌석을 분리하는 등의 방법으로 서로 접촉하지 못하게 하여야 한다.

제82조 사복착용

> 미결수용자는 수사·재판·국정감사 또는 법률로 정하는 조사에 참석할 때에는 사복을 착용할 수 있다. 다만, 소장은 도주우려가 크거나 특히 부적당한 사유가 있다고 인정하면 교정시설에서 지급하는 의류를 입게 할 수 있다.

관련판례

[1] **미결수용자가 수감되어 있는 동안 구치소 등 수용시설 안에서 사복을 입지 못하게 하고 재소자용 의류를 입게 한 행위로 인하여 기본권침해가 있는지 여부**(소극)

구치소 등 수용시설 안에서는 재소자용 의류를 입더라도 일반인의 눈에 띄지 않고, 수사 또는 재판에서 변해·방어권을 행사하는데 지장을 주는 것도 아닌 반면에, 미결수용자에게 사복을 입도록 하면 의복의 수선이나 세탁 및 계절에 따라 의복을 바꾸는 과정에서 증거인멸 또는 도주를 기도하거나 흉기, 담배, 약품 등 소지금지품이 반입될 염려 등이 있으므로 미결수용자에게 시설 안에서 재소자용 의류를 입게 하는 것은 구금 목적의 달성, 시설의 규율과 안전유지를 위한 필요최소한의 제한으로서 정당성·합리성을 갖춘 재량의 범위 내의 조치이다(헌재 1999.5.27. 97헌마137). [2013. 7급]

[2] **미결수용자가 수감되어 있는 동안 수사 또는 재판을 받을 때에도 사복을 입지 못하게 하고 재소자용 의류를 입게 한 행위로 인하여 기본권침해가 있는지 여부**(적극)

수사 및 재판단계에서 유죄가 확정되지 아니한 미결수용자에게 재소자용 의류를 입게 하는 것은 미결수용자로 하여금 모욕감이나 수치심을 느끼게 하고, 심리적인 위축으로 방어권을 제대로 행사할 수 없게 하여 실체적 진실의 발견을 저해할 우려가 있으므로, 도주 방지 등 어떠한 이유를 내세우더라도 그 제한은 정당화될 수 없어 헌법 제37조 제2항의 기본권 제한에서의 비례원칙에 위반되는 것으로서, 무죄추정의 원칙에 반하고 인간으로서의 존엄과 가치에서 유래하는 인격권과 행복추구권, 공정한 재판을 받을 권리를 침해하는 것이다 (헌재 1999.5.27. 97헌마137).

[3] **외부 재판에 출정할 때 운동화를 착용하게 해달라는 청구인의 신청에 대한 교도소장의 불허행위가 청구인의 인격권과 행복추구권을 침해한 것인지 여부**(소극)

이 사건 운동화착용불허행위는 시설 바깥으로의 외출이라는 기회를 이용한 도주를 예방하기 위한 것으로서 그 목적이 정당하고, 위와 같은 목적을 달성하기 위한 적합한 수단이라 할 것이다. 또한 신발의 종류를 제한하는 것에 불과하여 법익침해의 최소성과 균형성도 갖추었다 할 것이므로, 이 사건 운동화착용불허행위가 기본권제한에 있어서의 과잉금지원칙에 반하여 청구인의 인격권과 행복추구권을 침해하였다고 볼 수 없다 (헌재 2011.2.24. 2009헌마209).

제83조 이발

> 미결수용자의 머리카락과 수염은 특히 필요한 경우가 아니면 본인의 의사에 반하여 짧게 깎지 못한다.

제84조 변호인과의 접견 및 편지수수

① 제41조 제4항(접견내용의 청취·기록·녹음 또는 녹화)에도 불구하고 미결수용자와 변호인과의 접견에는 교도관이 참여하지 못하며 그 내용을 청취 또는 녹취하지 못한다. 다만, 보이는 거리에서 미결수용자를 관찰할 수 있다.
② 미결수용자와 변호인 간의 접견은 시간과 횟수를 제한하지 아니한다.
③ 제43조 제4항 단서(편지 검열사유)에도 불구하고 미결수용자와 변호인 간의 편지는 교정시설에서 상대방이 변호인임을 확인할 수 없는 경우를 제외하고는 검열할 수 없다.

시행령

제101조 접견 횟수
미결수용자의 접견 횟수는 매일 1회로 하되, 변호인과의 접견은 그 횟수에 포함시키지 않는다.

제102조 접견의 예외
소장은 미결수용자의 처우를 위하여 특히 필요하다고 인정하면 제58조 제1항(근무시간 내 접견)에도 불구하고 접견시간대 외에도 접견하게 할 수 있고, 변호인이 아닌 사람과 접견하는 경우에도 제58조 제2항(30분 이내의 접견) 및 제101조(매일 1회의 접견횟수)에도 불구하고 접견시간을 연장하거나 접견 횟수를 늘릴 수 있다.

제85조 조사 등에서의 특칙

소장은 미결수용자가 징벌대상자로서 조사받고 있거나 징벌집행 중인 경우에도 소송서류의 작성, 변호인과의 접견·편지수수, 그 밖의 수사 및 재판 과정에서의 권리행사를 보장하여야 한다.

제86조 작업과 교화

① 소장은 미결수용자에 대하여는 신청에 따라 교육 또는 교화프로그램을 실시하거나 작업을 부과할 수 있다.
② 제1항에 따라 미결수용자에게 교육 또는 교화프로그램을 실시하거나 작업을 부과하는 경우에는 제63조부터 제65조까지(교육, 교화프로그램, 작업의 부과) 및 제70조부터 제76조까지(집중근로에 따른 처우, 작업시간 등, 작업의 면제, 작업수입 등, 위로금·조위금, 다른 보상·배상과의 관계, 위로금·조위금을 지급받을 권리의 보호)의 규정을 준용한다.

시행령

제103조 교육·교화와 작업
① 법 제86조 제1항(신청에 의한 교육·교화프로그램 또는 작업의 부과)의 미결수용자에 대한 교육·교화프로그램 또는 작업은 교정시설 밖에서 행하는 것은 포함하지 아니한다.
② 소장은 법 제86조 제1항에 따라 작업이 부과된 미결수용자가 작업의 취소를 요청하는 경우에는 그 미결수용자의 의사, 건강 및 교도관의 의견 등을 고려하여 작업을 취소할 수 있다.

제87조 유치장

경찰관서에 설치된 유치장은 교정시설의 미결수용실로 보아 이 법을 준용한다.

시행령

제107조 유치장 수용기간
경찰관서에 설치된 유치장에는 수형자를 30일 이상 수용할 수 없다.

제88조 준용규정

형사사건으로 수사 또는 재판을 받고 있는 수형자와 사형확정자에 대하여는 제82조(미결수용자의 사복착용), 제84조(미결수용자의 변호인과의 접견 및 편지수수) 및 제85조(미결수용자의 조사·징벌 중의 권리행사보장 특칙)를 준용한다.

시행령

제104조 도주 등 통보
소장은 미결수용자가 도주하거나 도주한 미결수용자를 체포한 경우에는 그 사실을 검사에게 통보하고, 기소된 상태인 경우에는 법원에도 지체 없이 통보하여야 한다.

제105조 사망 등 통보
소장은 미결수용자가 위독하거나 사망한 경우에는 그 사실을 검사에게 통보하고, 기소된 상태인 경우에는 법원에도 지체 없이 통보하여야 한다.

제106조 외부의사의 진찰 등
미결수용자가 「형사소송법」 제34조(피고인·피의자와의 접견·교통·진료), 제89조(구속된 피고인의 접견 진료) 및 제209조(준용규정)에 따라 외부의사의 진료를 받는 경우에는 교도관이 참여하고 그 경과를 수용기록부에 기록하여야 한다.

> **참고자료**
> - 무죄추정의 원칙: 헌법 제27조 제4항, 형사소송법 제275조의2, 형집행법 제79조
> - 비교·구분: 시행령 제99조와 시행규칙 제56조 제2항(전담요원은 외국인 미결수용자에게 소송 진행에 필요한 법률지식을 제공하는 등의 조력을 하여야 한다)
> - 시행령 제100조: 좌석을 분리(○) ➡ 공범부호 부착(×)
> - 미결수용자의 사복착용은 권리이지 허가사항이 아니다.
> - 변호인과의 접견교통권을 제한하는 법령규정: 법 제84조 제3항, 시행령 제58조 제1항, 시행령 제106조
> - 법 제84조 제1항 단서: 보이는 거리에서 미결수용자를 관찰할 수 있다(○) ➡ 보이는 거리에서 변호인과 미결수용자를 관찰할 수 있다(×), 감시할 수 있다(×)
> - 시행령 제103조 제2항: 교도관의 의견(○) ➡ 의무관의 의견(×)
> - 시행령 제104조: 법무부장관에게 보고(○) - 수용자 개념에 포함되므로.
> - 시행령 제105조: 법무부장관에게 보고(×)
> - 시행령 제106조: 그 경과를 수용기록부에 기록(○) ➡ 그 경과를 검사에게 보고(×)

관련판례

[1] 변호인이 되려는 자의 피의자 접견교통권이 헌법상 기본권인지 여부(적극)

변호인 선임을 위하여 피의자·피고인(피의자 등)이 가지는 변호인이 되려는 자와의 접견교통권은 헌법상 기본권으로 보호되어야 하고, 변호인이 되려는 자의 접견교통권은 피의자 등이 변호인을 선임하여 그로부터 조력을 받을 권리를 공고히 하기 위한 것으로서, 그것이 보장되지 않으면 피의자 등이 변호인 선임을 통하여 변호인으로부터 충분한 조력을 받는다는 것이 유명무실하게 될 수밖에 없다. 이와 같이 변호인이 되려는 자의 접견교통권은 피의자 등을 조력하기 위한 핵심적인 부분으로서, 피의자 등이 가지는 헌법상의 기본권인 변호인이 되려는 자와의 접견교통권과 표리의 관계에 있다. 따라서 피의자 등이 가지는 변호인이 되려는 자의 조력을 받을 권리가 실질적으로 확보되기 위해서는 변호인이 되려는 자의 접견교통권 역시 헌법상 기본권으로서 보장되어야 한다. 그러므로 청구인이 변호인이 되려는 자의 자격으로 피의자 접견 신청을 하였음에도 이를 허용하기 위한 조치를 취하지 않은 검사의 행위는 헌법상 기본권인 청구인의 접견교통권을 침해하였다(헌재 2019.2.28. 2015헌마1204).

> ※ 이 판례로 인해 헌법상 변호인과의 접견교통권은 피의자·피고인에게만 한정되는 신체의 자유에 관한 기본권이고, 변호인 자신의 피의자·피고인과의 접견교통권은 헌법상의 권리라고 볼 수 없으며, 단지 형사소송법 제34조에 의하여 비로소 보장되는 권리에 불과하다는 판례는(헌재 1991.7.8. 89헌마181) 폐기될 것으로 예상된다.
> ※ 헌재가 변경 또는 폐기 결정을 하지 않았기 때문에 두 개(89헌마181와 2015헌마1204)의 판례가 공존하고 있는 상태임.

[2] 미결수용자의 가족이 미결수용자와 접견하는 것 역시 헌법 제10조가 보장하고 있는 인간으로서의 존엄과 가치 및 행복추구권 가운데 포함되는 헌법상의 기본권이라고 보아야 할 것이다(헌재 2003.11.27. 2002헌마193).

[3] 임의동행된 피의자 또는 피내사자에게도 변호인과의 접견교통권이 인정되는지의 여부(적극)

임의동행의 형식으로 수사기관에 연행된 피의자에게도 변호인 또는 변호인이 되려는 자와의 접견교통권은 당연히 인정된다고 보아야 하고 임의동행의 형식으로 연행된 피내사자의 경우에도 이는 마찬가지이다(대법원 1996.6.3. 96모18).

[4] 형집행중에 있는 수형자에 대하여도 변호인과의 접견교통권이 인정되는지의 여부

형사절차가 종료되어 교정시설에 수용중인 수형자는 원칙적으로 변호인의 조력을 받을 권리의 주체가 될 수 없다(헌재 1998.8.27. 96헌마398).

[5] (피고인의)변호인과의 자유로운 접견은 신체구속을 당한 사람에게 보장된 변호인의 조력을 받을 권리의 가장 중요한 내용이어서 (법령에 근거가 없는 한)국가안전보장, 질서유지, 공공복리 등 어떠한 명분으로도 제한될 수 있는 성질의 것이 아니다(헌재 1992.1.28. 91헌마111).

[6] 변호인 접견시 교도관 참여의 위헌 여부(적극)

미결수용자의 변호인 접견 시 교도관이 참여할 수 있도록 한 것은 신체구속을 당한 미결수용자에게 보장된 변호인의 조력을 받을 권리를 침해하는 것이어서 헌법에 위반된다(헌재 1992.1.28. 91헌마111). **[2010. 9급] 총 2회 기출**

[7] 미결수용자의 변호인 접견권에 대한 제한가능성

헌법재판소가 91헌마111 결정에서 미결수용자와 변호인과의 접견에 대해 어떠한 명분으로도 제한할 수 없다고 한 것은 구속된 자와 변호인 간의 접견이 실제로 이루어지는 경우에 있어서의 자유로운 접견, 즉 대화내용에 대하여 비밀이 완전히 보장되고 어떠한 제한, 영향, 압력 또는 부당한 간섭 없이 자유롭게 대화할 수 있는 접견을 제한할 수 없다는 것이지, 변호인과의 접견 자체에 대해 아무런 제한도 가할 수 없다는 것을 의미하는 것이 아니므로 미결수용자의 변호인 접견권 역시 국가안전보장·질서유지 또는 공공복리를 위해 필요한 경우에는 법률로써 제한될 수 있음은 당연하다(헌재 2011.5.26. 2009헌마341). **[2017. 9급]**

[8] **형집행법 제41조 제4항에서 접견의 횟수·시간·장소·방법 및 접견내용의 청취·기록·녹음·녹화 등에 관하여 필요한 사항은 대통령령으로 정한다고 하여 수용자의 접견 시간 등에 관하여 필요한 사항을 대통령령에 위임하면서도 제84조 제2항에서 미결수용자와 변호인 간의 접견은 시간과 횟수를 제한하지 아니한다고 규정한 것의 의미**

형집행법 제84조 제2항에 의해 금지되는 접견시간 제한의 의미는 접견에 관한 일체의 시간적 제한이 금지된다는 것으로 볼 수는 없고, 수용자와 변호인의 접견이 현실적으로 실시되는 경우, 그 접견이 미결수용자와 변호인의 접견인 때에는 미결수용자의 방어권 행사로서의 중요성을 감안하여 자유롭고 충분한 변호인의 조력을 보장하기 위해 접견 시간을 양적으로 제한하지 못한다는 의미로 이해하는 것이 타당하므로, 수용자의 접견이 이루어지는 일반적인 시간대를 대통령령으로 규정하는 것은 가능하다(헌재 2011.5.26. 2009헌마341).

[9] **신체구속을 당한 피고인 또는 피의자가 범하였다고 의심받는 범죄행위에 자신의 변호인이 관련되었다는 사정만으로 그 변호인과의 접견교통을 금지할 수 있는지 여부**(소극)

변호인의 접견교통의 상대방인 신체구속을 당한 사람이 그 변호인을 자신의 범죄행위에 공범으로 가담시키려고 하였다는 등의 사정만으로 그 변호인의 신체구속을 당한 사람과의 접견교통을 금지하는 것이 정당화될 수는 없다. 이러한 법리는 신체구속을 당한 사람의 변호인이 1명이 아니라 여러 명이라고 하여 달라질 수 없고, 어느 변호인의 접견교통권의 행사가 그 한계를 일탈한 것인지의 여부는 해당 변호인을 기준으로 하여 개별적으로 판단하여야 할 것이다(대법원 2007.1.31. 2006모656).

[10] **공휴일이라는 이유로 변호인과의 접견이 불허되었으나 그 후 충분히 접견이 이루어진 경우, 변호인의 조력을 받을 권리가 침해된 것인지의 여부**(소극)

불구속 상태에서 재판을 받은 후 선고기일에 출석하지 않아 구속된 피고인을, 국선변호인이 접견하고자 하였으나 공휴일이라는 이유로 접견이 불허되었으나 그로부터 이틀 후 접견이 이루어지고, 다시 그로부터 열흘 넘게 지난 후 공판이 이루어진 경우 피고인의 변호인의 조력을 받을 권리를 침해했다고 할 수 없다(헌재 2011.5.26. 2009헌마341).

[11] **법정 옆 피고인 대기실에서 재판대기중인 피고인이 공판을 앞두고 호송교도관에게 변호인 접견을 신청하였으나, 교도관이 이를 허용하지 아니한 것이 피고인의 변호인의 조력을 받을 권리를 침해한 것인지 여부**(소극)

구속피고인 변호인 면접·교섭권은 독자적으로 존재하는 것이 아니라 국가형벌권의 적정한 행사와 피고인의 인권보호라는 형사소송절차의 전체적인 체계 안에서 의미를 갖고 있는 것이다. 따라서 구속피고인의 변호인 면접·교섭권은 최대한 보장되어야 하지만, 형사소송절차의 위와 같은 목적을 구현하기 위하여 제한될 수 있다. 다만, 이 경우에도 그 제한은 엄격한 비례의 원칙에 따라야 하고, 시간·장소·방법 등 일반적 기준에 따라 중립적이어야 한다.

청구인의 면담 요구는 구속피고인의 변호인과의 면접·교섭권으로서 현실적으로 보장할 수 있는 한계 범위 밖이라고 아니할 수 없다. 따라서 청구인의 변호인 면담 요구를 받아들이지 아니한 교도관의 접견불허 행위는 청구인의 기본권을 침해하는 위헌적인 공권력의 행사라고 보기 어렵다(헌재 2009.10.29. 2007헌마992). [2018. 8급 승진]

[12] **구치소장이 변호인접견실에 CCTV를 설치하여 미결수용자와 변호인 간의 접견을 관찰한 행위**(CCTV 관찰행위)**가 변호인의 조력을 받을 권리를 침해하는지 여부**(소극)

변호인접견실에 설치된 CCTV는 교도관이 CCTV를 통해 미결수용자와 변호인 간의 접견을 관찰하더라도 접견내용의 비밀이 침해되거나 접견교통에 방해가 되지 않도록 조치를 취하고 있는 점, 금지물품의 수수를 적발하거나 교정사고를 효과적으로 방지하고 교정사고가 발생하였을 때 신속하게 대응하기 위하여는 CCTV를 통해 관찰하는 방법 외에 더 효과적인 다른 방법을 찾기 어려운 점 등에 비추어 보면, CCTV 관찰행위는 그 목적을 달성하기 위하여 필요한 범위 내의 제한으로 침해의 최소성을 갖추었다. 따라서 CCTV 관찰행위가 청구인의 변호인의 조력을 받을 권리를 침해한다고 할 수 없다(헌재 2016.4.28. 2015헌마243).

[2018. 5급 승진] 총 2회 기출

[13] **교도관이 미결수용자와 변호인 간에 주고받는 서류를 확인하고, 소송관계서류처리부에 그 제목을 기재하여 등재한 행위**(서류 확인 및 등재행위)**가 변호인의 조력을 받을 권리를 침해하는지 여부**(소극)

서류확인 및 등재는 변호인 접견이 종료된 뒤 이루어지고, 교도관은 변호인과 미결수용자가 지켜보는 가운데 서류를 확인하여 그 제목 등을 소송관계처리부에 기재하여 등재하므로 내용에 대한 검열이 이루어질 수도 없는 점에 비추어 보면 침해의 최소성 요건을 갖추었다. 따라서 서류 확인 및 등재행위는 청구인의 변호인의 조력을 받을 권리를 침해한다고 할 수 없다(헌재 2016.4.28. 2015헌마243).

관련판례

[1] **미결수용자를 다른 수용시설로 이송하기 위한 요건**

미결수용자를 수용하고 있는 교도소장 등은 형집행법에 근거하여 미결수용자의 수용이나 처우상 특히 필요하다고 인정할 때에는 법무부장관의 승인을 얻어 미결수용자를 다른 수용시설로 이송할 수 있다고 보아야 할 것이며, 다만 미결수용자의 특성상 작업이나 교화 등의 필요를 이유로 미결수용자를 다른 수용시설로 이송할 수는 없으며, 또 교도소의 수용능력이 부족하다는 사유만으로 이송처분이 적법한 것이라고 단정할 수는 없다(대법원 1992.8.7. 92두30).

[2] **사법경찰관이 경찰서 유치장에 수용된 피의자에 대한 변호인의 수진권행사에 의무관의 참여를 요구한 것이 변호인의 수진권을 침해하는 위법한 처분인지 여부**(소극)

경찰서 유치장은 미결수용실에 준하는 것이어서 그 곳에 수용된 피의자에 대하여는 형집행법 및 그 시행령이 적용된다. 국가정보원 사법경찰관이 경찰서 유치장에 구금되어 있던 피의자에 대하여 의사의 진료를 받게 할 것을 신청한 변호인에게 국가정보원이 추천하는 의사의 참여를 요구한 것은 형집행법 시행령에 근거한 것으로서 적법하고, 이를 가리켜 변호인의 수진권을 침해하는 위법한 처분이라고 할 수는 없다(대법원 2002.5.6. 2000모112).

[3] 경찰서 대용감방에 배치된 경찰관 등으로서는 감방 내의 상황을 잘 살펴 수감자들 사이에서 폭력행위 등이 일어나지 않도록 예방하고 나아가 폭력행위 등이 일어난 경우에는 이를 제지하여야 할 의무가 있음에도 불구하고 이러한 주의의무를 게을리 하였다면 국가는 감방 내의 폭력행위로 인한 손해를 배상할 책임이 있다(대법원 1993.9.28. 93다17546).

[4] 밀폐시설이 불충분하여 사용과정에서 신체부위가 다른 유치인들 및 경찰관들에게 관찰될 수 있고 냄새가 유출되는 유치실 내 화장실을 사용하도록 강제한 것은 인간의 존엄과 가치로부터 유래하는 인격권을 침해하는 정도에 이르렀다고 판단된다(헌재 2001.7.19. 2000헌마546).

[5] 구치소장이 구치소 내에서 실시하는 종교의식 또는 행사에 미결수용자인 청구인의 참석을 금지한 행위는 과잉금지원칙을 위반하여 청구인의 종교의 자유를 침해하였다(헌재 2011.12.29. 2009헌마527).

[6] 원칙적으로 미결수용자에게 종교집회 참석 기회를 보장하더라도 실제 참석 기회가 지나치게 적은 것 역시 종교의 자유를 침해하는 것이다(헌재 2014.6.26. 2012헌마782).

[7] **형법 제57조 제1항의 일부에 대한 헌법재판소의 위헌결정에 따라 판결에서 별도로 '판결선고 전 미결구금일수 산입에 관한 사항을 판단할 필요가 없어졌는지 여부**(적극)

형법 제57조 제1항 중 "또는 일부" 부분은 헌법재판소 2009.6.25. 2007헌바25 사건의 위헌결정으로 효력이 상실되었다. 그리하여 판결선고 전 미결구금일수는 그 전부가 법률상 당연히 본형에 산입하게 되었으므로, 판결에서 별도로 미결구금일수 산입에 관한 사항을 판단할 필요가 없다고 할 것이다(대법원 2009.12.10. 2009도11448). [2017. 9급] 총 2회 기출

제10장 사형확정자

제89조 사형확정자의 수용

① 사형확정자는 독거수용한다. 다만, 자살방지, 교육·교화프로그램, 작업, 그 밖의 적절한 처우를 위하여 필요한 경우에는 법무부령으로 정하는 바에 따라 혼거수용할 수 있다.
② 사형확정자가 수용된 거실은 참관할 수 없다.

시행령

제108조 사형확정자 수용시설의 설비 및 계호의 정도
사형확정자를 수용하는 시설의 설비 및 계호의 정도는 법 제57조 제2항 제3호의 일반경비시설 또는 같은 항 제4호의 중경비시설에 준한다.

제109조 접견 횟수
사형확정자의 접견 횟수는 매월 4회로 한다.

제110조 접견의 예외
소장은 제58조 제1항(근무시간 내 접견)·제2항(30분 이내의 접견) 및 제109조(매월 4회의 접견횟수)에도 불구하고 사형확정자의 교화나 심리적 안정을 도모하기 위하여 특히 필요하다고 인정하면 접견 시간대 외에도 접견을 하게 할 수 있고 접견시간을 연장하거나 접견 횟수를 늘릴 수 있다.

시행규칙

제150조 구분수용 등
① 사형확정자는 사형집행시설이 설치되어 있는 교정시설에 수용하되, 다음 각 호와 같이 구분하여 수용한다. 다만, 수용관리 또는 처우상 필요한 경우에는 사형집행시설이 설치되지 않은 교정시설에 수용할 수 있다.

1. 교도소	교도소 수용 중 사형이 확정된 사람, 교도소에서 교육·교화프로그램 또는 신청에 따른 작업을 실시할 필요가 있다고 인정되는 사람	
2. 구치소	구치소 수용 중 사형이 확정된 사람, 교도소에서 교육·교화프로그램 또는 신청에 따른 작업을 실시할 필요가 없다고 인정되는 사람	

② 사형확정자의 심리적 안정 도모 또는 교정시설의 안전과 질서유지를 위하여 특히 필요하다고 인정하는 경우에는 제1항 각 호에도 불구하고 교도소에 수용할 사형확정자를 구치소에 수용할 수 있고, 구치소에 수용할 사형확정자를 교도소에 수용할 수 있다.
③ 사형확정자와 소년수용자를 같은 교정시설에 수용하는 경우에는 서로 분리하여 수용한다.
④ 소장은 사형확정자의 자살·도주 등의 사고를 방지하기 위하여 필요한 경우에는 사형확정자와 미결수용자를 혼거수용할 수 있고, 사형확정자의 교육·교화프로그램, 작업 등의 적절한 처우를 위하여 필요한 경우에는 사형확정자와 수형자를 혼거수용할 수 있다.
⑤ 사형확정자의 번호표 및 거실표의 색상은 붉은색으로 한다.

제151조 이송
소장은 사형확정자의 교육·교화프로그램, 작업 등을 위하여 필요하거나 교정시설의 안전과 질서유지를 위하여 특히 필요하다고 인정하는 경우에는 법무부장관의 승인을 받아 사형확정자를 다른 교정시설로 이송할 수 있다.

제90조 개인상담 등

① 소장은 사형확정자의 심리적 안정 및 원만한 수용생활을 위하여 교육 또는 교화프로그램을 실시하거나 신청에 따라 작업을 부과할 수 있다.
② 사형확정자에 대한 교육·교화프로그램, 작업, 그 밖의 처우에 필요한 사항은 법무부령으로 정한다.

시행규칙

제152조 상담
① 소장은 사형확정자의 심리적 안정 및 원만한 수용생활을 위하여 소속 교도관으로 하여금 지속적인 상담을 하게 하여야 한다.
② 제1항의 사형확정자에 대한 상담시기, 상담책임자 지정, 상담결과 처리절차 등에 관하여는 제196조(엄중관리대상자의 지속적인 상담)를 준용한다.

제153조 작업
① 소장은 사형확정자가 작업을 신청하면 교도관회의의 심의를 거쳐 교정시설 안에서 실시하는 작업을 부과할 수 있다. 이 경우 부과하는 작업은 심리적 안정과 원만한 수용생활을 도모하는 데 적합한 것이어야 한다.
② 소장은 작업이 부과된 사형확정자에 대하여 교도관회의의 심의를 거쳐 제150조 제4항(번호표 및 거실표의 색상 붉은색)을 적용하지 아니할 수 있다.
③ 소장은 작업이 부과된 사형확정자가 작업의 취소를 요청하면 사형확정자의 의사·건강, 담당교도관의 의견 등을 고려하여 작업을 취소할 수 있다.
④ 사형확정자에게 작업을 부과하는 경우에는 법 제71조부터 제76조까지(작업시간 등, 작업의 면제, 작업수입 등, 위로금·조위금, 다른 보상·배상과의 관계, 위로금·조위금을 지급받을 권리의 보호)의 규정 및 이 규칙 제200조(수용자를 대표하는 직책 부여 금지)를 준용한다.

제154조 교화프로그램
소장은 사형확정자에 대하여 심리상담, 종교상담, 심리치료 등의 교화프로그램을 실시하는 경우에는 전문가에 의하여 집중적이고 지속적으로 이루어질 수 있도록 계획을 수립·시행하여야 한다.

제155조 전담교정시설 수용
사형확정자에 대한 교육·교화프로그램, 작업 등의 처우를 위하여 법무부장관이 정하는 전담교정시설에 수용할 수 있다.

제156조 전화통화
소장은 사형확정자의 심리적 안정과 원만한 수용생활을 위하여 필요하다고 인정하는 경우에는 월 3회 이내의 범위에서 전화통화를 허가할 수 있다.

제91조 사형의 집행

① 사형은 교정시설의 사형장에서 집행한다.
② 공휴일과 토요일에는 사형을 집행하지 아니한다.

제111조 사형집행 후의 검시
소장은 사형을 집행하였을 경우에는 시신을 검사한 후 5분이 지나지 아니하면 교수형에 사용한 줄을 풀지 못한다.

제88조 준용규정

형사사건으로 수사 또는 재판을 받고 있는 사형확정자에 대하여는 제82조(미결수용자의 사복착용), 제84조(미결수용자의 변호인과의 접견 및 편지수수) 및 법 제85조(미결수용자의 조사·징벌 중의 권리행사 보장 특칙)를 준용한다.

참고자료 — 형사사건으로 수사 또는 재판을 받고 있는 사형확정자에 대한 준용규정(법 제88조)

1. 사복착용
   형사사건으로 수사 또는 재판을 받고 있는 사형확정자는 수사·재판·국정감사 또는 법률로 정하는 조사에 참석할 때에는 사복을 착용할 수 있다. 다만, 소장은 도주우려가 크거나 특히 부적당한 사유가 있다고 인정하면 교정시설에서 지급하는 의류를 입게 할 수 있다.

2. 변호인과의 접견 및 편지수수
   ① 형사사건으로 수사 또는 재판을 받고 있는 사형확정자와 변호인과의 접견에는 교도관이 참여하지 못하며 그 내용을 청취 또는 녹취하지 못한다. 다만, 보이는 거리에서 사형확정자를 관찰할 수 있다.
   ② 형사사건으로 수사 또는 재판을 받고 있는 사형확정자와 변호인 간의 접견은 시간과 횟수를 제한하지 아니한다.
   ③ 형사사건으로 수사 또는 재판을 받고 있는 사형확정자와 변호인 간의 편지는 교정시설에서 상대방이 변호인임을 확인할 수 없는 경우를 제외하고는 검열할 수 없다.

3. 조사 등에서의 특칙
   소장은 형사사건으로 수사 또는 재판을 받고 있는 사형확정자가 징벌대상자로서 조사받고 있거나 징벌 집행 중인 경우에도 소송서류의 작성, 변호인과의 접견·편지수수, 그 밖의 수사 및 재판 과정에서의 권리행사를 보장하여야 한다.

> **참고자료** 형사소송법상 사형 관련규정

사형의 집행(제463조)
사형은 법무부장관의 명령에 의하여 집행한다.

사형판결확정과 소송기록의 제출(제464조)
사형을 선고한 판결이 확정한 때에는 검사는 지체 없이 소송기록을 법무부장관에게 제출하여야 한다.

사형집행명령의 시기(제465조)
① 사형집행의 명령은 판결이 확정된 날로부터 6월 이내에 하여야 한다.
② 상소권회복의 청구, 재심의 청구 또는 비상상고의 신청이 있는 때에는 그 절차가 종료할 때까지의 기간은 전항의 기간에 산입하지 아니한다.

사형집행의 기간(제466조)
법무부장관이 사형의 집행을 명한 때에는 5일 이내에 집행하여야 한다.

사형집행의 참여(제467조)
① 사형의 집행에는 검사와 검찰청서기관과 교도소장 또는 구치소장이나 그 대리자가 참여하여야 한다.
② 검사 또는 교도소장 또는 구치소장의 허가가 없으면 누구든지 형의 집행장소에 들어가지 못한다.

사형집행조서(제468조)
사형의 집행에 참여한 검찰청서기관은 집행조서를 작성하고 검사와 교도소장 또는 구치소장이나 그 대리자와 함께 기명날인 또는 서명하여야 한다.

사형집행의 정지(제469조)
① 사형선고를 받은 사람이 심신의 장애로 의사능력이 없는 상태이거나 임신 중인 여자인 때에는 법무부장관의 명령으로 집행을 정지한다.
② 제1항에 따라 형의 집행을 정지한 경우에는 심신장애의 회복 또는 출산 후에 법무부장관의 명령에 의하여 형을 집행한다.

사형판결 확정	사형 판결이 확정된 때에는 검사는 지체 없이 소송기록을 법무부장관에게 제출 (형사소송법 제464조)
사형집행명령 시기	• 사형은 법무부장관의 명령에 의하여 집행(동법 제463조) • 사형집행의 명령은 판결이 확정된 날로부터 6월 이내(동법 제465조 제1항)
사형집행 기간	법무부장관이 사형의 집행을 명한 때에는 5일 이내에 집행(동법 제466조)
사형집행 참여	검사·검찰청서기관, 교도소장(구치소장)이나 그 대리자(동법 제467조)
사형집행조서·검시	• 사형의 집행에 참여한 검찰청서기관은 집행조서를 작성(동법 제468조) • 소장은 사형을 집행하였을 경우에는 시신을 검사한 후 5분이 지나지 아니하면 교수형에 사용한 줄을 풀지 못한다(형집행법 시행령 제111조).

관련판례

사형제도가 헌법 제37조 제2항에 위반하여 생명권을 침해하는지 여부(소극)

사형은 일반국민에 대한 심리적 위하를 통하여 범죄의 발생을 예방하며 극악한 범죄에 대한 정당한 응보를 통하여 정의를 실현하고, 당해 범죄인의 재범 가능성을 영구히 차단함으로써 사회를 방어하려는 것으로 그 입법목적은 정당하고, 가장 무거운 형벌인 사형은 입법목적의 달성을 위한 적합한 수단이다.

한편, 오판가능성은 사법제도의 숙명적 한계이지 사형이라는 형벌제도 자체의 문제로 볼 수 없으며 심급제도, 재심제도 등의 제도적 장치 및 그에 대한 개선을 통하여 해결할 문제이지, 오판가능성을 이유로 사형이라는 형벌의 부과 자체가 위헌이라고 할 수는 없다.

사형제도에 의하여 달성되는 범죄예방을 통한 무고한 일반국민의 생명 보호 등 중대한 공익의 보호와 정의의 실현 및 사회방위라는 공익은 사형제도로 발생하는 극악한 범죄를 저지른 자의 생명권이라는 사익보다 결코 작다고 볼 수 없을 뿐만 아니라, 다수의 인명을 잔혹하게 살해하는 등의 극악한 범죄에 대하여 한정적으로 부과되는 사형이 그 범죄의 잔혹함에 비하여 과도한 형벌이라고 볼 수 없으므로, 사형제도는 법익균형성원칙에 위배되지 아니한다(헌재 2010.2.25. 2008헌가23).

※ 합헌 결정: 헌재 2010.2.25. 2008헌가23 同旨 헌재 1996.11.28. 95헌바1 同旨 대법원 1991.2.26. 90도2906 同旨 대법원 1987.9.8. 87도1458

제11장 안전과 질서

제92조 금지물품

① 수용자는 다음 각 호의 물품을 지녀서는 아니 된다.
 1. 마약·총기·도검·폭발물·흉기·독극물, 그 밖에 범죄의 도구로 이용될 우려가 있는 물품
 2. 무인비행장치, 전자·통신기기, 그 밖에 도주나 다른 사람과의 연락에 이용될 우려가 있는 물품
 3. 주류·담배·화기·현금·수표, 그 밖에 시설의 안전 또는 질서를 해칠 우려가 있는 물품
 4. 음란물, 사행행위에 사용되는 물품, 그 밖에 수형자의 교화 또는 건전한 사회복귀를 해칠 우려가 있는 물품
② 제1항에도 불구하고 소장이 수용자의 처우를 위하여 허가하는 경우에는 제1항 제2호의 물품을 지닐 수 있다.

제93조 신체검사 등

① 교도관은 시설의 안전과 질서유지를 위하여 필요하면 수용자의 신체·의류·휴대품·거실 및 작업장 등을 검사할 수 있다.
② 수용자의 신체를 검사하는 경우에는 불필요한 고통이나 수치심을 느끼지 아니하도록 유의하여야 하며, 특히 신체를 면밀하게 검사할 필요가 있으면 다른 수용자가 볼 수 없는 차단된 장소에서 하여야 한다.
③ 교도관은 시설의 안전과 질서유지를 위하여 필요하면 교정시설을 출입하는 수용자 외의 사람에 대하여 의류와 휴대품을 검사할 수 있다. 이 경우 출입자가 제92조의 금지물품을 지니고 있으면 교정시설에 맡기도록 하여야 하며, 이에 따르지 아니하면 출입을 금지할 수 있다.
④ 여성의 신체·의류 및 휴대품에 대한 검사는 여성교도관이 하여야 한다.
⑤ 소장은 제1항에 따라 검사한 결과 제92조의 금지물품이 발견되면 형사 법령으로 정하는 절차에 따라 처리할 물품을 제외하고는 수용자에게 알린 후 폐기한다. 다만, 폐기하는 것이 부적당한 물품은 교정시설에 보관하거나 수용자로 하여금 자신이 지정하는 사람에게 보내게 할 수 있다.

시행령

제112조 거실 등에 대한 검사
소장은 교도관에게 수용자의 거실, 작업장, 그 밖에 수용자가 생활하는 장소(이하 이 조에서 "거실 등"이라 한다)를 정기적으로 검사하게 하여야 한다. 다만, 법 제92조의 금지물품을 숨기고 있다고 의심되는 수용자와 법 제104조 제1항의 마약류사범·조직폭력사범 등 법무부령으로 정하는 수용자의 거실 등은 수시로 검사하게 할 수 있다.

제113조 신체 등에 대한 검사
소장은 교도관에게 작업장이나 실외에서 수용자거실로 돌아오는 수용자의 신체·의류 및 휴대품을 검사하게 하여야 한다. 다만, 교정성적 등을 고려하여 그 검사가 필요하지 아니하다고 인정되는 경우에는 예외로 할 수 있다.

제114조 검사장비의 이용
교도관은 법 제93조에 따른 검사를 위하여 탐지견, 금속탐지기, 그 밖의 장비를 이용할 수 있다.

제115조 외부인의 출입
① 교도관 외의 사람은 「국가공무원 복무규정」 제9조에 따른 근무시간 외에는 소장의 허가 없이 교정시설에 출입하지 못한다.
② 소장은 외부인의 교정시설 출입에 관한 사무를 수행하기 위하여 불가피한 경우 「개인정보 보호법 시행령」 제19조에 따른 주민등록번호, 여권번호, 운전면허의 면허번호 또는 외국인등록번호가 포함된 자료를 처리할 수 있다.

제116조 외부와의 차단
① 교정시설의 바깥문, 출입구, 거실, 작업장, 그 밖에 수용자를 수용하고 있는 장소는 외부와 차단하여야 한다. 다만, 필요에 따라 일시 개방하는 경우에는 그 장소를 경비하여야 한다.
② 교도관은 접견·상담·진료, 그 밖에 수용자의 처우를 위하여 필요한 경우가 아니면 수용자와 외부인이 접촉하게 해서는 아니 된다.

제117조 거실 개문 등 제한
교도관은 수사·재판·운동·접견·진료 등 수용자의 처우 또는 자살방지, 화재진압 등 교정시설의 안전과 질서유지를 위하여 필요한 경우가 아니면 수용자거실의 문을 열거나 수용자를 거실 밖으로 나오게 해서는 아니 된다.

제118조 장애물 방치 금지
교정시설의 구내에는 시야를 가리거나 그 밖에 계호상 장애가 되는 물건을 두어서는 아니 된다.

관련판례

[1] 교도소장이 수용자가 없는 상태에서 실시한 거실 및 작업장 검사행위가 수용자의 사생활의 비밀 및 자유를 침해하는지 여부(소극) 및 적법절차원칙에 위배되는지 여부(소극)

이 사건 검사행위는 교도소의 안전과 질서를 유지하고, 수형자의 교화·개선에 지장을 초래할 수 있는 물품을 차단하기 위한 것으로서 그 목적이 정당하고, 수단도 적절하며, 검사의 실효성을 확보하기 위한 최소한의 조치로 보이고, 달리 덜 제한적인 대체수단을 찾기 어려운 점 등에 비추어 보면 이 사건 검사행위가 과잉금지원칙에 위배하여 사생활의 비밀 및 자유를 침해하였다고 할 수 없고, 이 사건 검사행위가 추구하는 목적의 중대성, 검사행위의 불가피성과 은밀성이 요구되는 특성, 이에 비하여 수형자의 부담이 크지 아니한 점, 수형자의 이의나 불복이 있을 경우 그 구제를 위해 일정한 절차적 장치를 두고 있는 점 등을 종합해 볼 때 이 사건 검사행위는 적법절차원칙에 위배되지 아니한다(헌재 2011.10.25. 2009헌마691). **[2018. 8급 승진] 총 2회 기출**

[2] 피청구인이 청구인들로 하여금 경찰관에게 등을 보인 채 상의를 속옷과 함께 겨드랑이까지 올리고 하의를 속옷과 함께 무릎까지 내린 상태에서 3회에 걸쳐 앉았다 일어서게 하는 방법으로 실시한 정밀신체수색은 인간의 존엄과 가치로부터 유래하는 인격권 및 신체의 자유를 침해하는 정도에 이르렀다고 판단된다(헌재 2002.7.18. 2000헌마327).

[3] 수용자들이 공직선거 및 선거부정방지법상 배포가 금지된 인쇄물을 배포한 혐의로 현행범으로 체포된 여자들로서, 체포될 당시 신체의 은밀한 부위에 흉기 등 반입 또는 소지가 금지되어 있는 물품을 은닉하고 있었을 가능성은 극히 낮다고 할 것이고, 그 후 변호인 접견시 변호인이나 다른 피의자들로부터 흉기 등을 건네 받을 수도 있었다고 의심할 만한 상황이 발생하였기는 하나, 변호인 접견절차 및 접견실의 구조 등에 비추어, 가사 수용자들이 흉기 등을 건네받았다고 하더라도 유치장에 다시 수감되기 전에 이를 신체의 은밀한 부위에 은닉할 수 있었을 가능성은 극히 낮다고 할 것이어서, 신체검사 당시 다른 방법으로는 은닉한 물품을 찾아내기 어렵다고 볼 만한 합리적인 이유가 있었다고 할 수 없으므로, 수용자들의 옷을 전부 벗긴 상태에서 앉았다 일어서기를 반복하게 한 신체검사는 그 한계를 일탈한 위법한 것이다(대법원 2001.10.26. 2001다51466). **[2017. 5급 승진]**

[4] 수용자를 교정시설에 수용할 때마다 전자영상 검사기를 이용하여 수용자의 항문 부위에 대한 신체검사를 하는 것이 수용자의 인격권 등을 침해하는지 여부(소극)

이 사건 신체검사는 교정시설의 안전과 질서를 유지하기 위한 것으로 그 목적이 정당하고, 항문 부위에 대한 금지물품의 은닉여부를 효과적으로 확인할 수 있는 적합한 검사방법으로 그 수단이 적절하다. 교정시설을 이감·수용할 때마다 전자영상 신체검사를 실시하는 것은, 수용자가 금지물품을 취득하여 소지·은닉하고 있을 가능성을 배제할 수 없고, 외부관찰 등의 방법으로는 쉽게 확인할 수 없기 때문이다. 이 사건 신체검사는 필요한 최소한도를 벗어나 과잉금지원칙에 위배되어 청구인의 인격권 내지 신체의 자유를 침해한다고 볼 수 없다(헌재 2011.5.26. 2010헌마775). **[2018. 8급 승진] 총 2회 기출**

[5] 교도소장이 교도소 독거실 내 화장실 창문과 철격자 사이에 안전 철망을 설치한 행위가 청구인의 환경권, 인격권 등 기본권을 침해하는지 여부(소극)

교정시설 내 자살사고는 수용자 본인이 생명을 잃는 중대한 결과를 초래할 뿐만 아니라 다른 수용자들에게도 직접적으로 부정적인 영향을 미치고 나아가 교정시설이나 교정정책 전반에 대한 불신을 야기할 수 있다는 점에서 이를 방지할 필요성이 매우 크고, 그에 비해 청구인에게 가해지는 불이익은 채광·통풍이 다소 제한되는 정도에 불과하다. 따라서 이 사건 설치행위는 청구인의 환경권 등 기본권을 침해하지 아니한다(헌재 2014.6.26. 2011헌마150). **[2017. 5급 승진]**

[6] 교정시설 소장에 의하여 허용된 범위를 넘어 사진 또는 그림 등을 부착한 수용자에 대해 교도관이 부착물의 제거를 지시한 행위가 적법한 직무집행에 해당하는지 여부(원칙적 적극)
   수용자에게 부착물의 내용, 부착의 경위 등에 비추어 교정시설의 소장에 의하여 허용된 범위를 넘은 부착 행위를 하게 된 정당한 사유가 인정되는 등의 특별한 사정이 없는 한, 교정시설의 소장에 의하여 허용된 범위를 넘어 사진 또는 그림 등을 부착한 수용자에 대하여 교도관이 부착물의 제거를 지시한 행위는 수용자가 복종하여야 할 직무상 지시로서 적법한 직무집행이라고 보아야 한다(대법원 2014.9.25. 2013도1198). [2019. 6급 승진]

[7] 수형자가 호송관서에서 출발하여 법원에 도착한 후 행정법정 방청석에서 대기하고, 행정재판을 받는 전 과정에서의 계호업무는 그 성격상 형집행법에서 말하는 호송의 개념 범위 내에 있는 업무로 보아야 한다(헌재 2018.7.26. 2017헌마1238). [2019. 6급 승진]

[8] 행정소송사건의 원고인 수용자가 행정법정 방청석에서 자신의 변론 순서가 될 때까지 대기하는 동안 그 수용자에게 재판장의 허가 없이 수갑 1개를 착용하도록 한 행위는 과잉금지원칙을 위반하여 수용자의 신체의 자유와 인격권을 침해하지 않는다(헌재 2018.7.26. 2017헌마1238). [2019. 6급 승진]

시행규칙

제157조 교정장비의 종류
교정장비의 종류는 다음 각 호와 같다.
1. 전자장비
2. 보호장비
3. 보안장비
4. 무기

제158조 교정장비의 관리
① 소장은 교정장비의 보관 및 관리를 위하여 관리책임자와 보조자를 지정한다.
② 제1항의 관리책임자와 보조자는 교정장비가 적정한 상태로 보관·관리될 수 있도록 수시로 점검하는 등 필요한 조치를 하여야 한다.
③ 특정 장소에 고정식으로 설치되는 장비 외의 교정장비는 별도의 장소에 보관·관리하여야 한다.

제159조 교정장비 보유기준 등
교정장비의 교정시설별 보유기준 및 관리방법 등에 관하여 필요한 사항은 법무부장관이 정한다.

제94조 전자장비를 이용한 계호

① 교도관은 자살·자해·도주·폭행·손괴, 그 밖에 수용자의 생명·신체를 해하거나 시설의 안전 또는 질서를 해하는 행위(이하 "자살 등"이라 한다)를 방지하기 위하여 필요한 범위에서 전자장비를 이용하여 수용자 또는 시설을 계호할 수 있다. 다만, 전자영상장비로 거실에 있는 수용자를 계호하는 것은 자살 등의 우려가 큰 때에만 할 수 있다.
② 제1항 단서에 따라 거실에 있는 수용자를 전자영상장비로 계호하는 경우에는 계호직원·계호시간 및 계호대상 등을 기록하여야 한다. 이 경우 수용자가 여성이면 여성교도관이 계호하여야 한다.
③ 제1항 및 제2항에 따라 계호하는 경우에는 피계호자의 인권이 침해되지 아니하도록 유의하여야 한다.
④ 전자장비의 종류·설치장소·사용방법 및 녹화기록물의 관리 등에 관하여 필요한 사항은 법무부령으로 정한다.

제160조 전자장비의 종류
교도관이 법 제94조에 따라 수용자 또는 시설을 계호하는 경우 사용할 수 있는 전자장비는 다음 각 호와 같다.
1. 영상정보처리기기: 일정한 공간에 지속적으로 설치되어 사람 또는 사물의 영상 및 이에 따르는 음성·음향 등을 수신하거나 이를 유·무선망을 통하여 전송하는 장치
2. 전자감지기: 일정한 공간에 지속적으로 설치되어 사람 또는 사물의 움직임을 빛·온도·소리·압력 등을 이용하여 감지하고 전송하는 장치
3. 전자경보기: 전자파를 발신하고 추적하는 원리를 이용하여 사람의 위치를 확인하거나 이동경로를 탐지하는 일련의 기계적 장치
4. 물품검색기(고정식 물품검색기와 휴대식 금속탐지기로 구분한다)
5. 증거수집장비: 디지털카메라, 녹음기, 비디오카메라, 음주측정기 등 증거수집에 필요한 장비
6. 그 밖에 법무부장관이 정하는 전자장비

제161조 중앙통제실의 운영
① 소장은 전자장비의 효율적인 운용을 위하여 각종 전자장비를 통합적으로 관리할 수 있는 시스템이 설치된 중앙통제실을 설치하여 운영한다.
② 소장은 중앙통제실에 대한 외부인의 출입을 제한하여야 한다. 다만, 시찰, 참관, 그 밖에 소장이 특별히 허가한 경우에는 그러하지 아니하다.
③ 전자장비의 통합관리시스템, 중앙통제실의 운영·관리 등에 관하여 필요한 사항은 법무부장관이 정한다.

제162조 영상정보처리기기 설치
① 영상정보처리기기 카메라는 교정시설의 주벽·감시대·울타리·운동장·거실·작업장·접견실·전화실·조사실·진료실·복도·중문, 그 밖에 법 제94조 제1항(전자장비 사용요건)에 따라 전자장비를 이용하여 계호하여야 할 필요가 있는 장소에 설치한다.
② 영상정보처리기기 모니터는 중앙통제실, 수용관리팀의 사무실, 그 밖에 교도관이 계호하기에 적정한 장소에 설치한다.
③ 거실에 영상정보처리기기 카메라를 설치하는 경우에는 용변을 보는 하반신의 모습이 촬영되지 아니하도록 카메라의 각도를 한정하거나 화장실 차폐시설을 설치하여야 한다.

제163조 거실수용자 계호
① 교도관이 법 제94조 제1항(전자장비 사용요건)에 따라 거실에 있는 수용자를 계호하는 경우에는 별지 제9호 서식의 거실수용자 영상계호부에 피계호자의 인적사항 및 주요 계호내용을 개별적으로 기록하여야 한다. 다만, 중경비시설의 거실에 있는 수용자를 전자장비를 이용하여 계호하는 경우에는 중앙통제실 등에 비치된 현황표에 피계호인원 등 전체 현황만을 기록할 수 있다.
② 교도관이 법 제94조 제1항에 따라 계호하는 과정에서 수용자의 처우 및 관리에 특히 참고할만한 사항을 알게 된 경우에는 그 요지를 수용기록부에 기록하여 소장에게 지체 없이 보고하여야 한다.

제164조 전자감지기의 설치
전자감지기는 교정시설의 주벽·울타리, 그 밖에 수용자의 도주 및 외부로부터의 침입을 방지하기 위하여 필요한 장소에 설치한다.

제165조 전자경보기의 사용
교도관은 외부의료시설 입원, 이송·출정, 그 밖의 사유로 교정시설 밖에서 수용자를 계호하는 경우 보호장비나 수용자의 팔목 등에 전자경보기를 부착하여 사용할 수 있다.

제166조 물품검색기 설치 및 사용
① 고정식 물품검색기는 정문, 수용동 입구, 작업장 입구, 그 밖에 수용자 또는 교정시설을 출입하는 수용자 외의 사람에 대한 신체·의류·휴대품의 검사가 필요한 장소에 설치한다.

② 교도관이 법 제93조 제1항(수용자의 신체검사 등)에 따라 수용자의 신체·의류·휴대품을 검사하는 경우에는 특별한 사정이 없으면 고정식 물품검색기를 통과하게 한 후 휴대식 금속탐지기 또는 손으로 이를 확인한다.
③ 교도관이 법 제93조 제3항(수용자 외의 사람에 대한 의류와 휴대품 검사)에 따라 교정시설을 출입하는 수용자 외의 사람의 의류와 휴대품을 검사하는 경우에는 고정식 물품검색기를 통과하게 하거나 휴대식 금속탐지기로 이를 확인한다.

제167조 증거수집장비의 사용

교도관은 수용자가 사후에 증명이 필요하다고 인정되는 행위를 하거나 사후 증명이 필요한 상태에 있는 경우 수용자에 대하여 증거수집장비를 사용할 수 있다.

제168조 녹음·녹화 기록물의 관리

소장은 전자장비로 녹음·녹화된 기록물을 「공공기록물 관리에 관한 법률」에 따라 관리하여야 한다.

관련판례

[1] 엄중격리대상자의 수용거실에 CCTV를 설치하여 24시간 감시하는 행위가 법률유보의 원칙에 위배되어 사생활의 자유·비밀을 침해하는 것인지의 여부(소극)

이 사건 CCTV 설치행위는 형집행법 및 교도관직무규칙 등에 규정된 교도관의 계호활동 중 육안에 의한 시선계호를 CCTV 장비에 의한 시선계호로 대체한 것에 불과하므로, 이 사건 CCTV 설치행위에 대한 특별한 법적 근거가 없더라도 일반적인 계호활동을 허용하는 법률규정에 의하여 허용된다고 보아야 한다. 한편 CCTV에 의하여 감시되는 엄중격리대상자에 대하여 지속적이고 부단한 감시가 필요하고 자살·자해나 흉기 제작 등의 위험성 등을 고려하면, 제반사정을 종합하여 볼 때 기본권 제한의 최소성 요건이나 법익균형성의 요건도 충족하고 있다(헌재 2008.5.29. 2005헌마137). [2019. 8급 승진]

[2] 구치소장이 수용자의 거실에 폐쇄회로 텔레비전(CCTV)을 설치하여 계호한 행위가 과잉금지원칙에 위배하여 수용자의 사생활의 비밀 및 자유를 침해하는지 여부(소극)

이 사건 CCTV 계호행위는 청구인의 생명·신체의 안전을 보호하기 위한 것으로서 그 목적이 정당하고, 교도관의 시선에 의한 감시만으로는 자살·자해 등의 교정사고 발생을 막는 데 시간적·공간적 공백이 있으므로 이를 메우기 위하여 CCTV를 설치하여 수형자를 상시적으로 관찰하는 것은 과잉금지원칙을 위배하여 청구인의 사생활의 비밀 및 자유를 침해하였다고는 볼 수 없다(헌재 2011.9.29. 2010헌마413). [2017. 7급] 총 2회 기출

제95조 보호실 수용

① 소장은 수용자가 다음 각 호의 어느 하나에 해당하면 의무관의 의견을 고려하여 보호실(자살 및 자해 방지 등의 설비를 갖춘 거실을 말한다. 이하 같다)에 수용할 수 있다.
  1. 자살 또는 자해의 우려가 있는 때
  2. 신체적·정신적 질병으로 인하여 특별한 보호가 필요한 때
② 수용자의 보호실 수용기간은 15일 이내로 한다. 다만, 소장은 특히 계속하여 수용할 필요가 있으면 의무관의 의견을 고려하여 1회당 7일의 범위에서 기간을 연장할 수 있다.
③ 제2항에 따라 수용자를 보호실에 수용할 수 있는 기간은 계속하여 3개월을 초과할 수 없다.
④ 소장은 수용자를 보호실에 수용하거나 수용기간을 연장하는 경우에는 그 사유를 본인에게 알려 주어야 한다.
⑤ 의무관은 보호실 수용자의 건강상태를 수시로 확인하여야 한다.
⑥ 소장은 보호실 수용사유가 소멸한 경우에는 보호실 수용을 즉시 중단하여야 한다.

제96조 진정실 수용

① 소장은 수용자가 다음 각 호의 어느 하나에 해당하는 경우로서 강제력을 행사하거나 제98조의 보호장비를 사용하여도 그 목적을 달성할 수 없는 경우에만 진정실(일반 수용거실로부터 격리되어 있고 방음설비 등을 갖춘 거실을 말한다. 이하 같다)에 수용할 수 있다.
  1. 교정시설의 설비 또는 기구 등을 손괴하거나 손괴하려고 하는 때
  2. 교도관의 제지에도 불구하고 소란행위를 계속하여 다른 수용자의 평온한 수용생활을 방해하는 때
② 수용자의 진정실 수용기간은 24시간 이내로 한다. 다만, 소장은 특히 계속하여 수용할 필요가 있으면 의무관의 의견을 고려하여 1회당 12시간의 범위에서 기간을 연장할 수 있다.
③ 제2항에 따라 수용자를 진정실에 수용할 수 있는 기간은 계속하여 3일을 초과할 수 없다.
④ 진정실 수용자에 대하여는 제95조 제4항부터 제6항까지의 규정을 준용한다.

시행령

제119조 보호실 등 수용중지

① 법 제95조 제5항(보호실 수용자 건강상태 수시로 확인) 및 법 제96조 제4항(진정실 수용자 건강상태 수시로 확인)에 따라 의무관이 보호실이나 진정실 수용자의 건강을 확인한 결과 보호실 또는 진정실에 계속 수용하는 것이 부적당하다고 인정하는 경우에는 소장에게 즉시 보고하여야 한다. 이 경우 소장은 특별한 사유가 없으면 보호실 또는 진정실 수용을 즉시 중지하여야 한다.
② 소장은 의무관이 출장·휴가, 그 밖의 부득이한 사유로 법 제95조 제5항 및 법 제96조 제4항의 직무를 수행할 수 없을 때에는 그 교정시설에 근무하는 의료관계 직원에게 대행하게 할 수 있다.

참고자료

- 최초 수용시 의무관 의견 고려: 보호실(○), 진정실(×)
- 법 제95조 제6항, 법 제96 제4항: 소장 – 사유소멸 ➡ 보호실·진정실 수용 즉시 중단
- 시행령 제119조: 의무관 – 보호실, 진정실 수용자 – 수시건강상태 확인 ➡ 계속 수용 부적당 ➡ 소장 보고 ➡ 즉시 중지
- 시행령 제119조: 즉시 중지의 주체 – 소장 ➡ 의무관 재량으로(×)

제97조 보호장비의 사용

① 교도관은 수용자가 다음 각 호의 어느 하나에 해당하면 보호장비를 사용할 수 있다.
  1. 이송·출정, 그 밖에 교정시설 밖의 장소로 수용자를 호송하는 때
  2. 도주·자살·자해 또는 다른 사람에 대한 위해의 우려가 큰 때
  3. 위력으로 교도관의 정당한 직무집행을 방해하는 때
  4. 교정시설의 설비·기구 등을 손괴하거나 그 밖에 시설의 안전 또는 질서를 해칠 우려가 큰 때
② 보호장비를 사용하는 경우에는 수용자의 나이, 건강상태 및 수용생활 태도 등을 고려하여야 한다.
③ 교도관이 교정시설의 안에서 수용자에 대하여 보호장비를 사용한 경우 의무관은 그 수용자의 건강상태를 수시로 확인하여야 한다.

제98조 보호장비의 종류 및 사용요건

① 보호장비의 종류는 다음 각 호와 같다.
  1. 수갑
  2. 머리보호장비
  3. 발목보호장비
  4. 보호대
  5. 보호의자
  6. 보호침대
  7. 보호복
  8. 포승
② 보호장비의 종류별 사용요건은 다음 각 호와 같다.
  1. 수갑·포승: 제97조 제1항 제1호부터 제4호까지의 어느 하나에 해당하는 때
  2. 머리보호장비: 머리부분을 자해할 우려가 큰 때
  3. 발목보호장비·보호대·보호의자: 제97조 제1항 제2호부터 제4호까지의 어느 하나에 해당하는 때
  4. 보호침대·보호복: 자살·자해의 우려가 큰 때

수갑·포승	1. 이송·출정, 그 밖에 교정시설 밖의 장소로 수용자를 호송하는 때 2. 도주·자살·자해 또는 다른 사람에 대한 위해의 우려가 큰 때 3. 위력으로 교도관의 정당한 직무집행을 방해하는 때 4. 교정시설의 설비·기구 등을 손괴하거나 그 밖에 시설의 안전 또는 질서를 해칠 우려가 큰 때
머리보호장비	머리부분을 자해할 우려가 큰 때
발목보호장비· 보호대·보호의자	2. 도주·자살·자해 또는 다른 사람에 대한 위해의 우려가 큰 때 3. 위력으로 교도관의 정당한 직무집행을 방해하는 때 4. 교정시설의 설비·기구 등을 손괴하거나 그 밖에 시설의 안전 또는 질서를 해칠 우려가 큰 때
보호침대·보호복	자살·자해의 우려가 큰 때

③ 보호장비의 사용절차 등에 관하여 필요한 사항은 대통령령으로 정한다.

> **참고자료**
> - 수용자 外의 사람에게는 보호장비를 사용할 수 없다.
> - 이송·출정, 그 밖에 교정시설 밖의 장소로 수용자를 호송하는 때(법 제97조 제1항 제1호)에는 수갑과 포승만 사용할 수 있고, 다른 보호장비는 사용할 수 없다.
> - '자살·자해의 우려가 큰 때'에 사용할 수 있는 보호장비는 수갑, 포승, 발목보호장비, 보호대, 보호의자, 보호침대, 보호복이며, 보호침대·보호복은 '자살·자해의 우려가 큰 때'에만 사용할 수 있고 다른 경우에는 사용할 수 없다.
> - 일시적 사용: 일회용 수갑
> - 보호의자: 다른 보호장비로는 보호의자 사용요건(법 제97조 제1항 제2호부터 제4호)의 어느 하나에 해당하는 행위를 방지하기 어려운 특별한 사정이 있는 경우에만 사용하여야 한다.
> - 보호침대: 다른 보호장비로는 자살·자해를 방지하기 어려운 특별한 사정이 있는 경우에만 사용하여야 한다.
> - 보호의자 또는 보호침대를 사용하는 경우: 다른 보호장비와 같이 사용할 수 없다.
> - 보호의자·보호침대·보호복: 그 사용을 일시 중지하거나 완화하는 경우를 포함하여 8시간을 초과하여 사용할 수 없으며, 사용 중지 후 4시간이 경과하지 아니하면 다시 사용할 수 없다.
> - 보호장비의 종류: 법 제98조(8종류), 시행규칙 제169조(14종류)

시행령

제120조 보호장비의 사용
① 교도관은 소장의 명령 없이 수용자에게 보호장비를 사용하여서는 아니 된다. 다만, 소장의 명령을 받을 시간적 여유가 없는 경우에는 사용 후 소장에게 즉시 보고하여야 한다.
② 법 및 이 영에 규정된 사항 외에 보호장비의 규격과 사용방법 등에 관하여 필요한 사항은 법무부령으로 정한다.

제121조 보호장비 사용중지 등
① 의무관은 수용자에게 보호장비를 계속 사용하는 것이 건강상 부적당하다고 인정하는 경우에는 소장에게 즉시 보고하여야 한다. 이 경우 소장은 특별한 사유가 없으면 보호장비 사용을 즉시 중지하여야 한다.
② 의무관이 출장·휴가, 그 밖의 부득이한 사유로 법 제97조 제3항(건강상태 수시확인)의 직무를 수행할 수 없을 때에는 제119조 제2항(의료관계 직원에게 대행)을 준용한다.

제122조 보호장비 사용사유의 고지
보호장비를 사용하는 경우에는 수용자에게 그 사유를 알려주어야 한다.

제123조 보호장비 착용 수용자의 거실 지정
보호장비를 착용 중인 수용자는 특별한 사정이 없으면 계호상 독거수용한다.

시행규칙

제169조 보호장비의 종류

교도관이 법 제98조 제1항(보호장비의 종류)에 따라 사용할 수 있는 보호장비는 다음 각 호로 구분한다.
1. 수갑: 양손수갑, 일회용수갑, 한손수갑
2. 머리보호장비
3. 발목보호장비: 양발목보호장비, 한발목보호장비
4. 보호대: 금속보호대, 벨트보호대
5. 보호의자
6. 보호침대
7. 보호복
8. 포승: 일반포승, 벨트형포승, 조끼형포승

제170조 보호장비의 규격

① 보호장비의 규격은 별표 5와 같다.
② 교도관은 제1항에 따른 보호장비 규격에 맞지 아니한 보호장비를 수용자에게 사용해서는 아니 된다.

✦ 보호장비

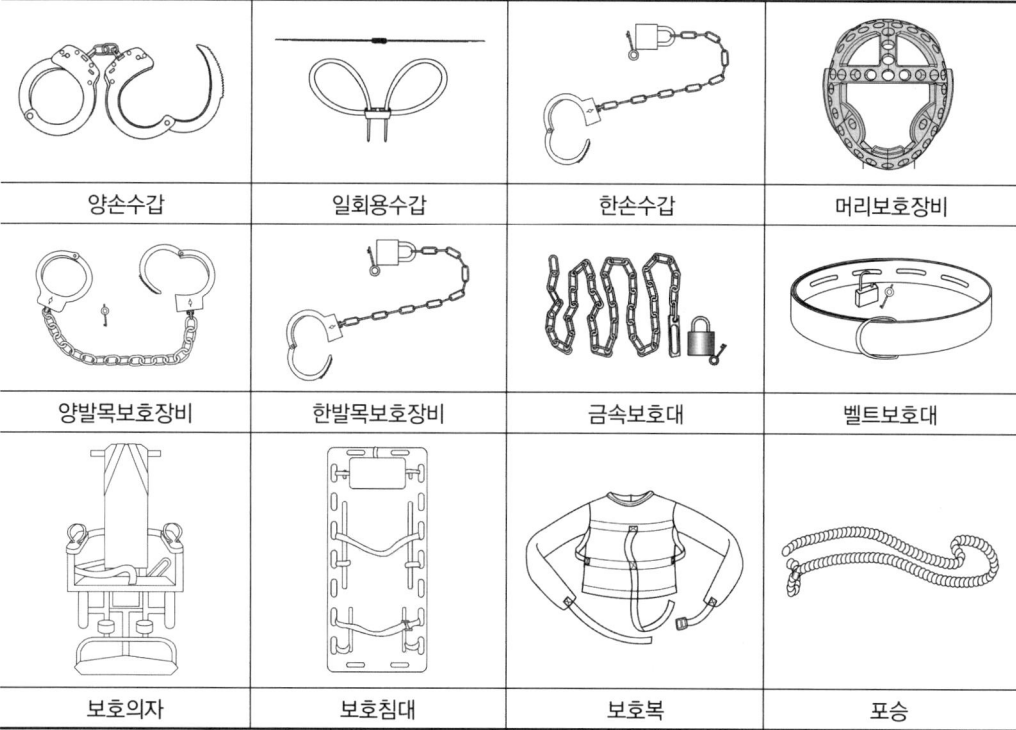

제171조 보호장비 사용 명령

소장은 영 제120조 제1항(보호장비의 사용)에 따라 보호장비 사용을 명령하거나 승인하는 경우에는 보호장비의 종류 및 사용방법을 구체적으로 지정하여야 하며, 이 규칙에서 정하지 아니한 방법으로 보호장비를 사용하게 해서는 아니 된다.

제172조 수갑의 사용방법

① 수갑의 사용방법은 다음 각 호와 같다.

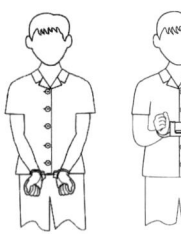

1. 법 제97조 제1항(보호장비의 사용요건) 각 호의 어느 하나에 해당하는 경우에는 별표 6의 방법(앞으로 사용)으로 할 것

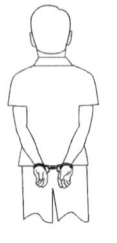

2. 법 제97조 제1항 제2호부터 제4호까지의 규정의 어느 하나에 해당하는 경우 별표 6의 방법(앞으로 사용)으로는 사용목적을 달성할 수 없다고 인정되면 별표 7의 방법(뒤로 사용)으로 할 것

3. 진료를 받거나 입원 중인 수용자에 대하여 한손수갑을 사용하는 경우에는 별표 8의 방법(침대 철구조물에 열쇠로 부착)으로 할 것

② 제1항 제1호에 따라 수갑을 사용하는 경우에는 수갑보호기를 함께 사용할 수 있다.
③ 제1항 제2호에 따라 별표 7의 방법(뒤로 사용)으로 수갑을 사용하여 그 목적을 달성한 후에는 즉시 별표 6의 방법(앞으로 사용)으로 전환하거나 사용을 중지하여야 한다.
④ 수갑은 구체적 상황에 적합한 종류를 선택하여 사용할 수 있다. 다만, 일회용수갑은 일시적으로 사용하여야 하며, 사용목적을 달성한 후에는 즉시 사용을 중단하거나 다른 보호장비로 교체하여야 한다.

제173조 머리보호장비의 사용방법

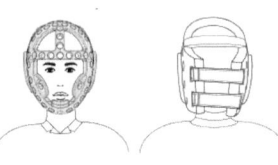

머리보호장비는 별표 9의 방법(전·후면)으로 사용하며, 수용자가 머리보호장비를 임의로 해제하지 못하도록 다른 보호장비를 함께 사용할 수 있다.

제174조 발목보호장비의 사용방법

발목보호장비의 사용방법은 다음 각 호와 같다.

1. 양발목보호장비의 사용은 별표 10의 방법으로 할 것

2. 진료를 받거나 입원 중인 수용자에 대하여 한발목보호장비를 사용하는 경우에는 별표 11의 방법으로 할 것

제175조 보호대의 사용방법

보호대의 사용방법은 다음 각 호와 같다.

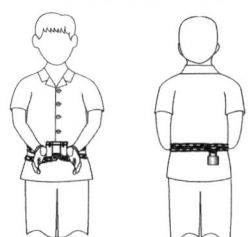

1. 금속보호대의 사용은 별표 12의 방법으로 할 것

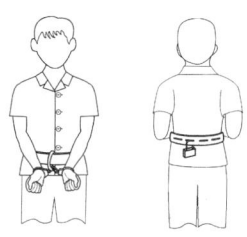

2. 벨트보호대의 사용은 별표 13의 방법으로 할 것

제176조 보호의자의 사용방법

① 보호의자는 별표 14의 방법으로 사용하며, 다른 보호장비로는 법 제97조 제1항(보호장비 사용요건) 제2호부터 제4호까지의 규정의 어느 하나에 해당하는 행위를 방지하기 어려운 특별한 사정이 있는 경우에만 사용하여야 한다.
② 보호의자는 제184조 제2항(목욕, 식사, 용변, 치료 등을 위한 보호장비 사용의 일시 중지·완화)에 따라 그 사용을 일시 중지하거나 완화하는 경우를 포함하여 8시간을 초과하여 사용할 수 없으며, 사용 중지 후 4시간이 경과하지 아니하면 다시 사용할 수 없다.

제177조 보호침대의 사용방법

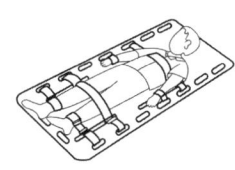

① 보호침대는 별표 15의 방법으로 사용하며, 다른 보호장비로는 자살·자해를 방지하기 어려운 특별한 사정이 있는 경우에만 사용하여야 한다.
② 보호침대의 사용에 관하여는 제176조 제2항(보호의자의 사용시간)을 준용한다.

제178조 보호복의 사용방법

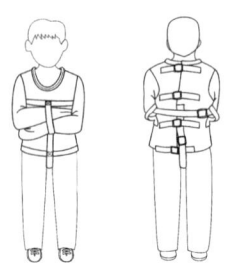

① 보호복은 별표 16의 방법으로 사용한다.
② 보호복의 사용에 관하여는 제176조 제2항(보호의자의 사용시간)을 준용한다.

제179조 포승의 사용방법

① 포승의 사용방법은 다음 각 호와 같다.

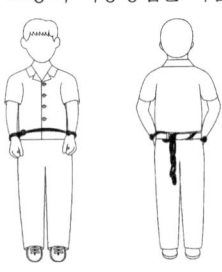

1. 고령자·환자 등 도주의 위험성이 크지 아니하다고 판단되는 수용자를 개별 호송하는 경우에는 별표 17의 방법으로 할 수 있다.

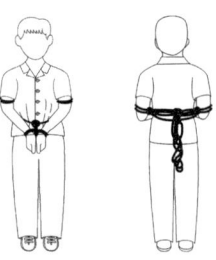 

2. 제1호의 수용자 외의 수용자를 호송하는 경우 또는 법 제97조 제1항 제2호부터 제4호까지의 규정의 어느 하나에 해당하는 경우에는 별표 18(벨트형포승의 경우 별표 18의2)의 방법으로 한다.

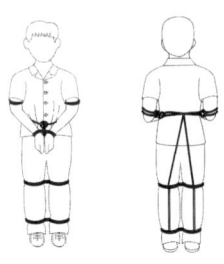

3. 법 제97조 제1항 제2호부터 제4호까지의 규정의 어느 하나에 해당하는 경우 제2호의 방법으로는 사용목적을 달성할 수 없다고 인정되면 별표 19의 방법으로 한다. 이 경우 2개의 포승을 연결하여 사용할 수 있다.

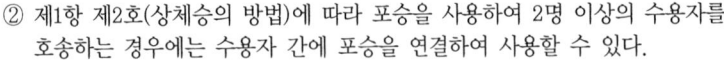

② 제1항 제2호(상체승의 방법)에 따라 포승을 사용하여 2명 이상의 수용자를 호송하는 경우에는 수용자 간에 포승을 연결하여 사용할 수 있다.
  1. 별표 18의 방법(상체승의 방법)으로 포승하는 경우: 일반포승 또는 별표 20에 따른 포승연결줄로 연결
  2. 별표 18의2의 방법(벨트형포승의 방법)으로 포승하는 경우: 별표 20에 따른 포승연결줄로 연결
  3. 별표 18의3의 방법(조끼형포승의 방법)으로 포승하는 경우: 별표 20에 따른 포승연결줄로 연결

제180조 둘 이상의 보호장비 사용
하나의 보호장비로 사용목적을 달성할 수 없는 경우에는 둘 이상의 보호장비를 사용할 수 있다. 다만, 다음 각호의 어느 하나에 해당하는 경우에는 다른 보호장비와 같이 사용할 수 없다.
1. 보호의자를 사용하는 경우
2. 보호침대를 사용하는 경우

제181조 보호장비 사용의 기록
교도관은 법 제97조 제1항에 따라 보호장비를 사용하는 경우에는 별지 제10호 서식의 보호장비 사용 심사부에 기록해야 한다. 다만, 법 제97조 제1항 제1호(이송·출정, 그 밖에 교정시설 밖의 장소로 수용자를 호송하는 때)에 따라 보호장비를 사용하거나 같은 항 제2호부터 제4호까지(도주·자살·자해 또는 다른 사람에 대한 위해의 우려가 큰 때, 위력으로 교도관의 정당한 직무집행을 방해하는 때, 교정시설의 설비·기구 등을 손괴하거나 그 밖에 시설의 안전 또는 질서를 해칠 우려가 큰 때)의 규정에 따라 양손수갑을 사용하는 경우에는 호송계획서나 수용기록부의 내용 등으로 그 기록을 갈음할 수 있다.

제182조 의무관의 건강확인
의무관은 법 제97조 제3항(건강상태 수시 확인)에 따라 보호장비 착용 수용자의 건강상태를 확인한 결과 특이사항을 발견한 경우에는 별지 제10호 서식의 보호장비 사용 심사부에 기록하여야 한다.

제183조 보호장비의 계속사용
① 소장은 보호장비를 착용 중인 수용자에 대하여 별지 제10호 서식의 보호장비 사용 심사부 및 별지 제11호 서식의 보호장비 착용자 관찰부 등의 기록과 관계직원의 의견 등을 토대로 보호장비의 계속사용 여부를 매일 심사하여야 한다.
② 소장은 영 제121조(보호장비 사용중지)에 따라 의무관 또는 의료관계 직원으로부터 보호장비의 사용 중지 의견을 보고받았음에도 불구하고 해당 수용자에 대하여 보호장비를 계속하여 사용할 필요가 있는 경우에는 의무관 또는 의료관계 직원에게 건강유지에 필요한 조치를 취할 것을 명하고 보호장비를 사용할 수 있다. 이 경우 소장은 별지 제10호 서식의 보호장비 사용 심사부에 보호장비를 계속 사용할 필요가 있다고 판단하는 근거를 기록하여야 한다.

제184조 보호장비 사용의 중단
① 교도관은 법 제97조 제1항 각 호에 따른 보호장비 사용 사유가 소멸한 경우에는 소장의 허가를 받아 지체 없이 보호장비 사용을 중단하여야 한다. 다만, 소장의 허가를 받을 시간적 여유가 없을 때에는 보호장비 사용을 중단한 후 지체 없이 소장의 승인을 받아야 한다.
② 교도관은 보호장비 착용 수용자의 목욕, 식사, 용변, 치료 등을 위하여 필요한 경우에는 보호장비 사용을 일시 중지하거나 완화할 수 있다.

제185조 보호장비 착용 수용자의 관찰 등
소장은 제169조 제5호부터 제7호까지(보호의자, 보호침대, 보호복)의 규정에 따른 보호장비를 사용하거나 같은 조 제8호의 보호장비(포승)를 별표 19의 방법(하체승)으로 사용하게 하는 경우에는 교도관으로 하여금 수시로 해당 수용자의 상태를 확인하고 매 시간마다 별지 제11호 서식의 보호장비 착용자 관찰부에 기록하게 하여야 한다. 다만, 소장은 보호장비 착용자를 법 제94조(전자장비를 이용한 계호)에 따라 전자영상장비로 계호할 때에는 별지 제9호 서식의 거실수용자 영상계호부에 기록하게 할 수 있다.

제99조 보호장비 남용 금지

① 교도관은 필요한 최소한의 범위에서 보호장비를 사용하여야 하며, 그 사유가 없어지면 사용을 지체 없이 중단하여야 한다.
② 보호장비는 징벌의 수단으로 사용되어서는 아니 된다.

시행령

제124조 보호장비 사용의 감독
① 소장은 보호장비의 사용을 명령한 경우에는 수시로 그 사용 실태를 확인·점검하여야 한다.
② 지방교정청장은 소속 교정시설의 보호장비 사용 실태를 정기적으로 점검하여야 한다.

관련판례

[1] **형집행법상 보호장비 사용의 적정성에 관한 판단기준 및 방법**
보호장비 사용에 상당한 이유가 있었는지 여부를 판단할 때에는 교정시설의 특수성을 충분히 감안하여 보호장비 사용 당시를 전후한 수용자의 구체적 행태는 물론이고 수용자의 나이, 기질, 성행, 건강상태, 수용생활 태도, 교정사고의 전력, 교정사고 유발의 위험성 등까지 종합적으로 고려하여 보호장비 사용의 적정성을 객관적·합리적으로 평가하여야 한다(대법원 2012.6.28. 2011도15990).

[2] 피청구인이 청구인을 경북북부 제1교도소로 이송함에 있어 4시간 정도에 걸쳐 상체승의 포승과 앞으로 수갑 2개를 채운 행위는 장시간 호송하는 경우에 수형자가 수갑을 끊거나 푸는 것을 최대한 늦추거나 어렵게 하기 위하여 수갑 2개를 채운 행위가 과하다고 보기 어렵고, 청구인과 같이 강력범죄를 범하고 중한 형을 선고받았으며 선고형량에 비하여 형집행이 얼마 안 된 수형자의 경우에는 좀 더 엄중한 계호가 요구된다고 보이므로, 상체승의 포승과 앞으로 사용한 수갑 2개는 이송 도중 도주 등의 교정사고를 예방하기 위한 최소한의 보호장비라 할 것이어서 최소한의 범위 내에서 보호장비가 사용되었다고 할 수 있다(헌재 2012.7.26. 2011헌마426).

[3] **수감자에 대한 보호장비 사용 자체는 적법하나 그 기간이 필요한 범위를 넘어선 것이어서 위법하다고 본 사례**
교도소장이 교도관의 멱살을 잡는 등 소란행위를 하고 있는 원고에 대하여 수갑과 포승 등 보호장비를 사용한 조치는 적법하나, 원고가 소란행위를 종료하고 독거실에 수용된 이후 별다른 소란행위 없이 단식하고 있는 상태에서는 원고에 대하여 더 이상 보호장비를 사용할 필요는 없는 것이고, 그럼에도 불구하고 원고에 대하여 9일 동안이나 계속하여 보호장비를 사용한 것은 위법한 행위이다(대법원 1998.1.20. 96다18922).

[4] 소년인 미결수용자가 단지 같은 방에 수감되어 있던 다른 재소자와 몸싸움을 하는 것이 적발되어 교도관으로부터 화해할 것을 종용받고도 이를 거절하였다는 이유로 교도관이 위 미결수용자를 양 손목에 수갑을 채우고 포승으로 양 손목과 어깨를 묶은 후 독거실에 격리수용하였고 그 다음날 위 미결수용자가 수갑과 포승을 풀고 포승을 이용하여 자살하였는바, 소년수인 위 미결수용자에 대하여 반드시 보호장비를 사용하였어야 할 필요성이 있었다고 보기 어렵다 할 것임에도 불구하고 교도관이 위 미결수용자를 포승으로 묶고 수갑을 채운 상태로 독거수감하였을 뿐 아니라, 그 이후 위 미결수용자가 별다른 소란행위 없이 싸운 경위의 조사에 응하고 식사를 하는 등의 상태에서는 더 이상 보호장비를 사용할 필요가 없다고 할 것임에도 그가 자살한 상태로 발견되기까지 무려 27시간 동안이나 계속하여 보호장비를 사용한 것은 그 목적 달성에 필요한 한도를 넘은 것으로서 위법한 조치에 해당한다(대법원 1998.11.27. 98다17374).

[5] **교도소장이 총 392일(가죽수갑 388일)동안 교도소에 수용되어 있는 청구인에게 상시적으로 양팔을 사용할 수 없도록 금속수갑과 가죽수갑을 착용하게 한 것이 청구인의 신체의 자유 등 기본권을 침해하였다고 판시한 사례**
청구인에게 도주의 경력이나 정신적 불안과 갈등으로 인하여 자살, 자해의 위험이 있었다 하더라도 그러한 전력과 성향이 1년 이상의 교도소 수용기간동안 상시적으로 양팔을 몸통에 완전히 고정시켜둘 정도의 보호장비 사용을 정당화 할 만큼 분명하고 구체적인 사유가 된다고 할 수 없다. 따라서 이 사건 보호장비사용행위는 기본권제한의 한계를 넘어 필요 이상으로 장기간, 그리고 과도하게 청구인의 신체거동의 자유를 제한하고 최소한의 인간적인 생활을 불가능하도록 하여 청구인의 신체의 자유를 침해하고, 나아가 인간의 존엄성을 침해한 것으로 판단된다(헌재 2003.12.18. 2001헌마163).

[6] 청구인이 검사조사실에 소환되어 피의자신문을 받을 때 계호교도관이 포승으로 청구인의 팔과 상반신을 묶고 양손에 수갑을 채운 상태에서 피의자조사를 받도록 한 보호장비사용행위가 과잉금지원칙에 어긋나게 청구인의 신체의 자유를 침해하여 위헌인 공권력행사인지 여부(적극)

경찰조사 단계에서나 검찰조사 단계에서도 자해나 소란 등 특이한 행동을 보인 정황이 엿보이지 아니하고 혐의사실을 대부분 시인하였으며 다만 시위를 주도하거나 돌을 던지는 등 과격한 행위를 한 사실은 없다고 진술하였다. 그렇다면 당시 청구인은 도주·폭행·소요 또는 자해 등의 우려가 없었다고 판단되고, 수사검사도 이러한 사정 및 당시 검사조사실의 정황을 종합적으로 고려하여 청구인에 대한 보호장비의 해제를 요청하였던 것으로 보인다. 그럼에도 불구하고 피청구인 소속 계호교도관이 이를 거절하고 청구인으로 하여금 수갑 및 포승을 계속 사용한 채 피의자조사를 받도록 하였는바, 이로 말미암아 청구인은 신체의 자유를 과도하게 제한당하였고 이와 같은 보호장비의 사용은 무죄추정원칙 및 방어권행사 보장원칙의 근본취지에도 반한다고 할 것이다(헌재 2005.5.26. 2001헌마728).

[7] 검사조사실에서의 보호장비사용을 원칙으로 정한 계호근무준칙조항과, 도주, 폭행, 소요, 자해 등의 위험이 구체적으로 드러나거나 예견되지 않음에도 여러 날 장시간 피의자신문을 하면서 보호장비로 피의자를 속박한 행위가 신체의 자유를 침해하는지 여부(적극)

검사실에서의 보호장비사용을 원칙으로 하면서 심지어는 검사의 보호장비해제 요청이 있더라도 이를 거절하도록 규정한 계호근무준칙의 이 사건 준칙조항은 원칙과 예외를 전도한 것으로서 신체의 자유를 침해하므로 헌법에 위반된다.
청구인이 도주를 하거나 소요, 폭행 또는 자해를 할 위험이 있었다고 인정하기 어려움에도 불구하고 여러 날, 장시간에 걸쳐 피의자 신문을 하는 동안 계속 보호장비를 사용한 것은 막연한 도주나 자해의 위험 정도에 비해 과도한 대응으로서 신체의 자유를 제한함에 있어 준수되어야 할 피해의 최소성 요건을 충족하지 못하였고, 심리적 긴장과 위축으로 실질적으로 열등한 지위에서 신문에 응해야 하는 피의자의 방어권행사에도 지장을 주었다는 점에서 법익 균형성도 갖추지 못하였다(헌재 2005.5.26. 2004헌마49). [2013. 7급]

[8] 상체승의 포승과 수갑을 채우고 별도의 포승으로 다른 수용자와 연승한 행위가 청구인의 인격권 내지 신체의 자유를 침해하는지 여부(소극)

이 사건 호송행위는 교정시설 안에서보다 높은 수준의 계호가 요구되는 호송과정에서 교정사고와 타인에 대한 위해를 예방하기 위한 것이다. 교도인력만으로 수형자를 호송한다면 많은 인력을 필요로 하고, 그것이 교정사고 예방에 효과적이라 단정할 수도 없으며, 이 사건에서 보호장비가 사용된 시간과 일반에 공개된 시간이 최소한도로 제한되었으며, 최근 그 동선이 일반에의 공개를 최소화하는 구조로 설계되는 추세에 있다. 교정사고의 예방 등을 통한 공익이 수형자가 입게 되는 자유 제한보다 훨씬 크므로, 이 사건 호송행위는 청구인의 인격권 내지 신체의 자유를 침해하지 아니한다(헌재 2014.5.29. 2013헌마280). [2019. 8급 승진]

[9] 검사가 조사실에서 피의자를 신문할 때 도주, 자해, 다른 사람에 대한 위해 등 형집행법 제97조 제1항 각호에 규정된 위험이 분명하고 구체적으로 드러나는 경우에만 예외적으로 보호장비를 사용하여야 하는지 여부(적극)

검사가 조사실에서 피의자를 신문할 때 피의자가 신체적으로나 심리적으로 위축되지 않은 상태에서 자기의 방어권을 충분히 행사할 수 있도록 피의자에게 보호장비를 사용하지 말아야 하는 것이 원칙이고, 다만 도주, 자해, 다른 사람에 대한 위해 등 형집행법 제97조 제1항 각호에 규정된 위험이 분명하고 구체적으로 드러나는 경우에만 예외적으로 보호장비를 사용하여야 한다(대법원 2020.3.17. 2015모2357).

[10] 검사가 조사실에서 피의자를 신문할 때 피의자에게 특별한 사정이 없는 이상 교도관에게 보호장비의 해제를 요청할 의무가 있고, 교도관은 이에 응하여야 하는지 여부(적극)

구금된 피의자는 형집행법 제97조 제1항 각호에 규정된 사유에 해당하지 않는 이상 보호장비 착용을 강제당하지 않을 권리를 가진다. 검사는 조사실에서 피의자를 신문할 때 해당 피의자에게 그러한 특별한 사정이 없는 이상 교도관에게 보호장비의 해제를 요청할 의무가 있고, 교도관은 이에 응하여야 한다(대법원 2020.3.17. 2015모2357). [2020. 5급 승진]

제100조 강제력의 행사

① 교도관은 수용자가 다음 각 호의 어느 하나에 해당하면 강제력을 행사할 수 있다.
  1. 도주하거나 도주하려고 하는 때
  2. 자살하려고 하는 때
  3. 자해하거나 자해하려고 하는 때
  4. 다른 사람에게 위해를 끼치거나 끼치려고 하는 때
  5. 위력으로 교도관의 정당한 직무집행을 방해하는 때
  6. 교정시설의 설비·기구 등을 손괴하거나 손괴하려고 하는 때
  7. 그 밖에 시설의 안전 또는 질서를 크게 해치는 행위를 하거나 하려고 하는 때
② 교도관은 수용자 외의 사람이 다음 각 호의 어느 하나에 해당하면 강제력을 행사할 수 있다.
  1. 수용자를 도주하게 하려고 하는 때
  2. 교도관 또는 수용자에게 위해를 끼치거나 끼치려고 하는 때
  3. 위력으로 교도관의 정당한 직무집행을 방해하는 때
  4. 교정시설의 설비·기구 등을 손괴하거나 하려고 하는 때
  5. 교정시설에 침입하거나 하려고 하는 때
  6. 교정시설의 안(교도관이 교정시설의 밖에서 수용자를 계호하고 있는 경우 그 장소를 포함한다)에서 교도관의 퇴거요구를 받고도 이에 따르지 아니하는 때
③ 제1항 및 제2항에 따라 강제력을 행사하는 경우에는 보안장비를 사용할 수 있다.
④ 제3항에서 "보안장비"란 교도봉·가스분사기·가스총·최루탄 등 사람의 생명과 신체의 보호, 도주의 방지 및 시설의 안전과 질서유지를 위하여 교도관이 사용하는 장비와 기구를 말한다.
⑤ 제1항 및 제2항에 따라 강제력을 행사하려면 사전에 상대방에게 이를 경고하여야 한다. 다만, 상황이 급박하여 경고할 시간적인 여유가 없는 때에는 그러하지 아니하다.
⑥ 강제력의 행사는 필요한 최소한도에 그쳐야 한다.
⑦ 보안장비의 종류, 종류별 사용요건 및 사용절차 등에 관하여 필요한 사항은 법무부령으로 정한다.

시행령

제125조 강제력의 행사
교도관은 소장의 명령 없이 법 제100조에 따른 강제력을 행사해서는 아니 된다. 다만, 그 명령을 받을 시간적 여유가 없는 경우에는 강제력을 행사한 후 소장에게 즉시 보고하여야 한다.

시행규칙

제186조 보안장비의 종류
교도관이 법 제100조에 따라 강제력을 행사하는 경우 사용할 수 있는 보안장비는 다음 각 호와 같다.
1. 교도봉(접이식을 포함한다. 이하 같다)
2. 전기교도봉
3. 가스분사기
4. 가스총(고무탄 발사겸용을 포함한다. 이하 같다)
5. 최루탄: 투척용, 발사용(그 발사장치를 포함한다. 이하 같다)
6. 전자충격기
7. 그 밖에 법무부장관이 정하는 보안장비

제187조 보안장비의 종류별 사용요건
① 교도관이 수용자에 대하여 사용할 수 있는 보안장비의 종류별 사용요건은 다음 각 호와 같다.
  1. 교도봉·가스분사기·가스총·최루탄: 법 제100조 제1항 각 호의 어느 하나에 해당하는 경우
  2. 전기교도봉·전자충격기: 법 제100조 제1항 각 호의 어느 하나에 해당하는 경우로서 상황이 긴급하여 제1호의 장비만으로는 그 목적을 달성할 수 없는 때
② 교도관이 수용자 외의 사람에 대하여 사용할 수 있는 보안장비의 종류별 사용요건은 다음 각 호와 같다.
  1. 교도봉·가스분사기·가스총·최루탄: 법 제100조 제2항 각 호의 어느 하나에 해당하는 경우
  2. 전기교도봉·전자충격기: 법 제100조 제2항 각 호의 어느 하나에 해당하는 경우로서 상황이 긴급하여 제1호의 장비만으로는 그 목적을 달성할 수 없는 때
③ 제186조 제7호에 해당하는 보안장비의 사용은 법무부장관이 정하는 바에 따른다.

제188조 보안장비의 종류별 사용기준
보안장비의 종류별 사용기준은 다음 각 호와 같다.
1. 교도봉·전기교도봉: 얼굴이나 머리부분에 사용해서는 아니 되며, 전기교도봉은 타격 즉시 떼어야 함
2. 가스분사기·가스총: 1미터 이내의 거리에서는 상대방의 얼굴을 향하여 발사해서는 안 됨
3. 최루탄: 투척용 최루탄은 근거리용으로 사용하고, 발사용 최루탄은 50미터 이상의 원거리에서 사용하되, 30도 이상의 발사각을 유지하여야 함
4. 전자충격기: 전극침 발사장치가 있는 전자충격기를 사용할 경우 전극침을 상대방의 얼굴을 향해 발사해서는 안 됨

제101조 무기의 사용

① 교도관은 다음 각 호의 어느 하나에 해당하는 사유가 있으면 수용자에 대하여 무기를 사용할 수 있다.
  1. 수용자가 다른 사람에게 중대한 위해를 끼치거나 끼치려고 하여 그 사태가 위급한 때
  2. 수용자가 폭행 또는 협박에 사용할 위험물을 지니고 있어 교도관이 버릴 것을 명령하였음에도 이에 따르지 아니하는 때
  3. 수용자가 폭동을 일으키거나 일으키려고 하여 신속하게 제지하지 아니하면 그 확산을 방지하기 어렵다고 인정되는 때
  4. 도주하는 수용자에게 교도관이 정지할 것을 명령하였음에도 계속하여 도주하는 때
  5. 수용자가 교도관의 무기를 탈취하거나 탈취하려고 하는 때
  6. 그 밖에 사람의 생명·신체 및 설비에 대한 중대하고도 뚜렷한 위험을 방지하기 위하여 무기의 사용을 피할 수 없는 때
② 교도관은 교정시설의 안(교도관이 교정시설의 밖에서 수용자를 계호하고 있는 경우 그 장소를 포함한다)에서 자기 또는 타인의 생명·신체를 보호하거나 수용자의 탈취를 저지하거나 건물 또는 그 밖의 시설과 무기에 대한 위험을 방지하기 위하여 급박하다고 인정되는 상당한 이유가 있으면 수용자 외의 사람에 대하여도 무기를 사용할 수 있다.
③ 교도관은 소장 또는 그 직무를 대행하는 사람의 명령을 받아 무기를 사용한다. 다만, 그 명령을 받을 시간적 여유가 없으면 그러하지 아니하다.
④ 제1항 및 제2항에 따라 무기를 사용하려면 공포탄을 발사하거나 그 밖에 적당한 방법으로 사전에 상대방에 대하여 이를 경고하여야 한다.
⑤ 무기의 사용은 필요한 최소한도에 그쳐야 하며, 최후의 수단이어야 한다.
⑥ 사용할 수 있는 무기의 종류, 무기의 종류별 사용요건 및 사용절차 등에 관하여 필요한 사항은 법무부령으로 정한다.

시행령

제126조 무기사용 보고
교도관은 법 제101조에 따라 무기를 사용한 경우에는 소장에게 즉시 보고하고, 보고를 받은 소장은 그 사실을 법무부장관에게 즉시 보고하여야 한다.

시행규칙

제189조 무기의 종류
교도관이 법 제101조에 따라 사용할 수 있는 무기의 종류는 다음 각 호와 같다.
1. 권총
2. 소총
3. 기관총
4. 그 밖에 법무부장관이 정하는 무기

제190조 무기의 종류별 사용요건
① 교도관이 수용자에 대하여 사용할 수 있는 무기의 종류별 사용요건은 다음 각 호와 같다.
  1. 권총·소총: 법 제101조 제1항 각 호의 어느 하나에 해당하는 경우
  2. 기관총: 법 제101조 제1항 제3호에 해당하는 경우
② 교도관이 수용자 외의 사람에 대하여 사용할 수 있는 무기의 종류별 사용요건은 다음 각 호와 같다.
  1. 권총·소총: 법 제101조 제2항에 해당하는 경우
  2. 기관총: 법 제101조 제2항에 해당하는 경우로서 제1호의 무기만으로는 그 목적을 달성할 수 없다고 인정하는 경우
③ 제189조 제4호에 해당하는 무기의 사용은 법무부장관이 정하는 바에 따른다.

제191조 기관총의 설치
기관총은 대공초소 또는 집중사격이 가장 용이한 장소에 설치하고, 유사 시 즉시 사용할 수 있도록 충분한 인원의 사수·부사수·탄약수를 미리 지정하여야 한다.

제192조 총기의 사용절차
교도관이 총기를 사용하는 경우에는 구두경고, 공포탄 발사, 위협사격, 조준사격의 순서에 따라야 한다. 다만, 상황이 긴급하여 시간적 여유가 없을 때에는 예외로 한다.

제193조 총기 교육 등
① 소장은 소속 교도관에 대하여 연 1회 이상 총기의 조작·정비·사용에 관한 교육을 한다.
② 제1항의 교육을 받지 아니하였거나 총기 조작이 미숙한 사람, 그 밖에 총기휴대가 부적당하다고 인정되는 사람에 대하여는 총기휴대를 금지하고 별지 제12호 서식의 총기휴대 금지자 명부에 그 명단을 기록한 후 총기를 지급할 때마다 대조·확인하여야 한다.
③ 제2항의 총기휴대 금지자에 대하여 금지사유가 소멸한 경우에는 그 사유를 제2항에 따른 총기휴대 금지자 명부에 기록하고 총기휴대금지를 해제하여야 한다.

제102조 재난 시의 조치

① 천재지변이나 그 밖의 재해가 발생하여 시설의 안전과 질서유지를 위하여 긴급한 조치가 필요하면 소장은 수용자로 하여금 피해의 복구나 그 밖의 응급용무를 보조하게 할 수 있다.
② 소장은 교정시설의 안에서 천재지변이나 그 밖의 사변에 대한 피난의 방법이 없는 경우에는 수용자를 다른 장소로 이송할 수 있다.
③ 소장은 제2항에 따른 이송(긴급이송)이 불가능하면 수용자를 일시 석방할 수 있다.
④ 제3항에 따라 석방된 사람(일시석방된 사람)은 석방 후 24시간 이내에 교정시설 또는 경찰관서에 출석하여야 한다.

시행령

제127조 재난 시의 조치
① 소장은 법 제102조 제1항(재난 시 응급용무 보조)에 따른 응급용무의 보조를 위하여 교정성적이 우수한 수형자를 선정하여 필요한 훈련을 시킬 수 있다.
② 소장은 법 제102조 제3항(일시석방)에 따라 수용자를 일시석방하는 경우에는 같은 조 제4항의 출석 시한과 장소를 알려주어야 한다.

제103조 수용을 위한 체포

① 교도관은 수용자가 도주 또는 제134조 각 호(출석의무 위반, 귀휴·외부통근·그 밖의 사유로 소장의 허가를 받아 교도관의 계호 없이 교정시설 밖으로 나간 후에 정당한 사유 없이 기한까지 돌아오지 아니하는 행위)의 어느 하나에 해당하는 행위(이하 "도주 등"이라 한다)를 한 경우에는 도주 후 또는 출석기한이 지난 후 72시간 이내에만 그를 체포할 수 있다.
② 교도관은 제1항에 따른 체포를 위하여 긴급히 필요하면 도주 등을 하였다고 의심할 만한 상당한 이유가 있는 사람 또는 도주 등을 한 사람의 이동경로나 소재를 안다고 인정되는 사람을 정지시켜 질문할 수 있다.
③ 교도관은 제2항에 따라 질문을 할 때에는 그 신분을 표시하는 증표를 제시하고 질문의 목적과 이유를 설명하여야 한다.
④ 교도관은 제1항에 따른 체포를 위하여 영업시간 내에 공연장·여관·음식점·역, 그 밖에 다수인이 출입하는 장소의 관리자 또는 관계인에게 그 장소의 출입이나 그 밖에 특히 필요한 사항에 관하여 협조를 요구할 수 있다.
⑤ 교도관은 제4항에 따라 필요한 장소에 출입하는 경우에는 그 신분을 표시하는 증표를 제시하여야 하며, 그 장소의 관리자 또는 관계인의 정당한 업무를 방해하여서는 아니 된다.

시행령

제128조 도주 등에 따른 조치
① 소장은 수용자가 도주하거나 법 제134조 각 호의 어느 하나에 해당하는 행위(이하 이 조에서 "도주 등"이라 한다)를 한 경우에는 교정시설의 소재지 및 인접지역 또는 도주 등을 한 사람(이하 이 조에서 "도주자"라 한다)이 숨을 만한 지역의 경찰관서에 도주자의 사진이나 인상착의를 기록한 서면을 첨부하여 그 사실을 지체 없이 통보하여야 한다.
② 소장은 수용자가 도주 등을 하거나 도주자를 체포한 경우에는 법무부장관에게 지체 없이 보고하여야 한다.

제128조의2 포상금 지급
① 법무부장관은 「형법」 제145조(도주, 집합명령위반)·제146조(특수도주) 또는 법 제134조(출석의무 위반 등) 각 호에 규정된 죄를 지은 수용자를 체포하거나 행정기관 또는 수사기관에 정보를 제공하여 체포하게 한 사람에게 예산의 범위에서 포상금을 지급할 수 있다.
② 포상금의 지급기준·지급방법, 그 밖에 필요한 사항은 법무부장관이 정한다.

제128조의3 포상금의 지급 신청
① 포상금을 받으려는 사람은 법무부장관이 정하는 바에 따라 포상금 지급 신청서를 지방교정청장에게 제출해야 한다.
② 제1항에 따른 신청서를 접수한 지방교정청장은 그 신청서에 법무부장관이 정하는 서류를 첨부하여 법무부장관에게 제출하여야 한다.

제128조의4 포상금의 환수
법무부장관은 제128조의2 제1항에 따라 포상금을 지급한 후 다음 각 호의 어느 하나에 해당하는 사실이 발견된 경우에는 해당 포상금을 환수할 수 있다.
1. 위법 또는 부당한 방법의 증거수집, 허위신고, 거짓진술, 증거위조 등 부정한 방법으로 포상금을 지급받은 경우
2. 동일한 원인으로 다른 법령에 따라 포상금 등을 지급받은 경우
3. 그 밖에 착오 등의 사유로 포상금이 잘못 지급된 경우

> **참고자료**

도주, 집합명령위반(형법 제145조)
① 법률에 따라 체포되거나 구금된 자가 도주한 경우에는 1년 이하의 징역에 처한다.
② 제1항의 구금된 자가 천재지변이나 사변 그 밖에 법령에 따라 잠시 석방된 상황에서 정당한 이유 없이 집합명령에 위반한 경우에도 제1항의 형에 처한다.

특수도주(형법 제146조)
수용설비 또는 기구를 손괴하거나 사람에게 폭행 또는 협박을 가하거나 2인 이상이 합동하여 제145조 제1항의 죄를 범한 자는 7년 이하의 징역에 처한다.

출석의무 위반 등(형집행법 제134조)
다음 각 호의 어느 하나에 해당하는 행위를 한 수용자는 1년 이하의 징역에 처한다.
1. 정당한 사유 없이 제102조 제4항(일시석방된 사람의 석방 후 24시간 이내에 출석의무)을 위반하여 일시석방 후 24시간 이내에 교정시설 또는 경찰관서에 출석하지 아니하는 행위
2. 귀휴·외부통근, 그 밖의 사유로 소장의 허가를 받아 교도관의 계호 없이 교정시설 밖으로 나간 후에 정당한 사유 없이 기한까지 돌아오지 아니하는 행위

> **참고자료**

- 법 제102조: 천재지변 발생 ➡ 1차적으로 이송실시 ➡ 이송이 불가능한 경우 – 일시석방 ➡ 출석 시한과 장소 알림
- 법 제102조 제2항의 긴급이송은 소장의 권한이다.
- 법 제103조 제2항: 질문 外에 소지품 검사 및 신분증의 제시 요구 등을 하지 못함
- 법 제103조 제4항의 협조 요구는 '영업시간 내'임을 주의할 것
- 비교·구분: 시행령 제128조와 시행령 제104조(소장은 미결수용자가 도주하거나 도주한 미결수용자를 체포한 경우에는 그 사실을 검사에게 통보하고, 기소된 상태인 경우에는 법원에도 지체 없이 통보하여야 한다)

제104조 마약류사범 등의 관리

① 소장은 마약류사범·조직폭력사범 등 법무부령으로 정하는 수용자에 대하여는 시설의 안전과 질서유지를 위하여 필요한 범위에서 다른 수용자와의 접촉을 차단하거나 계호를 엄중히 하는 등 법무부령으로 정하는 바에 따라 다른 수용자와 달리 관리할 수 있다.
② 소장은 제1항에 따라 관리하는 경우에도 기본적인 처우를 제한하여서는 아니 된다.

시행규칙

엄중관리대상자

제194조 엄중관리대상자의 구분
법 제104조에 따라 교정시설의 안전과 질서유지를 위하여 다른 수용자와의 접촉을 차단하거나 계호를 엄중히 하여야 하는 수용자(이하 이 장에서 "엄중관리대상자"라 한다)는 다음 각 호와 같이 구분한다.
1. 조직폭력수용자(제199조 제1항에 따라 지정된 수용자를 말한다. 이하 같다)
2. 마약류수용자(제205조 제1항에 따라 지정된 수용자를 말한다. 이하 같다)
3. 관심대상수용자(제211조 제1항에 따라 지정된 수용자를 말한다. 이하 같다)

제195조 번호표 등 표시
① 엄중관리대상자의 번호표 및 거실표의 색상은 다음 각 호와 같이 구분한다.
  1. 관심대상수용자: 노란색
  2. 조직폭력수용자: 노란색
  3. 마약류수용자: 파란색
② 제194조의 엄중관리대상자 구분이 중복되는 수용자의 경우 그 번호표 및 거실표의 색상은 제1항 각 호의 순서에 따른다.

제196조 상담
① 소장은 엄중관리대상자 중 지속적인 상담이 필요하다고 인정되는 사람에 대하여는 상담책임자를 지정한다.
② 제1항의 상담책임자는 감독교도관 또는 상담 관련 전문교육을 이수한 교도관을 우선하여 지정하여야 하며, 상담대상자는 상담책임자 1명당 10명 이내로 하여야 한다.
③ 상담책임자는 해당 엄중관리대상자에 대하여 수시로 개별상담을 함으로써 신속한 고충처리와 원만한 수용생활 지도를 위하여 노력하여야 한다.
④ 제3항에 따라 상담책임자가 상담을 하였을 때에는 그 요지와 처리결과 등을 제119조 제3항에 따른 교정정보시스템에 입력하여야 한다. 이 경우 엄중관리대상자의 처우를 위하여 필요하면 별지 제13호 서식의 엄중관리대상자 상담결과 보고서를 작성하여 소장에게 보고하여야 한다.

제197조 작업 부과
소장은 엄중관리대상자에게 작업을 부과할 때에는 법 제59조 제3항(분류심사를 위한 조사나 검사)에 따른 조사나 검사 등의 결과를 고려하여야 한다.

관련판례

교도소 내 엄중격리대상자에 대하여 이동 시 보호장비를 사용하고 교도관이 동행계호하는 행위 및 1인 운동장을 사용하게 하는 처우가 신체의 자유를 과도하게 제한하는 것인지의 여부(소극)

청구인들은 상습적으로 교정질서를 문란하게 하는 등 교정사고의 위험성이 높은 엄중격리대상자들인바, 이들에 대한 보호장비사용행위, 동행계호행위 및 1인 운동장을 사용하게 하는 처우는 그 목적의 정당성 및 수단의 적정성이 인정되며, 필요한 경우에 한하여 부득이한 범위 내에서 실시되고 있다고 할 것이고, 이로 인하여 수형자가 입게 되는 자유 제한에 비하여 교정사고를 예방하고 교도소 내의 안전과 질서를 확보하는 공익이 더 크다고 할 것이다(헌재 2008.5.29. 2005헌마137).

조직폭력수용자

제198조 지정대상
조직폭력수용자의 지정대상은 다음 각 호와 같다.
1. 체포영장, 구속영장, 공소장 또는 재판서에 조직폭력사범으로 명시된 수용자
2. 공소장 또는 재판서에 조직폭력사범으로 명시되어 있지는 아니하나 「폭력행위 등 처벌에 관한 법률」제4조(단체 등의 구성·활동)·제5조(단체 등의 이용·지원), 또는 「형법」제114조(범죄단체 등의 조직)가 적용된 수용자
3. 공범·피해자 등의 체포영장·구속영장·공소장 또는 재판서에 조직폭력사범으로 명시된 수용자

제199조 지정 및 해제
① 소장은 제198조 각 호의 어느 하나에 해당하는 수용자에 대하여는 조직폭력수용자로 지정한다. 현재의 수용생활 중 집행되었거나 집행할 형이 제198조 제1호 또는 제2호에 해당하는 경우에도 또한 같다.
② 소장은 제1항에 따라 조직폭력수용자로 지정된 사람에 대하여는 석방할 때까지 지정을 해제할 수 없다. 다만, 공소장 변경 또는 재판 확정에 따라 지정사유가 해소되었다고 인정되는 경우에는 교도관회의의 심의 또는 분류처우위원회의 의결을 거쳐 지정을 해제한다.

제200조 수용자를 대표하는 직책 부여 금지(작업이 부과된 사형확정자에 준용)
소장은 조직폭력수용자에게 거실 및 작업장 등의 봉사원, 반장, 조장, 분임장, 그 밖에 수용자를 대표하는 직책을 부여해서는 아니 된다.

제201조 수형자 간 연계활동 차단을 위한 이송
소장은 조직폭력수형자가 작업장 등에서 다른 수형자와 음성적으로 세력을 형성하는 등 집단화할 우려가 있다고 인정하는 경우에는 법무부장관에게 해당 조직폭력수형자의 이송을 지체 없이 신청하여야 한다.

제202조 처우상 유의사항
소장은 조직폭력수용자가 다른 사람과 접견할 때에는 외부 폭력조직과의 연계가능성이 높은 점 등을 고려하여 접촉차단시설이 있는 장소에서 하게 하여야 하며, 귀휴나 그 밖의 특별한 이익이 되는 처우를 결정하는 경우에는 해당 처우의 허용 요건에 관한 규정을 엄격히 적용하여야 한다.

제203조 특이사항의 통보
소장은 조직폭력수용자의 편지 및 접견의 내용 중 특이사항이 있는 경우에는 검찰청, 경찰서 등 관계기관에 통보할 수 있다.

마약류수용자

제204조 지정대상
마약류수용자의 지정대상은 다음 각 호와 같다.
1. 체포영장·구속영장·공소장 또는 재판서에 「마약류관리에 관한 법률」, 「마약류 불법거래방지에 관한 특례법」, 그 밖에 마약류에 관한 형사 법률이 적용된 수용자
2. 제1호에 해당하는 형사 법률을 적용받아 집행유예가 선고되어 그 집행유예 기간 중에 별건으로 수용된 수용자

제205조 지정 및 해제
① 소장은 제204조 각 호의 어느 하나에 해당하는 수용자에 대하여는 마약류수용자로 지정하여야 한다. 현재의 수용생활 중 집행되었거나 집행할 형이 제204조 제1호에 해당하는 경우에도 또한 같다.
② 소장은 제1항에 따라 마약류수용자로 지정된 사람에 대하여는 석방할 때까지 지정을 해제할 수 없다. 다만, 다음 각 호의 어느 하나에 해당하는 경우에는 교도관회의의 심의 또는 분류처우위원회의 의결을 거쳐 지정을 해제할 수 있다.
  1. 공소장 변경 또는 재판 확정에 따라 지정사유가 해소되었다고 인정되는 경우
  2. 지정 후 5년이 지난 마약류수용자로서 수용생활태도, 교정성적 등이 양호한 경우. 다만, 마약류에 관한 형사 법률 외의 법률이 같이 적용된 마약류수용자로 한정한다.

제206조 마약반응검사
① 마약류수용자에 대하여 다량 또는 장기간 복용할 경우 환각증세를 일으킬 수 있는 의약품을 투약할 때에는 특히 유의하여야 한다.
② 소장은 교정시설에 마약류를 반입하는 것을 방지하기 위하여 필요하면 강제에 의하지 아니하는 범위에서 수용자의 소변을 채취하여 마약반응검사를 할 수 있다.
③ 소장은 제2항의 검사 결과 양성반응이 나타난 수용자에 대하여는 관계기관에 혈청검사, 모발검사, 그 밖의 정밀검사를 의뢰하고 그 결과에 따라 적절한 조치를 하여야 한다.

제207조 물품전달 제한
소장은 수용자 외의 사람이 마약류수용자에게 물품을 건네줄 것을 신청하는 경우에는 마약류 반입 등을 차단하기 위하여 신청을 허가하지 않는다. 다만, 다음 각 호의 어느 하나에 해당하는 물품을 건네줄 것을 신청한 경우에는 예외로 할 수 있다.
1. 법무부장관이 정하는 바에 따라 교정시설 안에서 판매되는 물품
2. 그 밖에 마약류 반입을 위한 도구로 이용될 가능성이 없다고 인정되는 물품

제208조 보관품 등 수시점검
담당교도관은 마약류수용자의 보관품 및 지니는 물건의 변동 상황을 수시로 점검하고, 특이사항이 있는 경우에는 감독교도관에게 보고해야 한다.

제209조 재활교육
① 소장은 마약류수용자가 마약류 근절 의지를 갖고 이를 실천할 수 있도록 해당 교정시설의 여건에 적합한 마약류수용자 재활교육계획을 수립하여 시행하여야 한다.
② 소장은 마약류수용자의 마약류 근절 의지를 북돋울 수 있도록 마약 퇴치 전문강사, 성직자 등과 자매결연을 주선할 수 있다.

관련판례

[1] 마약류사범이 구치소에 수용되는 과정에서 반입금지물품의 소지·은닉 여부를 확인하기 위하여 실시한 구치소 수용자에 대한 정밀신체검사는 수용자에게 일방적으로 강제하는 성격을 가지는 권력적 사실행위로서 공권력의 행사에 해당한다(헌재 2006.6.29. 2004헌마826).

[2] 교도관이 마약류사범에게 검사의 취지와 방법을 설명하고 반입금지품을 제출하도록 안내한 후 외부와 차단된 검사실에서 같은 성별의 교도관 앞에 돌아서서 하의속옷을 내린 채 상체를 숙이고 양손으로 둔부를 벌려 항문을 보이는 방법으로 실시한 정밀신체검사는 마약류 사범인 청구인의 기본권을 침해하였다고 할 수 없다(헌재 2006.6.29. 2004헌마826).

[3] 마약류 관련 수형자에 대하여 마약류반응검사를 위하여 소변을 받아 제출하게 한 것은 권력적 사실행위로서 공권력의 행사에 해당한다(헌재 2006.7.27. 2005헌마277).

[4] 마약류사범인 청구인에게 마약류반응검사를 위하여 소변을 받아 제출하게 한 것은 교도소의 안전과 질서유지를 위한 것으로 수사에 필요한 처분이 아닐 뿐만 아니라 검사대상자들의 협력이 필수적이어서 강제처분이라고 할 수도 없어 영장주의의 원칙이 적용되지 않는다(헌재 2006.7.27. 2005헌마277).

[5] 마약류사범인 청구인에게 마약류반응검사를 위하여 소변을 받아 제출하게 한 것은 소변채취의 목적 및 검사방법 등에 비추어 과잉금지의 원칙에 반한다고 할 수 없다(헌재 2006.7.27. 2005헌마277).

[6] **형의 집행 및 수용자의 처우에 관한 법률 제104조 위헌소원**

마약류사범에 대한 다른 처우는 마약류에 대한 중독성 및 높은 재범률 등 마약류사범의 특성에 대한 전문적 이해를 필요로 하므로 하위 법령에 위임할 필요성이 인정되고, 그 요건으로서 '시설의 안전과 질서유지를 위하여 필요한 범위'라 함은 마약류사범에 의한 교정시설 내 마약류 반입 및 이로 인한 교정사고의 발생을 차단하기 위한 범위를 의미하며, 그 방법으로서 '다른 수용자와의 접촉을 차단하거나 계호를 엄중히 하는 등'이란 다른 수용자와의 대면 또는 서신수수의 제한, 물품교부의 원칙적 금지 등 강화된 기본권 제한 조치는 물론 마약류사범의 특성을 고려한 재활교육, 치료 등의 조치를 의미함을 충분히 예측할 수 있으므로, 이 사건 법률조항은 포괄위임금지원칙에 위반되지 아니한다.

이 사건 법률조항은 마약류사범인 수용자에 대하여서는 그가 미결수용자인지 또는 수형자인지 여부를 불문하고 마약류에 대한 중독성 및 높은 재범률 등 마약류사범의 특성을 고려한 처우를 할 수 있음을 규정한 것일 뿐, 마약류사범인 미결수용자에 대하여 범죄사실의 인정 또는 유죄판결을 전제로 불이익을 가하는 것이 아니므로 무죄추정원칙에 위반되지 아니하고, 이 사건 법률조항이 마약류사범을 다른 수용자와 달리 관리할 수 있도록 한 것은 마약류사범의 특성을 고려한 것으로서 합리적인 이유가 있으므로, 이 사건 법률조항은 평등원칙에도 위반되지 아니한다(헌재 2013.7.25. 2012헌바63).

관심대상수용자

제210조 지정대상
관심대상수용자의 지정대상은 다음 각 호와 같다.
1. 다른 수용자에게 상습적으로 폭력을 행사하는 수용자
2. 교도관을 폭행하거나 협박하여 징벌을 받은 전력이 있는 사람으로서 같은 종류의 징벌대상행위를 할 우려가 큰 수용자
3. 수용생활의 편의 등 자신의 요구를 관철할 목적으로 상습적으로 자해를 하거나 각종 이물질을 삼키는 수용자
4. 다른 수용자를 괴롭히거나 세력을 모으는 등 수용질서를 문란하게 하는 조직폭력수용자(조직폭력사범으로 행세하는 경우를 포함한다)
5. 조직폭력수용자로서 무죄 외의 사유로 출소한 후 5년 이내에 교정시설에 다시 수용된 사람
6. 상습적으로 교정시설의 설비·기구 등을 파손하거나 소란행위를 하여 공무집행을 방해하는 수용자
7. 도주(음모, 예비 또는 미수에 그친 경우를 포함한다)한 전력이 있는 사람으로서 도주의 우려가 있는 수용자
8. 중형선고 등에 따른 심적 불안으로 수용생활에 적응하기 곤란하다고 인정되는 수용자
9. 자살을 기도한 전력이 있는 사람으로서 자살할 우려가 있는 수용자
10. 사회적 물의를 일으킨 사람으로서 죄책감 등으로 인하여 자살 등 교정사고를 일으킬 우려가 큰 수용자
11. 징벌집행이 종료된 날부터 1년 이내에 다시 징벌을 받는 등 규율 위반의 상습성이 인정되는 수용자
12. 상습적으로 법령에 위반하여 연락을 하거나 금지물품을 반입하는 등의 방법으로 부조리를 기도하는 수용자
13. 그 밖에 교정시설의 안전과 질서유지를 위하여 엄중한 관리가 필요하다고 인정되는 수용자

제211조 지정 및 해제
① 소장은 제210조 각 호의 어느 하나에 해당하는 수용자에 대하여는 분류처우위원회의 의결을 거쳐 관심대상수용자로 지정한다. 다만, 미결수용자 등 분류처우위원회의 의결 대상자가 아닌 경우에도 관심대상수용자로 지정할 필요가 있다고 인정되는 수용자에 대하여는 교도관회의의 심의를 거쳐 관심대상수용자로 지정할 수 있다.
② 소장은 관심대상수용자의 수용생활태도 등이 양호하고 지정사유가 해소되었다고 인정하는 경우에는 제1항의 절차에 따라 그 지정을 해제한다.
③ 제1항 및 제2항에 따라 관심대상수용자로 지정하거나 지정을 해제하는 경우에는 담당교도관 또는 감독교도관의 의견을 고려하여야 한다.

제213조 수용동 및 작업장 계호 배치
소장은 다수의 관심대상수용자가 수용되어 있는 수용동 및 작업장에는 사명감이 투철한 교도관을 엄선하여 배치하여야 한다.

관련판례

[1] 청구인은 시행규칙 제210조 제2호의 사유(교도관을 폭행하거나 협박하여 징벌을 받은 전력이 있는 사람으로서 같은 종류의 징벌대상행위를 할 우려가 큰 수용자)로 인하여 관심대상수용자로 지정되었고, 위 시행규칙 제211조 제2항은 "소장은 관심대상수용자의 수용생활태도 등이 양호하여 지정사유가 해소되었다고 인정하는 경우에는 제1항 본문의 절차(現 제1항의 절차)에 따라 그 지정을 해제한다."고 규정하고 있다.
시행규칙 제211조 제2항은 동 조항에 따른 요건이 갖추어지면 법률상 당연히 관심대상수용자 지정이 해제되도록 정하고 있는 것이 아니고, 수용생활태도 등 여러 가지의 사정을 참작하여 소장의 재량적인 행정처분으로써 관심대상수용자 지정해제를 할 수 있도록 하는 원칙을 정하고 있는 규정에 불과하다. 즉, 관심대상수용자 지정해제는 행형기관의 교정정책 혹은 형사정책적 판단에 따라 수형자에게 적합한 처우를 선택하는 조치일 뿐이므로, 수형자가 행형당국에 대하여 관심대상수용자 지정해제를 요구할 주관적 권리를 가지는 것도 아니다(헌재 2010.2.2. 2009헌마750).

[2] 수형자에 대한 기본권제한의 정도와 동행계호행위의 목적 등에 비추어 볼 때 청구인에 대한 동행계호행위는 법률에 따라 그 기본권제한의 범위 내에서 이루어진 것으로서 청구인의 신체의 자유 등을 침해하지 아니할 뿐만 아니라 관심대상수용자인 청구인에 대하여 특별히 계호를 엄중히 하는 것은 교도소 내의 안전과 질서유지를 위한 것으로서 그 차별에 합리적인 이유가 있으므로 청구인의 평등권을 침해한다고 볼 수 없다(헌재 2010.10.28. 2009헌마438).

제12장 규율과 상벌

제105조 규율 등

① 수용자는 교정시설의 안전과 질서유지를 위하여 법무부장관이 정하는 규율을 지켜야 한다.
② 수용자는 소장이 정하는 일과시간표를 지켜야 한다.
③ 수용자는 교도관의 직무상 지시에 따라야 한다.

관련판례

[1] 다른 수용자들과 함께 있는 입·출소자 대기실에서 교정공무원으로부터 신분대조에 필요한 청구인의 개인 신상에 관한 질문을 받고, 다른 수용자들과 차단된 장소에서 답변하겠다고 요청하였으나, "수형자는 교도관의 지시에 복종하여야 한다."라는 규정에 따라 거부되자, 헌법소원심판을 청구하였다. 형집행법 제105조 제3항 등은 교도소에 수용 중인 자는 교도관의 직무상 지시에 복종하여야 한다거나, 당직간부는 교도소에 수용되거나 석방되는 자의 신상을 직접 확인해야 한다는 일반적인 준수사항을 규정한 조항들일 뿐이므로, 이 사건 심판대상 조항들이 직접·구체적으로 청구인으로 하여금 다른 수형자와 차단되지 아니한 장소에서 청구인의 개인 신상에 관한 답변을 강요함으로써 청구인의 기본권을 침해한다고 볼 수는 없다(헌재 2011.8.23. 2011헌마422).
[2] 청구인은 노역장유치명령의 집행으로 구치소에 수용되어 있던 중 교도관으로부터 '담요를 개어서 정리정돈 하라'는 지시를 받게 되자 정리정돈을 수용자 준수사항으로 정한 관련 규정이 명확성원칙과 과잉금지원칙 등에 위배된다며 이 사건 헌법소원을 제기하였다. 교도관이 수용자에 대하여 정리정돈을 지시할 수 있는 근거규정이 되는 형집행법 제105조 제3항과 교도관직무규칙 제39조 등은 교도소에 수용 중인 자는 교도관의 직무상 지시에 복종하여야 한다는 일반적인 준수사항을 규정한 것이거나 지시감독을 위한 교정시설 내부의 규칙을 정한 데 불과하다. 청구인의 기본권 침해는 위 조항들에 의하여 직접 발생하는 것이 아니라 이에 근거한 교도관의 구체적인 집행행위에 의하여 비로소 발생하게 된다(헌재 2013.5.28. 2013헌마322).

제106조 포상

소장은 수용자가 다음 각 호의 어느 하나에 해당하면 법무부령으로 정하는 바에 따라 포상할 수 있다.
1. 사람의 생명을 구조하거나 도주를 방지한 때
2. 제102조 제1항에 따른(천재지변·재해 발생 시의 피해의 복구나 응급용무 보조에 따른) 응급용무에 공로가 있는 때
3. 시설의 안전과 질서유지에 뚜렷한 공이 인정되는 때
4. 수용생활에 모범을 보이거나 건설적이고 창의적인 제안을 하는 등 특히 포상할 필요가 있다고 인정되는 때

시행규칙

제214조의2 포상
법 제106조에 따른 포상기준은 다음 각 호와 같다.
1. 법 제106조 제1호 및 제2호에 해당하는 경우 소장표창 및 제89조에 따른 가족만남의 집 이용 대상자 선정
2. 법 제106조 제3호 및 제4호에 해당하는 경우 소장표창 및 제89조에 따른 가족만남의 날 행사 참여 대상자 선정

제107조 징벌

소장은 수용자가 다음 각 호의 어느 하나에 해당하는 행위를 하면 제111조의 징벌위원회의 의결에 따라 징벌을 부과할 수 있다.
1. 「형법」, 「폭력행위 등 처벌에 관한 법률」, 그 밖의 형사 법률에 저촉되는 행위
2. 수용생활의 편의 등 자신의 요구를 관철할 목적으로 자해하는 행위
3. 정당한 사유 없이 작업·교육·교화프로그램 등을 거부하거나 태만히 하는 행위
4. 제92조의 금지물품을 지니거나 반입·제작·사용·수수·교환·은닉하는 행위
5. 다른 사람을 처벌받게 하거나 교도관의 직무집행을 방해할 목적으로 거짓 사실을 신고하는 행위
6. 그 밖에 시설의 안전과 질서유지를 위하여 법무부령으로 정하는 규율을 위반하는 행위

시행규칙

제214조 규율
수용자는 다음 각 호에 해당하는 행위를 하여서는 아니 된다.
1. 교정시설의 안전 또는 질서를 해칠 목적으로 다중을 선동하는 행위
2. 허가되지 아니한 단체를 조직하거나 그에 가입하는 행위
3. 교정장비, 도주방지시설, 그 밖의 보안시설의 기능을 훼손하는 행위
4. 음란한 행위를 하거나 다른 사람에게 성적 언동 등으로 성적 수치심 또는 혐오감을 느끼게 하는 행위
5. 다른 사람에게 부당한 금품을 요구하는 행위
5의2. 허가 없이 다른 수용자에게 금품을 교부하거나 수용자 외의 사람을 통하여 다른 수용자에게 금품을 교부하는 행위

6. 작업・교육・접견・집필・전화통화・운동, 그 밖에 교도관의 직무 또는 다른 수용자의 정상적인 일과 진행을 방해하는 행위
7. 문신을 하거나 이물질을 신체에 삽입하는 등 의료 외의 목적으로 신체를 변형시키는 행위
8. 허가 없이 지정된 장소를 벗어나거나 금지구역에 출입하는 행위
9. 허가 없이 다른 사람과 만나거나 연락하는 행위
10. 수용생활의 편의 등 자신의 요구를 관철할 목적으로 이물질을 삼키는 행위
11. 인원점검을 회피하거나 방해하는 행위
12. 교정시설의 설비나 물품을 고의로 훼손하거나 낭비하는 행위
13. 고의로 수용자의 번호표, 거실표 등을 지정된 위치에 붙이지 아니하거나 그 밖의 방법으로 현황파악을 방해하는 행위
14. 큰 소리를 내거나 시끄럽게 하여 다른 수용자의 평온한 수용생활을 현저히 방해하는 행위
15. 허가 없이 물품을 지니거나 반입・제작・변조・교환 또는 주고받는 행위
16. 도박이나 그 밖에 사행심을 조장하는 놀이나 내기를 하는 행위
17. 지정된 거실에 입실하기를 거부하는 등 정당한 사유 없이 교도관의 직무상 지시나 명령을 따르지 아니하는 행위
18. 공연히 다른 사람을 해할 의사를 표시하는 행위

관련판례

[1] 교정시설은 수형자 등을 구금함으로써 그 형을 집행하고 이들의 교정교화와 건전한 사회복귀를 도모하는 것을 목적으로 하는 시설이고, 수용자는 이처럼 격리된 시설에서 강제적인 공동생활을 하게 되므로 헌법이 보장하는 신체의 자유 등 기본권에 대한 제한은 불가피하다. 그러나 수용자의 경우에도 모든 기본권의 제한이 정당화될 수 없으며 국가가 개인의 불가침의 기본적인 인권을 확인하고 보장할 의무(헌법 제10조 후문)로부터 자유로워질 수는 없다. 따라서 수용자의 지위에서 예정되어 있는 기본권 제한이라도 형의 집행과 도주 방지라는 구금의 목적과 관련되어야 하고 그 필요한 범위를 벗어날 수 없으며, 교도소의 안전 및 질서유지를 위하여 행해지는 규율과 징계로 인한 기본권의 제한도 다른 방법으로는 그 목적을 달성할 수 없는 경우에만 예외적으로 허용되어야 한다(헌재 2016.6.30. 2015헌마36). [2017. 7급]

[2] **법령에서 명한 금지행위의 위반과 위계에 의한 공무집행방해죄의 성립 여부**(소극)
법령에서 어떤 행위의 금지를 명하면서 이를 위반하는 행위에 대한 벌칙을 두는 한편, 공무원으로 하여금 그 금지규정의 위반 여부를 감시, 단속하게 하고 있는 경우 그 공무원에게는 금지규정 위반행위의 유무를 감시하여 확인하고 단속할 권한과 의무가 있으므로 단순히 공무원의 감시, 단속을 피하여 금지규정에 위반하는 행위를 한 것에 불과하다면 그에 대하여 벌칙을 적용하는 것은 별론으로 하고 그 행위가 위계에 의한 공무집행방해죄에 해당하는 것이라고는 할 수 없다(대법원 2003.11.13. 2001도7045).

[3] **교도관과 수용자가 상호 공모하여 수용자가 교도관으로부터 담배를 교부받아 이를 흡연한 행위 및 휴대폰을 교부받아 외부와 통화한 행위 등이 위계에 의한 공무집행방해죄에 해당하지 않는다고 한 사례**
구체적이고 현실적으로 감시・단속업무를 수행하는 교도관에 대하여 위계를 사용하여 그 업무 집행을 못하게 한다면 이에 대하여 위계에 의한 공무집행방해죄가 성립한다고 할 것이지만, 수용자가 교도관의 감시, 단속을 피하여 규율위반행위를 하는 것만으로는 단순히 금지규정에 위반되는 행위를 한 것에 지나지 아니할 뿐 이로써 위계에 의한 공무집행방해죄가 성립한다고는 할 수 없고, 수용자가 아닌 자가 교도관의 검사 또는 감시를 피하여 금지물품을 교도소 내로 반입되도록 하였다고 하더라도 교도관에게 교도소 등의 출입자와 반출・입 물품을 단속, 검사하거나 수용자의 거실 또는 신체 등을 검사하여 금지물품 등을 회수하여야 할 권한과 의무가 있는 이상, 그러한 수용자 아닌 자의 행위를 위계에 의한 공무집행방해죄에 해당하는 것으로는 볼 수 없으며, 교도관이 수용자의 규율위반행위를 알면서도 이를 방치하거나 도와주었더라도, 이를 다른 교도관에 대한 관계에서 위계에 의한 공무집행방해죄가 성립하는 것으로 볼 수는 없다(대법원 2003.11.13. 2001도7045). [2018. 8급 승진]

[4] **수용자 또는 수용자 아닌 자가 교도관의 감시·단속을 피하여 규율위반행위를 하는 경우, 위계에 의한 공무집행방해죄의 성립 여부**(한정 적극)(대법원 2005.8.25. 2005도1731)
① 수용자가 교도관의 감시·단속을 피하여 규율위반행위를 하는 것만으로는 단순히 금지규정에 위반되는 행위를 한 것에 지나지 아니할 뿐 위계에 의한 공무집행방해죄가 성립한다고 할 수 없고, 또 수용자가 아닌 자가 교도관의 검사 또는 감시를 피하여 금지물품을 반입하거나 허가없이 전화 등의 방법으로 다른 사람과 연락하도록 하였더라도 교도관에게 교도소 등의 출입자와 반출·입 물품을 단속·검사할 권한과 의무가 있는 이상, 수용자 아닌 자의 그러한 행위는 특별한 사정이 없는 한 위계에 의한 공무집행방해죄에 해당하는 것으로는 볼 수 없다.
② 구체적이고 현실적으로 감시·단속업무를 수행하는 교도관에 대하여 그가 충실히 직무를 수행한다고 하더라도 통상적인 업무처리과정 하에서는 사실상 적발이 어려운 위계를 적극적으로 사용하여 그 업무집행을 하지 못하게 하였다면 이에 대하여 위계에 의한 공무집행방해죄가 성립한다.
③ 피고인은 휴대전화와 증권거래용 단말기를 구치소 내로 몰래 반입하고, 교도관에게 적발되지 않기 위해 휴대전화의 핸즈프리를 상의 호주머니 속에 숨긴 다음 수용자인 공소외인 등과 머리를 맞대고 변호인과 수용자가 상담하는 것처럼 가장하였는바, 구체적이고 현실적으로 접견호실 통제 업무를 담당하는 교도관들에 대하여 그들의 통상적인 업무처리과정 하에서는 사실상 적발이 어려운 위계를 사용하여 그 직무집행에 지장을 주거나 곤란하게 하는 행위임이 명백하다.

[5] 교도소에 수감 중인 甲이 소란행위를 한 사실에 대해 교도관이 징벌대상행위 적발 보고서를 발부하며 甲에게 무인을 찍으라고 지시하였으나 甲이 잘못이 없다고 고함을 지르며 이를 거부하는 등 형의 집행 및 수용자의 처우에 관한 법률 시행규칙에서 정한 규율위반행위를 했다는 이유로 교도소장이 甲에게 금치 20일의 징벌처분을 한 사안에서, 甲이 교도관의 위 적발 보고서에 대한 무인 요구를 거부한 것이 정당한 사유 없이 교도관의 직무상 지시나 명령을 따르지 않고 교도관의 직무를 방해한 행위에 해당한다고 보기 어렵다(대법원 2024.10.25. 2024두45832).

제108조 징벌의 종류

징벌의 종류는 다음 각 호와 같다.
1. 경고
2. 50시간 이내의 근로봉사
3. 3개월 이내의 작업장려금 삭감
4. 30일 이내의 공동행사 참가 정지
5. 30일 이내의 신문열람 제한
6. 30일 이내의 텔레비전 시청 제한
7. 30일 이내의 자비구매물품(의사가 치료를 위하여 처방한 의약품을 제외한다) 사용 제한
8. 30일 이내의 작업 정지(신청에 따른 작업에 한정한다)
9. 30일 이내의 전화통화 제한
10. 30일 이내의 집필 제한
11. 30일 이내의 편지수수 제한
12. 30일 이내의 접견 제한
13. 30일 이내의 실외운동 정지
14. 30일 이내의 금치

제109조 징벌의 부과

① 제108조 제4호부터 제13호까지의 처분은 함께 부과할 수 있다.
② 수용자가 다음 각 호의 어느 하나에 해당하면 제108조 제2호부터 제14호까지의 규정에서 정한 징벌의 장기의 2분의 1까지 가중할 수 있다.
  1. 2 이상의 징벌사유가 경합하는 때
  2. 징벌이 집행 중에 있거나 징벌의 집행이 끝난 후 또는 집행이 면제된 후 6개월 내에 다시 징벌사유에 해당하는 행위를 한 때
③ 징벌은 동일한 행위에 관하여 거듭하여 부과할 수 없으며, 행위의 동기 및 경중, 행위 후의 정황, 그 밖의 사정을 고려하여 수용목적을 달성하는 데에 필요한 최소한도에 그쳐야 한다.
④ 징벌사유가 발생한 날부터 2년이 지나면 이를 이유로 징벌을 부과하지 못한다.

시행규칙

제215조 징벌 부과기준
수용자가 징벌대상행위를 한 경우 부과하는 징벌의 기준은 다음 각 호의 구분에 따른다.
1. 법 제107조 제1호·제4호 및 이 규칙 제214조 제1부터 제3호까지의 규정 중 어느 하나에 해당하는 행위는 21일 이상 30일 이하의 금치에 처할 것. 다만, 위반의 정도가 경미한 경우 그 기간의 2분의 1의 범위에서 감경할 수 있다.
2. 법 제107조 제5호, 이 규칙 제214조 제4호·제5호·제5호의2 및 제6호부터 제8호까지의 규정 중 어느 하나에 해당하는 행위는 다음 각 목의 어느 하나에 처할 것
  가. 16일 이상 20일 이하의 금치. 다만, 위반의 정도가 경미한 경우 그 기간의 2분의 1의 범위에서 감경할 수 있다.
  나. 3개월의 작업장려금 삭감
3. 법 제107조 제2호·제3호 및 이 규칙 제214조 제9호부터 제14호까지의 규정 중 어느 하나에 해당하는 행위는 다음 각 목의 어느 하나에 처할 것
  가. 10일 이상 15일 이하의 금치
  나. 2개월의 작업장려금 삭감
4. 제214조 제15호부터 제18호까지의 규정 중 어느 하나에 해당하는 행위는 다음 각 목의 어느 하나에 처할 것
  가. 9일 이하의 금치
  나. 30일 이내의 실외운동 및 공동행사참가 정지
  다. 30일 이내의 접견·편지수수·집필 및 전화통화 제한
  라. 30일 이내의 텔레비전시청 및 신문열람 제한
  마. 1개월의 작업장려금 삭감
5. 징벌대상행위를 하였으나 그 위반 정도가 경미한 경우에는 제1호부터 제4호까지의 규정에도 불구하고 다음 각 목의 어느 하나에 처할 것
  가. 30일 이내의 접견 제한
  나. 30일 이내의 편지수수 제한
  다. 30일 이내의 집필 제한
  라. 30일 이내의 전화통화 제한
  마. 30일 이내의 작업정지
  바. 30일 이내의 자비구매물품 사용 제한
  사. 30일 이내의 텔레비전 시청 제한

아. 30일 이내의 신문 열람 제한
자. 30일 이내의 공동행사 참가 정지
차. 50시간 이내의 근로봉사
카. 경고

제216조 징벌부과 시 고려사항
제215조의 기준에 따라 징벌을 부과하는 경우에는 다음 각 호의 사항을 고려하여야 한다.
1. 징벌대상행위를 하였다고 의심할 만한 상당한 이유가 있는 수용자(이하 "징벌대상자"라 한다)의 나이·성격·지능·성장환경·심리상태 및 건강
2. 징벌대상행위의 동기·수단 및 결과
3. 자수 등 징벌대상행위 후의 정황
4. 교정성적 또는 그 밖의 수용생활태도

제217조 교사와 방조
① 다른 수용자를 교사하여 징벌대상행위를 하게 한 수용자에게는 그 징벌대상행위를 한 수용자에게 부과되는 징벌과 같은 징벌을 부과한다.
② 다른 수용자의 징벌대상행위를 방조한 수용자에게는 그 징벌대상행위를 한 수용자에게 부과되는 징벌과 같은 징벌을 부과하되, 그 정황을 고려하여 2분의 1까지 감경할 수 있다.

제218조 징벌대상행위의 경합
① 둘 이상의 징벌대상행위가 경합하는 경우에는 각각의 행위에 해당하는 징벌 중 가장 중한 징벌의 2분의 1까지 가중할 수 있다.
② 제1항의 경우 징벌의 경중은 제215조 각 호의 순서에 따른다. 이 경우 같은 조 제2호부터 제5호까지의 경우에는 각 목의 순서에 따른다.

제110조 징벌대상자의 조사

① 소장은 징벌사유에 해당하는 행위를 하였다고 의심할 만한 상당한 이유가 있는 수용자(이하 "징벌대상자"라 한다)가 다음 각 호의 어느 하나에 해당하면 조사기간 중 분리하여 수용할 수 있다.
  1. 증거를 인멸할 우려가 있는 때
  2. 다른 사람에게 위해를 끼칠 우려가 있거나 다른 수용자의 위해로부터 보호할 필요가 있는 때
② 소장은 징벌대상자가 제1항 각 호의 어느 하나에 해당하면 접견·편지수수·전화통화·실외운동·작업·교육훈련, 공동행사 참가, 중간처우 등 다른 사람과의 접촉이 가능한 처우의 전부 또는 일부를 제한할 수 있다.

시행규칙

제219조 조사 시 지켜야 할 사항
징벌대상행위에 대하여 조사하는 교도관이 징벌대상자 또는 참고인 등을 조사할 때에는 다음 각 호의 사항을 지켜야 한다.
1. 인권침해가 발생하지 아니하도록 유의할 것
2. 조사의 이유를 설명하고, 충분한 진술의 기회를 제공할 것
3. 공정한 절차와 객관적 증거에 따라 조사하고, 선입견이나 추측에 따라 처리하지 아니할 것
4. 형사 법률에 저촉되는 행위에 대하여 징벌 부과 외에 형사입건조치가 요구되는 경우에는 형사소송절차에 따라 조사대상자에게 진술을 거부할 수 있다는 것과 변호인을 선임할 수 있다는 것을 알릴 것

제219조의2 징벌대상자에 대한 심리상담
소장은 특별한 사유가 없으면 교도관으로 하여금 징벌대상자에 대한 심리상담을 하도록 해야 한다.

제220조 조사기간
① 수용자의 징벌대상행위에 대한 조사기간(조사를 시작한 날부터 법 제111조 제1항의 징벌위원회의 의결이 있는 날까지를 말한다. 이하 같다)은 10일 이내로 한다. 다만, 특히 필요하다고 인정하는 경우에는 1회에 한하여 7일을 초과하지 아니하는 범위에서 그 기간을 연장할 수 있다.
② 소장은 제1항의 조사기간 중 조사결과에 따라 다음 각 호의 어느 하나에 해당하는 조치를 할 수 있다.
   1. 법 제111조 제1항의 징벌위원회(이하 "징벌위원회"라 한다)로의 회부
   2. 징벌대상자에 대한 무혐의 통고
   3. 징벌대상자에 대한 훈계
   4. 징벌위원회 회부 보류
   5. 조사 종결
③ 제1항의 조사기간 중 법 제110조 제2항(징벌대상자에 대한 처우의 제한)에 따라 징벌대상자에 대하여 처우를 제한하는 경우에는 징벌위원회의 의결을 거쳐 처우를 제한한 기간의 전부 또는 일부를 징벌기간에 포함할 수 있다.
④ 소장은 징벌대상행위가 징벌대상자의 정신병적인 원인에 따른 것으로 의심할 만한 충분한 사유가 있는 경우에는 징벌절차를 진행하기 전에 의사의 진료, 전문가 상담 등 필요한 조치를 하여야 한다.
⑤ 소장은 징벌대상행위에 대한 조사 결과 그 행위가 징벌대상자의 정신병적인 원인에 따른 것이라고 인정하는 경우에는 그 행위를 이유로 징벌위원회에 징벌을 요구할 수 없다.
⑥ 제1항의 조사기간 중 징벌대상자의 생활용품 등의 보관에 대해서는 제232조(금치집행 중 생활용품 등의 별도 보관)를 준용한다.

제221조 조사의 일시정지
① 소장은 징벌대상자의 질병이나 그 밖의 특별한 사정으로 인하여 조사를 계속하기 어려운 경우에는 조사를 일시 정지할 수 있다.
② 제1항에 따라 정지된 조사기간은 그 사유가 해소된 때부터 다시 진행한다. 이 경우 조사가 정지된 다음 날부터 정지사유가 소멸한 전날까지의 기간은 조사기간에 포함되지 아니한다.

제222조 징벌대상자 처우제한의 알림
소장은 법 제110조 제2항(징벌대상자에 대한 처우의 제한)에 따라 접견·편지수수 또는 전화통화를 제한하는 경우에는 징벌대상자의 가족 등에게 그 사실을 알려야 한다. 다만, 징벌대상자가 알리기를 원하지 않는 경우에는 그렇지 않다.

> **참고자료**
> - **시행규칙 제220조 제1항**: 징벌대상행위에 대한 조사기간 - 조사를 시작한 날부터 징벌위원회의 의결이 있는 날까지(○) ➡ ~ 징벌위원회에 회부한 날까지(×)
> - **조사의 일시정지**: 정지된 조사기간은 그 사유가 해소된 때부터 다시 진행한다. 이 경우 <u>조사가 정지된 다음 날부터 정지사유가 소멸한 전날까지의 기간은 조사기간에 포함되지 아니한다</u>(시행규칙 제221조 제2항).
> - **징벌기간의 계산**: 징벌집행을 일시 정지한 경우 그 정지사유가 해소되었을 때에는 지체 없이 징벌집행을 재개하여야 한다. 이 경우 <u>집행을 정지한 다음날부터 집행을 재개한 전날까지의 일수는</u> 징벌기간으로 계산하지 아니한다(시행령 제135조).

관련판례

[1] 징벌사유에 해당하는 행위를 하였다고 의심할 만한 상당한 이유가 있는 수용자에 대하여 조사가 필요한 경우, 수용자를 조사거실에 분리 수용할 수 있는지 여부(한정 적극)

징벌사유에 해당하는 행위를 하였다고 의심할 만한 상당한 이유가 있는 수용자에 대하여 조사가 필요한 경우라 하더라도, 특히 그 수용자에 대한 조사거실에의 분리 수용은 형집행법에 따라 그 수용자가 증거를 인멸할 우려가 있는 때 또는 다른 사람에게 위해를 끼칠 우려가 있거나 다른 수용자의 위해로부터 보호할 필요가 있는 때에 한하여 인정된다(대법원 2014.9.25. 2013도1198). [2019. 6급 승진]

[2] 교도소장이 징벌혐의 조사를 위하여 14일간 청구인을 조사실에 분리수용하고 공동행사참가 등 처우를 제한한 행위가 적법절차원칙에 위반되는지 여부(소극)

분리수용과 처우제한은 징벌제도의 일부로서 징벌 혐의의 입증을 위한 과정이고, 그 과정을 거쳐 징벌처분을 내리기 위해서는 징벌위원회의 의결이라는 사전 통제절차를 거쳐야 하며, 내려진 징벌처분에 대해서는 행정소송을 통해 불복할 수 있다는 점, 조사단계에서의 분리수용이나 처우제한에까지 일일이 법원에 의한 사전 또는 사후통제를 요구한다면 징벌제도 시행에 있어서 비효율을 초래할 수 있다는 점, 조사단계에서 징벌혐의 고지와 의견진술의 기회 부여가 이루어진다는 점 등을 종합하여 볼 때, 분리수용 및 처우제한에 대해 법원에 의한 개별적인 통제절차를 두고 있지 않다는 점만으로 이 사건 분리수용 및 이 사건 처우제한이 적법절차원칙에 위반된 것이라고 볼 수는 없다(헌재 2014.9.25. 2012헌마523).

[3] 징벌혐의의 조사를 받고 있는 청구인이 변호인 아닌 자와 접견할 당시 교도관이 참여하여 대화내용을 기록하게 한 행위가 청구인의 사생활의 비밀과 자유를 침해하는지 여부(소극)

접견내용을 녹음·녹화하는 경우 수용자 및 그 상대방에게 그 사실을 말이나 서면 등으로 알려주어야 하고 취득된 접견기록물은 법령에 의해 보호·관리되고 있으므로 사생활의 비밀과 자유에 대한 침해를 최소화하는 수단이 마련되어 있다는 점, 청구인이 나눈 접견내용에 대한 사생활의 비밀로서의 보호가치에 비해 증거인멸의 위험을 방지하고 교정시설 내의 안전과 질서유지에 기여하려는 공익이 크고 중요하다는 점에 비추어 볼 때, 이 사건 접견참여·기록이 청구인의 사생활의 비밀과 자유를 침해하였다고 볼 수 없다(헌재 2014.9.25. 2012헌마523). [2018. 7급 승진] 총 2회 기출

제111조 징벌위원회

① 징벌대상자의 징벌을 결정하기 위하여 교정시설에 징벌위원회(이하 이 조에서 "위원회"라 한다)를 둔다.
② 위원회는 위원장을 포함한 5명 이상 7명 이하의 위원으로 구성하고, 위원장은 소장의 바로 다음 순위자가 되며, 위원은 소장이 소속 기관의 과장(지소의 경우에는 7급 이상의 교도관) 및 교정에 관한 학식과 경험이 풍부한 외부인사 중에서 임명 또는 위촉한다. 이 경우 외부위원은 3명 이상으로 한다.
③ 위원회는 소장의 징벌요구에 따라 개회하며, 징벌은 그 의결로써 정한다.
④ 위원이 징벌대상자의 친족이거나 그 밖에 공정한 심의·의결을 기대할 수 없는 특별한 사유가 있는 경우에는 위원회에 참석할 수 없다.
⑤ 징벌대상자는 위원에 대하여 기피신청을 할 수 있다. 이 경우 위원회의 의결로 기피 여부를 결정하여야 한다.
⑥ 위원회는 징벌대상자가 위원회에 출석하여 충분한 진술을 할 수 있는 기회를 부여하여야 하며, 징벌대상자는 서면 또는 말로써 자기에게 유리한 사실을 진술하거나 증거를 제출할 수 있다.
⑦ 위원회의 위원 중 공무원이 아닌 사람은 「형법」 제127조(공무상 비밀의 누설) 및 제129조부터 제132조까지(수뢰·사전수뢰, 제3자 뇌물제공, 수뢰후 부정처사·사후수뢰, 알선수뢰)의 규정을 적용할 때에는 공무원으로 본다.

시행령

제129조 징벌위원회의 소집
법 제111조에 따른 징벌위원회(이하 이 장에서 "위원회"라 한다)의 위원장은 소장의 징벌요구에 따라 위원회를 소집한다.

제130조 위원장의 직무대행
위원회의 위원장이 불가피한 사정으로 그 직무를 수행하기 어려운 경우에는 위원장이 미리 지정한 위원이 그 직무를 대행한다.

제131조 위원의 제척
위원회의 위원이 해당 징벌대상 행위의 조사를 담당한 경우에는 해당 위원회에 참석할 수 없다.

제132조 징벌의결 통고
위원회가 징벌을 의결한 경우에는 이를 소장에게 즉시 통고하여야 한다.

시행규칙

제223조 징벌위원회 외부위원
① 소장은 법 제111조 제2항에 따른 징벌위원회의 외부위원을 다음 각 호의 사람 중에서 위촉한다.
  1. 변호사
  2. 대학에서 법률학을 가르치는 조교수 이상의 직에 있는 사람
  3. 교정협의회(교정위원 전원으로 구성된 협의체를 말한다)에서 추천한 사람
  4. 그 밖에 교정에 관한 학식과 경험이 풍부한 사람
② 제1항에 따라 위촉된 위원의 임기는 2년으로 하며, 연임할 수 있다.

③ 소장은 외부위원이 다음 각 호의 어느 하나에 해당하는 경우에는 해당 위원을 해촉할 수 있다.
  1. 심신장애로 직무수행이 불가능하거나 현저히 곤란하다고 인정되는 경우
  2. 직무와 관련된 비위사실이 있는 경우
  3. 직무태만, 품위 손상, 그 밖의 사유로 인하여 위원으로서 직무를 수행하기 적합하지 아니하다고 인정되는 경우
  4. 위원 스스로 직무를 수행하는 것이 곤란하다고 의사를 밝히는 경우
  5. 특정 종파나 특정 사상에 편향되어 징벌의 공정성을 해칠 우려가 있는 경우
④ 제1항에 따라 위촉된 위원이 징벌위원회에 참석한 경우에는 예산의 범위에서 수당, 여비, 그 밖에 필요한 경비를 지급할 수 있다.

제224조 징벌위원회 위원장
법 제111조 제2항에서 "소장의 바로 다음 순위자"는 「법무부와 그 소속기관 직제 시행규칙」의 직제순위에 따른다.

제225조 징벌위원회 심의·의결대상
징벌위원회는 다음 각 호의 사항을 심의·의결한다.
1. 징벌대상행위의 사실 여부
2. 징벌의 종류와 내용
3. 제220조 제3항(조사기간 중 처우상의 제한)에 따른 징벌기간 산입
4. 법 제111조 제5항(징벌위원에 대한 기피신청)에 따른 징벌위원에 대한 기피신청의 심의·의결
5. 법 제114조 제1항(징벌집행의 유예)에 따른 징벌집행의 유예여부와 그 기간
6. 그 밖에 징벌내용과 관련된 중요 사항

제226조 징벌의결의 요구
① 소장이 징벌대상자에 대하여 징벌의결을 요구하는 경우에는 별지 제14호 서식의 징벌의결 요구서를 작성하여 징벌위원회에 제출하여야 한다.
② 제1항에 따른 징벌의결 요구서에는 징벌대상행위의 입증에 필요한 관계서류를 첨부할 수 있다.

제227조 징벌대상자에 대한 출석 통지
① 징벌위원회가 제226조에 따른 징벌의결 요구서를 접수한 경우에는 지체 없이 징벌대상자에게 별지 제15호 서식의 출석통지서를 전달하여야 한다.
② 제1항에 따른 출석통지서에는 다음 각 호의 내용이 포함되어야 한다.
  1. 혐의사실 요지
  2. 출석 장소 및 일시
  3. 징벌위원회에 출석하여 자기에게 이익이 되는 사실을 말이나 서면으로 진술할 수 있다는 사실
  4. 서면으로 진술하려면 징벌위원회를 개최하기 전까지 진술서를 제출하여야 한다는 사실
  5. 증인신청 또는 증거제출을 할 수 있다는 사실
  6. 형사절차상 불리하게 적용될 수 있는 사실에 대하여 진술을 거부할 수 있다는 것과 진술하는 경우에는 형사절차상 불리하게 적용될 수 있다는 사실
③ 제1항에 따라 출석통지서를 전달받은 징벌대상자가 징벌위원회에 출석하기를 원하지 아니하는 경우에는 별지 제16호 서식의 출석포기서를 징벌위원회에 제출하여야 한다.

> **참고자료**
> - 법 제111조 제5항: 징벌위원회의 의결로 기피 여부를 결정(O) ➡ 소장이 기피 여부를 결정(×)
> - 징벌위원회는 징벌대상자가 진술하기 전에 불이익한 진술을 거부할 수 있음을 고지하여야 한다.(×) ➡ 징벌대상행위에 대하여 조사하는 교도관이 징벌대상자 또는 참고인 등을 조사할 때 알려야 하는 사항이다(시행규칙 제219조 제4호). 징벌위원회가 전달하는 출석통지서에 진술거부권에 대한 내용이 포함되어 있다(시행규칙 제227조 제2항 제6호).

제228조 징벌위원회의 회의

① 징벌위원회는 출석한 징벌대상자를 심문하고, 필요하다고 인정하는 경우에는 교도관이나 다른 수용자 등을 참고인으로 출석하게 하여 심문할 수 있다.
② 징벌위원회는 필요하다고 인정하는 경우 제219조의2(징벌대상자에 대한 심리상담)에 따라 심리상담을 한 교도관으로 하여금 그 심리상담 결과를 제출하게 하거나 해당 교도관을 징벌위원회에 출석하게 하여 심리상담 결과를 진술하게 할 수 있다.
③ 징벌위원회는 징벌대상자에게 제227조 제1항에 따른 출석통지서를 전달하였음에도 불구하고 징벌대상자가 같은 조 제3항에 따른 출석포기서를 제출하거나 정당한 사유 없이 출석하지 아니한 경우에는 그 사실을 별지 제17호 서식의 징벌위원회 회의록에 기록하고 서면심리만으로 징벌을 의결할 수 있다.
④ 징벌위원회는 재적위원 과반수의 출석으로 개의하고, 출석위원 과반수의 찬성으로 의결한다. 이 경우 외부위원 1명 이상이 출석한 경우에만 개의할 수 있다.
⑤ 징벌의 의결은 별지 제18호 서식의 징벌의결서에 따른다.
⑥ 징벌위원회가 작업장려금 삭감을 의결하려면 사전에 수용자의 작업장려금을 확인하여야 한다.
⑦ 징벌위원회의 회의에 참여한 사람은 직무상 알게 된 비밀을 누설하여서는 아니 된다.

제111조의2 징벌대상행위에 관한 양형 참고자료 통보

소장은 미결수용자에게 징벌을 부과한 경우에는 그 징벌대상행위를 양형 참고자료로 작성하여 관할 검찰청 검사 또는 관할 법원에 통보할 수 있다.

제112조 징벌의 집행

① 징벌은 소장이 집행한다.
② 소장은 징벌집행을 위하여 필요하다고 인정하면 수용자를 분리하여 수용할 수 있다.
③ 제108조 제14호(30일 이내의 금치)의 처분을 받은 사람에게는 그 기간 중 같은 조 제4호(30일 이내의 공동행사 참가 정지)부터 제12호(30일 이내의 접견 제한)까지의 처우제한이 함께 부과된다. 다만, 소장은 수용자의 권리구제, 수형자의 교화 또는 건전한 사회복귀를 위하여 특히 필요하다고 인정하면 집필·편지수수 또는 접견을 허가할 수 있다.
④ 소장은 제108조 제14호(30일 이내의 금치)의 처분을 받은 사람에게 다음 각 호의 어느 하나에 해당하는 사유가 있어 필요하다고 인정하는 경우에는 건강유지에 지장을 초래하지 아니하는 범위에서 실외운동을 제한할 수 있다.
1. 도주의 우려가 있는 경우
2. 자해의 우려가 있는 경우
3. 다른 사람에게 위해를 끼칠 우려가 있는 경우
4. 그 밖에 시설의 안전 또는 질서를 크게 해칠 우려가 있는 경우로서 법무부령으로 정하는 경우

> [법무부령으로 정하는 경우(시행규칙 제215조의2)]
> 1. 다른 사람으로부터 위해를 받을 우려가 있는 경우
> 2. 위력으로 교도관의 정당한 직무집행을 방해할 우려가 있는 경우
> 3. 소란행위를 계속하여 다른 수용자의 평온한 수용생활을 방해할 우려가 있는 경우
> 4. 교정시설의 설비·기구 등을 손괴할 우려가 있는 경우

⑤ 소장은 제108조 제13호(30일 이내의 실외운동 정지)에 따른 실외운동 정지를 부과하는 경우 또는 제4항에 따라 (30일 이내의 금치처분을 받은 사람의)실외운동을 제한하는 경우라도 수용자가 매주 1회 이상 실외운동을 할 수 있도록 하여야 한다.
⑥ 소장은 제108조 제13호(30일 이내의 실외운동 정지) 또는 제14호(30일 이내의 금치)의 처분을 집행하는 경우에는 의무관으로 하여금 사전에 수용자의 건강을 확인하도록 하여야 하며, 집행 중인 경우에도 수시로 건강상태를 확인하여야 한다.

시행령

제133조 징벌의 집행
① 소장은 제132조의 통고(징벌의결 통고)를 받은 경우에는 징벌을 지체 없이 집행하여야 한다.
② 소장은 수용자가 징벌처분을 받아 접견, 편지수수 또는 전화통화가 제한된 경우에는 그의 가족에게 그 사실을 알려야 한다. 다만, 수용자가 알리는 것을 원하지 않으면 알리지 않는다.
③ 삭제 〈2017.9.19.〉
④ 소장은 법 제108조 제13호(30일 이내의 실외운동 정지) 및 제14호(30일 이내의 금치)의 징벌집행을 마친 경우에는 의무관에게 해당 수용자의 건강을 지체 없이 확인하게 하여야 한다.
⑤ 의무관이 출장, 휴가, 그 밖의 부득이한 사유로 법 제112조 제5항(30일 이내의 실외운동 정지 및 30일 이내의 금치 처분을 받은 수용자의 사전 건강 확인, 집행 중 수시 건강상태 확인) 및 이 조 제4항(30일 이내의 실외운동 정지 및 30일 이내의 금치 처분을 받은 수용자의 집행 후 지체 없이 건강 확인)의 직무를 수행할 수 없는 경우에는 제119조 제2항(의료관계 직원 대행 건강상태 확인)을 준용한다.

제134조 징벌집행의 계속
법 제108조 제4호(30일 이내의 공동행사 참가 정지)부터 제14호(30일 이내의 금치)까지의 징벌 집행 중인 수용자가 다른 교정시설로 이송되거나 법원 또는 검찰청 등에 출석하는 경우에는 징벌집행이 계속되는 것으로 본다.

시행규칙

제229조 집행절차
① 징벌위원회는 영 제132조(징벌의결 통고)에 따라 소장에게 징벌의결 내용을 통고하는 경우에는 징벌의결서 정본을 첨부하여야 한다.
② 소장은 징벌을 집행하려면 징벌의결의 내용과 징벌처분에 대한 불복방법 등을 기록한 별지 제19호 서식의 징벌집행통지서에 징벌의결서 부본을 첨부하여 해당 수용자에게 전달하여야 한다.
③ 영 제137조에 따른 징벌집행부는 별지 제19호의2 서식에 따른다.
④ 소장은 영 제137조(징벌사항의 기록)에 따라 수용자의 징벌에 관한 사항을 징벌집행부에 기록한 때에는 그 내용을 제119조 제3항에 따른 교정정보시스템에 입력해야 한다.

제230조 징벌의 집행순서
① 금치와 그 밖의 징벌을 집행할 경우에는 금치를 우선하여 집행한다. 다만, 작업장려금의 삭감과 경고는 금치와 동시에 집행할 수 있다.
② 같은 종류의 징벌은 그 기간이 긴 것부터 집행한다.
③ 금치를 제외한 두 가지 이상의 징벌을 집행할 경우에는 함께 집행할 수 있다.
④ 두 가지 이상의 금치는 연속하여 집행할 수 없다. 다만, 두 가지 이상의 금치 기간의 합이 45일 이하인 경우에는 그렇지 않다.

제231조 징벌의 집행방법
① 작업장려금의 삭감은 징벌위원회가 해당 징벌을 의결한 날이 속하는 달의 작업장려금부터 이미 지급된 작업장려금에 대하여 역순으로 집행한다.
② 소장은 금치를 집행하는 경우에는 징벌집행을 위하여 별도로 지정한 거실(이하 "징벌거실"이라 한다)에 해당 수용자를 수용하여야 한다.
③ 소장은 금치 외의 징벌을 집행하는 경우 그 징벌의 목적을 달성하기 위하여 필요하다고 인정하면 해당 수용자를 징벌거실에 수용할 수 있다.
④ 소장은 징벌집행을 받고 있거나 집행을 앞둔 수용자가 같은 행위로 형사 법률에 따른 처벌이 확정되어 징벌을 집행할 필요가 없다고 인정하면 징벌집행을 감경하거나 면제할 수 있다.

제232조 금치 집행 중 생활용품 등의 별도 보관
소장은 금치 중인 수용자가 생활용품 등으로 자살·자해할 우려가 있거나 교정시설의 안전과 질서를 해칠 우려가 있는 경우에는 그 물품을 따로 보관하고 필요한 경우에만 이를 사용하게 할 수 있다.

제233조 징벌집행 중인 수용자의 심리상담 등
① 소장은 징벌집행 중인 수용자의 심리적 안정과 징벌대상행위의 재발방지를 위해서 교도관으로 하여금 징벌집행 중인 수용자에 대한 심리상담을 하게 해야 한다.
② 소장은 징벌대상행위의 재발방지에 도움이 된다고 인정하는 경우에는 징벌집행 중인 수용자가 교정위원, 자원봉사자 등 전문가의 상담을 받게 할 수 있다.

제215조의2 금치 집행 중 실외운동의 제한
법 제112조 제4항 제4호에서 "법무부령으로 정하는 경우"란 다음 각 호와 같다.
1. 다른 사람으로부터 위해를 받을 우려가 있는 경우
2. 위력으로 교도관의 정당한 직무집행을 방해할 우려가 있는 경우
3. 소란행위를 계속하여 다른 수용자의 평온한 수용생활을 방해할 우려가 있는 경우
4. 교정시설의 설비·기구 등을 손괴할 우려가 있는 경우

제113조 징벌집행의 정지·면제

① 소장은 질병이나 그 밖의 사유로 징벌집행이 곤란하면 그 사유가 해소될 때까지 그 집행을 일시 정지할 수 있다.
② 소장은 징벌집행 중인 사람이 뉘우치는 빛이 뚜렷한 경우에는 그 징벌을 감경하거나 남은 기간의 징벌집행을 면제할 수 있다.

시행령

제135조 징벌기간의 계산
소장은 법 제113조 제1항(징벌집행의 일시정지)에 따라 징벌집행을 일시 정지한 경우 그 정지사유가 해소되었을 때에는 지체 없이 징벌집행을 재개하여야 한다. 이 경우 집행을 정지한 다음날부터 집행을 재개한 전날까지의 일수는 징벌기간으로 계산하지 아니한다.

제136조 이송된 사람의 징벌
수용자가 이송 중에 징벌대상 행위를 하거나 다른 교정시설에서 징벌대상 행위를 한 사실이 이송된 후에 발각된 경우에는 그 수용자를 인수한 소장이 징벌을 부과한다.

제137조 징벌사항의 기록
소장은 수용자의 징벌에 관한 사항을 수용기록부 및 징벌집행부에 기록하여야 한다.

제114조 징벌집행의 유예

① 징벌위원회는 징벌을 의결하는 때에 행위의 동기 및 정황, 교정성적, 뉘우치는 정도 등 그 사정을 고려할 만한 사유가 있는 수용자에 대하여 2개월 이상 6개월 이하의 기간 내에서 징벌의 집행을 유예할 것을 의결할 수 있다.
② 소장은 징벌집행의 유예기간 중에 있는 수용자가 다시 제107조의 징벌대상행위를 하여 징벌이 결정되면 그 유예한 징벌을 집행한다.
③ 수용자가 징벌집행을 유예받은 후 징벌을 받음이 없이 유예기간이 지나면 그 징벌의 집행은 종료된 것으로 본다.

제115조 징벌의 실효 등

① 소장은 징벌의 집행이 종료되거나 집행이 면제된 수용자가 교정성적이 양호하고 법무부령으로 정하는 기간 동안 징벌을 받지 아니하면 법무부장관의 승인을 받아 징벌을 실효시킬 수 있다.
② 제1항에도 불구하고 소장은 수용자가 교정사고 방지에 뚜렷한 공로가 있다고 인정되면 분류처우위원회의 의결을 거친 후 법무부장관의 승인을 받아 징벌을 실효시킬 수 있다.
③ 이 법에 규정된 사항 외에 징벌에 관하여 필요한 사항은 법무부령으로 정한다.

시행규칙

제234조 징벌의 실효
① 법 제115조 제1항에서 "법무부령으로 정하는 기간"이란 다음 각 호와 같다.
  1. 제215조 제1호부터 제4호까지의 징벌 중 금치의 경우에는 다음 각 목의 기간
     가. 21일 이상 30일 이하의 금치: 2년 6개월
     나. 16일 이상 20일 이하의 금치: 2년
     다. 10일 이상 15일 이하의 금치: 1년 6개월
     라. 9일 이하의 금치: 1년
  2. 제215조 제2호에 해당하는 금치 외의 징벌: 2년
  3. 제215조 제3호에 해당하는 금치 외의 징벌: 1년 6개월
  4. 제215조 제4호에 해당하는 금치 외의 징벌: 1년
  5. 제215조 제5호에 해당하는 징벌: 6개월
② 소장은 법 제115조 제1항·제2항에 따라 징벌을 실효시킬 필요가 있으면 징벌실효기간이 지나거나 분류처우위원회의 의결을 거친 후에 지체 없이 법무부장관에게 그 승인을 신청하여야 한다.
③ 소장은 법 제115조에 따라 실효된 징벌을 이유로 그 수용자에게 처우상 불이익을 주어서는 아니 된다.

참고자료

- 비교·구분: 법 제112조 제3항과 법 제70조 제1항
- 법 제113조: 징벌집행의 일시정지·감경·면제 - 소장의 결정사항(징벌위원회의 의결사항×)
- 「질병이나 그 밖의 사유로 징벌집행이 곤란」은 징벌집행의 일시정지 사유(법 제113조 제1항)이고, 「징벌집행 중인 사람이 뉘우치는 빛이 뚜렷한 경우」는 징벌집행의 감경·면제 사유(동조 제2항)이다.
- 법 제114조: 징벌집행의 유예 - 징벌위원회의 의결사항(소장의 결정사항×)
- 「행위의 동기 및 정황, 교정성적, 뉘우치는 정도 등 그 사정을 고려할 만한 사유가 있는 수용자」는 징벌집행의 유예 사유(법 제114조 제1항)이다.
- 법 제114조 제3항: 징벌대상행위를 하여 징벌이 결정되면 그 유예한 징벌을 집행한다.(○) ➡ 징벌대상행위를 하면 그 유예한 징벌을 집행한다.(×)
- 법 제114조 제3항: 징벌을 받음이 없이(○) ➡ 규율위반행위 없이(×)
- 시행규칙 제229조 제2항: 징벌집행의 주체는 소장이며, 징벌집행통지서는 소장이 해당수용자에게 전달한다.

관련판례

[1] 형집행법상의 징벌을 받은 자에 대한 형사처벌이 일사부재리의 원칙에 위반되는지 여부(소극)

피고인이 형집행법에 의한 징벌을 받아 그 집행을 종료하였다고 하더라도 형집행법상의 징벌은 수형자의 교도소 내의 준수사항위반에 대하여 과하는 행정상의 질서벌의 일종으로서 형법 법령에 위반한 행위에 대한 형사책임과는 그 목적, 성격을 달리하는 것이므로 징벌을 받은 뒤에 형사처벌을 한다고 하여 일사부재리의 원칙에 반하는 것은 아니다(대법원 2000.10.27. 2000도3874). [2016. 5급 승진]

[2] 징벌의 일종인 금치처분을 받은 자에 대하여 금치기간 중 집필 전면 금지의 위헌 여부(적극)

금치처분을 받은 수형자의 집필에 관한 권리를 법률의 근거나 위임 없이 제한하는 것으로서 법률유보의 원칙에 위반되고, 규율 위반자에 대해 불이익을 가한다는 면만을 강조하여 금치처분을 받은 자에 대하여 집필의 목적과 내용 등을 묻지 않고, 또 대상자에 대한 교화 또는 처우상 필요한 경우까지도 예외 없이 일체의 집필행위를 금지하고 있음은 입법목적 달성을 위한 필요최소한의 제한이라는 한계를 벗어난 것으로서 과잉금지의 원칙에 위반된다(헌재 2005.2.24. 2003헌마289).

[3] 금치기간 중 집필을 금지하도록 한 형집행법 제112조 제3항 본문 중 미결수용자에게 적용되는 제108조 제10호에 관한 부분(집필제한 조항)**이 청구인의 표현의 자유를 침해하는지 여부**(소극)

금치 처분을 받은 수용자들은 이미 수용시설의 안전과 질서유지에 위반되는 행위, 그 중에서도 가장 중한 평가를 받은 행위를 한 자들이라는 점에서, 집필과 같은 처우 제한의 해제는 예외적인 경우로 한정될 수밖에 없고, 선례가 금치기간 중 집필을 전면 금지한 조항을 위헌으로 판단한 이후, 입법자는 집필을 허가할 수 있는 예외를 규정하고 금치처분의 기간도 단축하였다. 나아가 미결수용자는 징벌집행 중 소송서류의 작성 등 수사 및 재판 과정에서의 권리행사는 제한 없이 허용되는 점 등을 감안하면, 이 사건 집필제한 조항은 청구인의 표현의 자유를 침해하지 아니한다(헌재 2014.8.28. 2012헌마623).

[4] 금치 처분을 받은 수형자에 대하여 금치 기간 중 접견, 서신수발 금지의 위헌 여부(소극)

금치 징벌의 목적 자체가 징벌실에 수용하고 엄격한 격리에 의하여 개전을 촉구하고자 하는 것이므로 접견·서신수발의 제한은 불가피하며, 금치 기간 중의 접견·서신수발을 금지하면서도, 소장으로 하여금 "교화 또는 처우상 특히 필요하다고 인정되는 때"에는 금치 기간 중이라도 접견·서신수발을 허가할 수 있도록 예외를 둠으로써 과도한 규제가 되지 않도록 조치하고 있으므로, 금치 수형자에 대한 접견·서신수발의 제한은 수용시설 내의 안전과 질서 유지라는 정당한 목적을 위하여 필요·최소한의 제한이다(헌재 2004.12.16. 2002헌마478).

[5] 금치처분을 받은 미결수용자에 대하여 금치기간 중 서신수수, 접견, 전화통화를 제한하는 것은 대상자를 구속감과 외로움 속에 반성에 전념하게 함으로써 수용시설 내 안전과 질서를 유지하기 위한 것이다. 접견이나 서신수수의 경우에는 교정시설의 장이 수용자의 권리구제 등을 위해 필요하다고 인정한 때에는 예외적으로 허용할 수 있도록 하여 기본권 제한을 최소화하고 있다. 전화통화의 경우에는 위와 같은 예외가 규정되어 있지는 않으나, 증거인멸 우려 등의 측면에서 미결수용자의 전화통화의 자유를 제한할 필요성이 더 크다고 할 수 있다. 나아가 금치처분을 받은 자는 수용시설의 안전과 질서유지에 위반되는 행위, 그 중에서도 가장 중하다고 평가된 행위를 한 자이므로 이에 대하여 금치기간 중 일률적으로 전화통화를 금지한다 하더라도 과도하다고 보기 어렵다. 따라서 이 사건 서신수수·접견·전화통화 제한조항은 청구인의 통신의 자유를 침해하지 아니한다(헌재 2016.4.28. 2012헌마549). [2018. 7급 승진]

[6] 미결수용자의 규율위반행위 등에 대한 제재로서 금치처분과 함께 금치기간 중 신문과 자비구매도서의 열람을 제한하는 것은, 규율위반자에 대해서는 반성을 촉구하고 일반 수용자에 대해서는 규율 위반에 대한 불이익을 경고하여 수용자들의 규율 준수를 유도하며 궁극적으로 수용질서를 확립하기 위한 것이다. 이 사건 신문 및 도서열람제한 조항은 최장 30일의 기간 내에서만 신문이나 도서의 열람을 금지하고 열람을 금지하는 대상에 수용시설 내 비치된 도서는 포함시키지 않고 있으므로 위 조항들이 청구인의 알 권리를 과도하게 제한한다고 보기 어렵다(헌재 2016.4.28. 2012헌마549). [2018. 7급 승진]

[7] 금치기간 중 공동행사 참가 정지, 텔레비전 시청 제한, 신문·도서·잡지 외 자비구매물품의 사용을 제한하는 형집행법 제112조 제3항 본문 중 제108조 제4호·제6호·제7호는 헌법에 위반되지 아니한다(헌재 2016.5.26. 2014헌마45).

[8] **금치 처분을 받은 수형자에 대하여 금치 기간 중 운동 금지의 위헌 여부**(적극)

실외운동은 구금되어 있는 수형자의 신체적·정신적 건강 유지를 위한 최소한의 기본적 요청이라고 할 수 있으므로 금치 수형자에 대하여 일체의 운동을 금지하는 것은 수형자의 신체적 건강뿐만 아니라 정신적 건강을 해칠 위험성이 현저히 높다. 따라서 금치 처분을 받은 수형자에 대한 절대적인 운동의 금지는 징벌의 목적을 고려하더라도 그 수단과 방법에 있어서 필요한 최소한도의 범위를 벗어난 것이다(헌재 2004.12.16. 2002헌마478).

[9] **금치기간 중 실외운동을 원칙적으로 제한하는 형집행법 제112조 제3항 본문 중 제108조 제13호에 관한 부분이 청구인의 신체의 자유를 침해하는지 여부**(적극)

실외운동은 구금되어 있는 수용자의 신체적·정신적 건강을 유지하기 위한 최소한의 기본적 요청이고, 수용자의 건강 유지는 교정교화와 건전한 사회복귀라는 형 집행의 근본적 목표를 달성하는 데 필수적이다. 그런데 위 조항은 금치처분을 받은 사람에 대하여 실외운동을 원칙적으로 금지하고, 다만 소장의 재량에 의하여 이를 예외적으로 허용하고 있다.

소란, 난동을 피우거나 다른 사람을 해할 위험이 있어 실외운동을 허용할 경우 금치처분의 목적 달성이 어려운 예외적인 경우에 한하여 실외운동을 제한하는 덜 침해적인 수단이 있음에도 불구하고, 위 조항은 금치처분을 받은 사람에게 원칙적으로 실외운동을 금지한다.

나아가 위 조항은 예외적으로 실외운동을 허용하는 경우에도, 실외운동의 기회가 부여되어야 하는 최저기준을 법령에서 명시하고 있지 않으므로, 침해의 최소성 원칙에 위배된다. 위 조항은 수용자의 정신적·신체적 건강에 필요 이상의 불이익을 가하고 있고, 이는 공익에 비하여 큰 것이므로 위 조항은 법익의 균형성 요건도 갖추지 못하였다. 따라서 위 조항은 청구인의 신체의 자유를 침해하여 헌법에 위반된다(헌재 2016.5.26. 2014헌마45).

● 이 판례로 인해 형집행법 제112조 제3항의 개정 및 제4항이 신설(2016.12.2)되었다.

[10] **교도소장이 아닌 관구교감에 의한 징벌처분 고지의 위법성 여부**(소극)
   교도소장이 아닌 관구교감에 의해 징벌처분이 고지되었다는 사유만으로는 위 징벌처분이 손해의 전보책임을 국가에게 부담시켜야 할 만큼 객관적 정당성을 상실한 정도라고 볼 수 없다(대법원 2004.12.9. 2003다50184).

[11] **교도소장이 금치기간 중에 있는 피징벌자와 변호사와의 접견을 불허한 조치의 위법성 여부**(적극)
   금치기간 중의 접견허가 여부가 교도소장의 재량행위에 속한다고 하더라도 피징벌자가 금치처분 자체를 다툴 목적으로 소제기 등을 대리할 권한이 있는 변호사와의 접견을 희망한다면 이는 예외적인 접견허가사유인 '처우상 특히 필요하다고 인정하는 때'에 해당하고, 그 외 제반 사정에 비추어 교도소장이 금치기간 중에 있는 피징벌자와 변호사와의 접견을 불허한 조치는 피징벌자의 접견권과 재판청구권을 침해하여 위법하다(대법원 2004.12.9. 2003다50184).

[12] 징벌실에서 청구인에게 징벌처분을 받게 하면서 다른 일반거실에 비하여 너무 좁고 바닥이 경사진 화장실을 이용하게 함으로써 기본권을 침해하였다고 주장하며 헌법소원심판을 청구한 사안에서, 심판대상인 개별적인 행위에 대한 당부판단을 넘어서 일반적인 헌법적 해명의 필요성이 인정된다고 보기 어렵고, 징벌실 수용 처우에 관한 이 사안을 통하여 독자적으로 헌법질서의 수호 유지를 위하여 특별히 헌법적 해명을 할 필요성은 크지 아니하다 할 것인바, 결국 이 사건 심판청구는 주관적 권리보호이익이 없고 예외적으로 헌법적 해명의 필요성이 인정되는 사안도 아니므로 부적법하다(헌재 2009.3.17. 2009헌마113).

참고자료 비교·구분

① 제108조 제4호부터 제13호까지의 처분은 함께 부과할 수 있다(법 제109조 제1항).
   ㉠ 1개의 징벌대상행위에 대한 징벌의 부과에 대한 규정
   ㉡ 징벌위원회의 의결에 의한 징벌 부과에 대한 규정
   ㉢ 반대 해석을 해보면, 제1호(경고), 제2호(50시간 이내의 근로봉사), 제3호(3개월 이내의 작업장려금 삭감), 제14호(30일 이내의 금치)의 처분은 함께 부과할 수 없다.
② 징벌의 집행 순서(시행규칙 제230조)
   ㉠ 2 이상의 징벌대상행위가 경합하여 2 이상의 징벌이 징벌위원회의 의결에 의해 부과된 경우, 소장이 2 이상의 징벌을 집행하는 경우의 집행순서에 대한 규정
   ㉡ 소장에 의한 징벌 집행에 대한 규정
③ 제108조 제14호의 처분을 받은 사람에게는 그 기간 중 제4호부터 제12호까지의 처우제한이 함께 부과된다(법 제112조 제3항 본문).
   ㉠ '처우제한이 부과된다.'라는 것은 징벌위원회에서 의결해서 부과하는 것이 아니라, 금치 자체의 속성으로 인한 처우제한이다.

제13장 권리구제

제116조 소장 면담

① 수용자는 그 처우에 관하여 소장에게 면담을 신청할 수 있다.
② 소장은 수용자의 면담신청이 있으면 다음 각 호의 어느 하나에 해당하는 사유가 있는 경우를 제외하고는 면담을 하여야 한다.
  1. 정당한 사유 없이 면담사유를 밝히지 아니하는 때
  2. 면담목적이 법령에 명백히 위배되는 사항을 요구하는 것인 때
  3. 동일한 사유로 면담한 사실이 있음에도 불구하고 정당한 사유 없이 반복하여 면담을 신청하는 때
  4. 교도관의 직무집행을 방해할 목적이라고 인정되는 상당한 이유가 있는 때
③ 소장은 특별한 사정이 있으면 소속 교도관으로 하여금 그 면담을 대리하게 할 수 있다. 이 경우 면담을 대리한 사람은 그 결과를 소장에게 지체 없이 보고하여야 한다.
④ 소장은 면담한 결과 처리가 필요한 사항이 있으면 그 처리결과를 수용자에게 알려야 한다.

시행령

제138조 소장 면담
① 소장은 법 제116조 제1항(소장 면담)에 따라 수용자가 면담을 신청한 경우에는 그 인적사항을 면담부에 기록하고 특별한 사정이 없으면 신청한 순서에 따라 면담하여야 한다.
② 소장은 제1항에 따라 수용자를 면담한 경우에는 그 요지를 면담부에 기록하여야 한다.
③ 소장은 법 제116조 제2항(소장면담 제외사유) 각 호의 어느 하나에 해당하여 수용자의 면담 신청을 받아들이지 아니하는 경우에는 그 사유를 해당 수용자에게 알려주어야 한다.

관련판례

[1] 소장면담 요구를 거절한 교도관의 직무유기죄 성립여부(소극)

청구인은 교도관들에게 소장 면담 절차를 밟아 줄 것을 몇 차례 요구하였으나, 청구인이 면담사유를 밝히지 않는다거나 또는 3급수인 청구인에게는 전화사용이 허락될 수 없으므로 전화사용 허락을 받기 위한 소장면담은 소용이 없다는 등의 이유로 거절하였다. 교도관은 면담요청사유를 파악하여 상관에 보고하여야 할 직무상 의무가 있고, 수형자에 대하여 형벌을 집행하고 그들을 교정교화하는 임무를 띠고 있는 자들이므로, 청구인이 교도소장을 면담하려는 사유가 무엇인지를 구체적으로 파악하여 교도소장 면담까지 하지 않더라도 그들 자신이나 그 윗선에서 단계적으로 해결할 수 있는 사항인지 혹은 달리 해결을 도모하여야 할 사항인지의 여부를 먼저 확인하는 것이 마땅하고, 또한 전화통화요구와 같이 교도소장을 면담하여도 허락받지 못할 것이 확실시되는 사항에 대하여는 무용한 시도임을 알려 이를 포기토록 하는 것 또한 그들의 직무의 하나라고 할 것이지, 청구인이 교도소장면담을 요청한다고 하여 기계적으로 그 절차를 밟아주어야 하고 그렇게 하지 아니하는 경우 곧바로 형법상의 직무유기죄가 성립한다고 할 수 없다(헌재 2001.5.31. 2001헌마85).

[2018. 8급 승진]

[2] 국민의 신청에 대한 행정청의 거부행위가 헌법소원심판의 대상인 공권력의 행사가 되기 위해서는 국민이 행정청에 대하여 신청에 따른 행위를 해 줄 것을 요구할 수 있는 권리가 있어야 하는데, 수용자에게 특정 교도관(보안과장)과의 면담을 신청할 권리가 있다고 할 수 없으므로, 특정 교도관 면담신청거부행위는 헌법소원의 대상이 되는 공권력의 행사에 해당하지 아니한다(헌재 2013.7.2. 2013헌마388).

[3] **교도소장의 접견불허처분에 대한 헌법소원은 구제절차를 거친 후에 하여야 하는지 여부**(적극)
미결수용자 접견신청에 대한 교도소장의 불허처분에 대하여는 행정심판법, 행정소송법에 의하여 행정심판, 행정소송이 가능할 것이므로 이러한 구제절차를 거치지 아니하고 제기한 헌법소원은 부적법하다(헌재 1998.2.27. 96헌마179).

제117조 청원

① 수용자는 그 처우에 관하여 불복하는 경우 법무부장관·순회점검공무원 또는 관할 지방교정청장에게 청원할 수 있다.
② 제1항에 따라 청원하려는 수용자는 청원서를 작성하여 봉한 후 소장에게 제출하여야 한다. 다만, 순회점검공무원에 대한 청원은 말로도 할 수 있다.
③ 소장은 청원서를 개봉하여서는 아니 되며, 이를 지체 없이 법무부장관·순회점검공무원 또는 관할 지방교정청장에게 보내거나 순회점검공무원에게 전달하여야 한다.
④ 제2항 단서에 따라 순회점검공무원이 청원을 청취하는 경우에는 해당 교정시설의 교도관이 참여하여서는 아니 된다.
⑤ 청원에 관한 결정은 문서로 하여야 한다.
⑥ 소장은 청원에 관한 결정서를 접수하면 청원인에게 지체 없이 전달하여야 한다.

시행령

제139조 순회점검공무원에 대한 청원
① 소장은 법 제117조 제1항에 따라 수용자가 순회점검공무원(법 제8조에 따라 법무부장관으로부터 순회점검의 명을 받은 법무부 또는 그 소속기관에 근무하는 공무원을 말한다. 이하 같다)에게 청원하는 경우에는 그 인적사항을 청원부에 기록하여야 한다.
② 순회점검공무원은 법 제117조 제2항 단서(말에 의한 청원)에 따라 수용자가 말로 청원하는 경우에는 그 요지를 청원부에 기록하여야 한다.
③ 순회점검공무원은 법 제117조 제1항의 청원에 관하여 결정을 한 경우에는 그 요지를 청원부에 기록하여야 한다.
④ 순회점검공무원은 법 제117조 제1항의 청원을 스스로 결정하는 것이 부적당하다고 인정하는 경우에는 그 내용을 법무부장관에게 보고하여야 한다.
⑤ 수용자의 청원처리의 기준·절차 등에 관하여 필요한 사항은 법무부장관이 정한다.

> **참고자료**
> • 특별한 사유가 없는 한 청원서를 개봉해서는 안 된다(×) ➡ 절대로 개봉해서는 안 된다.
> • 법 제117조 제6항: ~ 지체 없이 알려야 한다(×) ➡ 결정서 문서 자체를 전달하여야 함.
> • 시행령 제139조: 소장 - 인적사항 ➡ 청원부에 기록, 순회점검공무원 - 청원 요지, 청원 결정요지 ➡ 청원부에 기록

관련판례

[1] 청구인이 이전에 수용되었던 구치소에서 "다른 수용자와 교도관의 규율위반행위를 신고하였다"는 이유로 형집행법에 근거한 포상을 요청하는 청원을 하고, 피청구인이 이를 수리·심사하여 그 결과를 통보하였다면, 비록 그 결정의 내용이 청구인이 기대하는 바에 미치지 못한다고 하더라도, 그러한 조치가 헌법소원의 대상이 되는 구체적인 공권력의 행사 내지 불행사에 해당한다고 볼 수 없다(헌재 2013.6.27. 2012헌마128).

[2] **청원이 헌법소원의 요건인 사전권리구제절차에 해당하는지 여부**(소극)

행형법 제6조의 청원제도(現. 형집행법 제117조)는 그 처리기관이나 절차 및 효력면에서 권리구제절차로서는 불충분하고 우회적인 제도이므로 헌법소원에 앞서 반드시 거쳐야 하는 사전구제절차라고 보기는 어렵고, 미결수용자에 대하여 재소자용 의류를 입게 한 행위는 이미 종료된 권력적 사실행위로서 행정심판이나 행정소송의 대상으로 인정되기 어려울 뿐만 아니라 소의 이익이 부정될 가능성이 많아 헌법소원심판을 청구하는 외에 달리 효과적인 구제방법이 없으므로 보충성의 원칙에 대한 예외에 해당한다(헌재 1999.5.27. 97헌마137).

제117조의2 정보공개청구

① 수용자는 「공공기관의 정보공개에 관한 법률」에 따라 법무부장관, 지방교정청장 또는 소장에게 정보의 공개를 청구할 수 있다.

② 현재의 수용기간 동안 법무부장관, 지방교정청장 또는 소장에게 제1항에 따른 정보공개청구를 한 후 정당한 사유 없이 그 청구를 취하하거나 「공공기관의 정보공개에 관한 법률」 제17조(청구인 비용부담 원칙)에 따른 비용(정보공개결정 후 정보공개 등에 소요되는 비용)을 납부하지 아니한 사실이 2회 이상 있는 수용자가 제1항에 따른 정보공개청구를 한 경우에 법무부장관, 지방교정청장 또는 소장은 그 수용자에게 정보의 공개 및 우송 등에 들 것으로 예상되는 비용을 미리 납부하게 할 수 있다.

> [예상되는 비용을 미리 납부하게 할 수 있는 경우]
> 1. 정보공개청구를 한 후 정당한 사유 없이 그 청구를 취하한 사실이 2회 이상 있는 수용자가 정보공개청구를 한 경우
> 2. 정보공개청구를 한 후 정당한 사유 없이 정보공개결정 후 정보공개 등에 소요되는 비용을 납부하지 아니한 사실이 2회 이상 있는 수용자가 정보공개청구를 한 경우

③ 제2항에 따라 정보의 공개 및 우송 등에 들 것으로 예상되는 비용을 미리 납부하여야 하는 수용자가 비용을 납부하지 아니한 경우 법무부장관, 지방교정청장 또는 소장은 그 비용을 납부할 때까지 「공공기관의 정보공개에 관한 법률」 제11조(정보공개 여부의 결정)에 따른 정보공개 여부의 결정을 유예할 수 있다.

④ 제2항에 따른 예상비용의 산정방법, 납부방법, 납부기간, 그 밖에 비용납부에 관하여 필요한 사항은 대통령령으로 정한다.

시행령

제139조의2 정보공개의 예상비용 등

① 법 제117조의2 제2항에 따른 예상비용은 「공공기관의 정보공개에 관한 법률 시행령」 제17조에 따른 수수료와 우편요금(공개되는 정보의 사본·출력물·복제물 또는 인화물을 우편으로 송부하는 경우로 한정한다)을 기준으로 공개를 청구한 정보가 모두 공개되었을 경우에 예상되는 비용으로 한다.
② 법무부장관, 지방교정청장 또는 소장은 법 제117조의2 제2항에 해당하는 수용자(정보공개청구를 한 후 정당한 사유 없이 그 청구를 취하하거나 정보공개결정 후 정보공개 등에 소요되는 비용을 납부하지 않은 사실이 2회 이상 있는 수용자)가 정보공개의 청구를 한 경우에는 청구를 한 날부터 7일 이내에 제1항에 따른 비용을 산정하여 해당 수용자에게 미리 납부할 것을 통지할 수 있다.
③ 제2항에 따라 비용납부의 통지를 받은 수용자는 그 통지를 받은 날부터 7일 이내에 현금 또는 수입인지로 법무부장관, 지방교정청장 또는 소장에게 납부하여야 한다.
④ 법무부장관, 지방교정청장 또는 소장은 수용자가 제1항에 따른 비용을 제3항에 따른 납부기한까지 납부하지 아니한 경우에는 해당 수용자에게 정보공개 여부 결정의 유예를 통지할 수 있다.
⑤ 법무부장관, 지방교정청장 또는 소장은 제1항에 따른 비용이 납부되면 신속하게 정보공개 여부의 결정을 하여야 한다.
⑥ 법무부장관, 지방교정청장 또는 소장은 비공개 결정을 한 경우에는 제3항에 따라 납부된 비용의 전부를 반환하고 부분공개 결정을 한 경우에는 공개 결정한 부분에 대하여 드는 비용을 제외한 금액을 반환하여야 한다.
⑦ 제2항부터 제5항까지의 규정에도 불구하고 법무부장관, 지방교정청장 또는 소장은 제1항에 따른 비용이 납부되기 전에 정보공개 여부의 결정을 할 수 있다.
⑧ 제1항에 따른 비용의 세부적인 납부방법 및 반환방법 등에 관하여 필요한 사항은 법무부장관이 정한다.

관련판례

교도소에 수용 중이던 수용자가 담당 교도관들을 상대로 가혹행위를 이유로 형사고소 및 민사소송을 제기하면서 그 증명자료 확보를 위해 '근무보고서'와 '징벌위원회 회의록' 등의 정보공개를 요청하였으나 교도소장이 이를 거부한 사안에서, 근무보고서는 비공개대상정보에 해당한다고 볼 수 없고, 징벌위원회 회의록 중 비공개 심사·의결 부분은 비공개사유에 해당하지만 수용자의 진술, 위원장 및 위원들과 수용자 사이의 문답 등 징벌절차 진행 부분은 비공개사유에 해당하지 않는다고 보아 분리 공개가 허용된다(대법원 2009. 12.10. 2009두12785). [2018. 5급 승진]

제118조 불이익처우 금지

수용자는 청원, 진정, 소장과의 면담, 그 밖의 권리구제를 위한 행위를 하였다는 이유로 불이익한 처우를 받지 아니한다.

관련판례

[1] 집행유예기간 중인 자와 수형자의 선거권을 제한하고 있는 공직선거법 제18조 제1항 제2호 중 '유기징역 또는 유기금고의 선고를 받고 그 집행이 종료되지 아니한 자(수형자)'에 관한 부분과 '유기징역 또는 유기금고의 선고를 받고 그 집행유예기간 중인 자(집행유예자)'에 관한 부분 및 형법 제43조 제2항 중 수형자와 집행유예자의 '공법상의 선거권'에 관한 부분이 헌법 제37조 제2항에 위반하여 청구인들의 선거권을 침해하고, 보통선거원칙에 위반하여 평등원칙에도 어긋나는지 여부(적극)

심판대상조항은 집행유예자와 수형자에 대하여 전면적·획일적으로 선거권을 제한하고 있다. 심판대상조항의 입법목적에 비추어 보더라도, 구체적인 범죄의 종류나 내용 및 불법성의 정도 등과 관계없이 일률적으로 선거권을 제한하여야 할 필요성이 있다고 보기는 어렵다. 범죄자가 저지른 범죄의 경중을 전혀 고려하지 않고 수형자와 집행유예자 모두의 선거권을 제한하는 것은 침해의 최소성원칙에 어긋난다. 특히 집행유예자는 집행유예 선고가 실효되거나 취소되지 않는 한 교정시설에 구금되지 않고 일반인과 동일한 사회생활을 하고 있으므로, 그들의 선거권을 제한해야 할 필요성이 크지 않다. 따라서 심판대상조항은 청구인들의 선거권을 침해하고, 보통선거원칙에 위반하여 집행유예자와 수형자를 차별취급하는 것이므로 평등원칙에도 어긋난다.

수형자에 관한 부분의 위헌성은 지나치게 전면적·획일적으로 수형자의 선거권을 제한한다는 데 있다. 그런데 그 위헌성을 제거하고 수형자에게 헌법합치적으로 선거권을 부여하는 것은 입법자의 형성재량에 속하므로 심판대상조항 중 수형자에 관한 부분에 대하여 헌법불합치결정을 선고한다(헌재 2014.1.28. 2012헌마409).
[2014. 7급][2018. 7급 승진]

● 이 판례로 인해 형법 제43조 제2항 및 공직선거법 제18조 제1항 제2호가 개정되었다.

> **선거권이 없는 자**(공직선거법 제18조)
> ① 선거일 현재 다음의 어느 하나에 해당하는 사람은 선거권이 없다.
>   2. 1년 이상의 징역 또는 금고의 형의 선고를 받고 그 집행이 종료되지 아니하거나 그 집행을 받지 아니하기로 확정되지 아니한 사람. 다만, 그 형의 집행유예를 선고받고 유예기간 중에 있는 사람은 제외한다.

[2] 교도소에 수용된 때에는 국민건강보험급여를 정지하도록 한 국민건강보험법 제49조 제4호가 수용자의 건강권, 인간의 존엄성, 행복추구권, 인간다운 생활을 할 권리를 침해하는지 여부(소극) (헌재 2005.02.24. 2003헌마31)

① 수용자의 의료보장수급권을 직접 제약하는 규정이 아니며, 입법재량을 벗어나 수용자의 건강권을 침해하거나 국가의 보건의무를 저버린 것으로 볼 수 없으므로 수용자의 건강권, 인간의 존엄성, 행복추구권, 인간다운 생활을 할 권리를 침해하는 것이라 할 수 없고, 위 조항이 미결수용자에게 있어서 무죄추정의 원칙에 위반된다고 할 수 없다. [2014. 7급]

② 수용자에게 보험급여가 정지되는 경우 보험료 납부의무도 면제되므로, 수급자의 자기기여가 없는 상태에서 수용자가 위 조항을 재산권 침해로 다툴 수도 없다.

제3편 수용의 종료

제1장 가석방

> **참고자료** 형법상 가석방 관련규정
>
> **가석방의 요건**(제72조)
> ① 징역이나 금고의 집행 중에 있는 사람이 행상이 양호하여 뉘우침이 뚜렷한 때에는 무기형은 20년, 유기형은 형기의 3분의 1이 지난 후 행정처분으로 가석방을 할 수 있다.
> ② 제1항의 경우에 벌금이나 과료가 병과되어 있는 때에는 그 금액을 완납하여야 한다.
>
> **판결선고 전 구금과 가석방**(제73조)
> ① 형기에 산입된 판결선고 전 구금일수는 가석방을 하는 경우 집행한 기간에 산입한다.
> ② 제72조 제2항의 경우에 벌금이나 과료에 관한 노역장 유치기간에 산입된 판결선고 전 구금일수는 그에 해당하는 금액이 납입된 것으로 본다.
>
> **가석방의 기간 및 보호관찰**(제73조의2)
> ① 가석방의 기간은 무기형에 있어서는 10년으로 하고, 유기형에 있어서는 남은 형기로 하되, 그 기간은 10년을 초과할 수 없다.
> ② 가석방된 자는 가석방기간 중 보호관찰을 받는다. 다만, 가석방을 허가한 행정관청이 필요가 없다고 인정한 때에는 그러하지 아니하다.
>
> **가석방의 실효**(제74조)
> 가석방 기간 중 고의로 지은 죄로 금고 이상의 형을 선고받아 그 판결이 확정된 경우에 가석방 처분은 효력을 잃는다.
>
> **가석방의 취소**(제75조)
> 가석방의 처분을 받은 자가 감시에 관한 규칙을 위배하거나, 보호관찰의 준수사항을 위반하고 그 정도가 무거운 때에는 가석방처분을 취소할 수 있다.
>
> **가석방의 효과**(제76조)
> ① 가석방의 처분을 받은 후 그 처분이 실효 또는 취소되지 아니하고 가석방기간을 경과한 때에는 형의 집행을 종료한 것으로 본다.
> ② 전 2조의 경우에는 가석방중의 일수는 형기에 산입하지 아니한다.

제119조 가석방심사위원회

「형법」 제72조에 따른 가석방의 적격 여부를 심사하기 위하여 법무부장관 소속으로 가석방심사위원회(이하 이 장에서 "위원회"라 한다)를 둔다.

제120조 위원회의 구성

① 위원회는 위원장을 포함한 5명 이상 9명 이하의 위원으로 구성한다.
② 위원장은 법무부차관이 되고, 위원은 판사, 검사, 변호사, 법무부 소속 공무원, 교정에 관한 학식과 경험이 풍부한 사람 중에서 법무부장관이 임명 또는 위촉한다.
③ 위원회의 심사과정 및 심사내용의 공개범위와 공개시기는 다음 각 호와 같다. 다만, 제2호 및 제3호의 내용 중 개인의 신상을 특정할 수 있는 부분은 삭제하고 공개하되, 국민의 알권리를 충족할 필요가 있는 등의 사유가 있는 경우에는 위원회가 달리 의결할 수 있다.
  1. 위원의 명단과 경력사항은 임명 또는 위촉한 즉시
  2. 심의서는 해당 가석방 결정 등을 한 후부터 즉시
  3. 회의록은 해당 가석방 결정 등을 한 후 5년이 경과한 때부터
④ 위원회의 위원 중 공무원이 아닌 사람은 「형법」 제127조(공무상 비밀의 누설) 및 제129조부터 제132조까지(수뢰·사전수뢰, 제3자 뇌물제공, 수뢰후 부정처사·사후수뢰, 알선수뢰)의 규정을 적용할 때에는 공무원으로 본다.
⑤ 그 밖에 위원회에 관하여 필요한 사항은 법무부령으로 정한다.

시행규칙

제236조 심사대상
법 제119조의 가석방심사위원회(이하 이 편에서 "위원회"라 한다)는 법 제121조에 따른 가석방 적격 여부 및 이 규칙 제262조에 따른 가석방 취소 등에 관한 사항을 심사한다.

제237조 심사의 기본원칙
① 가석방심사는 객관적 자료와 기준에 따라 공정하게 하여야 하며, 심사 과정에서 알게 된 비밀은 누설해서는 아니 된다.

제238조 위원장의 직무
① 위원장은 위원회를 소집하고 위원회의 업무를 총괄한다.
② 위원장이 부득이한 사정으로 직무를 수행할 수 없을 때에는 위원장이 미리 지정한 위원이 그 직무를 대행한다.

제239조 위원의 임명 또는 위촉
법무부장관은 다음 각 호의 사람 중에서 위원회의 위원을 임명하거나 위촉한다.
1. 법무부 검찰국장·범죄예방정책국장 및 교정본부장
2. 고등법원 부장판사급 판사, 변호사, 대학에서 교정학·형사정책학·범죄학·심리학·교육학 등 교정에 관한 전문분야를 가르치는 부교수 이상의 직에 있는 사람
3. 그 밖에 교정에 관한 학식과 경험이 풍부한 사람

제239조의2 위원의 해촉
법무부장관은 위원회의 위원이 다음 각 호의 어느 하나에 해당하는 경우에는 해당 위원을 해촉할 수 있다.
1. 심신장애로 직무수행이 불가능하거나 현저히 곤란하다고 인정되는 경우
2. 직무와 관련된 비위사실이 있는 경우
3. 직무태만, 품위손상, 그 밖의 사유로 인하여 위원으로 적합하지 아니하다고 인정되는 경우
4. 위원 스스로 직무를 수행하는 것이 곤란하다고 의사를 밝히는 경우

제240조 위원의 임기
제239조 제2호 및 제3호의 위원의 임기는 2년으로 하며, 한 차례만 연임할 수 있다.

제241조 간사와 서기
① 위원장은 위원회의 사무를 처리하기 위하여 소속 공무원 중에서 간사 1명과 서기 약간 명을 임명한다.
② 간사는 위원장의 명을 받아 위원회의 사무를 처리하고 회의에 참석하여 발언할 수 있다.
③ 서기는 간사를 보조한다.

제242조 회의
① 위원회의 회의는 재적위원 과반수의 출석으로 개의하고, 출석위원 과반수의 찬성으로 의결한다.
② 간사는 위원회의 결정에 대하여 결정서를 작성하여야 한다.

제243조 회의록의 작성
① 간사는 별지 제20호 서식의 가석방심사위원회 회의록을 작성하여 유지하여야 한다.
② 회의록에는 회의의 내용을 기록하고 위원장 및 간사가 기명날인 또는 서명하여야 한다.

제244조 수당 등
위원회의 회의에 출석한 위원에게는 예산의 범위에서 수당과 여비를 지급할 수 있다.

제121조 가석방 적격심사

① 소장은 「형법」 제72조 제1항의 기간(무기형은 20년, 유기형은 형기의 3분의 1)이 지난 수형자에 대하여는 법무부령으로 정하는 바에 따라 위원회에 가석방 적격심사를 신청하여야 한다.
② 위원회는 수형자의 나이, 범죄동기, 죄명, 형기, 교정성적, 건강상태, 가석방 후의 생계능력, 생활환경, 재범의 위험성, 그 밖에 필요한 사정을 고려하여 가석방의 적격 여부를 결정한다.

시행규칙

제245조 적격심사신청 대상자 선정
① 소장은 「형법」 제72조 제1항의 기간(무기형은 20년, 유기형은 형기의 3분의 1)을 경과한 수형자로서 교정성적이 우수하고 뉘우치는 빛이 뚜렷하여 재범의 위험성이 없다고 인정하는 경우에는 분류처우위원회의 의결을 거쳐 가석방 적격심사신청 대상자를 선정한다.
② 소장은 가석방 적격심사신청에 필요하다고 인정하면 분류처우위원회에 수형자를 출석하게 하여 진술하도록 하거나 담당교도관을 출석하게 하여 의견을 들을 수 있다.

제246조 사전조사
소장은 수형자의 가석방 적격심사신청을 위하여 다음 각 호의 사항을 사전에 조사해야 한다. 이 경우 조사의 방법에 관하여는 제70조(분류조사방법)를 준용한다.

1. 신원에 관한 사항	2. 범죄에 관한 사항	3. 보호에 관한 사항
가. 건강상태 나. 정신 및 심리 상태 다. 책임감 및 협동심 라. 경력 및 교육 정도 마. 노동 능력 및 의욕 바. 교정성적 사. 작업장려금 및 작업상태 아. 그 밖의 참고사항	가. 범행 시의 나이 나. 형기 다. 범죄횟수 라. 범죄의 성질·동기·수단 및 내용 마. 범죄 후의 정황 바. 공범관계 사. 피해 회복 여부 아. 범죄에 대한 사회의 감정 자. 그 밖의 참고사항	가. 동거할 친족·보호자 및 고용할 자의 성명·직장명·나이·직업·주소·생활 정도 및 수형자와의 관계 나. 가정환경 다. 접견 및 전화통화 내역 라. 가족의 수형자에 대한 태도·감정 마. 석방 후 돌아갈 곳 바. 석방 후의 생활계획 사. 그 밖의 참고사항
수용한 날부터 1개월 이내 조사	수용한 날부터 2개월 이내 조사	형기의 3분의 1이 지나기 전에 조사

제247조 사전조사 유의사항

제246조에 따른 사전조사 중 가석방 적격심사신청과 관련하여 특히 피해자의 감정 및 합의여부, 출소 시 피해자에 대한 보복성 범죄 가능성 등에 유의하여야 한다.

제248조 사전조사 결과

① 소장은 제246조(사전조사)에 따라 조사한 사항을 매월 분류처우위원회의 회의 개최일 전날까지 분류처우심사표에 기록하여야 한다.
② 제1항의 분류처우심사표는 법무부장관이 정한다.

제249조 사전조사 시기 등

① 제246조 제1호의 사항(신원에 관한 사항)에 대한 조사는 수형자를 수용한 날부터 1개월 이내에 하고, 그 후 변경할 필요가 있는 사항이 발견되거나 가석방 적격심사신청을 위하여 필요한 경우에 한다.
② 제246조 제2호의 사항(범죄에 관한 사항)에 대한 조사는 수형자를 수용한 날부터 2개월 이내에 하고, 조사에 필요하다고 인정하는 경우에는 소송기록을 열람할 수 있다.
③ 제246조 제3호의 사항(보호에 관한 사항)에 대한 조사는 형기의 3분의 1이 지나기 전에 하여야 하고, 그 후 변경된 사항이 있는 경우에는 지체 없이 그 내용을 변경하여야 한다.

제250조 적격심사신청

① 소장은 법 제121조 제1항(위원회에 가석방 적격심사 신청)에 따라 가석방 적격심사를 신청할 때에는 별지 제21호 서식의 가석방 적격심사신청서에 별지 제22호 서식의 가석방 적격심사 및 신상조사표를 첨부하여야 한다.
② 소장은 가석방 적격심사신청 대상자를 선정한 경우 선정된 날부터 5일 이내에 위원회에 가석방 적격심사신청을 하여야 한다.
③ 소장은 위원회에 적격심사신청한 사실을 수형자의 동의를 받아 보호자 등에게 알릴 수 있다.

제251조 재신청

소장은 가석방이 허가되지 아니한 수형자에 대하여 그 후에 가석방을 허가하는 것이 적당하다고 인정하는 경우에는 다시 가석방 적격심사신청을 할 수 있다.

제252조 누범자에 대한 심사

위원회가 동일하거나 유사한 죄로 2회 이상 징역형 또는 금고형의 집행을 받은 수형자에 대하여 적격심사할 때에는 뉘우치는 정도, 노동 능력 및 의욕, 근면성, 그 밖에 정상적인 업무에 취업할 수 있는 생활계획과 보호관계에 관하여 중점적으로 심사하여야 한다.

제253조 범죄동기에 대한 심사
① 위원회가 범죄의 동기에 관하여 심사할 때에는 사회의 통념 및 공익 등에 비추어 정상을 참작할 만한 사유가 있는지를 심사하여야 한다.
② 범죄의 동기가 군중의 암시 또는 도발, 감독관계에 의한 위협, 그 밖에 이와 유사한 사유로 인한 것일 때에는 특히 수형자의 성격 또는 환경의 변화에 유의하고 가석방 후의 환경이 가석방처분을 받은 사람(「보호관찰 등에 관한 법률」에 따른 보호관찰대상자는 제외한다. 이하 "가석방자"라 한다)에게 미칠 영향을 심사하여야 한다.

제254조 사회의 감정에 대한 심사
다음 각 호에 해당하는 수형자에 대하여 적격심사할 때에는 특히 그 범죄에 대한 사회의 감정에 유의하여야 한다.
1. 범죄의 수단이 참혹 또는 교활하거나 극심한 위해를 발생시킨 경우
2. 해당 범죄로 무기형에 처해진 경우
3. 그 밖에 사회적 물의를 일으킨 죄를 지은 경우

제255조 재산범에 대한 심사
① 재산에 관한 죄를 지은 수형자에 대하여는 특히 그 범행으로 인하여 발생한 손해의 배상 여부 또는 손해를 경감하기 위한 노력 여부를 심사하여야 한다.
② 수형자 외의 사람이 피해자의 손해를 배상한 경우에는 그 배상이 수형자 본인의 희망에 따른 것인지를 심사하여야 한다.

제255조의2 심층면접
① 위원회는 가석방 적격심사에 특히 필요하다고 인정하면 심층면접(수형자 면담·심리검사, 수형자의 가족 또는 보호관계에 있는 사람 등에 대한 방문조사 등을 통해 재범의 위험성, 사회복귀 준비 상태 등을 파악하는 것을 말한다. 이하 이 조에서 같다)을 실시할 수 있다.
② 심층면접의 방법, 절차, 그 밖에 필요한 사항은 법무부장관이 정한다.

제256조 관계기관 조회
① 위원회는 가석방 적격심사에 필요하다고 인정하면 수형자의 주소지 또는 연고지 등을 관할하는 시·군·구·경찰서, 그 밖에 학교·직업알선기관·보호단체·종교단체 등 관계기관에 사실조회를 할 수 있다.
② 위원회는 가석방 적격심사를 위하여 필요하다고 인정하면 위원이 아닌 판사·검사 또는 군법무관에게 의견을 묻거나 위원회에 참여시킬 수 있다.

제257조 감정의 촉탁
① 위원회는 가석방 적격심사를 위하여 필요하다고 인정하면 심리학·정신의학·사회학 또는 교육학을 전공한 전문가에게 수형자의 정신상태 등 특정 사항에 대한 감정을 촉탁할 수 있다.
② 제1항에 따른 촉탁을 받은 사람은 소장의 허가를 받아 수형자와 접견할 수 있다.

제258조 가석방 결정
위원회가 법 제121조 제2항(가석방 적격 여부 결정)에 따라 가석방의 적격 여부에 대한 결정을 한 경우에는 별지 제23호 서식의 결정서를 작성하여야 한다.

관련판례

[1] 가석방의 권리성 인정 여부(소극)

가석방이란 수형자의 사회복귀를 촉진하기 위하여 형을 집행 중에 있는 자 가운데서 행장이 양호하고 개전의 정이 현저한 자를 그 형의 집행종료 전에 석방함으로써 갱생한 수형자에 대한 무용한 구금을 피하고 수형자의 윤리적 자기형성을 촉진하고자 하는 의미에서 취해지는 형사정책적 행정처분이다.

가석방은 수형자의 개별적인 요청이나 희망에 따라 행하여지는 것이 아니라 행형기관의 교정정책 혹은 형사정책적 판단에 따라 수형자에게 주어지는 은혜적 조치일 뿐이므로, 어떤 수형자가 형법 제72조 제1항에 규정된 요건을 갖추었다고 하더라도 그것만으로 당국에 대하여 가석방을 요구할 주관적 권리를 취득하거나 행형당국이 그에게 가석방을 하여야 할 법률상의 의무를 부담하게 되는 것이 아니다. 수형자는 동조에 근거한 행형당국의 가석방이라는 구체적인 행정처분이 있을 때 비로소 형기만료 전 석방이라는 사실상의 이익을 얻게 될 뿐이다(헌재 1995.3.23. 93헌마12).

[2] 오직 교도소장만을 가석방 적격심사의 신청권자로 규정하고 있어 수형자 자신 또는 그 가족이나 법정대리인 등은 애초에 가석방 적격심사 자체를 신청할 수 없게 되어 있는 것이 평등권, 행복추구권 등을 침해하여 헌법에 위반되는 것인지의 여부(소극)

가석방은 수형자의 개별적인 요청이나 희망에 따라 행하여지는 것이 아니라 행형기관의 교정정책 혹은 형사정책적 판단에 따라 수형자에게 주어지는 은혜적 조치일 뿐으로 가석방신청이 이루어지지 않는다 하더라도 법원의 유죄판결을 통해 확정된 청구인의 법적 지위에 보다 불리한 어떠한 결과가 초래된다고 볼 수 없다. 그렇다면 가석방 적격심사 신청자격을 청구인에게 부여하지 않는다 하더라도 이것이 청구인의 기본권에 어떠한 영향을 준다고 할 수 없으므로 이 사건 심판청구는 부적법하다(헌재 2009.3.24. 2009헌마119).

[3] 가석방은 형기만료 전에 조건부로 수형자를 석방하는 제도로서 수형자의 원활한 사회복귀를 주된 목적으로 하고 있으며, 간접적으로는 수용질서를 유지하는 기능도 수행한다(헌재 2017.4.4. 2017헌마260). **[2018. 8급 승진]**

제122조 가석방 허가

① 위원회는 가석방 적격결정을 하였으면 5일 이내에 법무부장관에게 가석방 허가를 신청하여야 한다.
② 법무부장관은 제1항에 따른 위원회의 가석방 허가신청이 적정하다고 인정하면 허가할 수 있다.

시행령

제140조 가석방자가 지켜야 할 사항의 알림 등
소장은 법 제122조 제2항(법무부장관의 가석방 허가)의 가석방 허가에 따라 수형자를 가석방하는 경우에는 가석방자 교육을 하고, 지켜야 할 사항을 알려준 후 증서를 발급해야 한다.

시행규칙

제259조 가석방증
소장은 수형자의 가석방이 허가된 경우에는 주거지, 관할 경찰서 또는 보호관찰소에 출석할 기한 등을 기록한 별지 제24호 서식의 가석방증을 가석방자에게 발급하여야 한다.

제260조 취소사유
가석방자는 가석방 기간 중「가석방자관리규정」제5조부터 제7조까지(가석방자의 출석의무, 가석방자의 신고의무, 관할경찰서의 장의 조치), 제10조(국내 주거지 이전 및 여행), 제13조(국외 이주 및 여행) 제1항, 제15조(국외 이주 등 중지의 신고) 및 제16조(국외 여행자의 귀국신고)에 따른 지켜야 할 사항 및 관할 경찰서장의 명령 또는 조치를 따라야 하며 이를 위반하는 경우에는「형법」제75조(가석방의 취소)에 따라 가석방을 취소할 수 있다.

제261조 취소신청
① 수형자를 가석방한 소장 또는 가석방자를 수용하고 있는 소장은 가석방자가 제260조의 가석방 취소사유에 해당하는 사실이 있음을 알게 되거나 관할 경찰서장으로부터 그 사실을 통보받은 경우에는 지체 없이 별지 제25호 서식의 가석방 취소심사신청서에 별지 제26호 서식의 가석방 취소심사 및 조사표를 첨부하여 위원회에 가석방 취소심사를 신청하여야 한다.
② 위원회가 제1항의 신청을 받아 심사를 한 결과 가석방을 취소하는 것이 타당하다고 결정한 경우에는 별지 제23호 서식의 결정서에 별지 제26호 서식의 가석방 취소심사 및 조사표를 첨부하여 지체 없이 법무부장관에게 가석방의 취소를 신청하여야 한다.
③ 소장은 가석방을 취소하는 것이 타당하다고 인정하는 경우 긴급한 사유가 있을 때에는 위원회의 심사를 거치지 아니하고 전화, 전산망 또는 그 밖의 통신수단으로 법무부장관에게 가석방의 취소를 신청할 수 있다. 이 경우 소장은 지체 없이 별지 제26호 서식의 가석방 취소심사 및 조사표를 송부하여야 한다.

제262조 취소심사
① 위원회가 가석방 취소를 심사하는 경우에는 가석방자가「가석방자관리규정」등의 법령을 위반하게 된 경위와 그 위반이 사회에 미치는 영향, 가석방 기간 동안의 생활 태도, 직업의 유무와 종류, 생활환경 및 친족과의 관계, 그 밖의 사정을 고려하여야 한다.
② 위원회는 제1항의 심사를 위하여 필요하다고 인정하면 가석방자를 위원회에 출석하게 하여 진술을 들을 수 있다.

제263조 남은형기의 집행
① 소장은 가석방이 취소된 경우에는 지체 없이 남은 형기 집행에 필요한 조치를 취하고 법무부장관에게 별지 제27호 서식의 가석방취소자 남은 형기 집행보고서를 송부해야 한다.
② 소장은 가석방자가「형법」제74조(가석방의 실효)에 따라 가석방이 실효된 것을 알게 된 경우에는 지체 없이 남은 형기 집행에 필요한 조치를 취하고 법무부장관에게 별지 제28호 서식의 가석방실효자 남은 형기 집행보고서를 송부해야 한다.
③ 소장은 가석방이 취소된 사람(이하 "가석방취소자"라 한다) 또는 가석방이 실효된 사람(이하 "가석방실효자"라 한다)이 교정시설에 수용되지 아니한 사실을 알게 된 때에는 관할 지방검찰청 검사 또는 관할 경찰서장에게 구인하도록 의뢰하여야 한다.
④ 제3항에 따라 구인 의뢰를 받은 검사 또는 경찰서장은 즉시 가석방취소자 또는 가석방실효자를 구인하여 소장에게 인계하여야 한다.
⑤ 가석방취소자 및 가석방실효자의 남은 형기 기간은 가석방을 실시한 다음 날부터 원래 형기의 종료일까지로 하고, 남은 형기 집행 기산일은 가석방의 취소 또는 실효로 인하여 교정시설에 수용된 날부터 한다.
⑥ 가석방 기간 중 형사사건으로 구속되어 교정시설에 미결수용 중인 자의 가석방 취소 결정으로 남은 형기를 집행하게 된 경우에는 가석방된 형의 집행을 지휘하였던 검찰청 검사에게 남은 형기 집행지휘를 받아 우선 집행해야 한다.

소년에 대한 가석방 및 임시퇴원 심사절차(보호관찰 등에 관한 법률) - 보호관찰심사위원회

(1) 기간경과자의 통보(법 제21조)
  ① 교도소·구치소·소년교도소의 장은 징역 또는 금고의 형을 선고받은 소년(소년수형자)이 소년법 제65조 각 호의 기간(무기형의 경우에는 5년, 15년 유기형의 경우에는 3년, 부정기형의 경우에는 단기의 3분의 1)을 지나면 그 교도소·구치소·소년교도소의 소재지를 관할하는 보호관찰심사위원회에 그 사실을 통보하여야 한다.
  ② 소년원장은 보호소년이 수용된 후 6개월이 지나면 그 소년원의 소재지를 관할하는 보호관찰심사위원회에 그 사실을 통보하여야 한다.

(2) 가석방·퇴원 및 임시퇴원의 신청
  ① 교도소·구치소·소년교도소 및 소년원(수용기관)의 장은 소년법 제65조 각 호의 기간(무기형의 경우에는 5년, 15년 유기형의 경우에는 3년, 부정기형의 경우에는 단기의 3분의 1)이 지난 소년수형자 또는 수용 중인 보호소년에 대하여 법무부령으로 정하는 바에 따라 관할 보호관찰심사위원회에 가석방, 퇴원 또는 임시퇴원 심사를 신청할 수 있다(법 제22조 제1항).
  ② 신청을 할 때에는 환경조사 및 환경개선활동 결과를 고려하여야 한다(법 제22조 제2항).
  ③ 수용기관의 장은 가석방, 퇴원 또는 임시퇴원의 심사를 신청하고자 하는 경우에는 소년수형자 또는 보호소년의 신상에 관한 사항, 범죄 및 비행에 관한 사항, 교정성적 등을 종합적으로 고려하여야 한다(시행령 제9조).

(3) 가석방·퇴원 및 임시퇴원의 심사와 결정(법 제23조)
  ① 보호관찰심사위원회는 신청을 받으면 소년수형자에 대한 가석방 또는 보호소년에 대한 퇴원·임시퇴원이 적절한지를 심사하여 결정한다.
  ② 심사위원회는 기간경과자의 통보를 받은 사람에 대하여는 신청이 없는 경우에도 직권으로 가석방·퇴원 및 임시퇴원이 적절한지를 심사하여 결정할 수 있다.
  ③ 심사위원회는 ① 또는 ②에 따라 소년수형자의 가석방이 적절한지를 심사할 때에는 보호관찰의 필요성을 심사하여 결정한다.
  ④ 심사위원회는 심사·결정을 할 때에는 본인의 인격, 교정성적, 직업, 생활태도, 가족관계 및 재범 위험성 등 모든 사정을 고려하여야 한다.

(4) 법무부장관의 허가(법 제25조)
  보호관찰심사위원회는 심사 결과 가석방, 퇴원 또는 임시퇴원이 적절하다고 결정한 경우에는 결정서에 관계 서류를 첨부하여 법무부장관에게 이에 대한 허가를 신청하여야 하며, 법무부장관은 심사위원회의 결정이 정당하다고 인정하면 이를 허가할 수 있다.

가석방 및 임시퇴원의 취소와 재수용(보호관찰 등에 관한 법률) - 보호관찰심사위원회

① 가석방 및 임시퇴원의 취소(제48조)
  ㉠ 취소의 심사결정: 보호관찰심사위원회는 가석방 또는 임시퇴원된 사람이 보호관찰기간 중 준수사항을 위반하고 위반 정도가 무거워 보호관찰을 계속하기가 적절하지 아니하다고 판단되는 경우에는 보호관찰소의 장의 신청을 받거나 직권으로 가석방 및 임시퇴원의 취소를 심사하여 결정할 수 있다.
  ㉡ 장관의 허가: 보호관찰심사위원회는 심사 결과 가석방 또는 임시퇴원을 취소하는 것이 적절하다고 결정한 경우에는 결정서에 관계 서류를 첨부하여 법무부장관에게 이에 대한 허가를 신청하여야 하며, 법무부장관은 심사위원회의 결정이 정당하다고 인정되면 이를 허가할 수 있다.

② 재수용(시행령 제34조)
  ㉠ 수용기관의 장은 가석방 또는 임시퇴원이 취소된 보호관찰대상자를 지체 없이 수용기관에 재수용하여야 한다.
  ㉡ 재수용을 위하여 필요한 때에는 수용기관 소재지를 관할하는 지방검찰청 또는 지청의 검사에게 구인을 의뢰할 수 있다.

가석방자 관리규정의 적용을 받는 자(보호관찰을 받지 않는 자)의 가석방 취소 - 가석방심사위원회

① 취소사유: 가석방자는 가석방 기간 중 가석방자관리규정에서 정한 지켜야 할 사항 및 관할 경찰서장의 명령 또는 조치를 따라야 하며 이를 위반하는 경우에는 가석방을 취소할 수 있다(시행규칙 제260조).
② 취소신청(시행규칙 제261조)
  ㉠ 수형자를 가석방한 소장 또는 가석방자를 수용하고 있는 소장은 가석방자가 가석방 취소사유에 해당하는 사실이 있음을 알게 되거나 관할 경찰서장으로부터 그 사실을 통보받은 경우에는 지체 없이 가석방 취소심사신청서에 가석방 취소심사 및 조사표를 첨부하여 가석방심사위원회에 가석방 취소심사를 신청하여야 한다.
  ㉡ 위원회가 신청을 받아 심사를 한 결과 가석방을 취소하는 것이 타당하다고 결정한 경우에는 결정서에 가석방 취소심사 및 조사표를 첨부하여 지체 없이 법무부장관에게 가석방의 취소를 신청하여야 한다.
  ㉢ 소장은 가석방을 취소하는 것이 타당하다고 인정하는 경우 긴급한 사유가 있을 때에는 위원회의 심사를 거치지 아니하고 전화, 전산망 또는 그 밖의 통신수단으로 법무부장관에게 가석방의 취소를 신청할 수 있다. 이 경우 소장은 지체 없이 가석방 취소심사 및 조사표를 송부하여야 한다.
③ 취소심사(시행규칙 제262조)
  ㉠ 가석방심사위원회가 가석방 취소를 심사하는 경우에는 가석방자가 「가석방자관리규정」등의 법령을 위반하게 된 경위와 그 위반이 사회에 미치는 영향, 가석방 기간 동안의 생활 태도, 직업의 유무와 종류, 생활환경 및 친족과의 관계, 그 밖의 사정을 고려하여야 한다.
  ㉡ 위원회는 취소심사를 위하여 필요하다고 인정하면 가석방자를 위원회에 출석하게 하여 진술을 들을 수 있다.

제2장 석방

제123조 석방

소장은 사면·형기종료 또는 권한이 있는 사람의 명령에 따라 수용자를 석방한다.

제124조 석방시기

① 사면, 가석방, 형의 집행면제, 감형에 따른 석방은 그 서류가 교정시설에 도달한 후 12시간 이내에 하여야 한다. 다만, 그 서류에서 석방일시를 지정하고 있으면 그 일시에 한다.
② 형기종료에 따른 석방은 형기종료일에 하여야 한다.
③ 권한이 있는 사람의 명령에 따른 석방은 서류가 도달한 후 5시간 이내에 하여야 한다.

시행령

제141조 석방예정자 상담 등
소장은 수형자의 건전한 사회복귀를 위하여 필요하다고 인정하면 석방 전 3일 이내의 범위에서 석방예정자를 별도의 거실에 수용하여 장래에 관한 상담과 지도를 할 수 있다.

제142조 형기종료 석방예정자의 사전조사
소장은 형기종료로 석방될 수형자에 대하여는 석방 10일 전까지 석방 후의 보호에 관한 사항을 조사하여야 한다.

제144조 석방예정자의 보호조치
소장은 수형자를 석방하는 경우 특히 필요하다고 인정하면 한국법무보호복지공단에 그에 대한 보호를 요청할 수 있다.

제125조 피석방자의 일시수용

소장은 피석방자가 질병이나 그 밖에 피할 수 없는 사정으로 귀가하기 곤란한 경우에 본인의 신청이 있으면 일시적으로 교정시설에 수용할 수 있다.

제126조 귀가여비의 지급 등

소장은 피석방자에게 귀가에 필요한 여비 또는 의류가 없으면 법무부장관이 정하는 범위에서 이를 지급하거나 빌려 줄 수 있다.

시행령

제145조 귀가여비 등의 회수
소장은 법 제126조에 따라 피석방자에게 귀가 여비 또는 의류를 빌려준 경우에는 특별한 사유가 없으면 이를 회수한다.

제145조의2 증명서의 발급
소장은 다음 각 호에 해당하는 사람의 신청에 따라 교정시설에 수용된 사실 또는 수용되었다가 석방된 사실에 관한 증명서를 발급할 수 있다.
1. 수용자
2. 수용자가 지정한 사람
3. 피석방자
4. 피석방자가 지정한 사람

제145조의3 고유식별정보의 처리
소장은 제145조의2에 따른 사무를 수행하기 위하여 불가피한 경우 「개인정보 보호법 시행령」 제19조에 따른 주민등록번호, 여권번호, 운전면허의 면허번호 또는 외국인등록번호가 포함된 자료를 처리할 수 있다.

제126조의2 석방예정자의 수용이력 등 통보

① 소장은 석방될 수형자의 재범방지, 자립지원 및 피해자 보호를 위하여 필요하다고 인정하면 해당 수형자의 수용이력 또는 사회복귀에 관한 의견을 그의 거주지를 관할하는 경찰관서나 자립을 지원할 법인 또는 개인에게 통보할 수 있다. 다만, 법인 또는 개인에게 통보하는 경우에는 해당 수형자의 동의를 받아야 한다.
② 제1항에 따라 통보하는 수용이력 또는 사회복귀에 관한 의견의 구체적인 사항은 대통령령으로 정한다.

시행령

제143조 석방예정자의 수용이력 등 통보
① 법 제126조의2 제1항 본문에 따라 통보하는 수용이력에는 다음 각 호의 사항이 포함되어야 한다.
1. 성명
2. 주민등록번호 또는 외국인등록번호
3. 주민등록상 주소 및 석방 후 거주지 주소
4. 죄명
5. 범죄횟수
6. 형명
7. 형기
8. 석방종류
9. 최초입소일
10. 형기종료일
11. 출소일
12. 범죄개요
13. 그 밖에 수용 중 특이사항으로서 석방될 수형자의 재범방지나 관련된 피해자 보호를 위해 특히 알릴 필요가 있는 사항

② 법 제126조의2 제1항 본문에 따라 통보하는 사회복귀에 관한 의견에는 다음 각 호의 사항이 포함되어야 한다.
   1. 성명
   2. 생년월일
   3. 주민등록상 주소 및 석방 후 거주지 주소
   4. 수용기간 중 받은 직업훈련에 관한 사항
   5. 수용기간 중 수상이력
   6. 수용기간 중 학력변동사항
   7. 수용기간 중 자격증 취득에 관한 사항
   8. 그 밖에 석방될 수형자의 자립지원을 위해 특히 알릴 필요가 있는 사항
③ 법 제126조의2 제1항 본문에 따른 통보를 위한 수용이력 통보서와 사회복귀에 관한 의견 통보서의 서식은 법무부령으로 정한다.
④ 법 제126조의2 제1항 본문에 따라 석방될 수형자의 수용이력 또는 사회복귀에 관한 의견을 그의 거주지를 관할하는 경찰관서에 통보하는 경우에는 「형사사법절차 전자화 촉진법」 제2조 제4호에 따른 형사사법정보시스템을 통해 통보할 수 있다.

시행규칙

제263조의2 석방예정자의 수용이력 등 통보
영 제143조 제3항에 따른 석방예정자의 수용이력 통보서의 양식은 별지 제28호의2 서식에 따르고, 석방예정자의 사회복귀에 관한 의견 통보서의 양식은 별지 제28호의3 서식에 따른다.

> **참고자료**
> - 형 집행중인 소년수형자의 형기종료의 기준: 부정기형에는 장기 기준
> - 법 제123조: 형집행법상 석방사유 – 사면·형기종료 또는 권한이 있는 사람의 명령
> - 법 제123조: 소장이 한다(○) ➡ 담당교도관이 행한다(×), 당직간부가 한다(×)
> - 시행령 제142조: 사전조사 대상자의 범위를 형기종료 석방 수형자로 한정하였다.
> - 법 제125조: 단순한 본인의 사정으로 인한 경우에는 일시수용 불가
> - 시행령 제145조: 빌려준 경우 회수(○) ➡ 지급하여 준 경우 회수(×)
> - 법 제126조의2 제1항 단서: 경찰관서에 통보하는 경우에는 동의를 받지 않아도 된다.

참고자료

보관금품의 반환 등
① 소장은 수용자가 석방될 때 보관하고 있던 수용자의 휴대금품을 본인에게 돌려주어야 한다(법 제29조 제1항 본문).
② 다만, 보관품을 한꺼번에 가져가기 어려운 경우 등 특별한 사정이 있어 수용자가 석방 시 소장에게 일정 기간 동안(1개월 이내의 범위로 한정한다) 보관품을 보관하여 줄 것을 신청하는 경우에는 그러하지 아니하다(법 제29조 제1항 단서).
③ 보관 기간이 지난 보관품의 처리(법 제29조 제2항)
  ㉠ 소장은 피석방자가 보관하여 줄 것을 신청한 보관품의 보관 기간이 지난 경우에는 피석방자 본인 또는 가족에게 그 내용 및 청구절차 등을 알려 주어야 한다. 다만, 썩거나 없어질 우려가 있는 것은 폐기할 수 있다.
  ㉡ 소장은 피석방자 본인 또는 가족이 보관품을 내어달라고 청구하면 지체 없이 내어주어야 한다. 다만, 알림을 받은 날(알려줄 수가 없는 경우에는 청구사유가 발생한 날)부터 1년이 지나도 청구하지 아니하면 그 금품은 국고에 귀속된다.

중간처우
소장은 가석방 또는 형기 종료를 앞둔 수형자 중에서 법무부령으로 정하는 일정한 요건을 갖춘 사람에 대해서는 가석방 또는 형기 종료 전 일정 기간 동안 지역사회 또는 교정시설에 설치된 개방시설에 수용하여 사회적응에 필요한 교육, 취업지원 등의 적정한 처우를 할 수 있다(법 제57조 제4항).

관련판례

[1] 무죄 등 판결선고 후 석방대상 피고인이 교도소에서 지급한 각종 지급품의 회수, 수용시의 휴대금품 또는 수용 중 영치된 금품의 반환 내지 환급문제 때문에 임의로 교도관과 교도소에 동행하는 것은 무방하나 피고인의 동의를 얻지 않고 의사에 반하여 교도소로 연행하는 것은 허용될 수 없다(헌재 1997.12.24. 95헌마247).

[2] 형법 및 형집행법의 관련 규정을 종합하여 볼 때 수형자가 형기종료일의 24:00 이전에 석방을 요구할 권리를 가진다고는 볼 수 없고, 위 법률조항 때문에 노역장 유치명령을 받은 청구인이 원하는 특정한 시간에 석방되지 못하여 귀가에 어려움을 겪었다거나 추가 비용을 지출하는 등으로 경제적 불이익을 겪었다고 하더라도 이는 간접적, 반사적 불이익에 불과하고 그로 인하여 청구인의 헌법상 기본권이 직접 침해될 여지가 있다고 보기 어렵다(헌재 2013.5.21. 2013헌마301). **[2019. 6급 승진] 총 2회 기출**

제3장 사망

제127조 사망 알림

소장은 수용자가 사망한 경우에는 그 사실을 즉시 그 가족(가족이 없는 경우에는 다른 친족)에게 알려야 한다.

제128조 시신의 인도 등

① 소장은 사망한 수용자의 친족 또는 특별한 연고가 있는 사람이 그 시신 또는 유골의 인도를 청구하는 경우에는 인도하여야 한다. 다만, 제3항에 따라 자연장을 하거나 집단으로 매장을 한 후에는 그러하지 아니하다.
② 소장은 제127조에 따라 수용자가 사망한 사실을 알게 된 사람이 다음 각 호의 어느 하나에 해당하는 기간 이내에 그 시신을 인수하지 아니하거나 시신을 인수할 사람이 없으면 임시로 매장하거나 화장 후 봉안하여야 한다. 다만, 감염병 예방 등을 위하여 필요하면 즉시 화장하여야 하며, 그 밖에 필요한 조치를 할 수 있다.
  1. 임시로 매장하려는 경우: 사망한 사실을 알게 된 날부터 3일
  2. 화장하여 봉안하려는 경우: 사망한 사실을 알게 된 날부터 60일
③ 소장은 제2항에 따라 시신을 임시로 매장하거나 화장하여 봉안한 후 2년이 지나도록 시신의 인도를 청구하는 사람이 없을 때에는 다음 각 호의 구분에 따른 방법으로 처리할 수 있다.
  1. 임시로 매장한 경우: 화장 후 자연장을 하거나 일정한 장소에 집단으로 매장
  2. 화장하여 봉안한 경우: 자연장
④ 소장은 병원이나 그 밖의 연구기관이 학술연구상의 필요에 따라 수용자의 시신인도를 신청하면 본인의 유언 또는 상속인의 승낙이 있는 경우에 한하여 인도할 수 있다.
⑤ 소장은 수용자가 사망하면 법무부장관이 정하는 범위에서 화장·시신인도 등에 필요한 비용을 인수자에게 지급할 수 있다.

시행령

제146조 사망 알림
소장은 법 제127조에 따라 수용자의 사망 사실을 알리는 경우에는 사망 일시·장소 및 사유도 같이 알려야 한다.

제147조 검시
소장은 수용자가 사망한 경우에는 그 시신을 검사하여야 한다.

제148조 사망 등 기록
① 의무관은 수용자가 질병으로 사망한 경우에는 사망장에 그 병명·병력·사인 및 사망일시를 기록하고 서명하여야 한다.
② 소장은 수용자가 자살이나 그 밖에 변사한 경우에는 그 사실을 검사에게 통보하고, 기소된 상태인 경우에는 법원에도 통보하여야 하며 검시가 끝난 후에는 검시자·참여자의 신분·성명과 검시 결과를 사망장에 기록하여야 한다.
③ 소장은 법 제128조에 따라 시신을 인도, 화장, 임시 매장, 집단 매장 또는 자연장을 한 경우에는 그 사실을 사망장에 기록하여야 한다.

제150조 임시 매장지의 표지 등
① 소장은 시신을 임시 매장하거나 봉안한 경우에는 그 장소에 사망자의 성명을 적은 표지를 비치하고, 별도의 장부에 가족관계 등록기준지, 성명, 사망일시를 기록하여 관리하여야 한다.
② 소장은 시신 또는 유골을 집단 매장한 경우에는 집단 매장된 사람의 가족관계 등록기준지, 성명, 사망일시를 집단 매장부에 기록하고 그 장소에 묘비를 세워야 한다.

> **참고자료** **용어의 정의**(장사 등에 관한 법률 제2조)
> ① 매장: 시신(임신 4개월 이후에 죽은 태아를 포함)이나 유골을 땅에 묻어 장사하는 것
> ② 화장: 시신이나 유골을 불에 태워 장사하는 것
> ③ 자연장: 화장한 유골의 골분을 수목·화초·잔디 등의 밑이나 주변에 묻어 장사하는 것
> ④ 봉안: 유골을 봉안시설에 안치하는 것

제4편 교정자문위원회 등

제129조 교정자문위원회

① 수용자의 관리·교정교화 등 사무에 관한 지방교정청장의 자문에 응하기 위하여 지방교정청에 교정자문위원회(이하 이 조에서 "위원회"라 한다)를 둔다.
② 위원회는 10명 이상 15명 이하의 위원으로 성별을 고려하여 구성하고, 위원장은 위원 중에서 호선하며, 위원은 교정에 관한 학식과 경험이 풍부한 외부인사 중에서 지방교정청장의 추천을 받아 법무부장관이 위촉한다.
③ 이 법에 규정된 사항 외에 위원회에 관하여 필요한 사항은 법무부령으로 정한다.

시행규칙

제264조 기능
법 제129조 제1항의 교정자문위원회(이하 이 편에서 "위원회"라 한다)의 기능은 다음 각 호와 같다.
1. 교정시설의 운영에 관한 자문에 대한 응답 및 조언
2. 수용자의 음식·의복·의료·교육 등 처우에 관한 자문에 대한 응답 및 조언
3. 노인·장애인수용자 등의 보호, 성차별 및 성폭력 예방정책에 관한 자문에 대한 응답 및 조언
4. 그 밖에 지방교정청장이 자문하는 사항에 대한 응답 및 조언

제265조 구성
① 위원회에 부위원장을 두며, 위원 중에서 호선한다.
② 위원 중 4명 이상은 여성으로 한다.
③ 지방교정청장이 위원을 추천하는 경우에는 별지 제29호 서식의 교정자문위원회 위원 추천서를 법무부장관에게 제출하여야 한다. 다만, 재위촉의 경우에는 지방교정청장의 의견서로 추천서를 갈음한다.

제266조 임기
① 위원의 임기는 2년으로 하며, 연임할 수 있다.
② 지방교정청장은 위원의 결원이 생긴 경우에는 결원이 생긴 날부터 30일 이내에 후임자를 법무부장관에게 추천해야 한다.
③ 결원이 된 위원의 후임으로 위촉된 위원의 임기는 전임자 임기의 남은 기간으로 한다.

제267조 위원장의 직무
① 위원장은 위원회를 소집하고 위원회의 업무를 총괄한다.
② 위원장이 부득이한 사유로 직무를 수행할 수 없을 때에는 부위원장이 그 직무를 대행하고, 부위원장도 부득이한 사유로 직무를 수행할 수 없을 때에는 위원장이 미리 지명한 위원이 그 직무를 대행한다.

제268조 회의
① 위원회의 회의는 위원 과반수의 요청이 있거나 지방교정청장이 필요하다고 인정하는 경우에 개최한다.
② 위원회는 재적위원 과반수의 출석으로 개의하고 출석위원 과반수의 찬성으로 의결한다.
③ 위원회의 회의는 공개하지 아니한다. 다만, 위원회의 의결을 거친 경우에는 공개할 수 있다.

제269조 지켜야 할 사항

① 위원은 다음 사항을 지켜야 한다.
  1. 직위를 이용하여 영리 행위를 하거나 업무와 관련하여 금품·접대를 주고받지 아니할 것
  2. 자신의 권한을 특정인이나 특정 단체의 이익을 위하여 행사하지 아니할 것
  3. 업무 수행 중 알게 된 사실이나 개인 신상에 관한 정보를 누설하거나 개인의 이익을 위하여 이용하지 아니할 것
② 위원은 별지 제30호 서식의 서약서에 규정된 바에 따라 제1항의 내용을 지키겠다는 서약을 해야 한다.

제270조 위원의 해촉

법무부장관은 외부위원이 다음 각 호의 어느 하나에 해당하는 경우에는 지방교정청장의 건의를 받아 해당 위원을 해촉할 수 있다.
1. 심신장애로 직무수행이 불가능하거나 현저히 곤란하다고 인정되는 경우
2. 직무와 관련된 비위사실이 있는 경우
3. 제269조에 따라 지켜야 할 사항을 위반하였을 경우
4. 직무태만, 품위 손상, 그 밖의 사유로 인하여 위원으로서 직무를 수행하기 적합하지 아니하다고 인정되는 경우
5. 위원 스스로 직무를 수행하는 것이 곤란하다고 의사를 밝히는 경우

제271조 간사

① 위원회의 사무를 처리하기 위하여 위원회에 간사 1명을 둔다. 간사는 해당 지방교정청의 총무과장 또는 6급 이상의 교도관으로 한다.
② 간사는 회의에 참석하여 위원회의 심의사항에 대한 설명을 하거나 필요한 발언을 할 수 있으며, 별지 제31호 서식의 교정자문위원회 회의록을 작성하여 유지하여야 한다.

제272조 수당

지방교정청장은 위원회의 회의에 참석한 위원에게는 예산의 범위에서 수당을 지급할 수 있다.

제130조 교정위원

① 수용자의 교육·교화·의료, 그 밖에 수용자의 처우를 후원하기 위하여 교정시설에 교정위원을 둘 수 있다.
② 교정위원은 명예직으로 하며 소장의 추천을 받아 법무부장관이 위촉한다.

시행령

제151조 교정위원

① 소장은 법 제130조에 따라 교정위원을 두는 경우 수용자의 개선을 촉구하고 안정된 수용생활을 하게 하기 위하여 교정위원에게 수용자를 교화상담하게 할 수 있다.
② 교정위원은 수용자의 고충 해소 및 교정·교화를 위하여 필요한 의견을 소장에게 건의할 수 있다.
③ 교정위원의 임기, 위촉 및 해촉, 지켜야 할 사항 등에 관하여 필요한 사항은 법무부장관이 정한다.

제152조 외부인사가 지켜야 할 사항

교정위원, 교정자문위원, 그 밖에 교정시설에서 활동하는 외부인사는 활동 중에 알게 된 교정시설의 안전과 질서 및 수용자의 신상에 관한 사항을 외부에 누설하거나 공개해서는 안 된다.

제131조 기부금품의 접수

소장은 기관·단체 또는 개인이 수용자의 교화 등을 위하여 교정시설에 자발적으로 기탁하는 금품을 받을 수 있다.

시행령

제153조 기부금품의 접수 등
① 소장은 법 제131조의 기부금품을 접수하는 경우에는 기부한 기관·단체 또는 개인(이하 이 장에서 "기부자"라 한다)에게 영수증을 발급하여야 한다. 다만, 익명으로 기부하거나 기부자를 알 수 없는 경우에는 그러하지 아니하다.
② 소장은 기부자가 용도를 지정하여 금품을 기부한 경우에는 기부금품을 그 용도에 사용하여야 한다. 다만, 지정한 용도로 사용하기 어려운 특별한 사유가 있는 경우에는 기부자의 동의를 받아 다른 용도로 사용할 수 있다.
③ 교정시설의 기부금품 접수·사용 등에 관하여 필요한 사항은 법무부장관이 정한다.

제5편 벌칙

제132조 금지물품을 지닌 경우

① 수용자가 제92조 제2항을 위반하여 소장의 허가 없이 무인비행장치, 전자·통신기기를 지닌 경우 2년 이하의 징역 또는 2천만원 이하의 벌금에 처한다.
② 수용자가 제92조 제1항 제3호를 위반하여 주류·담배·화기·현금·수표를 지닌 경우 1년 이하의 징역 또는 1천만원 이하의 벌금에 처한다.

제133조 금지물품의 반입

① 소장의 허가 없이 무인비행장치, 전자·통신기기를 교정시설에 반입한 사람은 3년 이하의 징역 또는 3천만원 이하의 벌금에 처한다.
② 주류·담배·화기·현금·수표·음란물·사행행위에 사용되는 물품을 수용자에게 전달할 목적으로 교정시설에 반입한 사람은 1년 이하의 징역 또는 1천만원 이하의 벌금에 처한다.
③ 상습적으로 제2항의 죄를 범한 사람은 2년 이하의 징역 또는 2천만원 이하의 벌금에 처한다.

제134조 출석의무 위반 등

다음 각 호의 어느 하나에 해당하는 행위를 한 수용자는 1년 이하의 징역에 처한다.
1. 정당한 사유 없이 제102조 제4항(일시석방된 사람의 석방 후 24시간 이내에 출석의무)을 위반하여 일시석방 후 24시간 이내에 교정시설 또는 경찰관서에 출석하지 아니하는 행위
2. 귀휴·외부통근, 그 밖의 사유로 소장의 허가를 받아 교도관의 계호 없이 교정시설 밖으로 나간 후에 정당한 사유 없이 기한까지 돌아오지 아니하는 행위

제135조 녹화 등의 금지

소장의 허가 없이 교정시설 내부를 녹화·촬영한 사람은 1년 이하의 징역 또는 1천만원 이하의 벌금에 처한다.

제136조 미수범

제133조 및 제135조의 미수범은 처벌한다.

제137조 몰수

제132조 및 제133조에 해당하는 금지물품은 몰수한다.

입법 예고 – 형의 집행 및 수용자의 처우에 관한 법률 시행규칙 일부 개정령 안(2025.5.26.)

※ 본 내용은 입법예고만을 기준으로 하였으며, 향후 수정 또는 변동될 수 있습니다.

형의 집행 및 수용자의 처우에 관한 법률 시행규칙 일부를 다음과 같이 개정한다.

[개정 전]

제42조 임산부수용자 등에 대한 특칙
소장은 임산부인 수용자 및 법 제53조에 따라 유아의 양육을 허가받은 수용자에 대하여 필요하다고 인정하는 경우에는 교정시설에 근무하는 의사(공중보건의사를 포함한다. 이하 "의무관"이라 한다)의 의견을 들어 필요한 양의 죽 등의 주식과 별도로 마련된 부식을 지급할 수 있으며, 양육유아에 대하여는 분유 등의 대체식품을 지급할 수 있다.

> **입법 예고 개정**
>
> **제42조 임산부수용자 등에 대한 특칙**
> 소장은 임산부인 수용자 및 법 제53조에 따라 유아의 양육을 허가받은 수용자에 대하여 필요하다고 인정하는 경우에는 교정시설에 근무하는 의사(공중보건의사를 포함한다. 이하 "의무관"이라 한다)의 의견을 들어 필요한 양의 죽 등의 주식과 별도로 마련된 부식을 지급할 수 있다.

제2편 제5장 제1절에 제42조의2를 다음과 같이 신설한다.(시행규칙 기준)

> **입법 예고 신설**
>
> **제42조의2 유아의 양육**
> ① 소장은 법 제53조에 따라 유아의 양육을 허가한 경우 유아에 대하여 분유·이유식 등의 대체식품, 기저귀·젖병 등의 육아용품 및 그 밖에 양육에 필요하다고 인정한 물품을 지급할 수 있다.
> ② 제1항에 따라 지급하는 물품의 품목, 지급수량, 지급횟수 및 그 밖에 필요한 사항은 법무부장관이 정한다.
> ③ 제1항의 물품은 유아의 안전, 건강, 위생 등에 적합하여야 한다.

[개정 전]

🏛 제59조의5 접견·전화

소장은 소년수형자 등의 나이·적성 등을 고려하여 필요하다고 인정하면 제87조(경비처우급별 접견의 허용횟수) 및 제90조(경비처우급별 전화통화의 허용횟수)에 따른 접견 및 전화통화 횟수를 늘릴 수 있다.

> **입법 예고** 개정
>
> **제59조의5 접견·전화**
> 소장은 "소년수형자등[소년수형자 또는 법 제12조제3항(성인의 소년교도소 수용)에 따라 소년교도소에 수용 중인 19세 이상 23세 미만의 수형자를 의미한다. 이하 같다]"의 나이·적성 등을 고려하여 필요하다고 인정하면 제87조(경비처우급별 접견의 허용횟수) 및 제90조(경비처우급별 전화통화의 허용횟수)에 따른 접견 및 전화통화 횟수를 늘릴 수 있다.

[개정 전]

🏛 제67조 부정기재심사

부정기재심사는 다음 각 호의 어느 하나에 해당하는 경우에 할 수 있다.
1. 분류심사에 오류가 있음이 발견된 때
2. 수형자가 교정사고(교정시설에서 발생하는 화재, 수용자의 자살·도주·폭행·소란, 그 밖에 사람의 생명·신체를 해하거나 교정시설의 안전과 질서를 위태롭게 하는 사고를 말한다. 이하 같다)의 예방에 뚜렷한 공로가 있는 때
3. 수형자를 징벌하기로 의결한 때
4. 수형자가 집행유예의 실효 또는 추가사건(현재 수용의 근거가 된 사건 외의 형사사건을 말한다. 이하 같다)으로 금고 이상의 형이 확정된 때
5. 수형자가 「숙련기술장려법」 제20조 제2항에 따른 전국기능경기대회 입상, 기사 이상의 자격취득, 학사 이상의 학위를 취득한 때
6. 삭제 〈2014.11.17. 가석방 심사와 관련하여 필요한 때〉
7. 그 밖에 수형자의 수용 또는 처우의 조정이 필요한 때

> **입법 예고** 개정
>
> **제67조 부정기재심사**
> 1. 분류심사에 오류가 있음이 발견된 때
> 2. 수형자가 교정사고("교정시설에서 발생하는 화재, 수용자의 자살·도주·폭행·소란, 그 밖에 사람의 생명·신체를 해하거나"를 "화재, 수용자의 도주·폭행·소요·자살, 외부로부터의 침입 등"으로 한다.)의 예방에 뚜렷한 공로가 있는 때
> 3. 수형자를 징벌하기로 의결한 때
> 4. 수형자가 집행유예의 실효 또는 추가사건(현재 수용의 근거가 된 사건 외의 형사사건을 말한다. 이하 같다)으로 금고 이상의 형이 확정된 때
> 5. 수형자가 「숙련기술장려법」 제20조 제2항에 따른 전국기능경기대회 입상, 기사 이상의 자격취득, 학사 이상의 학위를 취득한 때
> 6. 삭제 〈2014.11.17. 가석방 심사와 관련하여 필요한 때〉
> 7. 그 밖에 수형자의 수용 또는 처우의 조정이 필요한 때

[개정 전]

🏛 제125조 직업훈련 대상자 선정기준

① 소장은 수형자가 다음 각 호의 요건을 갖춘 경우에는 수형자의 의사, 적성, 나이, 학력 등을 고려하여 직업훈련 대상자로 선정할 수 있다.
1. 집행할 형기 중에 해당 훈련과정을 이수할 수 있을 것(기술숙련과정 집체직업훈련 대상자는 제외한다)
2. 직업훈련에 필요한 기본소양을 갖추었다고 인정될 것
3. 해당 과정의 기술이 없거나 재훈련을 희망할 것
4. 석방 후 관련 직종에 취업할 의사가 있을 것

② 소장은 소년수형자의 선도를 위하여 필요한 경우에는 제1항의 요건을 갖추지 못한 경우에도 직업훈련 대상자로 선정하여 교육할 수 있다.

> **입법 예고 개정**
>
> **제125조 직업훈련 대상자 선정기준**
> ① 소장은 수형자가 다음 각 호의 요건을 갖춘 경우에는 수형자의 의사, 적성, 나이, 학력 등을 고려하여 직업훈련 대상자로 선정할 수 있다.
>   1. 집행할 형기 중에 해당 훈련과정을 이수할 수 있을 것(기술숙련과정 직업훈련 대상자는 제외한다)
>   2. 직업훈련에 필요한 기본소양을 갖추었다고 인정될 것
>   3. 해당 과정의 기술이 없거나 재훈련을 희망할 것
>   4. 석방 후 관련 직종에 취업할 의사가 있을 것
> ② 소장은 소년수형자의 선도를 위하여 필요한 경우에는 제1항의 요건을 갖추지 못한 경우에도 직업훈련 대상자로 선정하여 교육할 수 있다.

🏛 제5편제1장 제목 "교정장비"를 "보호실 및 진정실"로 한다.

🏛 제5편제1장의2를 신설하고 제목을 "교정장비"로 한다.

🏛 제5편제1장에 제156조의2부터 제156조의4까지를 각각 다음과 같이 신설한다.

> **입법 예고 신설**
>
> **제156조의2 보호실·진정실 수용의 기록**
> 교도관은 수용자를 법 제95조(보호실 수용)에 따른 보호실 또는 법 제96조(진정실 수용)에 따른 진정실에 수용하는 경우에는 별지 제10호 서식(보호장비 사용심사부)의 보호실·진정실 수용 및 보호장비 사용 심사부에 기록하여야 한다.

🔒 Corrections

> **입법 예고** 신설
>
> **제156조의3 보호실·진정실 계속수용**
> 소장은 보호실 또는 진정실에 수용 중인 수용자에 대하여 별지 제10호 서식(보호장비 사용심사부)의 보호실·진정실 수용 및 보호장비 사용 심사부 등의 기록과 관계직원의 의견 등을 토대로 보호실 또는 진정실의 계속수용 여부를 매일 심사하여야 한다.

> **입법 예고** 신설
>
> **제156조의4 보호실·진정실 수용 중 생활용품 등의 별도 보관**
> 소장은 보호실 또는 진정실에 수용 중인 수용자가 생활용품 등으로 자살·자해할 우려가 있거나 교정시설의 안전과 질서를 해칠 우려가 있는 경우에는 그 물품을 따로 보관하고 필요한 경우에만 이를 사용하게 할 수 있다.

[개정 전]

🏛 제181조 보호장비 사용의 기록

교도관은 법 제97조제1항에 따라 보호장비를 사용하는 경우에는 별지 제10호서식(보호장비 사용심사부)의 보호장비 사용 심사부에 기록해야 한다. 다만, 법 제97조제1항제1호에 따라 보호장비를 사용하거나 같은 항 제2호부터 제4호까지의 규정에 따라 양손수갑을 사용하는 경우에는 호송계획서나 수용기록부의 내용 등으로 그 기록을 갈음할 수 있다.

> **입법 예고** 신설
>
> **제181조 보호장비 사용의 기록**
> 교도관은 법 제97조제1항에 따라 보호장비를 사용하는 경우에는 별지 제10호 서식(보호장비 사용심사부)의 보호실·진정실 수용 및 보호장비 사용 심사부에 기록해야 한다. 다만, 법 제97조제1항제1호에 따라 보호장비를 사용하거나 같은 항 제2호부터 제4호까지의 규정에 따라 양손수갑을 사용하는 경우에는 호송계획서나 수용기록부의 내용 등으로 그 기록을 갈음할 수 있다.

[개정 전]

🏛 제182조 의무관의 건강확인

의무관은 법 제97조제3항에 따라 보호장비 착용 수용자의 건강상태를 확인한 결과 특이사항을 발견한 경우에는 별지 제10호 서식의 보호장비 사용 심사부에 기록하여야 한다.

> **입법 예고** 개정
>
> **제182조 의무관의 건강확인**
> 의무관은 법 제97조제3항에 따라 보호장비 착용 수용자의 건강상태를 확인한 결과 특이사항을 발견한 경우에는 별지 제10호 서식(보호장비 사용심사부)의 보호실·진정실 수용 및 보호장비 사용 심사부에 기록하여야 한다.

[개정 전]

제183조 보호장비의 계속사용

① 소장은 보호장비를 착용 중인 수용자에 대하여 별지 제10호 서식의 보호장비 사용 심사부 및 별지 제11호 서식의 보호장비 착용자 관찰부 등의 기록과 관계직원의 의견 등을 토대로 보호장비의 계속사용 여부를 매일 심사하여야 한다.

② 소장은 영 제121조에 따라 의무관 또는 의료관계 직원으로부터 보호장비의 사용 중지 의견을 보고받았음에도 불구하고 해당 수용자에 대하여 보호장비를 계속하여 사용할 필요가 있는 경우에는 의무관 또는 의료관계 직원에게 건강유지에 필요한 조치를 취할 것을 명하고 보호장비를 사용할 수 있다. 이 경우 소장은 별지 제10호 서식(보호장비 사용심사부)의 보호장비 사용 심사부에 보호장비를 계속 사용할 필요가 있다고 판단하는 근거를 기록하여야 한다.

입법 예고 개정

제183조 보호장비의 계속사용

① 소장은 보호장비를 착용 중인 수용자에 대하여 별지 제10호 서식(보호장비 사용심사부)의 보호실·진정실 수용 및 보호장비 사용 심사부 및 별지 제11호 서식의 보호장비 착용자 관찰부 등의 기록과 관계직원의 의견 등을 토대로 보호장비의 계속사용 여부를 매일 심사하여야 한다.

② 소장은 영 제121조(보호장비 사용 중지 등)에 따라 의무관 또는 의료관계 직원으로부터 보호장비의 사용 중지 의견을 보고받았음에도 불구하고 해당 수용자에 대하여 보호장비를 계속하여 사용할 필요가 있는 경우에는 의무관 또는 의료관계 직원에게 건강유지에 필요한 조치를 취할 것을 명하고 보호장비를 사용할 수 있다. 이 경우 소장은 별지 제10호 서식(보호장비 사용심사부)의 보호실·진정실 수용 및 보호장비 사용 심사부에 보호장비를 계속 사용할 필요가 있다고 판단하는 근거를 기록하여야 한다.

[개정 전]

제186조 보안장비의 종류

교도관이 법 제100조에 따라 강제력을 행사하는 경우 사용할 수 있는 보안장비는 다음 각 호와 같다.
1. 교도봉(접이식을 포함한다. 이하 같다)
2. 전기교도봉
3. 가스분사기
4. 가스총(고무탄 발사겸용을 포함한다. 이하 같다)
5. 최루탄: 투척용, 발사용(그 발사장치를 포함한다. 이하 같다)
6. 전자충격기
7. 그 밖에 법무부장관이 정하는 보안장비

Corrections

> **입법 예고** 개정
>
> **186조 보안장비의 종류**
> 교도관이 법 제100조에 따라 강제력을 행사하는 경우 사용할 수 있는 보안장비는 다음 각 호와 같다.
> 1. 교도봉(접이식을 포함한다. 이하 같다)
> 2. 전기교도봉
> 3. 가스분사기
> 4. 가스총(고무탄 발사겸용을 포함한다. 이하 같다)
> 5. 최루탄: 투척용, 발사용(그 발사장치를 포함한다. 이하 같다)
> 6. 기체 압력식 발사기(충격용, 최루용 등 비살상용 발사체 발사에만 사용하는 총기를 포함한다. 이하 같다)
> 7. 전자충격기
> 8. 그 밖에 법무부장관이 정하는 보안장비

[개정 전]

제187조 보안장비의 종류별 사용요건
① 교도관이 수용자에 대하여 사용할 수 있는 보안장비의 종류별 사용요건은 다음 각 호와 같다.
  1. 교도봉·가스분사기·가스총·최루탄: 법 제100조 제1항 각 호의 어느 하나에 해당하는 경우
  2. 전기교도봉·전자충격기: 법 제100조 제1항 각 호의 어느 하나에 해당하는 경우로서 상황이 긴급하여 제1호의 장비만으로는 그 목적을 달성할 수 없는 때
② 교도관이 수용자 외의 사람에 대하여 사용할 수 있는 보안장비의 종류별 사용요건은 다음 각 호와 같다.
  1. 교도봉·가스분사기·가스총·최루탄: 법 제100조 제2항 각 호의 어느 하나에 해당하는 경우
  2. 전기교도봉·전자충격기: 법 제100조 제2항 각 호의 어느 하나에 해당하는 경우로서 상황이 긴급하여 제1호의 장비만으로는 그 목적을 달성할 수 없는 때
③ 제186조 제7호에 해당하는 보안장비의 사용은 법무부장관이 정하는 바에 따른다.

> **입법 예고** 개정
>
> **제187조 보안장비의 종류별 사용요건**
> ① 교도관이 수용자에 대하여 사용할 수 있는 보안장비의 종류별 사용요건은 다음 각 호와 같다.
>   1. 교도봉·가스분사기·가스총·최루탄: 법 제100조 제1항 각 호의 어느 하나에 해당하는 경우
>   2. 전기교도봉·기체 압력식 발사기·전자충격기: 법 제100조 제1항 각 호의 어느 하나에 해당하는 경우로서 상황이 긴급하여 제1호의 장비만으로는 그 목적을 달성할 수 없는 때
> ② 교도관이 수용자 외의 사람에 대하여 사용할 수 있는 보안장비의 종류별 사용요건은 다음 각 호와 같다.
>   1. 교도봉·가스분사기·가스총·최루탄: 법 제100조 제2항 각 호의 어느 하나에 해당하는 경우
>   2. 전기교도봉·기체 압력식 발사기·전자충격기: 법 제100조 제2항 각 호의 어느 하나에 해당하는 경우로서 상황이 긴급하여 제1호의 장비만으로는 그 목적을 달성할 수 없는 때
> ③ 제186조 제8호에 해당하는 보안장비의 사용은 법무부장관이 정하는 바에 따른다.

[개정 전]

제188조 보안장비의 종류별 사용기준

보안장비의 종류별 사용기준은 다음 각 호와 같다.
1. 교도봉·전기교도봉: 얼굴이나 머리부분에 사용해서는 아니 되며, 전기교도봉은 타격 즉시 떼어야 함
2. 가스분사기·가스총: 1미터 이내의 거리에서는 상대방의 얼굴을 향하여 발사해서는 안 됨
3. 최루탄: 투척용 최루탄은 근거리용으로 사용하고, 발사용 최루탄은 50미터 이상의 원거리에서 사용하되, 30도 이상의 발사각을 유지하여야 함
4. 전자충격기: 전극침 발사장치가 있는 전자충격기를 사용할 경우 전극침을 상대방의 얼굴을 향해 발사해서는 안 됨

입법예고 개정

제188조 보안장비의 종류별 사용기준

보안장비의 종류별 사용기준은 다음 각 호와 같다.
1. 교도봉·전기교도봉: 얼굴이나 머리부분에 사용해서는 아니 되며, 전기교도봉은 타격 즉시 떼어야 함
2. 가스분사기: 얼굴부위를 조준하여 사용하되, 상대방을 제압하면 분사를 즉시 중단해야 함
3. 가스총: 고무탄을 발사할 경우는 상대방의 얼굴을 향하여 발사해서는 안됨
4. 최루탄: 투척용 최루탄은 근거리용으로 사용하고, 발사용 최루탄은 50미터 이상의 원거리에서 사용하되, 30도 이상의 발사각을 유지하여야 함
5. 기체 압력식 발사기: 발사기 사용 시에만 발사체를 장전하여 사용하고, 상대방의 얼굴을 향하여 발사해서는 안됨
6. 전자충격기: 전극침 발사장치가 있는 전자충격기를 사용할 경우 전극침을 상대방의 얼굴을 향해 발사해서는 안 됨

[개정 전]

제205조 지정 및 해제

① 소장은 제204조 각 호의 어느 하나에 해당하는 수용자에 대하여는 마약류수용자로 지정하여야 한다. 현재의 수용생활 중 집행되었거나 집행할 형이 제204조 제1호에 해당하는 경우에도 또한 같다.
② 소장은 제1항에 따라 마약류수용자로 지정된 사람에 대하여는 석방할 때까지 지정을 해제할 수 없다. 다만, 다음 각 호의 어느 하나에 해당하는 경우에는 교도관회의의 심의 또는 분류처우위원회의 의결을 거쳐 지정을 해제할 수 있다.
  1. 공소장 변경 또는 재판 확정에 따라 지정사유가 해소되었다고 인정되는 경우
  2. 지정 후 5년이 지난 마약류수용자로서 수용생활태도, 교정성적 등이 양호한 경우. 다만, 마약류에 관한 형사 법률 외의 법률이 같이 적용된 마약류수용자로 한정한다.

> **입법 예고** 개정
>
> **제205조 지정 및 해제**
> ① 소장은 제204조 각 호의 어느 하나에 해당하는 수용자에 대하여는 마약류수용자로 지정하여야 한다. 현재의 수용생활 중 집행되었거나 집행할 형이 제204조 제1호에 해당하는 경우에도 또한 같다.
> ② 소장은 제1항에 따라 마약류수용자로 지정된 사람에 대하여는 석방할 때까지 지정을 해제할 수 없다. 다만, 다음 각 호의 어느 하나에 해당하는 경우에는 교도관회의의 심의 또는 분류처우위원회의 의결을 거쳐 지정을 해제할 수 있다.
>   1. 공소장 변경 또는 재판 확정에 따라 지정사유가 해소되었다고 인정되는 경우
>   2. 지정 후 5년이 지난 마약류수용자로서 수용생활태도, 교정성적 등이 양호한 경우
>   3. 제204조 제2호에 따라 지정된 마약류수용자 중 마약류에 관한 범죄로 인한 형의 집행유예 기간이 경과한 경우

[개정 전]

제219조의2 징벌대상자에 대한 심리상담
소장은 특별한 사유가 없으면 교도관으로 하여금 징벌대상자에 대한 심리상담을 하도록 해야 한다.

> **입법 예고** 개정
>
> **제219조의2 징벌대상자에 대한 심리상담**
> 소장은 법무부장관이 정하는 바에 따라 교도관으로 하여금 징벌대상자에 대한 심리상담을 하도록 해야 한다.

[개정 전]

제268조 회의
① 위원회의 회의는 위원 과반수의 요청이 있거나 지방교정청장이 필요하다고 인정하는 경우에 개최한다.
② 위원회는 재적위원 과반수의 출석으로 개의하고 출석위원 과반수의 찬성으로 의결한다.
③ 위원회의 회의는 공개하지 아니한다. 다만, 위원회의 의결을 거친 경우에는 공개할 수 있다.

> **입법 예고** 개정
>
> **제268조 회의**
> ① 위원회의 회의는 연 1회 개최한다. 다만, 다음 각 호의 어느 하나에 해당하는 경우에는 임시회의를 개최할 수 있다.
>   1. 위원 과반수의 요청이 있을 때
>   2. 지방교정청장이 필요하다고 인정할 때
> ② 위원회는 재적위원 과반수의 출석으로 개의하고 출석위원 과반수의 찬성으로 의결한다.
> ③ 위원회의 회의는 공개하지 아니한다. 다만, 위원회의 의결을 거친 경우에는 공개할 수 있다.

부 칙

제1조 시행일
이 규칙은 공포한 날부터 시행한다.

제2조 유아의 양육에 관한 적용례
제42조 및 제42조의2의 개정규정은 이 규칙 시행 당시 법 제53조에 따라 교정시설에서 양육허가를 받은 수용자의 유아에 대해서도 적용한다.

제3조 직업훈련 대상자 선정기준에 관한 적용례
제125조의 개정규정은 이 규칙 시행 당시 기술숙련과정 중 집체직업훈련 대상자로 선정되지 아니한 자에 대해서도 적용한다.

제4조 보호실·진정실 수용의 기록 등에 관한 적용례
제156조의2부터 제156조의4까지의 개정규정은 2026년 0월 0일 이후 보호실·진정실에 수용한 경우부터 적용한다.

제5조 보호장비 규격에 관한 적용례
이 규칙 시행 당시 종전의 규정에 따른 보호장비 규격에 따른 보호장비 사용은 새로운 규격의 보호장비가 도입될 때까지 계속 사용할 수 있다.

제6조 마약류수용자에 대한 적용례
제205조의 개정규정은 이 규칙 시행 전에 마약류수용자로 지정된 경우에도 적용한다.

민영교도소 등의 설치·운영에 관한 법률(2020.10.20) / 시행령(2021.4.6) / 시행규칙(2022.2.7)

법무부(교정기획과)

> **참고자료** 교정시설 설치·운영의 민간위탁(형집행법 제7조)
> ① 법무부장관은 교정시설의 설치 및 운영에 관한 업무의 일부를 법인 또는 개인에게 위탁할 수 있다.
> ② 제1항에 따라 위탁을 받을 수 있는 법인 또는 개인의 자격요건, 교정시설의 시설기준, 수용대상자의 선정기준, 수용자 처우의 기준, 위탁절차, 국가의 감독, 그 밖에 필요한 사항은 따로 법률로 정한다.

제1장 총칙

제1조 목적

이 법은 「형의 집행 및 수용자의 처우에 관한 법률」 제7조에 따라 교도소 등의 설치·운영에 관한 업무의 일부를 민간에 위탁하는 데에 필요한 사항을 정함으로써 교도소 등의 운영의 효율성을 높이고 수용자의 처우 향상과 사회 복귀를 촉진함을 목적으로 한다.

제2조 정의

이 법에서 사용하는 용어의 뜻은 다음과 같다.

교정업무	「형의 집행 및 수용자의 처우에 관한 법률」 제2조 제4호에 따른 수용자(이하 "수용자"라 한다)의 수용·관리, 교정·교화, 직업교육, 교도작업, 분류·처우, 그 밖에 「형의 집행 및 수용자의 처우에 관한 법률」에서 정하는 업무를 말한다.
수탁자	제3조에 따라 교정업무를 위탁받기로 선정된 자를 말한다.
교정법인	법무부장관으로부터 교정업무를 포괄적으로 위탁받아 교도소·소년교도소 또는 구치소 및 그 지소(이하 "교도소 등"이라 한다)를 설치·운영하는 법인을 말한다.
민영교도소 등	교정법인이 운영하는 교도소 등을 말한다.

제3조 교정업무의 민간 위탁

① 법무부장관은 필요하다고 인정하면 이 법에서 정하는 바에 따라 교정업무를 공공단체 외의 법인·단체 또는 그 기관이나 개인에게 위탁할 수 있다. 다만, 교정업무를 포괄적으로 위탁하여 한 개 또는 여러 개의 교도소 등을 설치·운영하도록 하는 경우에는 법인에만 위탁할 수 있다.
② 법무부장관은 교정업무의 수탁자를 선정하는 경우에는 수탁자의 인력·조직·시설·재정능력·공신력 등을 종합적으로 검토한 후 적절한 자를 선정하여야 한다.
③ 제2항에 따른 선정방법, 선정절차, 그 밖에 수탁자의 선정에 관하여 필요한 사항은 법무부장관이 정한다.

제4조 위탁계약의 체결

① 법무부장관은 교정업무를 위탁하려면 수탁자와 대통령으로 정하는 방법으로 계약(이하 "위탁계약"이라 한다)을 체결하여야 한다.
② 법무부장관은 필요하다고 인정하면 민영교도소 등의 직원이 담당할 업무와 민영교도소 등에 파견된 소속 공무원이 담당할 업무를 구분하여 위탁계약을 체결할 수 있다.
③ 법무부장관은 위탁계약을 체결하기 전에 계약 내용을 기획재정부장관과 미리 협의하여야 한다.
④ 위탁계약의 기간은 다음 각 호와 같이 하되, 그 기간은 갱신할 수 있다.
  1. 수탁자가 교도소 등의 설치비용을 부담하는 경우: 10년 이상 20년 이하
  2. 그 밖의 경우: 1년 이상 5년 이하

제5조 위탁계약의 내용

① 위탁계약에는 다음 각 호의 사항이 포함되어야 한다.
  1. 위탁업무를 수행할 때 수탁자가 제공하여야 하는 시설과 교정업무의 기준에 관한 사항
  2. 수탁자에게 지급하는 위탁의 대가와 그 금액의 조정 및 지급 방법에 관한 사항
  3. 계약기간에 관한 사항과 계약기간의 수정·갱신 및 계약의 해지에 관한 사항
  4. 교도작업에서의 작업장려금·위로금 및 조위금 지급에 관한 사항
  5. 위탁업무를 재위탁할 수 있는 범위에 관한 사항
  6. 위탁수용 대상자의 범위에 관한 사항
  7. 그 밖에 법무부장관이 필요하다고 인정하는 사항
② 법무부장관은 제1항 제6호에 따른 위탁수용 대상자의 범위를 정할 때에는 수탁자의 관리능력, 교도소 등의 안전과 질서, 위탁수용이 수용자의 사회 복귀에 유용한지 등을 고려하여야 한다.

시행령

제4조 위탁계약의 성립 등

① 「민영교도소 등의 설치·운영에 관한 법률」(이하 "법"이라 한다) 제4조 제1항에 따른 위탁계약은 법무부장관과 법 제3조 제2항에 따라 선정된 수탁자가 법 제5조 제1항 각 호의 사항에 관하여 약정하고 해당 계약서에 각각 서명날인함으로써 성립한다.
② 법무부장관은 위탁계약을 체결할 때 계약사항의 누락을 방지하고, 계약내용의 일관성을 유지하며, 계약체결의 효율성과 공정성을 높이기 위하여 교정업무의 민간위탁에 관한 표준계약서를 정할 수 있다.

제6조 위탁업무의 정지

① 법무부장관은 수탁자가 이 법 또는 이 법에 따른 명령이나 처분을 위반하면 6개월 이내의 기간을 정하여 위탁업무의 전부 또는 일부의 정지를 명할 수 있다.
② 법무부장관은 제1항에 따른 정지명령을 한 경우에는 소속 공무원에게 정지된 위탁업무를 처리하도록 하여야 한다.
③ 법무부장관은 제1항에 따른 정지명령을 할 때 제2항을 적용하기 어려운 사정이 있으면 그 사정이 해결되어 없어질 때까지 정지명령의 집행을 유예할 수 있다.

제7조 위탁계약의 해지

① 법무부장관은 수탁자가 다음 각 호의 어느 하나에 해당하면 위탁계약을 해지할 수 있다.
  1. 제22조 제2항에 따른 보정명령을 받고 상당한 기간이 지난 후에도 이행하지 아니한 경우
  2. 이 법 또는 이 법에 따른 명령이나 처분을 크게 위반한 경우로서 제6조 제1항에 따른 위탁업무의 정지명령으로는 감독의 목적을 달성할 수 없는 경우
  3. 사업 경영의 현저한 부실 또는 재무구조의 악화, 그 밖의 사유로 이 법에 따른 위탁업무를 계속하는 것이 적합하지 아니하다고 인정되는 경우
② 법무부장관과 수탁자는 위탁계약으로 정하는 바에 따라 계약을 해지할 수 있다.

제8조 위탁계약 해지 시의 업무 처리

위탁계약이 해지된 경우 국가가 부득이한 사정으로 위탁업무를 즉시 처리할 수 없을 때에는 수탁자나 그의 승계인은 국가가 업무를 처리할 수 있을 때까지 종전의 위탁계약에 따라 업무 처리를 계속하여야 한다.

제9조 청문

법무부장관이 제7조 제1항에 따라 위탁계약을 해지하려면 청문을 하여야 한다.

제2장 교정법인

제10조 교정법인의 정관 변경 등

① 제3조 제1항 단서(법인에만 위탁)에 따라 교정업무를 위탁받은 법인은 위탁계약을 이행하기 전에 법인의 목적사업에 민영교도소 등의 설치·운영이 포함되도록 정관을 변경하여야 한다.
② 제1항에 따른 정관 변경과 교정법인의 정관 변경은 법무부장관의 인가를 받아야 한다. 다만, 대통령령으로 정하는 경미한 사항의 변경은 법무부장관에게 신고하여야 한다.

시행령

제5조 교정법인의 정관변경
법 제10조 제2항 단서에서 "대통령령으로 정하는 경미한 사항"이란 다음 각 호의 어느 하나에 해당하는 사항을 말한다.
1. 명칭
2. 사무소의 소재지
3. 공고와 그 방법에 관한 사항

제11조 임원

① 교정법인은 이사 중에서 위탁업무를 전담하는 자를 선임하여야 한다.
② 교정법인의 대표자 및 감사와 제1항에 따라 위탁업무를 전담하는 이사(이하 "임원"이라 한다)는 법무부장관의 승인을 받아 취임한다.
③ 교정법인 이사의 과반수는 대한민국 국민이어야 하며, 이사의 5분의 1 이상은 교정업무에 종사한 경력이 5년 이상이어야 한다.
④ 다음 각 호의 어느 하나에 해당하는 자는 교정법인의 임원이 될 수 없으며, 임원이 된 후 이에 해당하게 되면 임원의 직을 상실한다.
  1. 「국가공무원법」 제33조(결격사유) 각 호의 어느 하나에 해당하는 자
  2. 제12조(임원취임의 승인취소)에 따라 임원취임 승인이 취소된 후 2년이 지나지 아니한 자
  3. 제36조(징계처분 명령등)에 따른 해임명령으로 해임된 후 2년이 지나지 아니한 자
⑤ 교정법인 임원의 임기, 직무, 결원 보충 및 임시이사 선임에 필요한 사항은 대통령령으로 정한다.

시행령

제6조 교정법인 임원의 임기 등
① 교정법인의 임원의 임기는 해당 법인의 정관에서 정하는 바에 따르고, 정관에서 특별히 정하지 않은 경우에는 3년으로 하며, 연임할 수 있다.
② 교정법인은 해당 법인의 이사(위탁업무를 전담하는 이사만 해당한다. 이하 이 조에서 같다) 또는 감사 중에 결원이 생겼을 때에는 그 사유가 발생한 날부터 2개월 이내에 보충하여야 한다.
③ 법무부장관은 교정법인이 제2항에 따라 이사의 결원을 보충하지 않아 해당 교정법인의 목적을 달성할 수 없거나 손해가 생길 우려가 있다고 인정되면 이해관계인의 청구나 직권에 의하여 임시이사를 선임할 수 있다.

제12조 임원취임의 승인 취소

임원이 다음 각 호의 어느 하나에 해당하는 행위를 하면 법무부장관은 취임 승인을 취소할 수 있다.
1. 제13조(임원 등의 겸직 금지)를 위반하여 겸직하는 경우
2. 제25조 제2항(수용거절을 할 수 없음)을 위반하여 수용을 거절하는 경우
3. 제42조(벌칙)에 따라 징역형 또는 벌금형의 선고를 받아 그 형이 확정된 경우
4. 임원 간의 분쟁, 회계부정, 법무부장관에게 허위로 보고하거나 허위자료를 제출하는 행위 또는 정당한 사유 없이 위탁업무 수행을 거부하는 행위 등의 현저한 부당행위 등으로 해당 교정법인의 설립목적을 달성할 수 없게 한 경우

제13조 임원 등의 겸직 금지

① 교정법인의 대표자는 그 교정법인이 운영하는 민영교도소 등의 장을 겸할 수 없다.
② 이사는 감사나 해당 교정법인이 운영하는 민영교도소 등의 직원(민영교도소 등의 장은 제외한다)을 겸할 수 없다.
③ 감사는 교정법인의 대표자·이사 또는 직원(그 교정법인이 운영하는 민영교도소 등의 직원을 포함한다)을 겸할 수 없다.

시행령

제7조 임원의 직무
① 교정법인의 대표자(이하 "대표자"라 한다)는 교정법인을 대표하며, 법인의 업무를 총괄한다.
② 대표자가 공석이 되거나 부득이한 사유로 직무를 수행할 수 없을 때에는 정관에서 미리 정한 사람이 그 직무를 대행하되, 정관에서 특별히 정하지 않은 경우에는 이사 중에서 호선한 사람이 그 직무를 대행한다.
③ 이사는 이사회에 출석하여 교정법인의 업무에 관한 사항을 심의·의결하며, 이사회나 대표자로부터 위임받은 사항을 처리한다.
④ 감사는 다음 각 호의 직무를 수행한다.
   1. 교정법인의 재산 상황과 회계를 감사하는 일
   2. 이사회의 운영과 그 업무에 관한 사항을 감사하는 일
   3. 제1호 또는 제2호의 감사 결과 부정 또는 부당한 점을 발견한 경우 이사회와 법무부장관에게 보고하는 일
   4. 제3호의 보고를 하기 위하여 이사회의 소집을 요구하는 일
   5. 교정법인의 재산 상황 또는 이사회의 운영과 그 업무에 관한 사항에 대하여 대표자 또는 이사에게 의견을 진술하는 일

제8조 이사회의 회의 등
① 대표자는 이사회를 소집하고, 그 의장이 된다.
② 이사회는 다음 각 호의 사항을 심의·의결한다.
   1. 교정법인의 예산, 결산, 차입금 및 재산의 취득·처분과 관리에 관한 사항
   2. 정관의 변경에 관한 사항
   3. 교정법인의 합병 또는 해산에 관한 사항
   4. 임원의 임면에 관한 사항
   5. 교정법인이 운영할 민영교도소 등의 장과 정관에서 정한 직원의 임면에 관한 사항
   6. 위탁업무의 처리에 관한 중요사항
   7. 그 밖에 법령이나 정관에 따라 그 권한에 속하는 사항

제14조 재산

① 교정법인은 대통령령으로 정하는 기준에 따라 민영교도소 등의 운영에 필요한 기본재산을 갖추어야 한다.
② 교정법인은 기본재산에 대하여 다음 각 호의 행위를 하려면 법무부장관의 허가를 받아야 한다. 다만, 대통령령으로 정하는 경미한 사항은 법무부장관에게 신고하여야 한다.
  1. 매도·증여 또는 교환
  2. 용도 변경
  3. 담보 제공
  4. 의무의 부담이나 권리의 포기
③ 교정법인의 재산 중 교도소 등 수용시설로 직접 사용되고 있는 것으로서 대통령령으로 정하는 것은 국가 또는 다른 교정법인 외의 자에게 매도·증여 또는 교환하거나 담보로 제공할 수 없다.

시행령

제9조 재산의 구분 등
① 교정법인의 재산 중 다음 각 호의 어느 하나에 해당하는 재산은 법 제14조 제1항에 따른 기본재산으로 한다.
  1. 부동산(위탁계약에서 위탁업무 수행에 필요한 재원으로 사용하거나 제공하기로 한 부동산으로 한정한다)
  2. 정관에서 기본재산으로 정한 재산
  3. 총회나 이사회의 결의에 의하여 기본재산에 편입되는 재산
  4. 세계잉여금 중 적립금
② 교정법인의 재산 중 제1항 각 호 외의 재산은 보통재산으로 한다.
③ 제1항에 따른 기본재산은 교도소·소년교도소 또는 구치소 및 그 지소(이하 "교도소 등"이라 한다)의 부지매입, 설계 및 건축에 필요한 재원(교정법인이 교도소 등의 설치비용을 부담하는 경우만 해당한다)과 직원교육, 손해배상 등 교도소 등의 운영에 드는 경비를 충당할 수 있어야 한다.

제10조 기본재산의 처분
법 제14조 제2항 단서에서 "대통령령으로 정하는 경미한 사항"이란 다음 각 호의 어느 하나에 해당하는 경우를 말한다. 다만, 법 제14조 제2항 본문에 따른 허가를 받지 아니할 목적으로 기본재산을 분할하거나 법, 이 영 또는 관계 법령을 위반하는 경우는 제외한다.
1. 가액 5천만원 미만인 기본재산의 매도, 증여, 교환, 용도 변경 또는 담보의 제공
2. 가액 5천만원 미만의 의무의 부담 또는 권리의 포기

제11조 처분할 수 없는 재산의 범위
법 제14조 제3항에서 "대통령령으로 정하는 것"이란 다음 각 호의 것을 말한다.
1. 교도소 등의 부지(운동장을 포함한다)
2. 수용동
3. 작업장(재료창고와 직업훈련시설을 포함한다)
4. 접견실 및 그 부대시설
5. 취사장 및 그 부대시설
6. 체육관, 목욕탕, 이발관 등 수용자의 후생복지시설
7. 교육·집회시설
8. 청사(구내 업무용 사무실을 포함한다)
9. 그 밖에 수용자의 수용관리, 교정교화 등 교정업무에 직접 사용되는 시설·설비, 보안장비 및 교재·교구

제15조 회계의 구분

① 교정법인의 회계는 그가 운영하는 민영교도소 등의 설치·운영에 관한 회계와 법인의 일반업무에 관한 회계로 구분한다.
② 제1항에 따른 민영교도소 등의 설치·운영에 관한 회계는 교도작업회계와 일반회계로 구분하며, 각 회계의 세입·세출에 관한 사항은 대통령령으로 정한다.
③ 제1항에 따른 법인의 일반업무에 관한 회계는 일반업무회계와 수익사업회계로 구분할 수 있다.
④ 제2항에 따른 민영교도소 등의 설치·운영에 관한 회계의 예산은 민영교도소 등의 장이 편성하여 교정법인의 이사회가 심의·의결하고 민영교도소 등의 장이 집행한다.

시행령

제12조 일반회계와 교도작업회계의 세입·세출
① 법 제15조 제2항에 따른 민영교도소 등의 설치·운영에 관한 회계 중 일반회계의 세입은 다음 각 호의 수입으로 한다.
  1. 위탁계약에 의하여 지급받은 교도소 등 운영 경비
  2. 다른 회계로부터 전입되는 전입금
  3. 일반회계의 운용 과정에서 생기는 이자수입
  4. 교도소 등 시설·설비 등의 불용품 매각수입
  5. 일반회계의 세출에 충당하기 위한 차입금
  6. 그 밖에 교정법인의 수입으로서 다른 회계에 속하지 아니하는 수입
② 일반회계의 세출은 다음 각 호의 경비로 한다.
  1. 교도소 등 운영에 드는 인건비 및 물건비
  2. 수용관리, 교정교화 등 교정업무에 직접 필요한 시설·설비비
  3. 제1항 제5호의 차입금의 상환원리금
  4. 그 밖에 수용관리, 교정교화 등 교정업무에 필요한 경비
③ 법 제15조 제2항에 따른 민영교도소 등의 설치·운영에 관한 회계 중 교도작업회계의 세입은 다음 각 호의 수입으로 한다.
  1. 교도작업회계의 세출에 충당하기 위한 차입금
  2. 일반회계로부터 전입되는 전입금
  3. 그 밖에 교도작업에 따른 각종 수입
④ 교도작업회계의 세출은 교도작업을 위하여 필요한 모든 경비로 한다.

제16조 예산 및 결산

① 교정법인의 회계연도는 정부의 회계연도에 따른다.
② 교정법인은 대통령령으로 정하는 바에 따라 법무부장관에게 매 회계연도가 시작되기 전에 다음 회계연도에 실시할 사업계획과 예산을 제출하고, 매 회계연도가 끝난 후에 사업 실적과 결산을 보고하여야 한다.
③ 법무부장관은 교정법인이 제2항에 따라 결산서를 제출하는 경우 교정법인으로부터 독립된 공인회계사나 회계법인의 감사증명서를 첨부하게 할 수 있다.
④ 교정법인의 회계규칙이나 그 밖에 예산 또는 회계에 관하여 필요한 사항은 법무부장관이 정한다.

> 시행령

제13조 예산·결산 등의 제출
① 교정법인은 법 제16조 제2항에 따라 법무부장관에게 법 제15조 제2항에 따른 민영교도소 등의 설치·운영에 관한 회계의 사업계획과 예산을 매 회계연도가 시작되기 8개월 이전에 제출하고, 사업실적과 결산을 매 회계연도가 끝난 후 2개월 이내에 제출하여야 한다.
② 교정법인은 연도 중에 해당 예산을 추가하거나 경정할 때에는 추가하거나 경정한 날부터 15일 이내에 해당 예산을 법무부장관에게 제출하여야 한다.
③ 법 제16조 제3항에 따른 공인회계사 등의 감사증명서를 제출하여야 할 교정법인의 범위는 다음 각 호와 같다.
　1. 해당 회계연도의 수용 정원이 300명 이상인 교도소 등을 설치·운영하는 교정법인
　2. 해당 회계연도의 수용 정원이 300명 미만인 교도소 등을 설치·운영하는 교정법인으로서 회계부정, 결산서의 허위작성과 그 밖에 현저히 부당한 회계처리 등으로 회계질서를 문란하게 하여 법무부장관이 특별히 감사증명서를 제출하게 할 필요가 있다고 인정하는 교정법인

제17조 합병 및 해산의 인가
① 교정법인이 다음 각 호의 어느 하나에 해당하는 행위를 하려면 법무부장관의 인가를 받아야 한다.
　1. 다른 법인과의 합병
　2. 회사인 경우 분할 또는 분할합병
　3. 해산
② 법무부장관은 제1항에 따른 인가에 조건을 붙일 수 있다.

제18조 잔여재산의 귀속
① 해산한 교정법인의 잔여재산 귀속은 합병하거나 파산한 경우가 아니면 정관으로 정하는 바에 따른다.
② 제1항에 따라 처분되지 아니한 교정법인의 재산은 국고에 귀속한다.
③ 국가는 제2항에 따라 국고에 귀속된 재산을 다른 민영교도소 등의 사업에 사용할 수 있다.
④ 제2항에 따라 국고에 귀속된 재산은 법무부장관이 관리한다.

제19조 다른 법률과의 관계
교정법인에 관하여는 이 법에 규정된 것 외에는 그 법인의 설립 형태에 따라 「민법」 중 사단법인이나 재단법인에 관한 규정, 「상법」 중 회사에 관한 규정, 그 밖의 설립 근거 법률을 적용한다.

제3장 민영교도소 등의 설치 · 운영

제20조 민영교도소 등의 시설

교정법인이 민영교도소 등을 설치·운영할 때에는 대통령령으로 정하는 기준에 따른 시설을 갖추어야 한다.

시행령

제14조 민영교도소 등의 시설기준
① 교정법인이 설치·운영하는 교도소 등은 위탁수용 대상자의 특성을 고려하여 위탁계약에서 달리 정한 경우를 제외하고는 다음 각 호의 시설을 갖추어야 한다.
  1. 거실 및 수용동
  2. 작업장 및 직업훈련시설
  3. 접견실 및 그 부대시설
  4. 교육·집회시설
  5. 위생·의료시설
  6. 운동장
  7. 취사장 및 그 부대시설
  8. 목욕탕, 이발관 등 수용자 후생복지시설
  9. 그 밖에 위탁계약으로 정하는 시설
② 교정법인은 「형의 집행 및 수용자의 처우에 관한 법률」 제45조에 따른 종교행사를 치르기 위하여 마련된 장소를 제외하고는 그 법인이 운영하는 교도소 등의 시설에서 수용자가 항상 출입하거나 접근할 수 있는 장소에 특정종교의 상징물을 설치해서는 아니 된다. 다만, 법무부장관이 국가의 종교적 중립성과 종파 간의 형평성을 해치지 아니하는 범위에서 특별히 허가한 경우에는 그러하지 아니하다.

제21조 민영교도소 등의 조직 등

① 민영교도소 등은 「형의 집행 및 수용자의 처우에 관한 법률」 제2조 제4호(시형확정자)에 규정된 교도소 등에 준하는 조직을 갖추어야 한다.
② 교정법인은 민영교도소 등을 운영할 때 시설 안의 수용자를 수용·관리하고 교정서비스를 제공하기에 적합한 직원을 확보하여야 한다.

제22조 민영교도소 등의 검사

① 교정법인은 민영교도소 등의 시설이 이 법과 이 법에 따른 명령 및 위탁계약의 내용에 적합한지에 관하여 법무부장관의 검사를 받아야 한다.
② 법무부장관은 제1항에 따른 검사를 한 결과 해당 시설이 이 법에 따른 수용시설로서 적당하지 아니하다고 인정되면 교정법인에 대하여 보정을 명할 수 있다.
③ 제1항과 제2항에 따른 시설의 검사 방법·절차 등에 관하여 필요한 사항은 법무부장관이 정한다.

시행규칙

제13조 시설 등 검사절차
① 교정법인이 법 제22조 제1항에 따른 시설검사를 받으려는 경우 검사를 받으려는 날의 30일 전까지 시설검사 신청서에 공사일정에 관한 서류를 첨부하여 법무부장관에게 제출하여야 한다.
② 법무부장관은 법 제22조 제1항에 따라 시설검사를 하기 위하여 필요하다고 인정되는 경우에는 소속 공무원에게 이를 검사하게 하거나, 외부의 건축·토목전문가 등에게 검사를 대행하게 할 수 있다.
③ 제2항에 따라 검사를 하려는 경우에는 그 권한을 표시하는 증표를 지니고, 이를 관계인에게 보여주어야 한다.
④ 법무부장관이 법 제22조 제1항 또는 법 제34조 제2항에 따른 검사를 하려는 경우에는 미리 검사의 목적·대상 및 기간을 정하여 해당 교정법인 또는 민영교도소 등의 장에게 통지하여야 한다.

제14조 시설검사 방법
법 제22조에 따라 민영교도소 등의 시설을 검사를 하는 경우 유의할 사항은 다음 각 호와 같다.
1. 위탁수용 대상자를 위한 교화프로그램과의 적합성
2. 수용정원을 고려한 수용공간의 확보 여부
3. 건축·토목과 관련되는 흠의 여부
4. 시설·장비의 안전과 보안기능
5. 소방·환기시설 등 구비 여부
6. 수용생활에 적합한 조명·난방시설 구비 여부
7. 그 밖에 「형의 집행 및 수용자의 처우에 관한 법률」 등 관계 법령 및 위탁계약에서 정하는 시설기준

제23조 운영 경비
① 법무부장관은 사전에 기획재정부장관과 협의하여 민영교도소 등을 운영하는 교정법인에 대하여 매년 그 교도소 등의 운영에 필요한 경비를 지급한다.
② 제1항에 따른 연간 지급 경비의 기준은 다음 각 호의 사항 등을 고려하여 예산의 범위에서 법무부장관이 정한다.
　1. 투자한 고정자산의 가액
　2. 민영교도소 등의 운영 경비
　3. 국가에서 직접 운영할 경우 드는 경비

제24조 수용 의제
민영교도소 등에 수용된 수용자는 「형의 집행 및 수용자의 처우에 관한 법률」에 따른 교도소 등에 수용된 것으로 본다.

제25조 수용자의 처우

① 교정법인은 위탁업무를 수행할 때 같은 유형의 수용자를 수용·관리하는 국가운영의 교도소 등과 동등한 수준 이상의 교정서비스를 제공하여야 한다.
② 교정법인은 민영교도소 등에 수용되는 자에게 특별한 사유가 있다는 이유로 수용을 거절할 수 없다. 다만, 수용·작업·교화, 그 밖의 처우를 위하여 특별히 필요하다고 인정되는 경우에는 법무부장관에게 수용자의 이송을 신청할 수 있다.
③ 교정법인의 임직원과 민영교도소 등의 장 및 직원은 수용자에게 특정 종교나 사상을 강요하여서는 아니 된다.

시행령

제15조 수용자의 처우
① 민영교도소 등의 장과 직원은 수용자에게 특정 종교의 교리·교의에 따른 교육·교화·의식과 그 밖에 행사의 참가를 강요해서는 아니 된다.
② 민영교도소 등의 장과 직원은 수용자가 특정 종교를 신봉하지 아니한다는 이유로 불리한 처우를 해서는 아니 된다.

제26조 작업 수입

민영교도소 등에 수용된 수용자가 작업하여 생긴 수입은 국고수입으로 한다.

제27조 보호장비의 사용 등

① 민영교도소 등의 장은 제40조에 따라 준용되는 「형의 집행 및 수용자의 처우에 관한 법률」 제37조 제1항(외부의료시설 진료)·제2항(치료감호시설 이송), 제63조 제3항(외부교육기관 통학), 제68조 제1항(외부통근작업), 제77조 제1항(일반귀휴), 제97조(보호장비의 사용), 제100조(강제력의 행사), 101조(무기의 사용), 제102조(재난시의 조치) 및 제107조(징벌), 108조(징벌의 종류), 제109조(징벌의 부과)의 규정에 따른 처분 등을 하려면 제33조 제2항(민영교도소 등의 업무 지도·감독)에 따라 법무부장관이 민영교도소 등의 지도·감독을 위하여 파견한 소속 공무원(이하 이 조에서 "감독관"이라 한다)의 승인을 받아야 한다. 다만, 긴급한 상황으로 승인을 받을 만한 시간적 여유가 없을 때에는 그 처분 등을 한 후 즉시 감독관에게 알려서 승인을 받아야 한다.
② 민영교도소 등의 장은 제40조에 따라 준용되는 「형의 집행 및 수용자의 처우에 관한 법률」 제121조 제1항(가석방 적격심사 신청)에 따른 가석방 적격심사를 신청하려면 감독관의 의견서를 첨부하여야 한다.
③ 민영교도소 등의 장은 제40조에 따라 준용되는 「형의 집행 및 수용자의 처우에 관한 법률」 제123조(석방)에 따른 석방을 하려면 관계 서류를 조사한 후 감독관의 확인을 받아 석방하여야 한다.

> **참고자료** 민영교도소 등의 장이 사전에 감독관의 승인을 받아야 하는 사항
>
> ① 외부의료시설 진료
> ② 정신질환 치료목적의 치료감호시설 이송
> ③ 수형자를 외부 교육기관에 통학하게 하거나 위탁하여 교육받게 하는 경우
> ④ 외부기업체 통근작업이나 교정시설 안에 설치된 외부기업체의 작업장에서 작업
> ⑤ 일반귀휴를 보내려고 할 경우
> ⑥ 보호장비를 사용할 경우
> ⑦ 강제력을 행사할 경우
> ⑧ 무기를 사용할 경우
> ⑨ 재난시의 조치에 따른 처분시
> ⑩ 징벌, 징벌의 종류, 징벌의 부과에 따른 처분시

제4장 민영교도소 등의 직원

제28조 결격사유

다음 각 호의 어느 하나에 해당하는 자는 민영교도소 등의 직원으로 임용될 수 없으며, 임용 후 다음 각 호의 어느 하나에 해당하는 자가 되면 당연히 퇴직한다.
1. 대한민국 국민이 아닌 자
2. 「국가공무원법」 제33조(결격사유) 각 호의 어느 하나에 해당하는 자
3. 제12조(임원취임의 승인취소)에 따라 임원취임 승인이 취소된 후 2년이 지나지 아니한 자
4. 제36조(징계처분명령 등)에 따른 해임명령으로 해임된 후 2년이 지나지 아니한 자

제29조 임면 등

① 교정법인의 대표자는 민영교도소 등의 직원을 임면한다. 다만, 민영교도소 등의 장 및 대통령령으로 정하는 직원을 임면할 때에는 미리 법무부장관의 승인을 받아야 한다.
② 교정법인의 대표자는 민영교도소 등의 장 외의 직원을 임면할 권한을 민영교도소 등의 장에게 위임할 수 있다.
③ 민영교도소 등의 직원의 임용 자격, 임용 방법, 교육 및 징계에 관하여는 대통령령으로 정한다.

시행령

제16조 직원의 임면 승인 범위
법 제29조 제1항 단서에서 "대통령령으로 정하는 직원"이란 「법무부와 그 소속기관 직제」에 따라 교도소 등에 두는 과의 과장 이상의 직에 준하는 직위의 직원을 말한다.

제17조 직원의 임용 자격 등(2025.5.27.)
① 법 제29조제3항에 따라 민영교도소등의 직원으로 임용되려면 18세 이상이어야 한다.
② 교정법인은 민영교도소 등의 직원을 임용하였을 때에는 10일 이내에 그 임용사항을 법무부장관에게 보고하여야 한다. 민영교도소 등의 직원이 퇴직하였을 때에도 또한 같다.

제18조 직무교육
① 교정법인은 민영교도소 등의 직원으로 임용된 사람에 대하여 민영교도소 등에 배치하기 전에 자체 교육기관이나 교정공무원 교육기관에서 직무수행에 필요한 교육을 받게 하여야 한다. 다만, 자체 교육기관이나 교정공무원 교육기관의 교육계획상 부득이하다고 인정되는 경우에는 임용 후 1년 이내에 교육을 받게 할 수 있다.
② 교정공무원이나 민영교도소 등의 직원으로 근무하다가 퇴직한 사람이 퇴직한 날부터 2년 이내에 민영교도소 등의 직원으로 임용된 경우에는 제1항에 따른 교육을 면제할 수 있다.
③ 제1항의 교육기간, 교육과목, 수업시간과 그 밖에 교육 실시에 필요한 사항은 법무부장관이 정한다.

제20조 직권면직
① 교정법인은 민영교도소 등의 직원이 신체적·정신적 이상으로 직무를 감당하지 못하거나 인원의 감축으로 정원이 초과되었을 때 또는 위탁업무의 정지명령을 받았거나 위탁계약이 해지되었을 때에는 직권으로 면직시킬 수 있다.
② 교정법인이 제1항에 따라 민영교도소 등의 직원을 직권으로 면직시켰을 때에는 5일 이내에 그 사실을 법무부장관에게 보고하여야 한다.

제30조 직원의 직무

① 민영교도소 등의 직원은 대통령령으로 정하는 바에 따라 「형의 집행 및 수용자의 처우에 관한 법률」에 따른 교도관의 직무를 수행한다.
② 민영교도소 등의 직원의 복무에 관하여는 「국가공무원법」 제56조부터 제61조까지, 제63조, 제64조 제1항, 제65조 제1항부터 제3항까지 및 제66조 제1항 본문을 준용한다.

시행령

제19조 직원의 직무
민영교도소 등의 직원은 「형의 집행 및 수용자의 처우에 관한 법률」에 따른 교도관의 직무 중 위탁계약에서 정하는 범위에서 그 직무를 수행한다.

제31조 제복 착용과 무기 구입

① 민영교도소 등의 직원은 근무 중 법무부장관이 정하는 제복을 입어야 한다.
② 민영교도소 등의 운영에 필요한 무기는 해당 교정법인의 부담으로 법무부장관이 구입하여 배정한다.
③ 민영교도소 등의 무기 구입·배정에 필요한 사항은 법무부장관이 정한다.

시행규칙

제20조 제복 및 사복 착용
① 민영교도소 등의 직원이 착용할 제복의 종류 및 제작 양식과 그 착용 방법은 교정공무원 복제에 관한 규정을 준용하여 해당 민영교도소 등의 장이 정하되, 법무부장관의 승인을 받아야 한다.
② 민영교도소 등의 장은 제1항에 따른 복제를 정하는 경우 계급 및 소속 기관의 표시 등을 교정직공무원의 것과 구별되도록 하여야 한다.
③ 민영교도소 등의 장은 교화·분류심사·교육훈련 등 직무상 필요한 경우와 근무지역의 여건상 필요하다고 인정되는 경우에는 소속 직원에게 근무 중 사복을 착용하게 할 수 있다.

제21조 신분증명서
① 민영교도소 등의 직원의 신분증명서는 민영교도소 등의 장이 발행하되, 그 제작 양식은 법무부장관의 승인을 받아야 한다.
② 민영교도소 등의 직원은 근무 중 신분증명서를 지녀야 한다.

제22조 무기·탄약의 배정 등
① 민영교도소 등의 장이 법 제31조 제2항에 따라 무기 및 탄약을 배정받으려는 경우에는 무기 및 탄약의 종류·수량 등을 명시하여 매년 2월 말까지 법무부장관에게 신청하여야 한다.
② 법무부장관은 제1항에 따른 신청을 검토하여 민영교도소 등의 운영에 필요하다고 인정되는 범위에서 무기 및 탄약을 구입하여 배정한다.
③ 제2항에 따라 무기 및 탄약을 배정받은 민영교도소 등의 장은 위탁계약에서 달리 정한 경우를 제외하고는 국가가 운영하는 교도소 등에서의 보안장비의 관리 및 사용에 관하여 법무부장관이 정한 지침에 따라 이를 관리하여야 한다.

제5장 지원·감독 등

제32조 지원
법무부장관은 필요하다고 인정하면 직권으로 또는 해당 교정법인이나 민영교도소 등의 장의 신청을 받아 민영교도소 등에 소속 공무원을 파견하여 업무를 지원하게 할 수 있다.

제33조 감독 등
① 법무부장관은 민영교도소 등의 업무 및 그와 관련된 교정법인의 업무를 지도·감독하며, 필요한 경우 지시나 명령을 할 수 있다. 다만, 수용자에 대한 교육과 교화프로그램에 관하여는 그 교정법인의 의견을 최대한 존중하여야 한다.
② 법무부장관은 제1항에 따른 지도·감독상 필요하다고 인정하면 민영교도소 등에 소속 공무원을 파견하여 그 민영교도소 등의 업무를 지도·감독하게 하여야 한다.
③ 교정법인 및 민영교도소 등의 장은 항상 소속 직원의 근무 상황을 감독하고 필요한 교육을 하여야 한다.

시행규칙

제19조 교육 등
① 법무부장관은 법 제33조 제2항에 따라 파견한 소속공무원에게 민영교도소 등의 직원에 대하여 매주 1시간의 범위에서 직무수행에 필요한 교육을 실시하게 할 수 있다.
② 민영교도소 등의 장은 소속 직원에 대하여 법 제33조 제3항에 따른 직무수행에 필요한 교육을 매주 1시간 이상 실시하여야 한다.
③ 법무부장관은 직원연수·업무협조 등을 위하여 민영교도소 등의 장이 요청하는 경우에는 민영교도소 등의 직원을 국가가 운영하는 교도소 등에 일정기간 근무하게 할 수 있다.

제34조 보고·검사

① 민영교도소 등의 장은 대통령령으로 정하는 바에 따라 매월 또는 분기마다 다음 각 호의 사항을 법무부장관에게 보고하여야 한다.
  1. 수용 현황
  2. 교정 사고의 발생 현황 및 징벌 현황
  3. 무기 등 보안장비의 보유·사용 현황
  4. 보건의료서비스와 주식·부식의 제공 현황
  5. 교육·직업훈련 등의 실시 현황
  6. 외부 통학, 외부 출장 직업훈련, 귀휴, 사회 견학, 외부 통근 작업 및 외부 병원 이송 등 수용자의 외부 출입 현황
  7. 교도작업의 운영 현황
  8. 직원의 인사·징계에 관한 사항
  9. 그 밖에 법무부장관이 필요하다고 인정하는 사항
② 법무부장관은 필요하다고 인정하면 수시로 교정법인이나 민영교도소 등에 대하여 그 업무·회계 및 재산에 관한 사항을 보고하게 하거나, 소속 공무원에게 장부·서류·시설, 그 밖의 물건을 검사하게 할 수 있다. 이 경우 위법 또는 부당한 사실이 발견되면 이에 따른 필요한 조치를 명할 수 있다.

시행령

제22조 보고
① 민영교도소 등의 장은 매월 법 제34조 제1항 제1호·제2호·제4호 및 제6호부터 제8호까지의 사항을 법무부장관에게 보고하여야 한다.

> [매월 보고사항]
> 1. 수용 현황
> 2. 교정 사고의 발생 현황 및 징벌 현황
> 4. 보건의료서비스와 주식·부식의 제공 현황

6. 외부 통학, 외부 출장 직업훈련, 귀휴, 사회 견학, 외부 통근 작업 및 외부 병원 이송 등 수용자의 외부 출입 현황
7. 교도작업의 운영 현황
8. 직원의 인사·징계에 관한 사항

② 민영교도소 등의 장은 매 분기 법 제34조 제1항 제3호·제5호 및 제9호의 사항을 법무부장관에게 보고하여야 한다.

[분기별 보고사항]
3. 무기 등 보안장비의 보유·사용 현황
5. 교육·직업훈련 등의 실시 현황
9. 그 밖에 법무부장관이 필요하다고 인정하는 사항

제35조 위탁업무의 감사

① 법무부장관은 위탁업무의 처리 결과에 대하여 매년 1회 이상 감사를 하여야 한다.
② 법무부장관은 제1항에 따른 감사 결과 위탁업무의 처리가 위법 또는 부당하다고 인정되면 해당 교정법인이나 민영교도소 등에 대하여 적절한 시정조치를 명할 수 있으며, 관계 임직원에 대한 인사 조치를 요구할 수 있다.

제36조 징계처분명령 등

① 법무부장관은 민영교도소 등의 직원이 위탁업무에 관하여 이 법 또는 이 법에 따른 명령이나 처분을 위반하면 그 직원의 임면권자에게 해임이나 정직·감봉 등 징계처분을 하도록 명할 수 있다.
② 교정법인 또는 민영교도소 등의 장은 제1항에 따른 징계처분명령을 받으면 즉시 징계처분을 하고 법무부장관에게 보고하여야 한다.

시행령

제21조 징계처분 (2025.5.27)
① 교정법인은 민영교도소 등의 직원이 다음 각 호의 어느 하나에 해당하는 경우에는 그에 대하여 징계처분을 하여야 한다.
　1. 법 제36조 제1항에 따라 징계처분의 명을 받은 경우
　2. 법 및 이 영의 규정 또는 이에 따른 명령을 위반한 경우
　3. 직무상의 의무를 위반하거나 직무를 태만히 한 경우
　4. 품위를 손상하는 행위를 한 경우
② 민영교도소등의 직원에 대한 징계의 종류는 해임·정직·감봉·견책으로 하되, 정직은 1개월 이상 3개월 이하의 기간 동안 직무에 종사하지 못하게 하고 보수의 전액을 감하며, 감봉은 1개월 이상 3개월 이하의 기간 동안 보수의 3분의 1을 줄인다.

제6장 보칙

제37조 공무원 의제 등

① 민영교도소 등의 직원은 법령에 따라 공무에 종사하는 것으로 본다.
② 교정법인의 임직원 중 교정업무를 수행하는 자와 민영교도소 등의 직원은 「형법」이나 그 밖의 법률에 따른 벌칙을 적용할 때에는 공무원으로 본다.
③ 민영교도소 등의 장 및 직원은 「형사소송법」이나 「사법경찰관리의 직무를 수행할 자와 그 직무범위에 관한 법률」을 적용할 때에는 교도소장·구치소장 또는 교도관리로 본다.

제38조 손해배상

① 교정법인의 임직원과 민영교도소 등의 직원이 위탁업무를 수행할 때 고의 또는 과실로 법령을 위반하여 국가에 손해를 입힌 경우 그 교정법인은 손해를 배상하여야 한다.
② 교정법인은 제1항에 따른 손해배상을 위하여 대통령령으로 정하는 기준에 따라 현금·유가증권 또는 물건을 공탁하거나 이행보증보험에 가입하여야 한다.

시행령

제23조 손해배상의 담보
교정법인은 법 제38조 제1항에 따른 손해배상을 위하여 1억원 이상의 현금 또는 유가증권을 공탁하거나 이행보증보험에 가입하여야 한다.

제39조 권한의 위임

법무부장관은 이 법에 따른 권한의 일부를 관할 지방교정청장에게 위임할 수 있다.

제40조 「형의 집행 및 수용자의 처우에 관한 법률」의 준용

민영교도소 등에 수용된 자에 관하여 성질상 허용되지 아니하는 경우와 이 법 및 위탁계약으로 달리 정한 경우 외에는 「형의 집행 및 수용자의 처우에 관한 법률」을 준용한다.

제41조 부분위탁

국가가 운영하는 교도소 등의 업무 중 직업훈련·교도작업 등 일부 교정업무를 특정하여 위탁하는 경우 그 수탁자에 관하여는 성질상 허용되지 아니하는 경우와 위탁계약으로 달리 정한 경우 외에는 교정법인에 관한 규정을 준용한다.

교도작업의 운영 및 특별회계에 관한 법률(2013.4.5) / 시행령(2010.7.21) / 시행규칙(2015.11.25)

Corrections

제1조 목적

이 법은 교도작업의 관리 및 교도작업특별회계의 설치·운용에 관한 사항을 규정함으로써 효율적이고 합리적인 교도작업의 운영을 도모함을 목적으로 한다.

제2조 정의

이 법에서 사용하는 용어의 정의는 다음과 같다.
1. "교도작업"이란 교정시설의 수용자에게 부과하는 작업을 말한다.
2. "공공기관"이란 「공공기관의 운영에 관한 법률」 제4조부터 제6조까지의 규정에 따라 지정·고시된 기관을 말한다.

제3조 다른 법률의 적용

교도작업에 관하여 이 법에 규정된 것을 제외하고는 「형의 집행 및 수용자의 처우에 관한 법률」을 적용한다.

제4조 교도작업제품의 공고

법무부장관은 교도작업으로 생산되는 제품의 종류와 수량을 회계연도 개시 1개월 전까지 공고하여야 한다.

시행령

제3조 생산공급계획의 보고
교도작업으로 생산되는 제품(이하 "교도작업제품"이라 한다)을 생산하는 교정시설의 장(이하 "소장"이라 한다)은 국가, 지방자치단체 또는 공공기관(이하 "수요기관"이라 한다)의 수요량과 해당 지역의 생산실태 등을 조사하여 법무부령으로 정하는 사항이 포함된 다음 연도의 생산공급계획을 수립하여 매년 10월 30일까지 법무부장관에게 보고하여야 한다.

시행규칙

제3조 생산공급계획의 보고
교정시설의 장(이하 "소장"이라 한다)이 「교도작업의 운영 및 특별회계에 관한 법률 시행령」(이하 "영"이라 한다) 제3조에 따라 법무부장관에게 보고하는 다음 연도의 생산공급계획서에는 다음 각 호의 사항이 포함되어야 한다.
1. 교정시설의 생산 가능량
2. 교정시설의 자체 수요량
3. 해당 연도 수요기관의 수 및 수요량
4. 해당 지역의 생산실태와 수요량
5. 생산공급계획량
6. 그 밖에 교도작업제품의 생산과 관련하여 필요한 사항

시행령

제4조 공고에 필요한 조사
① 법무부장관은 수요기관에 대하여 법 제4조에 따른 공고에 필요한 자료의 제출을 요청할 수 있다.
② 제1항에 따른 요청을 받은 수요기관은 지정된 기간 내에 필요한 자료를 성실하게 작성하여 제출하여야 한다.

제5조 교도작업제품의 종류 및 수량의 공고
① 법무부장관은 제3조에 따라 제출된 생산공급계획과 제4조에 따라 제출된 자료를 검토하고 다음 각 호의 사항을 고려하여 법 제4조에서 정한 기한까지 다음 연도에 생산할 교도작업제품의 종류와 수량을 결정하여 공고하여야 한다.
   1. 교정시설의 자체 수요품이 우선적으로 포함될 것
   2. 국민생활에 도움이 될 것
   3. 특별회계의 건전한 운영에 도움을 줄 수 있을 것
② 법무부장관은 교도작업제품을 공급할 수 없을 때에는 해당 지역 또는 해당 수요기관을 미리 공고하여야 한다.

제6조 교도작업의 종류
① 소장은 다음 각 호의 사항을 고려하여 법무부장관의 승인을 받아 교도작업의 시행방법에 따른 교도작업의 종류를 교도작업제품별로 정한다. 교도작업의 종류를 변경하는 경우에도 또한 같다.
   1. 교도작업의 운영 여건에 적합할 것
   2. 수용자의 근로의식을 함양할 수 있을 것
   3. 수용자의 안정적 사회복귀와 기술 습득에 도움을 줄 수 있을 것
② 제1항에 따른 교도작업의 종류 및 그 승인 절차는 법무부령으로 정한다.

시행규칙

제6조 교도작업의 종류
① 영 제6조에 따른 교도작업의 종류는 다음 각 호와 같다

1. 직영작업	법 제6조에 따른 민간기업의 참여 없이 교도작업제품을 생산하는 작업
2. 위탁작업	법 제6조에 따라 교도작업에 참여한 민간기업을 통하여 교도작업제품을 생산하는 작업
3. 노무작업	수용자의 노무를 제공하여 교도작업제품을 생산하는 작업
4. 도급작업	국가와 제3자 간의 공사 도급계약에 따라 수용자에게 부과하는 작업

② 소장은 제1항에 따른 작업을 중지하려면 지방교정청장의 승인을 받아야 한다.

제5조 교도작업제품의 우선구매

국가, 지방자치단체 또는 공공기관은 그가 필요로 하는 물품이 제4조에 따라 공고된 것인 경우에는 공고된 제품 중에서 우선적으로 구매하여야 한다.

제6조 교도작업에의 민간참여

① 법무부장관은 「형의 집행 및 수용자의 처우에 관한 법률」 제68조(외부통근작업 등)에 따라 수형자가 외부기업체 등에 통근 작업하거나 교정시설의 안에 설치된 외부기업체의 작업장에서 작업할 수 있도록 민간기업을 참여하게 하여 교도작업을 운영할 수 있다.
② 교정시설의 장은 제1항에 따라 민간기업이 참여할 교도작업(이하 이 조에서 "민간참여작업"이라 한다)의 내용을 해당 기업체와의 계약으로 정하고 이에 대하여 법무부장관의 승인(재계약의 경우에는 지방교정청장의 승인)을 받아야 한다. 다만, 법무부장관이 정하는 단기의 계약에 대하여는 그러하지 아니하다.
③ 제1항 및 제2항에 따른 민간기업의 참여 절차, 민간참여작업의 종류, 그 밖에 민간참여작업의 운영에 필요한 사항은 「형의 집행 및 수용자의 처우에 관한 법률」 제68조 제1항의 사항을 고려하여 법무부장관이 정한다.

시행규칙

제4조 교도작업 참여 신청 등
① 법 제6조 제1항에 따라 교도작업에 참여하려는 민간기업은 별지 서식의 참여신청서를 법무부장관에게 제출하여야 한다.
② 교도작업에 참여하려는 민간기업은 경영상태가 양호하고, 취업지원을 하는 등 수형자의 사회복귀에 도움이 될 수 있어야 한다.

제5조 단기계약
① 법 제6조 제2항 단서에서 "법무부장관이 정하는 단기의 계약"이란 계약기간이 2개월 이하인 계약을 말한다.
② 소장은 제1항에 따른 계약을 체결한 경우에는 지체 없이 법무부장관에게 보고하여야 한다.

시행령

제9조 일반경쟁계약
특별회계의 세입·세출의 원인이 되는 계약을 담당하는 공무원(이하 "계약담당자"라 한다)은 다음 각 호의 어느 하나에 해당하는 계약으로서 추정가격이 「국가를 당사자로 하는 계약에 관한 법률 시행령」 제26조 제1항 제5호 가목에 따른 추정가격의 2배를 초과하는 계약을 하려는 경우에는 일반경쟁에 부쳐야 한다.

제10조 수의계약
계약담당자는 제9조(일반경쟁계약)에도 불구하고 다음 각 호의 어느 하나에 해당하는 경우에는 수의계약으로 할 수 있다.

[추정가격의 2배를 초과하여 일반경쟁 계약의 대상이 되는 경우]
1. 고정자산에 속하거나 속하게 될 재산의 매매
2. 유동자산에 속하는 물건의 구입
3. 잡수입 과목으로 처리되는 물건의 매도
4. 손실 과목으로 처리되는 물건의 구입

[추정가격의 2배를 초과하더라도 수의계약이 가능한 경우]
1. 계약의 성질 또는 목적이 특정된 조건을 필요로 하거나 특정인의 기술 또는 지능이 계약의 성취요건이 되어 대체할 수 없어 경쟁을 할 수 없는 경우
2. 수요기관과 계약을 하는 경우
3. 예산 또는 자금의 배정 지연으로 인하여 경쟁에 부칠 시간적 여유가 없어 교도작업 및 사업상 지장이 초래된다고 인정되는 경우

시행규칙

제9조 수의계약의 절차
① 계약담당자는 계약을 수의계약으로 하려면 「교도관직무규칙」 제21조에 따른 교도관회의의 심의를 거쳐야 한다.
② 계약담당자가 계약을 수의계약으로 한 경우에는 법무부장관에게 보고하여야 한다.

제7조 교도작업제품의 민간판매

교도작업으로 생산된 제품은 민간기업 등에 직접 판매하거나 위탁하여 판매할 수 있다.

시행령

제7조 교도작업제품의 판매방법
법무부장관은 교도작업제품의 전시 및 판매를 위하여 필요한 시설을 설치·운영하거나 전자상거래 등의 방법으로 교도작업제품을 판매할 수 있다.

제8조 교도작업특별회계의 설치·운용

① 교도작업의 효율적인 운영을 위하여 교도작업특별회계(이하 "특별회계"라 한다)를 설치한다.
② 특별회계는 법무부장관이 운용·관리한다.

> 시행령

제8조 특별회계의 회계기준
① 특별회계의 회계처리는 「국가회계법」 제11조에 따른 국가회계기준에 따른다.
② 법무부장관은 특별회계 재무구조의 건전화와 효율적인 경영성과의 분석을 위하여 필요하다고 인정하면 별도의 회계기준을 마련하여 특별회계 운영의 분석에 활용할 수 있다.

제9조 특별회계의 세입·세출
① 특별회계의 세입은 다음 각 호와 같다.
  1. 교도작업으로 생산된 제품 및 서비스의 판매, 그 밖에 교도작업에 부수되는 수입금
  2. 제10조에 따른 일반회계로부터의 전입금
  3. 제11조에 따른 차입금
② 특별회계의 세출은 다음 각 호와 같다.
  1. 교도작업의 관리, 교도작업 관련 시설의 마련 및 유지·보수, 그 밖에 교도작업의 운영을 위하여 필요한 경비
  2. 「형의 집행 및 수용자의 처우에 관한 법률」 제73조 제2항의 작업장려금
  3. 「형의 집행 및 수용자의 처우에 관한 법률」 제74조의 위로금 및 조위금
  4. 수용자의 교도작업 관련 직업훈련을 위한 경비

제10조 일반회계로부터의 전입
특별회계는 세입총액이 세출총액에 미달된 경우 또는 시설 개량이나 확장에 필요한 경우에는 예산의 범위에서 일반회계로부터 전입을 받을 수 있다.

제11조 일시 차입 등
① 특별회계는 지출할 자금이 부족할 경우에는 특별회계의 부담으로 국회의 의결을 받은 금액의 범위에서 일시적으로 차입하거나 세출예산의 범위에서 수입금 출납공무원 등이 수납한 현금을 우선 사용할 수 있다.
② 제1항에 따라 일시적으로 차입하거나 우선 사용한 자금은 해당 회계연도 내에 상환하거나 지출금으로 대체납입하여야 한다.

제11조의2 잉여금의 처리
특별회계의 결산상 잉여금은 다음 연도의 세입에 이입한다.

제12조 예비비
특별회계는 예측할 수 없는 예산 외의 지출 또는 예산을 초과하는 지출에 충당하기 위하여 세출예산에 예비비를 계상할 수 있다.

04 교도관직무규칙(2025.4.22)

법무부령(법무부교정기획과)

제1장 총칙

제1절 통칙

제1조 목적
이 규칙은 「형의 집행 및 수용자의 처우에 관한 법률」의 시행을 위하여 교도관의 직무에 관한 사항을 정함을 목적으로 한다.

제2조 정의
이 규칙에서 사용하는 용어의 뜻은 다음과 같다.
1. "교도관"이란 다음 각 목의 어느 하나에 해당하는 업무를 담당하는 공무원을 말한다.
    가. 수용자의 구금 및 형의 집행
    나. 수용자의 지도, 처우 및 계호
    다. 수용자의 보건 및 위생
    라. 수형자의 교도작업 및 직업능력개발훈련
    마. 수형자의 교육·교화프로그램 및 사회복귀 지원
    바. 수형자의 분류심사 및 가석방
    사. 교도소·구치소 및 그 지소(이하 "교정시설"이라 한다)의 경계 및 운영·관리
    아. 그 밖의 교정행정에 관한 사항
2. 교정직교도관: 「공무원임용령」 별표 1에 따른 교정직렬공무원을 말한다.
3. 직업훈련교도관: 「전문경력관 규정」 제2조 제1항에 따른 전문경력관 임용절차에 따라 임용된 사람으로서 「근로자직업능력 개발법」 제33조에 따른 직업능력개발훈련교사를 말한다.
4. 보건위생직교도관: 「공무원임용령」 별표 1에 따른 의무·약무·간호·의료기술·식품위생직렬공무원을 말하며, 해당 직렬에 따라 각각 의무직교도관, 약무직교도관, 간호직교도관, 의료기술직교도관, 식품위생직교도관으로 한다.
5. 기술직교도관: 「공무원임용령」 별표 1에 따른 공업·농업·시설·전산·방송통신·운전직렬공무원을 말한다.
6. 관리운영직교도관: 「공무원임용령」 별표 1에 따른 관리운영직군공무원을 말한다.
7. "상관"이란 직무수행을 할 때 다른 교도관을 지휘·감독할 수 있는 직위나 직급에 있는 교도관을 말한다.
8. "당직간부"란 교정시설의 장(이하 "소장"이라 한다)이 지명하는 교정직교도관으로서 보안과의 보안업무 전반에 걸쳐 보안과장을 보좌하고, 휴일 또는 야간(당일 오후 6시부터 다음날 오전 9시까지를 말한다. 이하 같다)에 소장을 대리하는 사람을 말한다.

제3조 기본강령
교도관은 다음의 기본강령에 따라 근무해야 한다.
1. 교도관은 법령을 준수하고 상관의 직무상 명령에 복종하며, 일사불란한 지휘체계와 엄정한 복무기강을 확립한다.
2. 교도관은 상관에 대한 존경과 부하에 대한 믿음과 사랑을 바탕으로 직무를 수행하고 주어진 임무를 완수하기 위하여 모든 역량을 기울인다.
3. 교도관은 창의와 노력으로써 과학적 교정기법을 개발하고 교정행정의 능률을 향상시킨다.
4. 교도관은 청렴결백하고 근면성실한 복무자세를 지니며 직무수행의 결과에 대하여 책임을 진다.
5. 교도관은 풍부한 식견과 고매한 인격이 교정행정 발전의 원천임을 명심하고 인격을 닦기 위하여 끊임없이 노력한다.

제4조 다른 법령과의 관계
교도관의 직무에 관하여는 다른 법령에 특별한 규정이 있는 경우가 아니면 이 규칙에 따른다.

제2절 근무의 일반원칙

제5조 근무의 구분
① 교도관의 근무는 그 내용에 따라 보안근무와 사무근무로 구분하고, 보안근무는 근무 방법에 따라 주간근무와 주·야간 교대 근무(이하 "교대근무"라 한다)로 구분한다.
② 보안근무는 수용자의 계호를 주된 직무로 하고, 사무근무는 수용자의 계호 외의 사무처리를 주된 직무로 한다.
③ 보안근무와 사무근무의 구분에 필요한 세부사항은 소장이 해당 교정시설의 사정이나 근무내용 등을 고려하여 따로 정한다.

제6조 직무의 우선순위
수용자의 도주, 폭행, 소요, 자살 등 구금목적을 해치는 행위에 관한 방지 조치는 다른 모든 직무에 우선한다.

제7조 직무의 처리
교도관은 직무를 신속·정확·공정하게 처리하고, 그 결과를 지체 없이 상관에게 문서 또는 구두로 보고하여야 한다. 다만, 상관으로부터 특별히 명령받은 직무로서 그 직무처리에 많은 시일이 걸리는 경우에는 그 중간 처리상황을 보고하여야 한다.

제8조 근무장소 이탈금지
교도관은 상관의 허가 없이 또는 정당한 사유 없이 근무장소를 이탈하거나 근무장소 외의 장소에 출입하지 못한다.

제9조 교도관의 공동근무
소장은 2명 이상의 교도관을 공동으로 근무하게 하는 경우에는 책임자를 지정하고 직무를 분담시켜 책임한계를 분명히 하여야 한다.

제10조 교도관의 지휘·감독
교도관은 직무수행을 위하여 특히 필요하다고 인정되는 경우에는 그 직무수행에 참여하는 하위직급의 다른 직군 교도관을 지휘·감독할 수 있다.

제11조 교도관에 대한 교육 등
소장은 교도관에 대하여 공지사항을 알리고, 포승을 사용하는 방법, 폭동진압훈련, 교정장비의 사용·조작훈련 등 직무수행에 필요한 교육·훈련을 실시하여야 한다.

제12조 수용자에 대한 호칭
수용자를 부를 때에는 수용자 번호를 사용한다. 다만, 수용자의 심리적 안정이나 교화를 위하여 필요한 경우에는 수용자 번호와 성명을 함께 부르거나 성명만을 부를 수 있다.

제13조 수용기록부 등의 관리 등
① 교도관은 수용자의 신상에 변동사항이 있는 경우에는 지체 없이 수용기록부(부속서류를 포함한다), 수용자명부 및 형기종료부 등 관계 서류를 바르게 고쳐 관리·보존하여야 한다.
② 교도관은 제1항에 따른 수용자의 신상 관계 서류를 공무상으로 사용하기 위하여 열람·복사 등을 하려면 상관의 허가를 받아야 한다.
③ 수용자의 신상에 관한 전산자료의 관리·보존, 열람·출력 등에 관하여는 제1항과 제2항을 준용한다.

제13조의2 고유식별정보의 처리
소장은 교정시설의 외부에 있는 사람에게 수용자에 관한 수용 및 출소 증명서를 발급하는 사무를 수행하기 위하여 불가피한 경우 「개인정보 보호법 시행령」 제19조에 따른 주민등록번호, 여권번호, 운전면허의 면허번호 또는 외국인등록번호가 포함된 자료를 처리할 수 있다.

제14조 수용자의 손도장 증명
① 수용자가 작성한 문서로서 해당 수용자의 날인이 필요한 것은 오른손 엄지손가락으로 손도장을 찍게 한다. 다만, 수용자가 오른손 엄지손가락으로 손도장을 찍을 수 없는 경우에는 다른 손가락으로 손도장을 찍게 하고, 그 손도장 옆에 어느 손가락인지를 기록하게 한다.
② 제1항의 경우에는 문서 작성 시 참여한 교도관이 서명 또는 날인하여 해당 수용자의 손도장임을 증명하여야 한다.

제15조 비상소집 응소 (2025.4.22)
교도관은 다음 각 호에 해당하는 상황(이하 "비상상황"이라 한다)이 발생하여 비상소집 명령을 받은 경우에는 지체 없이 소집에 응하여 상관의 지시를 받아야 한다
1. 천재지변이나 그 밖의 중대한 사태
2. 화재, 수용자의 도주·폭행·소요·자살, 외부로부터의 침입 등 교정시설의 안전과 질서를 위태롭게 하는 사고(이하 "교정사고"라 한다)

제16조 소방기구 점검 등
소장은 교도관으로 하여금 매월 1회 이상 소화기 등 소방기구를 점검하게 하고 그 사용법의 교육과 소방훈련을 하게 하여야 한다.

제17조 이송 시 수용기록부 등의 인계
소장은 다른 교정시설로 수용자를 이송하는 경우에는 수용기록부(부속서류를 포함한다) 등 개별처우에 필요한 자료를 해당 교정시설로 보내야 한다.

제3절 근무시간

제18조 보안근무자의 근무시간
① 보안근무자의 근무시간은 다음과 같다.
   1. 주간근무: 1일 주간 8시간
   2. 교대근무: 제1부, 제2부, 제3부 및 제4부의 4개 부로 나누어 서로 교대하여 근무하게 한다. 다만, 소장은 교정직교도관의 부족 등 근무의 형편상 부득이한 경우에는 교대근무자를 제1부와 제2부의 2개 부 또는 제1부, 제2부 및 제3부의 3개 부로 나누어 근무하게 할 수 있다.
② 보안근무자는 소장이 정하는 바에 따라 근무시간 중에 식사 등을 위한 휴식을 할 수 있다.
③ 소장은 계절, 지역 여건 및 근무 내용 등을 고려하여 필요하다고 인정하는 경우에는 보안근무자의 근무 시작시간·종료시간을 조정할 수 있다.

제19조 사무근무자의 근무시간
사무근무자의 근무시간은 「국가공무원 복무규정」 제9조에 따른다.

제20조 근무시간 연장 등
① 소장은 교도관의 부족, 직무의 특수성 등 근무의 형편에 따라 특히 필요하다고 인정하는 경우에는 제18조와 제19조에도 불구하고 근무시간을 연장하거나 조정할 수 있고 휴일 근무를 명할 수 있다.
② 제1항에 따라 휴일에 근무를 한 교도관의 휴무에 관하여는 「국가공무원 복무규정」 제11조 제2항에 따른다.

제4절 교도관회의

제21조 교도관회의의 설치
소장의 자문에 응하여 교정행정에 관한 중요한 시책의 집행 방법 등을 심의하게 하기 위하여 소장 소속의 교도관회의(이하 이 절에서 "회의"라 한다)를 둔다.

제22조 회의의 구성과 소집
① 회의는 소장, 부소장 및 각 과의 과장과 소장이 지명하는 6급 이상의 교도관(지소의 경우에는 7급 이상의 교도관)으로 구성된다.
② 소장은 회의의 의장이 되며, 매주 1회 이상 회의를 소집하여야 한다.

제23조 심의
① 회의는 다음 사항을 심의한다.
   1. 교정행정 중요 시책의 집행방법
   1의2. 교도작업 및 교도작업특별회계의 운영에 관한 주요사항
   2. 각 과의 주요 업무 처리
   3. 여러 과에 관련된 업무 처리
   4. 주요 행사의 시행
   5. 그 밖에 소장이 회의에 부치는 사항
② 소장은 제1항의 심의사항 중 필요하다고 인정하는 경우에는 6급 이하의 교도관을 참석시켜 그 의견 등을 들을 수 있다.
③ 소장은 회의에서 자문에 대한 조언과 그에 따른 심의 외에 필요한 지시를 하거나 보고를 받을 수 있다.

제24조 서기
① 소장은 회의의 사무를 원활히 처리하기 위하여 총무과(지소의 경우에는 총무계) 소속의 교도관 중에서 서기 1명을 임명하여야 한다.
② 서기는 회의에서 심의·지시·보고된 사항 등을 회의록에 기록하고 참석자의 서명 또는 날인을 받아야 한다.

제24조의2 교정 종합상황실의 설치·운영 (2025.4.22)
① 법무부장관은 비상상황에 대비하고 비상상황이 발생한 경우 그와 관련된 신속한 대응 및 관리 등의 업무를 수행하기 위해 법무부와 그 소속기관에 교정 종합상황실을 각각 설치·운영할 수 있다.
② 제1항에 따른 교정 종합상황실의 설치, 운영 및 업무 등에 관한 사항은 법무부장관이 정한다.

제2장 교정직교도관의 직무

제1절 직무통칙

제25조 교정직교도관의 직무
① 교정직교도관은 다음 각 호의 사무를 담당한다.
  1. 수용자에 대한 지도·처우·계호
  2. 삭제 〈2015.1.30.〉
  3. 교정시설의 경계
  4. 교정시설의 운영·관리
  5. 그 밖의 교정행정에 관한 사항
② 소장은 제1항에도 불구하고 교정시설의 운영을 위하여 특히 필요하다고 인정하는 경우에는 교정직교도관으로 하여금 그 밖의 교도관의 직무를 수행하게 할 수 있다.

제26조 생활지도 등
① 교정직교도관은 수용자가 건전한 국민정신과 올바른 생활자세를 가지도록 생활지도 및 교육에 노력하여야 한다.
② 교정직교도관이 수용자의 교육·교화프로그램 및 직업훈련 등에 참여하는 경우에는 교육 등이 원활히 진행될 수 있도록 수용자를 감독하여야 한다.

제27조 공평 처우
교정직교도관은 접견, 물품지급 등에서 수용자를 공평하게 처우하고, 그 처우가 수용자의 심리적 안정 및 교화에 이바지할 수 있도록 하여야 한다.

제28조 수용자의 행실 관찰
① 교정직교도관은 직접 담당하는 수용자의 행실을 계속하여 관찰하고, 그 결과를 지도·처우 및 계호의 자료로 삼아야 한다.
② 제1항에 따른 관찰결과 중 특이사항은 개요를 기록하여 상관에게 보고하여야 한다.

제29조 작업 감독
① 교정직교도관은 수용자가 작업을 지정받은 경우에는 성실하게 작업하도록 감독하여야 한다.
② 교정직교도관은 수용자의 작업실적 등이 교정성적에 반영될 수 있도록 작업일과표를 매일 작성하는 등 작업관계 서류를 철저히 작성하여야 한다.

제30조 안전사고 예방
교정직교도관은 수용자가 작업을 할 때에는 사전에 안전교육을 하는 등 사고 예방에 노력하여야 한다.

제31조 수용자의 의류 등의 관리
① 교정직교도관은 수용자가 지급받은 의류, 침구, 그 밖의 생활용품(이하 이 조에서 "의류 등"이라 한다)을 낭비하지 아니하도록 지도하여야 한다.
② 교정직교도관은 수용자의 의류 등이 오염되거나 파손된 경우에는 상관에게 보고하고, 상관의 지시를 받아 교환·수리·세탁·소독 등 적절한 조치를 하여야 한다.

제32조 수용자의 청원 등 처리
① 교정직교도관은 수용자가 「형의 집행 및 수용자의 처우에 관한 법률」(이하 "법"이라 한다) 제117조에 따른 청원, 「국가인권위원회법」 제31조에 따른 진정 및 「공공기관의 정보공개에 관한 법률」에 따른 정보공개청구 등을 하는 경우에는 지체 없이 상관에게 보고하여야 한다.
② 수용자가 상관 등과의 면담을 요청한 경우에는 그 사유를 파악하여 상관에게 보고하여야 한다.

제33조 위생관리 등
① 교정직교도관은 수용자로 하여금 자신의 신체와 의류를 청결하게 하고, 두발 및 수염을 단정하게 하는 등 위생관리를 철저히 하도록 지도하여야 한다.
② 교정직교도관은 수용자가 부상을 당하거나 질병에 걸린 경우에는 즉시 적절한 조치를 하고 지체 없이 상관에게 보고하여야 한다.

제34조 계호의 원칙
교정직교도관이 수용자를 계호할 때에는 수용자를 자신의 시선 또는 실력지배권 밖에 두어서는 아니 된다.

제35조 인원점검 등
① 소장은 당직간부의 지휘 아래 교정직교도관으로 하여금 전체 수용자를 대상으로 하는 인원점검을 매일 2회 이상 충분한 사이를 두고 하게 하여야 한다.
② 제1항에 따라 인원점검을 한 당직간부는 그 결과를 소장에게 보고하여야 한다.
③ 교정직교도관은 자신이 담당하는 수용자를 대상으로 작업을 시작하기 전과 마친 후, 인원변동 시 등에 수시로 인원점검을 하여야 한다.
④ 교정직교도관은 수용자가 작업·운동 등 동작 중인 경우에는 항상 시선으로 인원에 이상이 있는지를 파악하여야 한다.

제36조 야간 거실문의 개폐
① 교정직교도관은 일과종료(작업·교육 등 일과를 마치고 수용자를 거실로 들여보낸 다음 거실문을 잠그는 것을 말한다. 이하 같다) 후부터 그 다음날 일과시작(작업·교육 등 일과를 위하여 수용자를 거실에서 나오게 하기 위하여 거실문을 여는 것을 말한다. 이하 같다) 전까지는 당직간부의 허가를 받아 거실문을 여닫거나 수용자를 거실 밖으로 나오게 할 수 있다. 다만, 자살, 자해, 응급환자 발생 등 사태가 급박하여 당직간부의 허가를 받을 시간적 여유가 없는 경우에는 그러하지 아니하다.
② 제1항에 따라 거실문을 여닫거나 수용자를 거실 밖으로 나오게 하는 경우에는 사전에 거실 내 수용자의 동정을 확인하여야 하고, 제1항 단서의 경우가 아니면 2명 이상의 교정직교도관이 계호하여야 한다.

제37조 징벌대상행위의 보고 등
① 교정직교도관은 수용자가 법 제107조 각 호의 어느 하나에 해당하는 행위(이하 "징벌대상행위"라 한다)를 하는 경우에는 지체 없이 상관에게 보고하여야 한다. 다만, 수용자가 도주, 소요, 폭동 등 특히 중대한 징벌대상행위를 한 경우에는 지체 없이 비상신호나 그 밖의 방법으로 보안과에 알리는 등 체포 및 진압을 위한 모든 수단을 동원함과 동시에 상관에게 보고하여야 한다.
② 교정직교도관은 제1항에도 불구하고 도주하는 수용자를 체포할 기회를 잃을 염려가 있는 경우에는 지체 없이 그를 추격하여야 한다.
③ 소장은 수용자의 징벌대상행위에 관하여는 이를 조사하여 사안의 경중에 따라 사건송치, 징벌, 생활지도교육 등 적절한 조치를 하여야 한다.

제38조 재난 시의 조치 (2025.4.22)
교정직교도관은 천재지변이나 그 밖의 중대한 사태가 발생한 경우에는 수용자의 계호를 특히 엄중하게 하고, 상관의 지휘를 받아 적절한 피난 준비를 하여야 한다. 다만, 상관의 지휘를 받을 시간적 여유가 없는 경우에는 수용자의 생명과 안전을 위한 대피 등의 조치를 최우선적으로 하여야 한다.

제39조 물품 정리 등
교정직교도관은 수용자가 사용하는 모든 설비와 기구가 훼손되거나 없어졌는지를 확인하고, 수용자로 하여금 자신이 사용하는 물품 등을 정리하도록 지도하여야 한다.

제40조 수용자의 호송
① 교정직교도관이 수용자를 교정시설 밖으로 호송하는 경우에는 미리 호송계획서를 작성하여 상관에게 보고하여야 한다.
② 교정직교도관은 수용자의 호송 중 도주 등의 사고가 발생하지 아니하도록 수용자의 동정을 철저히 파악하여야 한다.

제41조 접견 참여 등
① 교정직교도관이 「형의 집행 및 수용자의 처우에 관한 법률 시행령」(이하 이 조에서 "영"이라 한다) 제62조 제1항(접견내용의 청취·기록을 위한 교도관의 접견 참여)에 따라 수용자의 접견에 참여하는 경우에는 수용자와 그 상대방의 행동·대화내용을 자세히 관찰하여야 한다.
② 교정직교도관이 영 제71조에 따라 참고사항을 수용기록부에 기록하는 경우에는 지체 없이 상관에게 보고하여야 하며, 상관의 지시를 받아 관계 과에 통보하는 등 적절한 조치를 하여야 한다.
③ 수용자의 접견에 관한 기록은 수용자의 처우나 그 밖의 공무수행상 필요하여 상관의 허가를 받은 경우를 제외하고는 관계 교도관이 아닌 교도관은 열람이나 복사 등을 해서는 아니 된다.

제42조 정문 근무
① 정문에 근무하는 교정직교도관(이하 이 조에서 "정문근무자"라 한다)은 정문 출입자와 반출·반입 물품을 검사·단속하여야 한다.
② 정문근무자는 제1항의 검사·단속을 할 때 특히 필요하다고 인정하는 경우에는 출입자의 신체와 휴대품을 검사할 수 있다. 이 경우 검사는 필요한 최소한도의 범위에서 하여야 하며, 출입자 중 여성에 대한 검사는 여성교도관이 하여야 한다.
③ 정문근무자는 제1항 또는 제2항의 검사 도중 이상하거나 의심스러운 점을 발견한 경우에는 출입 등을 중지함과 동시에 상관에게 이를 보고하여 상관의 지시를 받아 적절한 조치를 하여야 한다.
④ 정문근무자는 수용자의 취침 시간부터 기상 시간까지는 당직간부의 허가 없이 정문을 여닫을 수 없다.

제43조 교정시설의 경계 등 (2025.4.22)
① 교정직교도관은 교정시설의 중요시설 등을 경계하고 자기가 담당하는 구역을 순찰하여야 한다.
② 교정직교도관이 제1항에 따라 경계 또는 순찰 근무를 하는 경우에는 그의 시선 내에 있는 구역·시설 등을 감시하여 교정사고와 수용자의 징벌대상행위등을 예방·단속하여야 한다.

제44조 사형 집행
사형집행은 상관의 지시를 받은 교정직교도관이 하여야 한다.

제45조 업무 인계
보안근무 교정직교도관은 근무시간의 종료, 휴식시간의 시작, 그 밖의 사유에도 불구하고 다음 근무자에게 업무를 인계한 후가 아니면 근무장소를 떠나서는 아니 된다.

제46조 근무결과 보고
보안근무 교정직교도관은 근무를 마치거나 다음 근무자에게 업무를 인계할 때에는 근무 중 이상이 있었는지 등을 상관에게 보고하여야 한다.

제47조 상황 및 의견의 보고
교정직교도관은 다음 각 호의 어느 하나에 해당하는 경우에는 그에 관한 상황 및 의견을 지체 없이 상관에게 보고하고, 상관의 지시를 받아 처리하여야 한다.
1. 직무의 집행에 착오가 있는 경우
2. 수용자 처우의 방법을 변경할 필요가 있는 경우
3. 수용자의 심경에 특이한 동요나 변화가 있는 경우
4. 수용자가 처우에 관하여 불복하는 경우
5. 수용자의 처우에 필요한 정보를 얻은 경우
6. 그 밖에 직무와 관련된 사고가 발생한 경우

제48조 교정직교도관의 계호근무
이 규칙에 규정된 사항 외에 교정직교도관의 계호근무에 관하여는 법무부장관이 정하는 바에 따른다.

제2절 당직간부의 직무

제49조 당직간부의 편성
① 당직간부는 교대근무의 각 부별로 2명 이상으로 편성한다. 이 경우 정(正)당직간부 1명과 부(副)당직간부 1명 이상으로 한다.
② 당직간부는 교정관 또는 교감으로 임명한다. 다만, 교정시설의 사정에 따라 결원의 범위에서 교위 중 적임자를 선정하여 당직간부에 임명할 수 있다.
③ 정당직간부 및 부당직간부의 업무분담에 관하여는 소장이 정한다.

제50조 교정직교도관 점검 등
① 당직간부는 교정직교도관을 점검하여야 하며, 점검이 끝나면 그 결과를 보안과장(이하 이 절에서 "과장"이라 한다)에게 보고하여야 한다.
② 교정직교도관은 점검 면제 통지를 받은 경우가 아니면 점검을 받아야 한다.
③ 교정직교도관 점검 등에 필요한 사항은 따로 법무부장관이 정한다.

제51조 근무상황 순시·감독
당직간부는 보안근무 교정직교도관의 근무배치를 하고, 수시로 보안근무 교정직교도관의 근무상황을 순시·감독하여야 하며, 근무배치 및 순시·감독결과를 과장에게 보고하여야 한다.

제52조 임시 배치
당직간부는 수용자가 수용된 거실을 여닫거나 여러 명의 수용자를 이동시키는 등 계호를 강화할 필요가 있다고 판단되는 경우에는 휴식 중인 교정직교도관 등을 특정 근무지에 임시로 증가시켜 배치하여야 한다.

제53조 일과시작·종료의 진행
① 당직간부는 수용자의 기상시간에 인원점검을 하고 이상이 없으면 수용자가 일과활동을 하는 작업장 등에 교정직교도관을 배치한 후 일과시작을 명한다.
② 당직간부는 수용자의 작업 등 일과활동이 끝나면 교정직교도관으로 하여금 수용자가 일과활동을 한 작업장 등에서 인원 및 도구를 점검하게 하고 그 결과를 과장에게 보고한 후 수용자를 거실로 들어가게 하여야 한다. 수용자가 거실로 들어가면 다시 인원점검을 하고 그 결과를 소장에게 보고한 후 일과종료를 명한다.

제54조 보안점검 등
당직간부는 매일 총기·탄약·보호장비·보안장비, 그 밖의 교정장비에 이상이 없는지를 확인하고, 각 사무실 등의 화기·전기기구·잠금장치 등에 대한 점검감독을 철저히 하여야 한다.

제55조 비상소집망 점검
당직간부는 매주 1회 이상 교도관의 비상소집망을 확인하여 정확하게 유지하도록 하여야 한다.

제56조 수용·석방사무의 감독
① 당직간부는 교정시설에 수용되거나 교정시설에서 석방되는 사람의 신상을 직접 확인하는 등 수용 및 석방에 관한 사무를 감독하여야 한다.
② 출정감독자는 법원에서 무죄판결 등 구속영장이 실효되는 판결이 선고되어 즉시 석방되는 사람의 신상을 직접 확인하는 등 석방에 관한 사무를 감독하여야 한다.

제57조 행정처리
당직간부는 수용·계호 등에 관한 문서의 처리와 수용자 물품의 관리상태 등을 확인하고 감독하여야 한다.

제58조 당직결과 보고 및 인계
당직간부는 당직근무 중에 발생한 수용자의 인원변동 사항 및 중요사항을 소장·부소장·과장에게 보고한 후 다음 당직간부에게 인계하여야 한다.

제3절 사회복귀업무 교도관의 직무

제59조 사회복귀업무 교도관의 직무
교정직교도관 중 사회복귀업무를 수행하는 자(이하 "사회복귀업무 교도관"이라 한다)는 이 장 제1절의 직무 외에 다음 각 호의 사무를 겸하여 담당한다.
1. 수용자의 편지·집필
2. 수용자의 종교·문화
3. 수형자의 교육 및 교화프로그램
4. 수형자의 귀휴, 사회 견학, 가족 만남의 집 또는 가족 만남의 날 행사(이하 이 절에서 "귀휴 등"이라 한다)
5. 수형자의 사회복귀 지원

제60조 교육과정 개설계획 수립 및 시행
사회복귀업무 교도관은 수형자의 학력 신장에 필요한 교육과정 개설계획을 수립하여 소장에게 보고하고, 소장의 지시를 받아 교육을 하여야 한다.

제61조 교화프로그램 운영
사회복귀업무 교도관은 수형자의 정서함양 등을 위하여 심리치료·문화·예술·체육프로그램, 그 밖의 교화프로그램 운영계획을 수립하여 소장에게 보고하고, 소장의 지시를 받아 교화프로그램을 시행하여야 한다.

제62조 종교
사회복귀업무 교도관은 수용자가 자신이 신봉하는 종교의식이나 종교행사에 참석하기를 원하는 경우에는 특별한 사정이 없으면 허락하여야 한다. 다만, 수용자가 신봉하는 종교 또는 그에 따른 활동이 법 제45조 제3항 각 호의 어느 하나에 해당하는 경우에는 소장에게 보고하고, 소장의 지시를 받아 적정한 조치를 하여야 한다.

제63조 교화상담

① 사회복귀업무 교도관은 수형자 중 환자, 계호상 독거수용자 및 징벌자에 대하여 처우상 필요하다고 인정하는 경우에는 수시로 교화상담(수형자 특성을 고려하여 적당한 장소와 시기에 하는 개별적인 교화활동을 말한다. 이하 같다)을 하여야 한다. 다만, 해당 수형자가 환자인 경우에는 의무직교도관(공중보건의를 포함한다)의 의견을 들어야 한다.
② 사회복귀업무 교도관은 신입수형자와 교화상담을 하여야 한다. 다만, 다른 교정시설로부터 이송되어 온 수형자는 필요하다고 인정되는 경우에 할 수 있다.
③ 사회복귀업무 교도관은 사형확정자나 사형선고를 받은 사람의 심리적 안정을 위하여 수시로 상담을 하여야 하며, 필요하다고 인정하는 경우에는 외부인사와 결연을 주선하여 수용생활이 안정되도록 하여야 한다.
④ 사회복귀업무 교도관은 제1항부터 제3항까지의 규정에 해당하지 아니하는 수형자에 대하여도 다음 각 호의 어느 하나에 해당하는 경우에는 적절한 교화상담을 하여야 한다.
  1. 성격형성 과정의 결함으로 인하여 심리적 교정이 필요한 경우
  2. 대인관계가 원만하지 못하고 상습적으로 규율을 위반하는 경우
  3. 가족의 이산, 재산의 손실 등으로 가정에 문제가 있는 때
  4. 가족 등 연고자가 없는 경우
  5. 본인의 수용생활로 가족의 생계가 매우 어려운 경우
⑤ 사회복귀업무 교도관이 제1항부터 제4항까지의 규정에 따른 교화상담을 할 때에는 미리 그 수용자의 죄질, 범죄경력, 교육정도, 직업, 나이, 환경, 그 밖의 신상을 파악하여 활용하여야 한다.

제64조 귀휴 등 대상자 보고

사회복귀업무 교도관은 수형자가 귀휴 등의 요건에 해당하고 귀휴 등을 허가할 필요가 있다고 인정하는 경우에는 그 사실을 상관에게 보고하여야 한다.

제65조 사회복귀 지원

사회복귀업무 교도관은 수형자의 사회복귀에 필요한 지식과 정보를 제공하고, 석방 후 원활한 사회적응을 위한 상담을 하여야 하며, 공공기관・단체 등과 연계하여 사회정착에 필요한 사항을 지원할 수 있다.

제66조 상황 및 의견의 보고

사회복귀업무 교도관은 다음 각 호의 어느 하나에 해당하는 경우에는 그에 관한 상황 및 의견을 지체 없이 상관에게 보고하고, 상관의 지시를 받아 처리하여야 한다.
1. 수형자의 뉘우치는 정도 등에 따라 수용 및 처우의 방법을 변경할 필요가 있는 경우
2. 교화프로그램 시행 등의 과정에서 수형자에게 심경변화 등 특별한 상황이 발생한 경우
3. 석방예정자를 특별히 보호하여야 할 사유가 발생한 경우
4. 수용자가 처우에 불복하는 경우
5. 수용자의 처우에 필요한 정보를 얻은 경우
6. 그 밖에 직무의 집행에 착오가 있는 경우

제4절 분류심사업무 교도관의 직무

제67조 분류심사업무 교도관의 직무
교정직교도관 중 분류심사업무를 수행하는 자(이하 "분류심사업무 교도관"이라 한다)는 이 장 제1절의 직무 외에 다음 각 호의 사무를 겸하여 담당한다.
1. 수형자의 인성, 행동특성 및 자질 등의 조사·측정·평가(이하 "분류심사"라 한다)
2. 교육 및 작업의 적성 판정
3. 수형자의 개별처우계획 수립 및 변경
4. 가석방

제68조 분류검사
분류심사업무 교도관은 개별처우계획을 수립하기 위하여 수형자의 인성, 지능, 적성 등을 측정·진단하기 위한 검사를 한다.

제69조 교정성적 평가
분류심사업무 교도관은 매월 수형자의 교정성적을 평가하고 일정 기간마다 개별처우계획을 변경하기 위하여 필요한 평가자료를 확보하여야 한다.

제70조 분류처우위원회 준비 등
분류심사업무 교도관은 법 제62조의 분류처우위원회의 심의에 필요한 자료와 회의록 등을 작성·정리하여 상관에게 보고하여야 한다.

제71조 수형자분류처우심사표 기록
분류심사업무 교도관은 수형자분류처우심사표에 수형자의 처우등급 변경 등 처우변동사항을 지체 없이 기록하여야 한다.

제72조 분류상담
분류심사업무 교도관은 분류심사, 처우등급 부여 및 가석방 신청 등을 위하여 필요한 경우에는 수형자와 상담하고, 그 결과를 상관에게 보고하여야 한다.

제73조 가석방 적격자 등에 대한 조치
분류심사업무 교도관은 수형자가 교정성적이 우수하고 재범의 우려가 없는 등 가석방 요건을 갖추었다고 인정되는 경우에는 상관에게 보고하는 등 적절한 조치를 하여야 한다.

제74조 상황 및 의견의 보고
분류심사업무 교도관은 다음 각 호의 어느 하나에 해당하는 경우에는 그에 관한 상황 및 의견을 지체 없이 상관에게 보고하고, 상관의 지시를 받아 처리하여야 한다.
1. 분류심사에 잘못이 있음이 발견된 경우
2. 개별처우계획을 변경하거나 재검토할 필요가 있는 경우
3. 가석방 심사에 영향을 미칠 만한 사항이 발견된 경우
4. 그 밖에 직무의 집행에 착오가 있는 경우

제3장 기술·관리운영 직군 교도관의 직무

제1절 보건위생교도관의 직무

제75조 보건위생직교도관의 직무
① 보건위생직교도관이 담당하는 사무는 다음 각 호와 같다.
  1. 의무직교도관(공중보건의를 포함한다. 이하 "의무관"이라 한다)
     가. 수용자의 건강진단, 질병치료 등 의료
     나. 교정시설의 위생
     다. 그 밖의 교정행정에 관한 사항
  2. 약무직교도관
     가. 약의 조제
     나. 의약품의 보관 및 수급
     다. 교정시설의 위생 보조
     라. 그 밖의 교정행정에 관한 사항
  3. 간호직교도관
     가. 환자 간호
     나. 의무관의 진료 보조
     다. 교정시설의 위생 보조
     라. 「형의 집행 및 수용자의 처우에 관한 법률」 제36조 제2항에 따른 의료행위
     마. 그 밖의 교정행정에 관한 사항
  4. 의료기술직교도관
     가. 의화학적 검사 및 검사장비 관리업무
     나. 의무관의 진료 보조
     다. 교정시설의 위생 보조
     라. 그 밖의 교정행정에 관한 사항
  5. 식품위생직교도관
     가. 식품위생 및 영양관리
     나. 교정시설의 위생 보조
     다. 그 밖의 교정행정에 관한 사항
② 보건위생직교도관은 직무상 필요한 경우에 수용자를 동행·계호할 수 있다.
③ 제2항에 따라 보건위생직교도관이 수용자를 동행·계호하는 경우에는 제34조, 제37조 제1항·제2항을 준용한다.

제76조 환자의 진료
의무관이 환자를 진료하는 경우에는 진료기록부에 그 병명, 증세, 병력, 처방 등을 기록하여야 한다.

제77조 감염병 환자 및 응급환자의 진료
① 의무관은 감염병 환자가 발생하였거나 발생할 우려가 있는 경우에는 지체 없이 소장에게 보고해야 하며, 그 치료와 예방에 노력하여야 한다.
② 의무관은 응급환자가 발생한 경우에는 정상 근무시간이 아니더라도 지체 없이 출근하여 진료해야 한다.

제78조 수술의 시행
의무관은 환자를 치료하기 위하여 수술을 할 필요가 있는 경우에는 미리 소장에게 보고하여 허가를 받아야 한다. 다만, 긴급한 경우에는 사후에 보고할 수 있다.

제79조 수용자의 의사에 반하는 의료조치
① 의무관은 법 제40조 제2항의 조치(수용자의 의사에 반하는 의료조치)를 위하여 필요하다고 인정하는 경우에는 의료과에 근무하는 교정직교도관(의료과에 근무하는 교정직교도관이 없거나 부족한 경우에는 당직간부)에게 법 제100조(강제력의 행사)에 따른 조치를 하도록 요청할 수 있다.
② 제1항의 요청을 받은 교정직교도관 또는 당직간부는 특별한 사정이 없으면 요청에 응하여 적절한 조치를 하여야 한다.

제80조 의약품의 관리
① 약무직교도관은 의약품을 교도관용, 수용자용 등으로 용도를 구분하여 보관해야 한다.
② 제1항의 수용자용 의료약품은 예산으로 구입한 것과 수용자 또는 수용자 가족 등이 구입한 것으로 구분하여 보관해야 한다.
③ 유독물은 잠금장치가 된 견고한 용기에 넣어 출입문 잠금장치가 이중으로 되어 있는 장소에 보관·관리해야 한다. 다만, 보관장소의 부족 등 부득이한 경우에는 이중 잠금장치가 된 견고한 용기에 넣어 보관·관리할 수 있다.
④ 약무직교도관은 천재지변이나 그 밖의 중대한 사태에 대비하여 필요한 약품을 확보하고, 매월 1회 이상 그 수량·보관상태 등을 점검하고 그 결과를 상관에게 보고해야 한다.

제81조 교정직교도관 등에 대한 의료교육
① 의무관은 의료과 및 의료수용동 등에 근무하는 교정직교도관에 대하여 감염병 예방이나 소독, 그 밖의 의료업무 수행에 필요한 소양교육을 매월 1회 이상 해야 한다.
② 의무관은 간병수용자에 대해 간호방법, 구급요법 등 간호에 필요한 사항을 훈련시켜야 한다.
③ 의무관은 교도관에 대하여 연 1회 이상 간호 방법, 심폐소생술, 응급처치 등의 교육을 해야 한다.

제82조 사망진단서 작성
의무관은 수용자가 교정시설에서 사망한 경우에는 검시를 하고 사망진단서를 작성하여야 한다.

제83조 부식물의 검사
① 식품위생직교도관은 부식물 수령에 참여하여 그 신선도 등 품질을 확인하여 물품을 검사하는 교도관에게 의견을 제시하여야 한다. 이 경우 물품을 검사하는 교도관은 식품위생직교도관의 의견에 따라 적절한 조치를 하여야 한다.
② 의무관은 수용자에게 지급하는 주식, 부식 등 음식물 검사에 참여하여 식중독 등을 예방하여야 한다.

제84조 위생검사
① 의무관은 매일 1회 이상 의료수용동의 청결, 온도, 환기, 그 밖의 사항을 확인하여야 한다.
② 의무관은 교정시설의 모든 설비와 수용자가 사용하는 물품 또는 급식 등에 관하여 매주 1회 이상 전반적으로 그 위생에 관계된 사항을 확인하여야 하고, 그 결과 특히 중요한 사항은 소장에게 보고하여야 한다.

제85조 상황 및 의견의 보고
① 의무관은 다음 각 호의 어느 하나에 해당하는 경우에는 그에 관한 상황 및 의견을 지체 없이 상관에게 보고하고, 상관의 지시를 받아 처리하여야 한다.
  1. 작업, 운동, 급식 등에서 수용자의 건강유지에 부적당한 것을 발견한 경우
  2. 정신이상이 의심되는 수용자, 「형사소송법」 제471조 제1항 제1호부터 제4호까지의 규정 중 어느 하나에 해당하는 수용자 또는 폐질환에 걸렸거나 위독한 상태에 빠진 수용자를 발견한 경우
  3. 수용자의 체질·병증, 그 밖의 건강상태로 인하여 작업, 급식 등 처우의 방법을 변경할 필요가 있는 경우
  4. 질병으로 인하여 징벌의 집행 또는 석방에 지장이 있는 경우
  5. 질병을 숨기거나 꾀병을 앓는 수용자가 있는 경우
  6. 환자를 의료수용동에 수용할 필요가 있는 경우
  7. 환자를 외부 의료시설에 이송할 필요가 있거나 교정시설 밖에 있는 의료시설에서 근무하는 의사로 하여금 직접치료나 보조치료를 하게 할 필요가 있는 경우
  8. 그 밖에 직무의 집행에 착오가 있는 경우
② 의무관을 제외한 보건위생직교도관은 직무의 집행에 착오가 있는 경우에는 상관에게 보고하고, 상관의 지시를 받아 지체 없이 처리하여야 한다.

제2절 기술직교도관의 직무

제86조 기술직교도관의 직무
① 기술직교도관은 다음 각 호의 사무를 담당한다.
  1. 건축·전기·기계·화공·섬유·전산·통신 및 농업 등 해당 분야의 시설공사
  2. 수형자에 대한 기술지도
  3. 교정시설의 안전 및 유지 관리
  4. 차량의 운전·정비
  5. 그 밖의 교정행정에 관한 사항
② 기술직교도관은 직무를 수행하기 위하여 필요한 경우에는 수용자를 동행·계호할 수 있다.
③ 제2항에 따라 기술직교도관이 수용자를 동행·계호하는 경우에는 제34조, 제37조 제1항·제2항을 준용한다.

제87조 시설공사 및 기술지도
① 기술직교도관은 교정시설의 신축·증축 및 보수공사가 필요할 경우에는 공사계획을 수립하여 상관에게 보고하여야 한다.
② 기술직교도관은 공사를 시행할 때에는 발주계획을 수립하고 법무부장관이 정하는 바에 따라 감독업무를 수행하여야 한다.
③ 작업현장에서 기술지도를 수행하는 기술직교도관은 수형자의 기술향상에 노력하여야 하며, 위험이 따르는 기술작업 등을 하는 경우에는 수형자를 그 작업에 참여시켜서는 아니 된다. 다만, 수형자의 참여가 불가피하여 소장이 허가한 경우에는 그러하지 아니하다.
④ 제3항에 따른 작업은 특히 안전에 주의하여야 하며, 작업을 마친 후에는 기계·기구를 점검하고 그 결과를 지체 없이 상관에게 보고하여야 한다.

제88조 시설 안전점검 및 유지관리
① 기술직교도관은 안전사고 예방을 위하여 시설물에 대한 자체 안전점검 계획을 수립·시행하고, 법령에 따라 정기적으로 결함 검사를 하여야 한다.
② 기술직교도관은 토지·건물 및 전기·통신·기계설비 등 해당 시설이 기능을 적절하게 유지할 수 있도록 관리하여야 하며, 연차적으로 보수계획을 수립·시행하여야 한다.

제88조의2 차량 관리 및 차량의 취급
① 운전직렬공무원은 차량을 취급할 때 안전사고에 유의하여야 하며, 부득이한 경우를 제외하고는 관련 자격 취득자가 직접 조작하여야 한다.
② 운전직렬공무원은 직무상 취급하는 차량에 관하여는 청결을 유지하고, 수시로 점검·수리 등을 하여야 한다.

제89조 상황 및 의견의 보고
기술직교도관은 다음 각 호의 어느 하나에 해당하는 경우에는 그에 관한 상황 및 의견을 지체 없이 상관에게 보고하고, 상관의 지시를 받아 처리하여야 한다.
1. 시설공사 및 기술지도, 그 밖의 해당 직무에 관한 기획·시행방법·공정 및 작업에 관하여 의견이 있는 경우
2. 시설물 구조의 안전을 위하여 보수, 보강이 긴급하게 필요한 경우
3. 작업을 하는 수형자가 징벌대상행위를 한 경우
4. 차량의 정기점검 등 정기검사가 필요한 경우
5. 그 밖에 직무의 집행에 착오가 있는 경우

제3절 관리운영직교도관의 직무

제90조 관리운영직교도관의 직무
① 관리운영직교도관은 다음 각 호의 사무를 담당한다.
　1. 보일러·전기·통신 및 오수정화 시설 등 기계·기구의 취급·설비 관리
　2. 그 밖의 교정행정에 관한 사항
② 관리운영직교도관은 직무를 수행하기 위하여 필요한 경우에는 수용자를 동행·계호할 수 있다.
③ 제2항에 따라 관리운영직교도관이 수용자를 동행·계호하는 경우에는 제34조 및 제37조 제1항·제2항을 준용한다.

제91조 시설 관리 및 기계의 취급
① 관리운영직교도관은 기계·설비, 보일러, 전기·통신시설 및 오수정화 시설 등 취급할 때 기술이 필요하거나 위험한 기구를 조작하는 경우에는 안전사고에 유의하여야 하며, 부득이한 경우를 제외하고는 관련 자격 취득자인 관리운영직교도관이 직접 조작하여야 한다.
② 관리운영직교도관은 직무상 취급하는 시설 및 장비에 관하여는 청결을 유지하고, 수시로 점검·수리 등을 하여야 한다.

제92조 상황 및 의견의 보고
관리운영직교도관은 다음 각 호의 어느 하나에 해당하는 경우에는 그에 관한 상황 및 의견을 지체 없이 상관에게 보고하고, 상관의 지시를 받아 처리하여야 한다.
1. 담당 직무에 관한 작업공정 및 운용방법에 관하여 의견이 있는 경우
2. 기계·보일러설비, 전기·통신 및 오수 정화시설 등 기계와 기구의 설치, 수리 및 보충이 필요한 경우
3. 보일러설비 또는 통신장비 등의 정기점검 등 정기검사가 필요한 경우
4. 그 밖에 직무의 집행에 착오가 있는 경우

제4장 직업훈련교도관의 직무

제93조 직업훈련교도관의 직무
① 직업훈련교도관은 수형자의 직업능력개발훈련(이하 이 절에서 "훈련"이라 한다)에 관한 사무와 그 밖의 교정행정에 관한 사항을 담당하며, 직무수행상 필요한 경우에는 수용자를 동행·계호할 수 있다.
② 제1항에 따라 직업훈련교도관이 수용자를 동행·계호하는 경우에는 제34조, 제37조 제1항·제2항을 준용한다.

제94조 훈련
직업훈련교도관은 훈련계획을 수립하고 교안을 작성하여 훈련을 받는 수형자(이하 이 절에서 "훈련생"이라 한다)에게 이론교육과 실습훈련을 실시하여야 하며, 그 결과를 일지에 기록하여 상관에게 보고하여야 한다.

제95조 실습훈련
직업훈련교도관은 제94조의 실습훈련을 할 때에는 사전에 상관의 허가를 받아야 한다.

제96조 훈련시설 등의 점검
직업훈련교도관은 훈련에 사용하는 시설, 장비 또는 기계 등의 상태를 훈련을 시작하기 전과 마친 후에 각각 점검하여야 한다.

제97조 훈련 평가
① 직업훈련교도관은 훈련기간 중 훈련생을 대상으로 이론 및 실기 평가를 하고 그 결과를 상관에게 보고하여야 한다.
② 직업훈련교도관은 제1항의 평가결과가 불량한 훈련생에게 재훈련을 하게 할 수 있다.

제98조 상황 및 의견의 보고
직업훈련교도관은 다음 각 호의 어느 하나에 해당하는 경우에는 그에 관한 상황 및 의견을 지체 없이 상관에게 보고하고, 상관의 지시를 받아 처리하여야 한다.
1. 훈련생이 훈련을 거부하거나 평가결과가 극히 불량한 경우
2. 훈련의 종류를 변경할 필요가 있는 경우
3. 훈련시설·장비 또는 기계 등에 이상이 있는 경우
4. 훈련생이 징벌대상행위를 하거나 안전사고를 일으킨 경우
5. 그 밖에 직무의 집행에 착오가 있는 경우

05 국제수형자이송법(2013.3.23)

법무부(국제형사과)

제1장 총칙

제1조 목적
이 법은 외국에서 형집행중인 대한민국 국민의 국내이송과 대한민국에서 형집행중인 외국인의 국외이송에 관한 요건과 절차 등을 규정함으로써 이들의 원활한 갱생 및 조속한 사회복귀를 도모함을 목적으로 한다.

제2조 정의
이 법에서 사용하는 용어의 정의는 다음과 같다.

1. 자유형	국내이송을 실시하는 때에는 징역 또는 금고에 상당하는 외국 법령상의 형을 말하고, 국외이송을 실시하는 때에는 징역 또는 금고를 말한다.
2. 국내이송	외국에서 자유형을 선고받아 그 형이 확정되어 형집행중인 대한민국 국민(이하 "국내이송대상수형자"라 한다)을 외국으로부터 인도받아 그 자유형을 집행하는 것을 말한다.
3. 국외이송	대한민국에서 자유형을 선고받아 그 형이 확정되어 형집행중인 외국인(이하 "국외이송대상수형자"라 한다)을 외국으로 인도하여 그 자유형을 집행받도록 하는 것을 말한다.
4. 국제수형자이송	국내이송 및 국외이송을 말한다.
5. 외국인	대한민국과 국제수형자이송에 관한 조약·협정 등(이하 "조약"이라 한다)을 체결한 외국의 국민 및 조약에 의하여 그 외국의 국민으로 간주되는 자를 말한다.

제3조 조약과의 관계
국제수형자이송은 대한민국과 외국 간에 조약이 체결되어 있는 경우에 한하여 이 법과 그 조약이 정하는 바에 따라 실시한다. 이 경우 조약에 이 법과 다른 규정이 있는 때에는 그 조약의 규정에 의한다.

제4조 국제수형자이송관련 문서 등의 접수 및 송부
① 국제수형자이송의 요청 및 승인 등과 관련된 외국과의 문서 또는 통지의 접수 및 송부는 외교부장관이 행한다. 다만, 긴급을 요하거나 특별한 사정이 있는 때에는 법무부장관이 외교부장관의 동의를 얻어 이를 행할 수 있다.
② 외교부장관은 제1항의 규정에 의하여 외국으로부터 접수한 국제수형자이송과 관련되는 문서 또는 통지를 법무부장관에게 송부하여야 한다.

제3장 국내이송

제11조 국내이송의 요건
① 국내이송은 다음 각 호의 요건이 갖추어진 때에 한하여 실시할 수 있다.
   1. 외국에서 자유형이 선고·확정된 범죄사실이 대한민국의 법률에 의하여 범죄를 구성할 것. 이 경우 수 개의 범죄사실중 한 개의 범죄사실이 대한민국의 법률에 의하여 범죄를 구성하는 경우를 포함한다.
   2. 외국에서 선고된 자유형의 판결이 확정될 것
   3. 국내이송대상수형자가 국내이송에 동의할 것
② 국내이송에 관한 국내이송대상수형자의 동의는 다음 각호의 1에 해당하는 자가 서면으로 확인하여야 한다. 이 경우 국내이송대상수형자에게 제3항의 규정에 의하여 동의의 철회가 인정되지 아니함을 고지하여야 한다.
   1. 법무부장관이 지정하는 공무원
   2. 법무부장관의 위임을 받은 그 국내이송대상수형자가 수용중인 장소를 관할하는 대한민국재외공관의 장이나 그 공관원
   3. 제2호의 자가 지정하는 자
③ 국내이송에 관한 국내이송대상수형자의 동의는 제2항의 규정에 의하여 확인된 후에는 그 철회가 인정되지 아니한다.

제12조 국내이송 요청 등
① 법무부장관은 제11조에 따른 국내이송의 요건이 갖추어져 있고, 대한민국의 안전과 질서 유지, 공공의 이익, 국내이송대상수형자의 선도·교화 및 사회복귀의 용이성 등을 종합적으로 고려하여 필요하다고 인정하는 경우에만 외국에 대하여 국내이송을 요청하거나 외국의 국내이송 요청을 수락하여야 한다.
② 법무부장관은 제1항에 따른 요청 또는 수락을 위하여 필요하면 관계 지방검찰청 또는 지청의 장(이하 "검사장 등"이라 한다)에게 관련 자료의 수집 및 송부를 명할 수 있다.
③ 제2항의 규정에 의한 명령을 받은 검사장 등은 소속 검사에게 필요한 조치를 취할 것을 명하여야 한다.
④ 제3항의 규정에 의하여 검사장 등으로부터 명령을 받은 검사는 필요한 때에는 사법경찰관리를 지휘하여 자료를 수집하도록 할 수 있다.

제13조 국내이송 명령 등
① 법무부장관은 국내이송대상수형자를 국내이송하려면 서면으로 관계 검사장 등에게 국내이송을 명하여야 한다. 이 경우 관련 자료를 첨부하여야 한다.

② 제1항에 따른 명령서에는 다음 각 호의 사항을 적고 법무부장관이 서명·날인하여야 한다.
  1. 국내이송대상수형자의 국적, 성명, 성별, 생년월일 및 주거
  2. 외국의 국명
  3. 죄명
  4. 외국에서 선고받은 자유형의 종류 및 형기
  5. 국내에서 집행할 형기
  6. 명령일자
  7. 그 밖에 필요한 사항
③ 법무부장관은 다음 각 호의 어느 하나에 해당하는 경우에는 해당 국내이송대상수형자에게 서면으로 통지하여야 한다.
  1. 제1항에 따라 국내이송대상수형자에 대한 국내이송을 명한 경우
  2. 외국으로부터 국내이송 요청을 받았거나 제11조 제2항에 따라 동의를 확인한 국내이송대상수형자에 대하여 국내이송을 하지 아니하게 된 경우

제14조 국내이송집행장의 발부
① 검사장 등은 제13조 제1항에 따른 국내이송명령을 받은 때에는 지체 없이 소속 검사로 하여금 국내이송에 필요한 조치를 취하도록 명하여야 한다.
② 검사는 제1항의 규정에 의하여 국내이송에 필요한 조치를 명령받은 때에는 지체 없이 국내이송집행장을 발부하여 외국으로부터 국내이송대상수형자를 인도받고 그 자유형의 집행을 지휘하여야 한다.
③ 제2항의 규정에 의한 국내이송집행장에는 다음 각호의 사항을 기재하고 검사가 서명·날인하여야 한다.
  1. 국내이송대상수형자의 국적·성명·성별·생년월일 및 주거
  2. 외국의 국명
  3. 죄명
  4. 외국에서 선고받은 자유형의 종류 및 형기
  5. 국내에서 집행할 형기 및 집행장소
  6. 발부일자
  7. 그 밖에 필요한 사항
④ 제2항의 규정에 의한 국내이송집행장에는 외국의 재판서 등본 또는 초본이나 그 밖에 판결이 선고되었음을 증명할 수 있는 서류를 첨부하여야 한다.
⑤ 제2항의 규정에 의하여 발부된 국내이송집행장은 형집행장과 동일한 효력이 있다.
⑥ 형사소송법 제1편 제9장 중 피고인의 구속에 관한 규정은 국내이송집행장의 집행에 관하여 이를 준용한다.

제15조 외국법원 판결의 효력
국내이송에 의하여 국내이송대상수형자에게 선고된 자유형을 국내에서 집행함에 있어서 그 외국법원의 판결은 대한민국 법률에 의한 대한민국 법원의 판결과 동일한 효력이 있는 것으로 본다.

제16조 집행할 자유형의 형기 및 집행방법
① 제14조 제2항의 규정에 의하여 국내에 인도된 국내이송대상수형자(이하 "국내이송수형자"라 한다)에 대하여 집행할 자유형의 형기는 외국에서 선고하여 확정된 형기로 한다. 다만, 자유형이 유기인 때에는 50년을 초과하여 집행하지 못하며, 외국에서 선고하여 확정된 자유형이 종신형인 때에는 형기가 무기인 것으로 본다.
② 제1항의 규정에 의하여 자유형을 집행하는 때에는 외국에서 구금되거나 형이 집행된 기간(형의 집행을 감경받은 기간을 포함한다)과 국내이송에 소요된 기간을 형기에 산입한다.
③ 외국에서 선고되어 확정된 자유형이 징역에 상당하는 형인 때에는 형법 제67조(징역)의 규정에 의하여 집행하며, 금고에 상당하는 형인 때에는 형법 제68조(금고와 구류)의 규정에 의하여 집행한다.

제17조 형집행시의 적용법률
국내이송수형자에 대한 가석방·사면·감형 등 자유형의 집행에 관하여 필요한 사항은 형법·「형의 집행 및 수용자의 처우에 관한 법률」 등 대한민국의 관련 법률이 정하는 바에 의한다.

제18조 공소제기의 제한
국내이송수형자에 대하여 외국에서 선고된 자유형을 집행중인 때와 그 자유형의 집행을 종료하거나 집행을 하지 아니하기로 확정된 때에는 동일한 범죄사실에 대하여 공소를 제기할 수 없다.

제19조 외국법원 판결의 취소 등
① 법무부장관은 외국으로부터 국내이송수형자에 대한 외국법원의 확정판결이 취소되거나 선고된 자유형을 집행하지 아니하기로 확정되었다는 취지의 통지가 있는 때(외국법원의 확정판결이 수 개인 경우에는 그 전부가 취소되거나 집행할 수 없게 된 때에 한한다)에는 지체 없이 서면으로 제13조 제1항에 따른 국내이송명령을 철회하고, 국내이송수형자가 수용되어 있는 교도소·소년교도소·구치소 또는 그 지소(이하 "교도소 등"이라 한다)의 소재지를 관할하는 검사장 등에게 그 국내이송수형자의 석방을 명하여야 한다.
② 검사장 등은 제1항의 규정에 의하여 법무부장관으로부터 석방명령을 받은 때에는 즉시 소속 검사에게 국내이송수형자의 석방을 명하여야 한다.
③ 검사는 제2항의 규정에 의한 석방명령을 받은 때에는 즉시 국내이송수형자가 수용되어 있는 교도소 등의 장에 대하여 그 국내이송수형자의 석방을 지휘하여야 한다.

제20조 자유형의 종류 또는 기간의 변경
① 법무부장관은 외국으로부터 감형 또는 그 밖의 사유에 의하여 국내이송수형자에게 선고된 자유형의 종류 또는 형기를 변경한다는 취지의 통지가 있는 때에는 지체 없이 서면으로 제13조 제1항에 따른 국내이송명령을 변경하고, 국내이송수형자가 수용되어 있는 교도소 등의 소재지를 관할하는 검사장 등에게 변경된 자유형의 종류 및 기간에 의하여 형을 집행하도록 명하여야 한다.
② 제13조 및 제14조의 규정은 제1항의 규정에 의한 국내이송명령의 변경 및 그 집행에 관하여 준용한다.

제21조 국내이송후 외국에 대한 통지
법무부장관은 다음 각호의 1에 해당하는 사유가 발생한 때에는 지체 없이 외국에 이를 통지하여야 한다.
1. 국내이송수형자에 대한 자유형의 집행이 종료(종료된 것으로 간주되는 경우를 포함한다)된 때
2. 국내이송수형자에 대한 자유형을 더 이상 집행하지 아니하기로 확정된 때
3. 국내이송수형자에 대한 자유형의 집행이 종료되기 전에 국내이송수형자가 도주한 때

제4장 국외이송

제22조 조약사항의 고지
교도소 등의 장은 외국인이 자유형을 선고받고 그 확정판결의 집행을 위하여 교도소 등에 수용되는 때에는 조약이 정하는 사항을 고지하여야 한다.

제23조 국외이송의 요건
① 국외이송은 다음 각 호의 요건이 갖추어진 때에 한하여 실시할 수 있다.
  1. 대한민국에서 자유형이 선고·확정된 범죄사실이 외국의 법률에 의하여 범죄를 구성할 것. 이 경우 수 개의 범죄사실중 한 개의 범죄사실이 외국의 법률에 의하여 범죄를 구성하는 경우를 포함한다.
  2. 대한민국에서 선고한 자유형의 판결이 확정될 것
  3. 국외이송대상수형자가 국외이송에 동의할 것
  4. 대한민국에서 자유형이 선고·확정된 재판에서 벌금·과료·몰수 또는 추징이 병과된 때에는 그 집행이 종료되거나 집행을 하지 아니하기로 확정될 것
② 제1항 제3호의 규정에 의한 동의는 법무부장관으로부터 확인을 명령받은 검사장 등이 지정한 검사가 서면으로 확인하여야 한다. 이 경우 국외이송대상수형자에게 제3항의 규정에 의하여 동의의 철회가 인정되지 아니함을 고지하여야 한다.
③ 국외이송에 관한 국외이송대상수형자의 동의는 제2항의 규정에 의하여 확인된 후에는 그 철회가 인정되지 아니한다.

제24조 동의확인을 위한 접견
「형의 집행 및 수용자의 처우에 관한 법률」 제2조 제4호의 교정시설의 장은 다음 각호의 1에 해당하는 자가 조약에 의하여 국외이송에 동의하는지 여부를 확인하기 위하여 그 교정시설에 수용되어 있는 국외이송대상수형자와의 접견을 요구하는 때에는 같은 법 등 대한민국의 관련 법률이 정하는 범위안에서 이를 허가하여야 한다.
1. 외국의 외교공관 또는 영사관의 장이나 그 관원
2. 그 밖에 외국이 지정한 자

제25조 국외이송 요청 등
① 법무부장관은 제23조에 따른 국외이송의 요건이 갖추어져 있고, 대한민국의 안전과 질서 유지, 공공의 이익, 국외이송대상수형자의 선도·교화와 사회복귀의 용이성 및 국내 재입국 가능성, 국내에서의 다른 사건에 대한 수사 또는 재판상의 필요성 등을 종합적으로 고려하여 필요하다고 인정하는 경우에만 외국에 국외이송을 요청하거나 외국의 국외이송 요청을 수락하여야 한다.
② 제1항의 국외이송 요청 대상인 국외이송대상수형자가 군사법원에서 자유형을 선고받은 사람인 경우에는 법무부장관은 미리 국방부장관의 동의를 받아야 하며, 그 결정을 위하여 필요하면 국방부장관에게 이에 관한 협조를 요청할 수 있다.
③ 제1항에 따른 법무부장관의 요청 또는 수락에 관하여는 제12조 제2항부터 제4항까지의 규정을 준용한다.

제26조 국외이송 명령 등
① 법무부장관은 국외이송대상수형자를 국외이송하려면 서면으로 관계 검사장 등에게 국외이송을 명하여야 한다. 이 경우 관련 자료를 첨부하여야 한다.
② 제1항에 따른 국외이송 명령서에는 다음 각 호의 사항을 적고, 법무부장관이 서명·날인하여야 한다.
  1. 국외이송대상수형자의 국적, 성명, 성별, 생년월일 및 주거
  2. 외국의 국명
  3. 죄명
  4. 자유형의 종류 및 형기
  5. 인도 장소
  6. 명령일자
  7. 그 밖에 필요한 사항
③ 법무부장관은 제1항에 따라 국외이송 명령을 할 때에는 인수허가장을 발부하여 외교부장관에게 송부하고 이를 외국에 송부할 것을 요청하여야 한다.
④ 법무부장관은 다음 각 호의 어느 하나에 해당하는 경우에는 해당 국외이송대상수형자에게 서면으로 통지하여야 한다.
  1. 제1항에 따라 국외이송대상수형자에 대한 국외이송을 명한 경우
  2. 외국으로부터 국외이송 요청을 받았거나 제23조 제2항에 따라 동의를 확인한 국외이송대상수형자에 대하여 국외이송을 하지 아니하게 된 경우

제27조 국외이송지휘서의 발부
① 검사장 등은 제26조 제1항에 따른 국외이송명령을 받은 때에는 지체 없이 소속 검사로 하여금 국외이송에 필요한 조치를 취하도록 명하여야 한다.
② 검사는 제1항의 규정에 의하여 검사장으로부터 국외이송에 필요한 조치를 명령받은 때에는 지체없이 그 국외이송대상수형자가 수용되어 있는 교도소 등의 장에게 국외이송지휘서를 발부하고 국외이송을 지휘하여야 한다.
③ 제2항의 규정에 의한 국외이송지휘서에는 다음 각호의 사항을 기재하고 검사가 서명·날인하여야 한다.
  1. 국외이송대상수형자의 국적·성명·성별·생년월일 및 주거
  2. 외국의 국명
  3. 죄명
  4. 자유형의 종류 및 형기
  5. 구금되거나 형이 집행된 기간
  6. 인도장소
  7. 발부일자
  8. 그 밖에 필요한 사항

제28조 교도소 등의 장의 조치
제27조 제2항의 규정에 의하여 검사로부터 국외이송지휘를 받은 교도소 등의 장은 외국의 공무원으로부터 인수허가장의 제시와 함께 국외이송대상수형자의 인도를 요청받은 때에는 국외이송지휘서에 기재된 장소에서 외국의 공무원에게 국외이송대상수형자를 인도하여야 한다.

제29조 국외이송수형자에 대한 형집행의 종료

제28조의 규정에 의하여 외국에 인도된 국외이송대상수형자(이하 "국외이송수형자"라 한다)에 대하여 선고·확정된 자유형은 외국에서 그 형에 상응하는 외국 법령상의 형의 집행이 종료(종료한 것으로 간주하는 경우를 포함한다)된 때에 그 집행이 종료된 것으로 본다.

제30조 국외이송후 외국에 대한 통지

법무부장관은 다음 각 호의 1에 해당하는 때에는 지체 없이 외국에 그 취지를 통지하여야 한다.
1. 국외이송수형자에 대한 확정판결이 재심 등 판결확정후 재판절차에서 취소되어 집행할 수 없게 되거나 형의 종류 또는 형기가 변경된 때
2. 국외이송수형자가 사면된 때

제31조 군교도소에 수용중인 국외이송대상수형자의 이감

① 법무부장관은 군교도소에 수용중인 국외이송대상수형자에 대하여는 국외이송명령을 하기에 앞서 국방부장관에게 그 취지를 통보하여야 한다.
② 제1항의 규정에 의한 통보를 받은 국방부장관은 해당 군 참모총장에게 국외이송대상수형자를 교도소 등에 수용하도록 지시하여야 하며, 이 경우 「군에서의 형의 집행 및 군수용자의 처우에 관한 법률」 제20조 제1항에 따른 법무부장관의 동의가 있는 것으로 본다.

제5장 보칙

제32조 통과호송

① 법무부장관은 대한민국 공무원이 국내이송대상수형자 또는 국외이송대상수형자를 외국의 영역을 통과하여 호송할 필요가 있는 때에는 그 외국에 대하여 통과호송의 승인을 요청할 수 있다.
② 법무부장관은 외국으로부터 그 외국의 공무원이 다른 외국의 확정판결에 의하여 그 외국의 교도소 등에 수용되어 있는 자를 이송하기 위하여 대한민국의 영역을 통과하여 호송하기 위한 승인을 요청하는 경우 그 요청에 상당한 이유가 있다고 인정되는 때에는 이를 승인할 수 있다. 다만, 그 확정판결에 의하여 인정된 범죄에 관련된 행위가 대한민국의 법률에 의하여 범죄를 구성하지 아니하는 때에는 이를 승인하여서는 아니 된다.
③ 제4조의 규정은 제1항 및 제2항의 통과호송의 요청과 승인 및 이와 관련된 외국과의 문서 또는 통지의 접수 및 송부에 관하여 이를 준용한다.

제33조 비용

국내이송에 소요되는 비용 중 대한민국이 국내이송수형자 본인과 관련하여 지출하는 비용은 국내이송수형자의 부담으로 한다. 다만, 법무부장관은 국내이송수형자의 경제적 사정을 감안하여 이를 감면할 수 있다.

제34조 검찰총장 경유

이 법의 규정에 의하여 법무부장관이 검사장 등에게 하는 명령 또는 서류송부와 검사장 등이 법무부장관에게 하는 보고 또는 서류송부는 검찰총장을 경유하여야 한다.

06 수형자 등 호송 규정(2021.1.5)

대통령령(법무부보안과)

제1조 목적
이 영은 수형자나 그 밖에 법령에 따라 구속된 사람의 호송에 필요한 사항을 규정함을 목적으로 한다.

제2조 호송공무원
교도소·구치소 및 그 지소(이하 "교정시설"이라 한다) 간의 호송은 교도관이 행하며, 그 밖의 호송은 경찰관 또는 「검찰청법」 제47조에 따라 사법경찰관리로서의 직무를 수행하는 검찰청 직원이 행한다.

제3조 호송방법
① 호송은 피호송자를 받아야 할 관서 또는 출두하여야 할 장소와 유치할 장소에 곧바로 호송한다.
② 호송은 필요에 의하여 차례로 여러곳을 거쳐서 행할 수 있다.

제4조 호송장 등
① 발송관서는 호송관에게 피호송자를 인도하는 동시에 별지 서식의 호송장 기타 필요한 서류를 내어주어야 한다.
② 교도관이 호송하는 때에는 신분장 및 영치금품 송부서를 호송장으로 대용할 수 있다.

제5조 수송관서에의 통지
발송관서는 미리 수송관서에 대하여 피호송자의 성명·발송시일·호송사유 및 방법을 통지하여야 한다.

제6조 영치금품의 처리
피호송자의 영치금품은 다음과 같이 처리한다.
1. 영치금은 발송관서에서 수송관서에 전자금융을 이용하여 송금한다. 다만, 소액의 금전 또는 당일 호송을 마칠 수 있는 때에는 호송관에게 탁송할 수 있다.
2. 피호송자가 법령에 의하여 호송 중에 물품 등을 자신의 비용으로 구매할 수 있는 때에 그 청구가 있으면 필요한 금액을 호송관에게 탁송하여야 한다.
3. 영치품은 호송관에게 탁송한다. 다만, 위험하거나 호송관이 휴대하기 적당하지 아니한 영치품은 발송관서에서 수송관서에 직송할 수 있다.
4. 송치중의 영치금품을 호송관에게 탁송한 때에는 호송관서에 보관책임이 있고, 그러하지 아니한 때에는 발송관서에 보관책임이 있다.

제7조 호송시간
호송은 일출전 또는 일몰후에는 행할 수 없다. 다만, 열차·선박·항공기를 이용하는 때 또는 특별한 사유가 있는 때에는 예외로 한다.

제8조 피호송자의 숙박
① 피호송자의 숙박은 열차·선박 및 항공기를 제외하고는 경찰관서 또는 교정시설을 이용하여야 하며, 숙박의뢰를 받은 경찰관서의 장 또는 교정시설의 장은 부득이 한 경우를 제외하고는 이를 거절할 수 없다.
② 제1항에 의하기 곤란한 때에는 다른 숙소를 정할 수 있다.

제9조 물품구매 등의 허가
① 피호송자가 법령에 의하여 필요한 물품을 자신의 비용으로 구입할 수 있는 때에는 호송관은 물품의 구매를 허가할 수 있다.
② 제1항의 구매품의 대가를 제6조 제2호의 금전 중에서 지출할 때에는 호송관은 본인의 확인서를 받아야 한다.

제10조 피호송자의 도주 등
① 피호송자가 도주한 때에는 호송관은 즉시 그 지방 및 인근 경찰관서와 호송관서에 통지하여야 하며, 호송관서는 관할 지방검찰청, 사건소관 검찰청, 호송을 명령한 관서, 발송관서 및 수송관서에 통지하여야 한다.
② 제1항의 경우에는 서류와 금품은 발송관서에 반환하여야 한다.

제11조 피호송자의 질병 등
① 피호송자가 질병에 걸렸을 때에는 적당한 치료를 하여야 하며, 호송을 계속할 수 없다고 인정한 때에는 피호송자를 그 서류 및 금품과 함께 인근 교정시설 또는 경찰관서에 일시 유치할 수 있다.
② 제1항에 따라 피호송자를 유치한 관서는 피호송자의 치료 등에 적극 협조하여야 한다.
③ 질병이 치유된 때에는 제1항의 관서는 즉시 호송을 계속 진행하고 발송관서에 통지해야 한다.

제12조 피호송자의 사망 등
① 피호송자가 사망한 경우 호송관서는 사망지 관할 검사의 지휘에 따라 그 인근 경찰관서 또는 교정시설의 협조를 얻어 피호송자의 사망에 따른 업무를 처리한다.
② 피호송자가 열차·선박 또는 항공기에서 사망한 경우 호송관서는 최초 도착한 곳의 관할 검사의 지휘에 따라 그 인근 경찰관서 또는 교정시설의 협조를 얻어 제1항에 따른 업무를 처리한다.
③ 호송관서는 피호송자가 사망한 즉시 발송관서·수송관서 및 사망자의 가족(가족이 없는 경우 다른 친족을 말한다. 이하 이 조에서 같다)에게 사망일시, 장소 및 원인 등을 통지하여야 한다.
④ 제3항에 따른 통지를 받을 가족이 없거나, 통지를 받은 가족이 통지를 받은 날부터 3일 내에 그 시신을 인수하지 않으면 임시로 매장하여야 한다.

제13조 여비·호송비용의 부담
① 호송관의 여비나 피호송자의 호송비용은 호송관서가 부담한다. 다만, 피호송자를 교정시설이나 경찰관서에 숙식하게 한 때에는 그 비용은 교정시설이나 경찰관서가 부담한다.
② 제11조와 제12조에 의한 비용은 각각 그 교부를 받은 관서가 부담한다.

제14조 호송비용
피호송자를 교정시설이나 경찰관서가 아닌 장소에서 숙식하게 한 때의 비용은 「공무원 여비 규정」 제30조 및 별표 9 제5호를 준용한다.

제15조 예외규정
천재지변이나 그 밖의 특별한 사정이 있는 때에는 호송할 그 관서의 장은 법무부장관의 허가를 받아 제2조(호송공무원), 제4조(호송장), 제5조(수송관서에의 통지), 제6조(영치금품의 처리), 제7조(호송시간), 제11조(피호송자의 질병 등), 제12조(피호송자의 사망 등)에 따르지 아니할 수 있다.

07 가석방자관리규정(2022.6.30)

대통령령(법무부 분류심사과)

Corrections

제1조 목적
이 영은 가석방자에 대한 가석방 기간 중의 보호와 감독에 필요한 사항을 규정함을 목적으로 한다.

제2조 정의
이 영에서 "가석방자"란 징역 또는 금고 형의 집행 중에 있는 사람으로서 「형법」 제72조 및 「형의 집행 및 수용자의 처우에 관한 법률」 제122조에 따라 가석방된 사람(「보호관찰 등에 관한 법률」에 따른 보호관찰 대상자는 제외한다)을 말한다.

> **참고자료**
>
> **가석방의 요건**(형법 제72조)
> ① 징역이나 금고의 집행 중에 있는 사람이 행상이 양호하여 뉘우침이 뚜렷한 때에는 무기형은 20년, 유기형은 형기의 3분의 1이 지난 후 행정처분으로 가석방을 할 수 있다.
> ② 제1항의 경우에 벌금이나 과료가 병과되어 있는 때에는 그 금액을 완납하여야 한다.
>
> **가석방 허가**(형집행법 제122조)
> ① 위원회는 가석방 적격결정을 하였으면 5일 이내에 법무부장관에게 가석방 허가를 신청하여야 한다.
> ② 법무부장관은 제1항에 따른 위원회의 가석방 허가신청이 적정하다고 인정하면 허가할 수 있다.

제3조 가석방자의 보호와 감독
가석방자는 그의 주거지를 관할하는 경찰서(경찰서의 지구대를 포함한다. 이하 같다)의 장의 보호와 감독을 받는다.

제4조 가석방 사실의 통보
① 교도소·구치소 및 그 지소(이하 "교정시설"이라 한다)의 장은 가석방이 허가된 사람을 석방할 때에는 그 사실을 가석방될 사람의 주거지를 관할하는 지방검찰청의 장(지방검찰청 지청의 장을 포함한다. 이하 같다)과 형을 선고한 법원에 대응하는 검찰청 검사장 및 가석방될 사람을 보호·감독할 경찰서(이하 "관할경찰서"라 한다)의 장에게 미리 통보하여야 한다.
② 교정시설의 장은 가석방이 허가된 사람에게 가석방의 취소 및 실효사유와 가석방자로서 지켜야 할 사항 등을 알리고, 주거지에 도착할 기한 및 관할경찰서에 출석할 기한 등을 적은 가석방증을 발급하여야 한다.

제5조 가석방자의 출석의무
가석방자는 제4조 제2항에 따른 가석방증에 적힌 기한 내에 관할경찰서에 출석하여 가석방증에 출석확인을 받아야 한다. 다만, 천재지변, 질병, 그 밖의 부득이한 사유로 기한 내에 출석할 수 없거나 출석하지 아니하였을 때에는 지체 없이 그 사유를 가장 가까운 경찰서의 장에게 신고하고 별지 제1호 서식의 확인서를 받아 관할경찰서의 장에게 제출하여야 한다.

제6조 가석방자의 신고의무
① 가석방자는 그의 주거지에 도착하였을 때에는 지체 없이 종사할 직업 등 생활계획을 세우고 이를 관할경찰서의 장에게 서면으로 신고하여야 한다.
② 가석방자의 보호를 맡은 사람은 제1항의 신고서에 기명날인 또는 서명하여야 한다.

제7조 관할경찰서의 장의 조치
① 관할경찰서의 장은 가석방자가 가석방 기간 중 정상적인 업무에 종사하고 비행을 저지르지 아니하도록 적절한 지도를 할 수 있다.
② 관할경찰서의 장은 제1항에 따른 지도 중 가석방자의 재범방지를 위해 특히 필요하다고 인정하는 경우에는 특정 장소의 출입제한명령 등 필요한 조치를 할 수 있다.
③ 관할경찰서의 장은 제2항에 따른 조치를 할 경우 그 사실을 관할 지방검찰청의 장 및 가석방자를 수용하였다가 석방한 교정시설(이하 "석방시설"이라 한다)의 장(이하 "관계기관의 장"이라 한다)에게 통보하여야 한다.

제8조 가석방자에 대한 조사
관할경찰서의 장은 6개월마다 가석방자의 품행, 직업의 종류, 생활 정도, 가족과의 관계, 가족의 보호 여부 및 그 밖의 참고사항에 관하여 조사서를 작성하고 관계기관의 장에게 통보하여야 한다. 다만, 변동 사항이 없는 경우에는 그러하지 아니하다.

제9조 보호와 감독의 위임
① 관할경찰서의 장은 석방시설의 장의 의견을 들어 가석방자의 보호와 감독을 적당한 사람에게 위임할 수 있다.
② 제1항에 따라 보호와 감독을 위임받은 사람은 매월 말일 제8조에서 정한 사항을 관할경찰서의 장에게 보고하여야 한다.

제10조 국내 주거지 이전 및 여행
① 가석방자는 국내 주거지 이전 또는 1개월 이상 국내 여행(이하 "국내주거지 이전 등"이라 한다)을 하려는 경우 관할경찰서의 장에게 신고하여야 한다.
② 제1항에 따른 신고를 하려는 사람은 별지 제2호 서식의 신고서(전자문서로 된 신고서를 포함한다)를 관할경찰서의 장에게 제출하여야 한다.

제11조 국내주거지 이전 등의 신고에 따른 조치
① 관할경찰서의 장은 가석방자가 제10조에 따라 국내주거지 이전 등을 신고한 경우에는 제7조 제1항 및 제2항에 따른 지도 및 조치를 하여야 한다. 다만, 관할경찰서의 관할 구역에서 주거지를 이전하거나 여행하는 경우에는 그러하지 아니하다.
② 제1항의 경우에는 제7조 제3항을 준용한다.

제12조 국내주거지 이전 등 신고 사실의 통보
관할경찰서의 장은 제10조에 따라 국내주거지 이전 등의 신고를 받은 경우에는 가석방자의 새 주거지를 관할하는 지방검찰청의 장 및 경찰서의 장에게 신고 사실을 통보하고, 해당 경찰서의 장에게 관계 서류를 송부하여야 한다.

제13조 국외 이주 및 여행
① 가석방자는 국외 이주 또는 1개월 이상 국외 여행(이하 "국외 이주 등"이라 한다)을 하려는 경우 관할경찰서의 장에게 신고하여야 한다.
② 제1항에 따른 신고를 하려는 사람은 별지 제3호 서식의 신고서(전자문서로 된 신고서를 포함한다)에 다음 각 호의 서류(전자문서를 포함한다)를 첨부하여 관할경찰서의 장에게 제출하여야 한다. 이 경우 담당 공무원은 「전자정부법」 제36조 제1항에 따른 행정정보의 공동이용을 통하여 가석방자의 주민등록표 초본을 확인하여야 하며, 가석방자가 확인에 동의하지 아니하는 경우에는 이를 제출하도록 하여야 한다.
  1. 가석방증 사본 또는 수용증명서 1부
  2. 초청장 등 사본 1부
  3. 귀국서약서 1부(국외여행자만 해당한다)

제15조 국외 이주 등 중지의 신고
제13조에 따라 신고한 가석방자는 국외 이주 등을 중지하였을 때에는 지체 없이 그 사실을 관할경찰서의 장에게 신고하여야 한다.

제16조 국외 여행자의 귀국신고
국외 여행을 한 가석방자는 귀국하여 주거지에 도착하였을 때에는 지체 없이 그 사실을 관할경찰서의 장에게 신고하여야 한다. 국외 이주한 가석방자가 입국하였을 때에도 또한 같다.

제17조 신고사항의 통보
제13조(국외 이주 및 여행), 제15조(국외 이주 등 중지의 신고) 및 제16조(국외 여행자의 귀국신고)에 따른 신고를 받은 관할경찰서의 장은 그 사실을 관계기관의 장에게 통보하여야 한다.

제18조 가석방의 실효 등 보고
각 지방검찰청의 장, 경찰서의 장 및 교정시설의 장은 가석방자가 「형법」 제74조(가석방의 실효) 또는 제75조(가석방의 취소)에 해당하게 된 사실을 알았을 때에는 지체 없이 석방시설의 장에게 통보하여야 하며, 통보를 받은 석방시설의 장은 지체 없이 법무부장관에게 보고하여야 한다.

제19조 가석방의 취소 등
① 법무부장관은 가석방 처분을 취소하였을 때에는 가석방자의 주거지를 관할하는 지방검찰청의 장 또는 교정시설의 장이나 가석방 취소 당시 가석방자를 수용하고 있는 교정시설의 장에게 통보하여 남은 형을 집행하게 하여야 한다.
② 제1항의 경우 제4조 제2항에 따라 발급한 가석방증은 효력을 잃는다.

제20조 사망 통보
① 가석방자가 사망한 경우 관할경찰서의 장은 그 사실을 관계기관의 장에게 통보하여야 한다.
② 제1항의 통보를 받은 석방시설의 장은 그 사실을 법무부장관에게 보고하여야 한다.

제21조 준용규정
군사법원에서 형의 선고를 받은 사람에 대한 법무부장관의 직무는 국방부장관이 수행하고, 검사의 직무는 형을 선고한 군사법원에 대응하는 군검찰부의 군검사가 수행한다.

국가인권위원회법(2024.12.3) / 시행령(2022.7.1)

국가인권위원회(행정법무담당관)

제1장 총칙

제1조 목적

이 법은 국가인권위원회를 설립하여 모든 개인이 가지는 불가침의 기본적 인권을 보호하고 그 수준을 향상시킴으로써 인간으로서의 존엄과 가치를 실현하고 민주적 기본질서의 확립에 이바지함을 목적으로 한다.

제2조 정의

이 법에서 사용하는 용어의 뜻은 다음과 같다.
2. "구금·보호시설"이란 다음 각 목에 해당하는 시설을 말한다.
   가. 교도소·소년교도소·구치소 및 그 지소, 보호감호소, 치료감호시설, 소년원 및 소년분류심사원
   나. 경찰서 유치장 및 사법경찰관리가 직무 수행을 위하여 사람을 조사하고 유치하거나 수용하는 데에 사용하는 시설
   다. 군 교도소(지소·미결수용실을 포함한다)
   라. 외국인 보호소
   마. 다수인 보호시설(많은 사람을 보호하고 수용하는 시설로서 대통령령으로 정하는 시설을 말한다)

시행령

제2조 다수인 보호시설

「국가인권위원회법」(이하 "법"이라 한다) 제2조 제2호 마목에서 "대통령령으로 정하는 시설"이란 다음 각 호의 시설을 말한다.

1. 아동복지시설	「아동복지법」 제52조 제1항 제1호부터 제5호까지의 규정에 따른 아동양육시설·아동일시보호시설·아동보호치료시설·공동생활가정 및 자립지원시설
2. 장애인복지시설	「장애인복지법」 제58조 제1항 제1호에 따른 장애인 거주시설
3. 정신건강증진시설	「정신건강증진 및 정신질환자 복지서비스 지원에 관한 법률」 제3조 제5호부터 제7호까지의 규정에 따른 정신의료기관(수용시설을 갖추고 있는 것만 해당한다), 정신요양시설 및 정신재활시설
4. 노숙인복지시설	「노숙인 등의 복지 및 자립지원에 관한 법률」 제16조 제1항 제1호부터 제4호까지의 규정에 따른 노숙인일시보호시설·노숙인자활시설·노숙인재활시설 및 노숙인요양시설

5. 노인복지시설	가. 노인주거복지시설: 「노인복지법」 제32조 제1항 제1호 및 제2호에 따른 양로시설 및 노인공동생활가정	
	나. 노인의료복지시설: 「노인복지법」 제34조 제1항 제1호 및 제2호에 따른 노인요양시설 및 노인요양공동생활가정	
6. 성매매피해자 등 지원시설	「성매매방지 및 피해자보호 등에 관한 법률」 제5조 제1항 제1호부터 제3호까지의 규정에 따른 일반 지원시설, 청소년 지원시설 및 외국인여성 지원시설	
7. 갱생보호시설	「보호관찰 등에 관한 법률」 제67조에 따른 갱생보호사업의 허가를 받은 자가 갱생보호사업을 위하여 설치한 시설(수용시설을 갖추고 있는 것만 해당한다)	
8. 한부모가족 복지시설	「한부모가족지원법」 제19조 제1항 제1호부터 제3호까지의 규정에 따른 모자가족복지시설·부자가족복지시설·미혼모자가족복지시설 중 기본생활지원을 제공하는 시설과 같은 항 제4호에 따른 일시지원복지시설	

제3조 국가인권위원회의 설립과 독립성

① 이 법에서 정하는 인권의 보호와 향상을 위한 업무를 수행하기 위하여 국가인권위원회(이하 "위원회"라 한다)를 둔다.
② 위원회는 그 권한에 속하는 업무를 독립하여 수행한다.

제4조 적용범위

이 법은 대한민국 국민과 대한민국의 영역에 있는 외국인에 대하여 적용한다.

제2장 위원회의 구성과 운영

제5조 위원회의 구성

① 위원회는 위원장 1명과 상임위원 3명을 포함한 11명의 인권위원(이하 "위원"이라 한다)으로 구성한다.
② 위원은 인권문제에 관하여 전문적인 지식과 경험이 있고 인권의 보장과 향상을 위한 업무를 공정하고 독립적으로 수행할 수 있다고 인정되는 사람 중에서 다음 각 호의 사람을 대통령이 임명한다.
  1. 국회가 선출하는 4명(상임위원 2명을 포함한다)
  2. 대통령이 지명하는 4명(상임위원 1명을 포함한다)
  3. 대법원장이 지명하는 3명
③ 위원은 인권문제에 관하여 전문적인 지식과 경험이 있고 인권의 보장과 향상을 위한 업무를 공정하고 독립적으로 수행할 수 있다고 인정되는 사람으로서 다음 각 호의 어느 하나에 해당하는 자격을 갖추어야 한다.
  1. 대학이나 공인된 연구기관에서 부교수 이상의 직이나 이에 상당하는 직에 10년 이상 있거나 있었던 사람

2. 판사·검사 또는 변호사의 직에 10년 이상 있거나 있었던 사람
3. 인권 분야 비영리 민간단체·법인·국제기구에서 근무하는 등 인권 관련 활동에 10년 이상 종사한 경력이 있는 사람
4. 그 밖에 사회적 신망이 높은 사람으로서 시민사회단체로부터 추천을 받은 사람

④ 국회, 대통령 또는 대법원장은 다양한 사회계층으로부터 후보를 추천받거나 의견을 들은 후 인권의 보호와 향상에 관련된 다양한 사회계층의 대표성이 반영될 수 있도록 위원을 선출·지명하여야 한다.
⑤ 위원장은 위원 중에서 대통령이 임명한다. 이 경우 위원장은 국회의 인사청문을 거쳐야 한다.
⑥ 위원장과 상임위원은 정무직공무원으로 임명한다.
⑦ 위원은 특정 성(性)이 10분의 6을 초과하지 아니하도록 하여야 한다.
⑧ 임기가 끝난 위원은 후임자가 임명될 때까지 그 직무를 수행한다.

제6조 위원장의 직무

① 위원장은 위원회를 대표하며 위원회의 업무를 총괄한다.
② 위원장이 부득이한 사유로 직무를 수행할 수 없을 때에는 위원장이 미리 지명한 상임위원이 그 직무를 대행한다.
③ 위원장은 국회에 출석하여 위원회의 소관 사무에 관하여 의견을 진술할 수 있으며, 국회에서 요구하면 출석하여 보고하거나 답변하여야 한다.
④ 위원장은 국무회의에 출석하여 발언할 수 있으며, 소관 사무에 관하여 국무총리에게 의안(이 법의 시행에 관한 대통령령안을 포함한다) 제출을 건의할 수 있다.
⑤ 위원장은 위원회의 예산 관련 업무를 수행할 때 「국가재정법」 제6조 제3항에 따른 중앙관서의 장으로 본다.

제7조 위원장 및 위원의 임기

① 위원장과 위원의 임기는 3년으로 하고, 한 번만 연임할 수 있다.
② 위원 중 결원이 생기면 대통령은 결원된 날부터 30일 이내에 후임자를 임명하여야 한다.
③ 결원이 된 위원의 후임으로 임명된 위원의 임기는 새로 시작된다.

제8조 위원의 신분 보장

위원은 금고 이상의 형의 선고에 의하지 아니하고는 본인의 의사에 반하여 면직되지 아니한다. 다만, 위원이 장기간의 심신쇠약으로 직무를 수행하기가 극히 곤란하게 되거나 불가능하게 된 경우에는 전체 위원 3분의 2 이상의 찬성에 의한 의결로 퇴직하게 할 수 있다.

제8조의2 위원의 책임 면제

위원은 위원회나 제12조에 따른 상임위원회 또는 소위원회에서 직무상 행한 발언과 의결에 관하여 고의 또는 과실이 없으면 민사상 또는 형사상의 책임을 지지 아니한다.

제9조 위원의 결격사유

① 다음 각 호의 어느 하나에 해당하는 사람은 위원이 될 수 없다.
  1. 대한민국 국민이 아닌 사람
  2. 「국가공무원법」 제33조 각 호의 어느 하나에 해당하는 사람
  3. 정당의 당원
  4. 「공직선거법」에 따라 실시하는 선거에 후보자로 등록한 사람
② 위원이 제1항 각 호의 어느 하나에 해당하게 되면 당연히 퇴직한다.

제10조 위원의 겸직금지

① 위원은 재직 중 다음 각 호의 직을 겸하거나 업무를 할 수 없다.
  1. 국회 또는 지방의회의 의원의 직
  2. 다른 국가기관 또는 지방자치단체의 공무원(교육공무원은 제외한다)의 직
  3. 그 밖에 위원회 규칙으로 정하는 직 또는 업무
② 위원은 정당에 가입하거나 정치운동에 관여할 수 없다.

제12조 상임위원회 및 소위원회

① 위원회는 그 업무 중 일부를 수행하게 하기 위하여 상임위원회와 침해구제위원회, 차별시정위원회 등의 소위원회(이하 "소위원회"라 한다)를 둘 수 있다.
② 상임위원회는 위원장과 상임위원으로 구성하고, 소위원회는 3명 이상 5명 이하의 위원으로 구성한다.
③ 상임위원회와 소위원회에는 심의 사항을 연구·검토하기 위하여 성·장애 등 분야별 전문위원회를 둘 수 있다.
④ 상임위원회, 소위원회 및 전문위원회의 구성·업무 및 운영과 전문위원의 자격·임기 및 위촉 등에 관하여 필요한 사항은 위원회 규칙으로 정한다.

제13조 회의 의사 및 의결정족수

① 위원회의 회의는 위원장이 주재하며, 이 법에 특별한 규정이 없으면 재적위원 과반수의 찬성으로 의결한다.
② 상임위원회 및 소위원회의 회의는 구성위원 3명 이상의 출석과 3명 이상의 찬성으로 의결한다.

제14조 의사의 공개

위원회의 의사는 공개한다. 다만, 위원회, 상임위원회 또는 소위원회가 필요하다고 인정하면 공개하지 아니할 수 있다.

제3장 위원회의 업무와 권한

제24조 시설의 방문조사

① 위원회(상임위원회와 소위원회를 포함한다. 이하 이 조에서 같다)는 필요하다고 인정하면 그 의결로써 구금·보호시설을 방문하여 조사할 수 있다.
② 제1항에 따른 방문조사를 하는 위원은 필요하다고 인정하면 소속 직원 및 전문가를 동반할 수 있으며, 구체적인 사항을 지정하여 소속 직원 및 전문가에게 조사를 위임할 수 있다. 이 경우 조사를 위임받은 전문가가 그 사항에 대하여 조사를 할 때에는 소속 직원을 동반하여야 한다.
③ 제2항에 따라 방문조사를 하는 위원, 소속 직원 또는 전문가(이하 이 조에서 "위원 등"이라 한다)는 그 권한을 표시하는 증표를 지니고 이를 관계인에게 내보여야 하며, 방문 및 조사를 받는 구금·보호시설의 장 또는 관리인은 즉시 방문과 조사에 편의를 제공하여야 한다.
④ 제2항에 따라 방문조사를 하는 위원 등은 구금·보호시설의 직원 및 구금·보호시설에 수용되어 있는 사람(이하 "시설수용자"라 한다)과 면담할 수 있고 구술 또는 서면으로 사실이나 의견을 진술하게 할 수 있다.
⑤ 구금·보호시설의 직원은 위원 등이 시설수용자를 면담하는 장소에 참석할 수 있다. 다만, 대화 내용을 녹음하거나 녹취하지 못한다.
⑥ 구금·보호시설에 대한 방문조사의 절차와 방법 등에 관하여 필요한 사항은 대통령령으로 정한다.

시행령

제3조 구금·보호시설의 방문조사
① 국가인권위원회(이하 "위원회"라 한다)는 법 제24조 제1항의 규정에 의한 방문조사를 하고자 하는 때에는 당해 구금·보호시설의 장 또는 관리인에게 그 취지·일시·장소 등을 미리 통지하여야 한다. 다만, 긴급을 요하는 경우와 미리 통지를 하면 조사의 목적달성이 어렵다고 인정되는 경우에는 그러하지 아니하다.
② 법 제24조 제2항에 따라 방문조사를 하는 법 제5조 제1항에 따른 인권위원(이하 "위원"이라 한다), 위원회 소속 직원 또는 전문가(이하 "위원등"이라 한다)는 필요하다고 인정되는 때에는 관계행정기관의 장에게 필요한 지원을 요청할 수 있다.
③ 법 제24조 제2항의 규정에 의하여 방문조사를 하는 위원 등은 필요하다고 인정하는 때에는 다음 각 호의 방법에 의한 조사를 할 수 있다.
  1. 구금·보호시설의 직원이나 구금·보호시설에 수용되어 있는 자(이하 "시설수용자"라 한다) 등의 진술을 듣는 일
  2. 구금·보호시설의 장 또는 관리인에게 필요한 자료의 제출을 요구하고 이를 받는 일
  3. 녹음, 녹화, 사진촬영, 시설수용자의 건강상태조사 등 필요한 물건·사람·장소 그 밖의 상황을 확인하는 일
④ 제3항 제3호의 규정에 의하여 녹음 또는 녹화한 내용은 당해 진술의 취지 또는 조사대상의 상태를 확인하는 등 조사의 목적으로만 사용하여야 하며, 당초 녹음 또는 녹화된 상태 그대로 공표하여서는 아니 된다.
⑤ 법 제24조 제2항의 규정에 의하여 방문조사를 하는 위원 등은 구금·보호시설에 대하여 방문조사를 마친 때에는 그 내용을 방문조사조서에 기재하여야 한다.
⑥ 제5항의 규정에 의한 방문조사조서의 작성에 관하여 필요한 사항은 위원회의 규칙으로 정한다.

제4조 시설수용자와의 면담

① 법 제24조 제4항(구금·보호시설의 방문조사)의 규정에 의하여 위원 등이 시설수용자와 면담하는 경우 구금·보호시설의 장 또는 관리인은 자유로운 분위기에서 면담이 이루어질 수 있는 장소를 제공하여야 한다.
② 법 제24조 제4항에 따라 시설수용자를 면담하는 위원 등은 구금·보호시설의 장 또는 관리인에게 면담장소에 참석하는 구금·보호시설의 직원의 수를 제한하도록 요구할 수 있으며, 구금보호시설의 장 또는 관리인은 특별한 사유가 없는 한 이에 응해야 한다.
③ 법 제24조 제4항에 따라 위원 등이 시설수용자와 면담하는 장소에 참석하는 구금·보호시설의 직원은 위원 등의 승낙 없이는 면담에 참여할 수 없으며, 자신의 의견을 개진하는 등의 방식으로 시설수용자의 진술을 방해해서는 안 된다.

제5조 면담조사 이후의 보호조치

① 법 제24조 제4항의 규정에 의하여 시설수용자를 면담하는 위원은 면담을 하였다는 이유로 구금·보호시설의 직원 또는 시설수용자가 신체·건강상의 위해 그 밖의 불이익을 받을 우려가 있는 경우 구금·보호시설의 장 또는 관리인에게 이를 방지하기 위한 조치를 취하여 줄 것을 요청할 수 있다.
② 구금·보호시설의 장 또는 관리인은 제1항의 규정에 의한 조치를 취한 때에는 그 내용을 위원회에 즉시 통보하여야 한다.

제4장 인권침해 및 차별행위의 조사와 구제

제31조 시설수용자의 진정권 보장

① 시설수용자가 위원회에 진정하려고 하면 그 시설에 소속된 공무원 또는 직원(이하 "소속공무원 등"이라 한다)은 그 사람에게 즉시 진정서 작성에 필요한 시간과 장소 및 편의를 제공하여야 한다.
② 시설수용자가 위원 또는 위원회 소속 직원 앞에서 진정하기를 원하는 경우 소속공무원 등은 즉시 그 뜻을 위원회에 통지하여야 한다.
③ 소속공무원 등은 제1항에 따라 시설수용자가 작성한 진정서를 즉시 위원회에 보내고 위원회로부터 접수증명원을 받아 이를 진정인에게 내주어야 한다. 제2항의 통지에 대한 위원회의 확인서 및 면담일정서는 발급받는 즉시 진정을 원하는 시설수용자에게 내주어야 한다.
④ 제2항에 따라 통지를 받은 경우 또는 시설수용자가 진정을 원한다고 믿을 만한 상당한 근거가 있는 경우 위원회는 위원 또는 소속 직원으로 하여금 구금·보호시설을 방문하게 하여 진정을 원하는 시설수용자로부터 구술 또는 서면으로 진정을 접수하게 하여야 한다. 이때 진정을 접수한 위원 또는 소속 직원은 즉시 접수증명원을 작성하여 진정인에게 내주어야 한다.
⑤ 제4항에 따른 위원 또는 소속 직원의 구금·보호시설의 방문 및 진정의 접수에 관하여는 제24조 제3항 및 제4항을 준용한다.
⑥ 시설에 수용되어 있는 진정인(진정을 하려는 사람을 포함한다)과 위원 또는 위원회 소속 직원의 면담에는 구금·보호시설의 직원이 참여하거나 그 내용을 듣거나 녹취하지 못한다. 다만, 보이는 거리에서 시설수용자를 감시할 수 있다.
⑦ 소속공무원 등은 시설수용자가 위원회에 제출할 목적으로 작성한 진정서 또는 서면을 열람할 수 없다.
⑧ 시설수용자의 자유로운 진정서 작성과 제출을 보장하기 위하여 구금·보호시설에서 이행하여야 할 조치와 그 밖에 필요한 절차와 방법은 대통령령으로 정한다.

시행령

제6조 진정방법의 고지 등
① 구금·보호시설의 장 또는 관리인은 시설수용자를 최초로 보호·수용하는 때에는 시설수용자에게 인권침해 사실을 위원회에 진정을 할 수 있다는 뜻과 그 방법을 고지하여야 한다.
② 구금·보호시설의 장 또는 관리인은 인권침해에 관하여 위원회에 진정할 수 있다는 뜻과 그 방법을 기재한 안내서를 시설수용자가 상시로 열람할 수 있는 곳에 비치하여야 한다.

제7조 진정함의 설치·운용
① 구금·보호시설의 장은 구금·보호시설안의 적절한 장소에 진정함을 설치하고, 용지·필기도구 및 봉함용 봉투를 비치하여야 한다.
② 구금·보호시설의 장 또는 관리인은 제1항의 규정에 의하여 진정함을 설치한 때에는 위원회에 진정함이 설치된 장소를 통보하여야 한다.
③ 구금·보호시설의 장 또는 관리인은 시설수용자가 직접 진정서를 봉투에 넣고 이를 봉함한 후 진정함에 넣을 수 있도록 하여야 한다.
④ 구금·보호시설에 소속된 공무원 또는 직원은 매일 지정된 시간에 시설수용자가 위원회에 제출할 목적으로 작성한 진정서 또는 서면이 진정함에 들어 있는지 여부를 확인하여야 하며, 진정함에 진정서 또는 서면이 들어 있는 때에는 지체 없이 이를 위원회에 송부하여야 한다.
⑤ 제1항의 규정에 의한 봉함용 봉투의 양식은 위원회의 규칙으로 정한다.

제8조 위원회가 보낸 서면의 열람금지
구금·보호시설에 소속된 공무원 또는 직원은 위원회명의의 서신을 개봉한 결과 당해 서신이 위원회가 진정인인 시설수용자에게 발송한 서신임이 확인된 때에는 당해 서신중 위원회가 열람금지를 요청한 특정서면은 이를 열람하여서는 아니 된다.

제9조 진정서의 자유로운 작성 및 제출
① 시설수용자가 구금·보호시설의 장 또는 관리인에 대하여 위원회에 보내는 진정서 그 밖의 서면의 작성의사를 표명한 때에는 구금·보호시설의 장 또는 관리인은 이를 금지하거나 방해하여서는 아니 된다.
② 구금·보호시설에 소속된 공무원 또는 직원은 시설수용자가 위원회에 보내기 위하여 작성중이거나 소지하고 있는 진정서 또는 서면을 열람·압수 또는 폐기하여서는 아니 된다. 다만, 제1항의 규정에 의하여 미리 작성의사를 표명하지 아니하고 작성중이거나 소지하고 있는 문서의 경우에는 그러하지 아니하다.
③ 구금·보호시설에 소속된 공무원 또는 직원은 시설수용자가 징벌혐의로 조사를 받고 있거나 징벌을 받고 있는 중이라는 이유로 위원회에 보내기 위한 진정서 또는 서면을 작성하거나 제출할 수 있는 기회를 제한하는 조치를 하여서는 아니 된다.

제10조 방문진정접수
제3조 제3항 및 제4항의 규정은 법 제31조 제4항의 규정에 의하여 위원 등이 구금·보호시설을 방문하여 진정을 접수하는 경우에 관하여 이를 준용한다.

09 수용자 처우에 관한 UN최저기준규칙

서칙

제1조
본 규칙이 의도하는 바는 교정시설의 모범적 체계를 세세한 점까지 기술하고자 하는 것은 아니다. 이것은 오직 이 시대의 사조로서 일반적으로 합의된 바와 현재로서 가장 적합한 체계를 위한 필수적인 요소들을 기준으로 하여 일반적으로 수용자에 대한 처우와 교정시설의 운영에서 올바른 원칙과 관행으로서 받아들여지고 있는 것을 명백히 하고자 하는 것일 뿐이다.

제2조
① 세계의 법적·사회적·경제적 및 지리적 조건들이 매우 다양하다는 점에 비추어 볼 때 본 규칙의 전부가 모든 곳에서 언제나 적용될 수 없음은 명백하다. 그러나 본 규칙은 그것이 전체로서 유엔에 의하여 적정한 것으로 인정되는 최소한의 조건을 나타낸다는 것을 알게 함으로써 그 적용과정에서 발생하는 사실상의 어려움을 극복하려는 부단한 노력을 촉진할 것이다.
② 한편, 본 규칙이 다루는 영역에서 시대의 흐름은 끊임없이 발전하고 있다. 본 규칙은 전체로서 그 본문에서 파생되는 원칙들과 조화를 이루면서 그 목적을 촉진하고자 하는 것인 한 실험과 실습을 배제하지 아니한다. 중앙교정당국이 이 정신에 따라 본 규칙을 변경하는 것은 항상 정당화된다.

제3조
① 본 규칙 제1부는 교도소 운영 일반을 다루며 법관이 명한 보안처분 또는 교정처분 하에 있는 수용자를 포함하여 형사범이나 민사범, 미결수용자나 수형자 등 모든 범주의 수용자에게 적용될 수 있다.
② 제2부는 각 절에서 다루는 특정 범위에 대하여만 적용될 수 있다. 그러나 수형자에 대하여 적용되는 A절의 규칙은 B, C, D절에서 다루어지는 수용자에게도 똑같이 적용될 수 있다. 다만, 이는 A절의 규칙이 B, C, D절의 규칙과 모순되지 아니하고 또한 그의 이익에 해당하는 경우에 한한다.

제4조
① 본 규칙은 소년원과 같은 비행청소년 수용시설이나 교정학교 등 소년들을 위하여 따로 마련된 시설 운영을 규율하려는 것이 아니다. 그러나 일반적으로 제1부는 이러한 시설에 똑같이 적용될 수 있다.
② 소년수용자의 범주에는 적어도 소년법원의 관할에 속하는 모든 소년들이 포함되어야 한다. 원칙적으로 이들 소년에게 구금형이 선고되어서는 안 된다.

제1편 통칙

기본원칙

제1조 인도적 처우
모든 수용자는 인간의 존엄성과 가치에 입각하여 존중을 받아야 한다. 어떠한 수용자도 고문, 기타 잔인하거나 비인간적이거나 모욕적인 처우 또는 처벌을 받지 않도록 보호되어야 하고 어떠한 경우도 이를 정당화할 수 없다. 수용자와 직원, 용역 제공자, 방문자들의 안전과 보안은 항시 유지되어야 한다.

제2조 공평처우
① 본 규칙은 공평하게 적용되어야 한다. 수용자의 인종, 피부색, 성별, 언어, 종교, 정치적 또는 그 밖의 견해, 국적, 사회적 신분, 재산, 출생 또는 그 밖의 지위에 의하여 차별이 있어서는 안 된다. 수용자의 종교적 신념과 도덕률은 존중되어야 한다.
② 차별금지의 원칙을 적용하기 위해 교정당국에서는 수용자 개인의 필요(특히 교정시설의 환경에서 가장 취약한 부분에 대하여)를 고려해야 한다. 특수한 필요를 가진 수용자들을 보호하고 그들의 권리를 존중하기 위한 조치들은 필요한 것으로서 차별로 간주되지 않는다.

제3조 고통가중 금지
개인을 외부세상으로부터 차단하는 모든 구금행위는 그들의 자유를 박탈함으로써 자아결정권을 빼앗는 행위로 고통을 수반한다. 따라서 교정제도는 정당하게 수반되거나 질서를 유지하기 위한 경우를 제외하고 수용자의 고통을 가중시켜서는 안 된다.

제4조 구금목적에 적합한 처우
① 개인의 자유를 박탈하는 구금행위나 이와 유사한 조치의 주된 목적은 범죄로부터 사회를 보호하고 재범을 줄이는 것이다. 이러한 목적을 달성하기 위해서는 수용자가 구금기간 동안 사회복귀 시 법을 준수하고 자생할 수 있도록 합당한 지원을 받아야 한다.
② 이와 관련하여 교정당국과 관련 기관에서는 교육과 직업훈련, 작업 등 가능하고 적합한 형태의 지원을 수용자들에게 제공해야 하고 여기에는 교화적, 도덕적, 정신적, 사회적 활동들과 보건 또는 운동을 기반으로 하는 활동들이 포함된다. 이러한 프로그램, 활동, 서비스는 수용자 개인의 특성을 고려하여 제공되어야 한다.

제5조 구금에 따른 조치
① 구금제도는 구금시설 내에서의 생활과 외부생활의 차이로 인하여 수용자의 책임과 인간으로서의 존엄성을 저해하지 않도록 가능한 조치를 강구해야 한다.
② 교정당국은 형평성에 입각하여 정신적 또는 지체 장애가 있는 수용자들이 구금시설 내에서 원만한 생활을 할 수 있도록 합당한 배려와 조치를 취해야 한다.

수용자의 기록 관리

제6조 서류 관리
수용자를 수용하는 모든 시설에서는 체계적인 서류 관리 절차가 이루어져야 한다. 데이터베이스를 활용한 전자식 기록이나 번호와 서명을 표기한 페이지로 이루어진 등록부를 활용한다. 또한 기록에 대한 감사를 실시하고 무단 열람이나 수정이 불가하도록 절차가 마련되어야 한다.

제7조 수용 시 정보의 기록
유효한 구속영장에 의하지 아니하고는 어느 누구라도 교도소에 수용되어서는 안 된다. 수용자가 입소할 때에는 다음과 같은 정보를 기록하여 관리해야 한다.
1. 수용자의 신분을 확인할 수 있는 정확한 정보(이때 자신의 성별에 대한 수용자 개인의 인식을 존중해야 한다)
2. 구금된 이유와 집행기관, 체포된 일자와 시간, 장소
3. 입소, 석방, 출소 일자와 시간
4. 육안으로 확인이 가능한 부상과 학대를 받았는지의 여부
5. 개인 소지품 내역
6. 자녀, 자녀의 나이, 거주지, 보호자 여부 등 가족들의 성명
7. 가까운 친척의 비상연락처

제8조 구금 중 정보의 기록
구금기간 중에 필요 시 다음과 같은 정보를 기록하여 관리해야 한다.
1. 재판심의와 변호 등 사법절차에 관련된 정보
2. 초기 평가 및 분류 보고서
3. 수용자의 태도와 규율준수 여부에 관한 정보
4. 고문 또는 기타 잔인하거나 비인간적이거나 모욕적인 처우 또는 처벌에 관한 청원과 고충. 다만, 기밀정보인 경우는 예외
5. 규율적 처벌내역에 관한 정보
6. 부상 또는 사망에 관한 정보, 사망의 경우 시신의 안치장소 기재

제9조 기록 정보의 열람
제7조와 제8조에서 명시한 정보는 기밀로 유지해야 하고 업무를 위해서 인가를 받은 자에 한하여 열람이 가능해야 한다. 수용자는 자국의 법률에서 허용하는 경우 자신의 기록을 열람할 수 있으며 석방 후 해당 기록에 대한 공식 사본을 요청할 수 있다.

제10조 서류의 활용
수용자 서류관리제도는 시설 점유율 등 수용자의 인원 추이를 확인할 수 있는 통계 수치를 파악하는데 활용될 수 있으며 이는 의사결정에 필요한 근거자료로 활용되어야 한다.

수용자의 분리

제11조 분리 수용
상이한 종류의 수용자는 그 성별, 연령, 범죄경력, 구금의 법률적 사유 및 처우상의 필요를 고려하여 분리된 시설이나 또는 시설내의 분리된 구역에 수용되어야 한다. 따라서
1. 남자와 여자는 가능한 한 분리된 시설에 구금해야 한다. 남자와 여자를 함께 수용하는 시설에서는 여자용으로 사용되는 설비의 전체를 완전히 분리해야 한다.
2. 미결수용자는 수형자와 분리하여 구금해야 한다.
3. 채무로 인하여 수용된 자 및 그 밖의 민사범은 형사범과 분리하여 구금해야 한다.
4. 소년은 성년과 분리하여 구금해야 한다.

주시설

제12조 수용거실
① 취침시설이 각 거실마다 설치되어 있을 경우, 개개의 수용자별로 야간에 독거실이 제공되어야 한다. 일시적인 과잉수용 등과 같은 특별한 이유로 중앙교정당국이 이 규정에 대한 예외를 둘 필요가 있을 때에도 독거실에 2명의 수용자를 수용하는 것은 바람직하지 못하다.
② 혼거실이 사용되는 때에는 그 환경에서 서로 사이좋게 지낼 수 있는 수용자를 신중하게 선정하여 수용하여야 한다. 이때에는 시설의 성격에 맞추어 야간에 정기적인 감독이 수행되어야 한다.

제13조 취침시설
수용자가 사용하도록 마련된 모든 시설, 특히 모든 취침시설은 기후조건을 고려하고 특히 공기의 용적, 최소면적, 조명, 난방 및 환기 등에 관하여 적절한 고려를 함으로써 건강유지에 필요한 모든 조건을 충족해야 한다.

제14조 거주·작업장의 조건
수용자가 생활하거나 작업을 하여야 하는 모든 장소에는,
1. 창문은 수용자가 자연광선으로 독서하거나 작업을 할 수 있을 만큼 커야 하고, 인공적인 통풍 설비의 유무에도 불구하고 신선한 공기가 들어올 수 있도록 설치되어야 한다.
2. 인공조명은 수용자의 시력을 해치지 아니하고 독서하거나 작업하기에 충분하도록 제공되어야 한다.

제15조 위생설비
위생설비는 모든 수용자가 청결하고 단정하게 생리적 욕구를 해소하기에 적합해야 한다.

제16조 목욕
적당한 목욕 및 샤워설비를 마련하여 모든 수용자가 계절과 지역에 따라 일반 위생상 필요한 만큼 자주 기후에 알맞은 온도로 목욕하거나 샤워할 수 있게 하며, 수용자에게 그렇게 할 의무가 부과될 수 있다. 다만, 온대기후의 경우 그 횟수는 적어도 매주 1회 이상이어야 한다.

제17조 시설관리
수용자가 상시 사용하는 시설의 모든 구역은 항상 적절히 관리되고 깨끗하게 유지되어야 한다.

개인위생

제18조 청결의무 등
① 수용자에게는 신체를 청결히 유지할 의무를 부과하여야 하고, 이를 위하여 건강 및 청결유지에 필요한 만큼의 물과 세면용품이 지급되어야 한다.
② 수용자가 그들의 자존심에 부합하는 단정한 용모를 유지할 수 있도록 두발 및 수염을 다듬을 수 있는 기구를 제공하여야 하고, 남자는 규칙적으로 면도할 수 있도록 해야 한다.

의류 및 침구

제19조 의류
① 자기의 의류를 입도록 허용되지 아니하는 모든 수용자에 대하여는 기후에 알맞고 건강유지에 적합한 의류가 지급되어야 한다. 이러한 의류는 결코 인간의 존엄성을 상실시키거나 수치심을 주는 것이어서는 안 된다.
② 모든 의류는 청결하고 적합한 상태로 보존되어야 한다. 내의는 위생을 유지하기에 필요한 만큼 자주 교환되고 세탁되어야 한다.
③ 예외적인 상황에서 수용자가 정당하게 인정된 목적을 위하여 시설 밖으로 나갈 때에는 언제나 자신의 사복 또는 너무 눈에 띄지 아니하는 의복을 입도록 허용되어야 한다.

제20조 자기 의류
수용자에게 자기 의류를 입도록 허용하는 경우에는 교도소에 수용할 때에 그 의류가 청결하고 사용에 적합하게 관리되도록 적당한 조치를 취해야 한다.

제21조 침구
모든 수용자에게는 해당 지역 또는 국가의 수준에 맞추어 개별 침대와 충분한 전용침구를 지급해야 하고, 침구는 지급될 때 청결하고 항상 잘 정돈되어야 하며 또한 그 청결을 유지할 수 있도록 충분히 자주 교환되어야 한다.

급식

제22조 급식
① 교정당국은 모든 수용자에게 통상의 식사시간에 건강과 체력을 유지하기에 충분한 영양가와 위생적인 품질을 갖춘 잘 조리된 음식을 급여해야 한다.
② 음료수는 모든 수용자가 필요로 할 때 언제나 제공되어야 한다.

운동 및 경기

제23조 실외운동 등
① 실외작업을 하지 아니하는 모든 수용자는 날씨가 허락하는 한 매일 적어도 1시간의 적당한 실외운동을 하도록 해야 한다.
② 소년수용자 및 적당한 연령과 체격을 가진 그 밖의 수용자에게는 운동시간 중에 체육 및 오락훈련을 받도록 해야 한다. 이 목적을 위하여 필요한 공간, 설비 및 장비가 제공되어야 한다.

보건의료

제24조 보건의료
① 국가는 수용자의 보건의료를 책임져야 한다. 수용자는 지역사회에서 제공하는 것과 동일한 수준의 보건의료 혜택을 누릴 권리가 있으며 법적 신분으로 인한 차별을 받지 않고 필요한 보건의료 서비스를 무상으로 이용할 수 있어야 한다.
② 보건의료 서비스는 에이즈, 결핵 등 감염성 질환 또는 약물 의존에 대한 치료를 지속할 수 있도록 공공 보건당국과의 긴밀한 협조를 통해 이루어져야 한다.

제25조 보건의료 관련 조치 등
① 모든 구금시설에서는 수용자의 육체적 또는 정신적 건강을 진단, 증진, 유지할 수 있도록 보건의료 관련 조치가 마련되어 있어야 하고 특별한 주의를 요구하거나 건강상 문제가 있는 수용자에게 각별한 주의를 기울여야 한다.
② 보건의료 서비스는 충분한 자격을 갖춘 의료전문가와 심리학과 정신과학 분야의 전문성을 갖춘 인력으로 구성된 팀에 의해 이루어져야 한다. 자격을 갖춘 치과의사의 의료서비스도 모든 수용자들에게 제공되어야 한다.

제26조 의료기록
① 보건의료 서비스에 있어서 모든 수용자에 대한 정확한 개별 의료기록을 작성·관리, 보안을 유지하고 수용자가 자신의 의료기록을 열람할 수 있도록 허용해야 한다. 수용자는 또한 제3자가 자신의 의료기록을 확인할 수 있도록 권한을 위임할 수 있다.
② 다른 시설로 이전 시 수용자의 의료기록은 해당 시설로 전달되고 기록의 보안을 유지해야 한다.

제27조 의료지원을 받을 권리 등
① 모든 수용자는 응급상황 발생 시 즉시 의료지원을 받을 권리가 있다. 특수한 치료 또는 수술을 요하는 수용자의 경우 해당 의료시설이나 민간 병원으로 이송되어야 한다. 의료시설을 갖춘 구금시설의 경우 해당 의료시설은 원활한 치료와 업무를 진행할 수 있도록 적정한 인력과 장비를 갖춰야 한다.
② 의료와 관련된 결정은 권한이 있는 보건의료 전문가가 내려야 하며 의료분야에 종사하지 않는 구금시설의 직원은 그 결정을 거부하거나 간과해서는 안 된다.

제28조 임산부인 수용자
여자교도소에서는 산전 및 산후의 모든 간호 및 처치를 위하여 필요한 특별한 설비가 갖추어져 있어야 한다. 가능한 경우에는 항상 시설 밖의 병원에서 분만할 수 있도록 조치를 강구해야 한다. 아이가 시설 내에서 태어난 경우 그 사실을 출생증명서에 기재해서는 안 된다.

제29조 유아의 양육
① 수용자의 자녀를 구금시설 내에서 수용자와 함께 생활하는 것에 대한 판단을 내릴 때에는 해당 자녀의 이익을 최우선적으로 고려해야 한다. 다음의 경우에 한하여 수용자의 자녀를 구금시설 내에서 생활하는 것을 허용한다.
  1. 수용자가 자녀를 돌보지 못할 때 적정 인력을 갖춘 내부 또는 외부 보육시설에 자녀를 위탁할 수 있는 경우
  2. 전문가가 입소에 대한 건강검진 및 자녀의 발육에 대한 지속적인 모니터링을 포함한 어린이의 특별한 보건의료 서비스를 제공할 수 있는 경우
② 구금시설에서 생활하는 수용자의 자녀는 어떠한 경우에도 수용자로 처우해서는 안 된다.

제30조 면담과 의료 검사
의사 또는 자격을 갖춘 보건의료 전문가는 입소한 모든 수용자들에 대하여 조속히 면담과 의료 검사를 실시해야 한다. 이 경우 다음과 같은 사항에 각별한 주의를 기울여야 한다.
1. 특별한 의료 지원이나 치료가 필요한지의 여부
2. 입소 전에 학대를 받았는지의 여부
3. 구금으로 인한 정신적 스트레스로 인하여 자살 또는 자해의 위험이 있는지의 여부 또는 약물이나 알코올 중독으로 인한 금단증상, 기타 모든 개인적으로 필요한 조치 또는 치료 확인
4. 감염성 질환으로 인하여 격리와 적절한 치료가 필요한 지의 여부
5. 작업, 운동, 기타 활동에 참여할 수 있는 지를 파악하기 위한 건강상태의 확인

제31조 건강 확인
의사 또는 자격을 갖춘 보건의료 전문가는 질환을 앓고 있거나 육체적 또는 정신적 문제를 호소하거나 각별한 주의를 요하는 모든 수용자를 매일 확인해야 하고 모든 의료검사에 대해 철저한 보안을 유지해야 한다.

제32조 의사의 의무
① 의사 또는 기타 보건의료 전문가와 수용자의 관계는 지역사회에서 적용되는 동일한 윤리적·전문적 규범과 기준을 적용한다. 특히 다음과 같은 의무를 이행해야 한다.
  1. 의료적 관점에서 수용자의 육체적 또는 정신적 건강을 보호한다.
  2. 수용자의 건강에 대한 판단과 권리를 존중한다.
  3. 의료 기록의 보안을 유지한다. 다만, 이로 인하여 환자 또는 제3자에게 위협이 되는 경우에는 그러하지 아니하다.
  4. 실험 등의 목적으로 세포, 신체조직, 장기를 적출하는 등 수용자의 건강에 해가 되는 어떠한 행위나 고문, 기타 잔인하거나 비인간적이거나 모욕적인 어떠한 행위도 하지 않는다.
② 제1항 제4호를 제한하지 않는 범위 내에서 수용자는 자신의 건강 회복에 도움이 되거나 친척에게 자신의 세포, 신체조직, 장기를 기부하기를 원하는 경우 지역사회에서 실시하는 임상시험이나 기타 조사활동에 참여할 수 있다.

제33조 의사의 소장 보고
의사는 수용자의 신체적 또는 정신적 건강이 계속된 구금으로 인하거나 또는 구금에 수반된 상황에 의해서 손상되었거나 또는 손상되리라고 판단하는 때는 언제든지 소장에게 보고해야 한다.

제34조 의사의 고문 등 인지 보고
입소 후 수용자의 건강검사 또는 치료 과정에서 보건의료 전문가가 고문 또는 기타 잔인하거나 비인간적이거나 모욕적인 처우 또는 처벌의 징후를 인지한 경우 해당 보건의료 전문가는 이를 기록하고 관련 의료, 행정 또는 사법 기관에 보고해야 한다. 이 경우 해당 수용자 또는 관련자를 위험으로부터 보호할 수 있는 적합한 절차가 마련되어 있어야 한다.

제35조 의사 등의 조언
① 의사 또는 관련 공공보건기관은 정기적으로 검사를 실시하고 다음 각 호에 대하여 소장에게 조언해야 한다.
  1. 음식의 양, 질, 조리 상황 및 배식
  2. 시설 및 수용자의 위생과 청결
  3. 시설의 위생관리, 온도, 조명 및 환기
  4. 수용자의 의류 및 침구의 적합 및 청결상태
  5. 체육 및 운동을 담당하는 전문직원이 없는 경우 이에 관한 규칙의 준수여부
② 교도소장은 제1항과 제33조의 규정에 따라 의사가 실시한 조언과 보고를 참고해야 하며, 보고서에 있는 조언과 권고를 실시하기 위한 즉각적인 조치를 취해야 한다. 또한, 그 제안이 자기의 권한에 속하는 사항이 아니거나 동의하지 아니하는 때에는 소장은 자기의 의견과 의사 또는 적법한 공중위생단체의 조언과 권고를 즉시 상급관청에 보고해야 한다.

제한, 규율 및 처벌

제36조 필요성의 원칙
규율 및 기타 규범은 안전과 질서를 유지하기 위하여 필요한 한도를 넘지 않는 범위 내에서 유지되어야 한다.

제37조 명확성의 원칙
다음 각 호는 항상 법률 또는 권한 있는 행정관청의 규칙으로 정해야 한다.
1. 규율 위반을 구성하는 행위
2. 부과할 처벌의 종류 및 그 기간
3. 처벌을 부과할 권한이 있는 기관
4. 독방수용, 격리, 분리, 특수 관리시설, 구속시설 등과 같이 규율적 처벌 또는 질서 및 보안 유지를 위해 다른 수용자들로부터의 강제적으로 분리 수용하는 행위로 이에 대한 정책 및 검토사항을 적용하는 경우 등을 포함함

제38조 규율 위반 예방
① 교정당국은 가능한 범위 내에서 규율 위반이나 마찰을 예방하기 위해 적절한 예방 또는 중재 수단을 활용할 수 있다.
② 분리 수용된 적이 있는 수용자의 경우 교정당국은 이로 인하여 수용자 자신과 석방 후 지역사회에 발생할 수 있는 부작용을 최소화할 수 있도록 필요한 조치를 취해야 한다.

제39조 규율위반에 대한 처벌 등
① 수용자는 제37조에 명시된 법규와 공정성과 합당한 절차에 입각하여 처벌을 받아야 한다. 수용자는 동일한 규율 위반에 대하여 이중으로 처벌받아서는 안 된다.
② 교정당국은 규율 위반과 그에 대한 처벌이 합당하게 이루어지도록 조치를 취해야 하며 부과된 모든 처벌 내역을 정확하게 기록해야 한다.
③ 규율 위반에 대한 처벌을 부과하기 전에 교정당국은 수용자에게 정신질환이나 발달장애가 있는지 확인하고 위반사실에 대한 원인을 규명해야 한다. 교정당국은 정신질환이나 발달장애로 인한 규율 위반을 처벌해서는 안 된다.

제40조 수용자의 역할 제한
① 어떠한 수용자라도 교도소의 업무를 부여받거나 규율권한이 부여되어서는 안 된다.
② 그러나 본 규칙은 특정한 사회적, 교육 또는 스포츠 활동이나 책임을 직원의 감독 하에 처우목적을 위하여 그룹으로 분류된 수용자 자치제도의 적절한 활용을 배제하지 아니한다.

제41조 규율위반 수용자의 방어권
① 규율 위반에 대한 모든 혐의는 관련 기관에 즉시 보고되어야 하고 이를 보고 받은 기관은 즉시 이에 대한 조사를 실시해야 한다.
② 수용자는 수용자가 이해할 수 있는 언어로 자신에 대한 혐의사실에 대하여 통고를 받고 자신을 변호할 수 있는 적당한 시간과 시설을 제공받아야 한다.
③ 수용자는 특히 중대한 규율 위반에 대하여 자신을 직접 변호하거나 필요 시 법적 지원을 받을 수 있는 권리가 있다. 만일 심의절차가 수용자가 이해할 수 없는 언어로 진행되는 경우 무상으로 통역 지원이 이루어져야 한다.
④ 수용자는 자신에게 부과된 처벌에 대하여 사법심사를 요구할 기회를 가져야 한다.
⑤ 규율 위반이 범죄로 기소되는 경우 수용자는 법률자문에 대한 지원 등 형사소송절차를 진행하는데 있어 모든 권리를 보장받아야 한다.

제42조 생활환경
조명, 환기, 온도, 위생, 영양, 식수, 야외 활동, 운동, 개인위생, 보건, 개인 공간 등에 대한 기본적인 생활환경에 대한 조건은 모든 수용자에게 예외 없이 적용되어야 한다.

제43조 금지되는 처벌 행위
① 구속 또는 규율 위반에 대한 처벌은 어떠한 경우에도 고문 또는 기타 잔인하거나 비인간적이거나 모욕적인 처우 또는 처벌로 대체되어서는 안 되며 다음과 같은 행위는 금지되어야 한다.
  1. 무기한 독거실에 수용하는 행위
  2. 장기간 독거실에 수용하는 행위
  3. 어둡거나 지속해서 밝혀져 있는 공간에 수용하는 행위
  4. 체벌 또는 식사나 식수의 공급을 제한하는 행위
  5. 집단 처벌하는 행위
② 규율 위반에 대한 처벌로 결박장치를 사용해서는 안 된다.
③ 규율 위반에 대한 처벌 또는 구속조치로 가족과의 연락을 금지해서는 안 된다. 가족과의 연락을 금지하는 행위는 제한된 시간에 한하여 보안 또는 질서의 유지를 위한 경우에만 허용된다.

제44조 독거수용의 구분
본 규칙에서 일반적인 독거수용이라 함은 타인과의 접촉이 없이 수용자를 22시간 또는 하루 이상 수용하는 것을 의미하고, 장기 독거수용이라 함은 15일을 초과하여 연속으로 수용자를 독거실에 수용하는 것을 의미한다.

제45조 독거수용의 제한
① 독거수용은 특수한 경우에 한하여 최후의 수단으로 허용되며 가능한 최소한의 시간으로 한정해야 하고 독립적인 심의와 관계기관의 승인을 받아야 한다. 또한 수용자의 형량에 의거하여 독거수용을 부과해서는 안 된다.
② 정신적 또는 지체 장애가 있는 수용자의 경우 독거수용이 상태를 악화시킬 가능성이 있으면 독거수용을 부과할 수 없다. 독거수용이나 이와 유사한 조치를 범죄예방 및 형사사법에 대한 유엔의 기준 및 규범에 의거하여 여성 또는 소년에게 부과하는 것은 금지된다.

제46조 보건의료 담당자의 건강상태 확인
① 보건의료 담당자는 규율 위반에 대한 처벌 또는 구속조치를 부과할 수 없다. 그러나 보건의료 담당자는 매일 강제적으로 분리 수용된 수용자를 방문하고 수용자 또는 직원의 요청에 따라 의료지원을 제공하는 등 수용자의 건강상태에 각별한 주의를 기울여야 한다.
② 규율 위반에 대한 처벌이나 구속조치가 수용자의 육체적 또는 정신적 건강상태에 부정적인 영향을 미치는 경우 보건의료 담당자는 이를 즉시 교도소장에게 보고하고 처벌 조치의 중단이나 조정에 대하여 의견을 제시해야 한다.
③ 보건의료 담당자는 강제로 분리 수용된 수용자의 건강상태나 정신 또는 지체장애가 악화되지 않도록 이를 검토하고 조정에 대한 의견을 제시해야 한다.

보호장비

제47조 보호장비의 사용
① 본질적으로 악화 또는 고통을 주는 사슬, 발목수갑 등의 보호장비의 사용은 금지되어야 한다.
② 그 밖의 보호장비는 다음 각 호의 경우를 제외하고는 사용되어서는 안 된다.
  1. 호송 중 도주에 대한 예방책으로 사용되는 때. 다만, 사법 또는 행정당국에 출석할 때에는 보호장비를 해제해야 한다.
  2. 수용자가 자기 또는 다른 사람에게 침해를 가하거나 재산에 손해를 주는 것을 다른 수단으로써는 방지할 수 없어서 소장이 명령하는 때. 이때에는 소장은 지체 없이 의사 또는 다른 자격이 있는 보건의료 전문가에게 주의를 환기시키고 상급 행정관청에 보고해야 한다.

제48조 보호장비 사용의 한계
① 제47조 제2항에 따라 보호장비의 사용을 허용하는 경우 다음과 같은 원칙이 지켜져야 한다.
  1. 보호장비는 위험을 예방하기 위한 다른 대체 수단이 없을 경우에 한하여 사용되어야 한다.
  2. 보호장비의 사용은 위험의 정도와 유형에 따라 수용자의 움직임을 제한하도록 적정한 수준에서 이루어져야 한다.
  3. 보호장비는 꼭 필요한 시간에 한정하여 사용되어야 하며 위험성이 존재하지 않는 경우 즉시 제거해야 한다.
② 진통 또는 분만 상태에 있거나 분만 직후의 여성에게는 보호장비를 사용해서는 안 된다.

제49조 직원 교육
교정당국은 보호장비를 올바르게 사용하고 착용자의 불편함을 최소화할 수 있도록 직원들을 교육해야 한다.

수용자와 거실에 대한 검사

제50조 검사의 기준
수용자와 거실의 검사에 대한 적용 법규는 국제법을 따라야 하며 구금시설 안전을 고려하여 국제기준과 규범에 입각하여 이루어져야 한다. 검사는 인간의 존엄성과 개인의 사생활을 보호하고 비례의 원칙과 합법성, 필요성에 입각하여 실시되어야 한다.

제51조 검사의 제한 및 기록
검사는 수용자를 괴롭히거나 위협하고 불필요하게 개인의 사생활을 침해하기 위해 실시되어서는 안 된다. 교정당국은 특히 알몸수색이나 체강검사, 거실검사에 대하여 검사사유와 검사 실시자, 검사결과 등을 기록해야 한다.

제52조 알몸수색과 체강검사
① 알몸수색과 체강검사와 같이 불편함을 유발할 수 있는 검사는 꼭 필요한 경우에 한하여 실시되어야 한다. 교정당국은 이러한 검사를 대체할 수 있는 수단을 강구하여야 하며 이러한 검사를 실시할 때에는 단독으로 교육을 받은 동성의 교도관이 실시해야 한다.
② 체강검사는 수용자의 관리를 책임지는 자 이외의 자격을 갖춘 전문가 또는 위생, 보건, 안전분야의 교육을 받은 직원에 의해 실시되어야 한다.

제53조 소송서류의 소지
수용자는 자신의 소송절차와 관련된 서류를 열람하거나 소지할 수 있으며 이에는 교정당국의 접근이 허용되지 않는다.

정보 및 불복신청

제54조 수용자에 대한 정보 제공
모든 수용자에게는 입소 즉시 다음과 같은 정보가 서면으로 제공되어야 한다.
1. 구금시설에 대한 관련 법규
2. 정보 검색, 법률구조를 통한 법률자문을 받을 권리 등 수용자의 권리와 불복 또는 요구절차
3. 수용자의 의무사항과 규율위반에 대한 처벌
4. 구금시설에서의 생활에 적응하는데 필요한 기타 모든 사항

제55조 정보 제공기준
① 제54조에 명시된 정보는 수용자의 필요에 따라 가장 통용되는 언어로 제공되어야 한다. 수용자가 해당 언어를 이해하지 못하는 경우 통역지원이 제공되어야 한다.
② 수용자가 문맹인 경우 해당 정보를 구두로 제공해야 한다. 만일 수용자가 감각장애를 가지고 있는 경우 가능한 방식으로 해당 정보를 전달해야 한다.
③ 교정당국은 해당 정보의 개요를 구금시설 내의 공용지역에 비치해야 한다.

제56조 권리구제
① 모든 수용자에게는 매일 교도소장 또는 그를 대리할 권한을 가진 교정직원에게 청원 또는 불복신청을 할 기회가 주어져야 한다.
② 수용자는 자신에 대한 조사 중에 조사관에게 청원 또는 불복신청을 할 수 있어야 한다. 수용자에게는 소장 또는 그 밖의 직원의 참여 없이 담당조사관 또는 다른 조사관에게 말할 기회가 주어져야 한다.
③ 모든 수용자는 내용의 검열을 받지 아니하고 적합한 형식에 맞추어 허가된 경로에 따라 검토 또는 구제 권한을 부여받은 사람을 포함하여 중앙교정당국, 사법기관 또는 그 밖의 권한이 있는 기관에 청원하거나 불복신청을 하도록 허용되어야 한다.
④ 제1항부터 제3항까지에 명시된 권리는 수용자의 법률자문가에게도 적용된다. 만일 수용자와 그 법률자문가 모두가 해당 권리를 행사할 수 없을 경우에는 수용자의 가족이나 사건에 대한 지식이 있는 제3자가 해당 권리를 행사할 수 있다.

제57조 권리구제를 위한 처리
① 모든 요구 또는 불복은 즉시 처리되고 회답되어야 한다. 만일 요구 또는 불복이 거부되거나 부당하게 지체되는 경우에는 이를 제기한 수용자는 사법기관 또는 관련 기관에 이를 회부할 수 있다.
② 수용자들이 요구 또는 불복을 안전하게 제기하고 기밀이 유지될 수 있도록 보안장치가 마련되어 있어야 한다. 수용자 또는 제56조 제4항에 명시된 자는 요구 또는 불복을 제기하였다는 이유로 위협 또는 불이익을 당하거나 보복의 위험에 노출되지 않아야 한다.
③ 고문 또는 기타 잔인하거나 비인간적이거나 모욕적인 처우 또는 처벌 사실에 대한 주장은 지체 없이 처리되어야 하며 제71조 제1항과 제2항에 따라 독립기관의 공정한 조사가 실시되어야 한다.

외부와의 교통

제58조 외부교통
① 수용자에게는 필요한 감독 하에 일정 기간마다 가족 또는 친지와의 의사소통이 다음과 같은 방법으로 허용되어야 한다.
  1. 서신 또는 통신, 전자, 디지털 등의 수단을 통한 의사소통
  2. 접견
② 배우자의 접견이 허용되는 경우 이는 어떠한 차별 없이 동등하게 허용되어야 하며 여성 수용자의 경우 남성과 동등한 권리를 행사할 수 있어야 한다. 안전과 존엄성을 고려하여 공정하고 평등하게 접견절차와 장소가 보장되어야 한다.

제59조 가족과의 유대를 위한 수용
수용자는 가능하면 가정이나 사회적 재활 지역과 근접한 곳에 수용되어야 한다.

제60조 접견자에 대한 보안검색
① 교정시설을 방문하는 접견자는 보안검색에 동의함을 전제로 한다. 접견자는 언제든지 이에 대한 동의를 철회할 수 있으며 이 경우 교정당국은 방문을 거부할 수 있다.
② 접견자에 대한 검색 및 출입 절차는 접견자에게 모욕감을 주어서는 안 되며 제50조부터 제52조까지에 명시된 보호규칙을 기본으로 적용해야 한다. 체강검사는 피해야 하고 아동에게 실시할 수 없다.

제61조 법률자문가와의 접견
① 수용자는 자신이 선택한 법률자문가 또는 법률구조 제공자와 접견, 소통, 상담할 수 있는 적절한 기회와 시간, 장소가 지체 없이 주어져야 하며 자국의 법규에 따라 검열 또는 차단을 받지 않고 기밀이 유지되어야 한다. 법률상담 진행 시 교정직원의 감시는 허용되나 감청은 불가능하다.
② 수용자가 자국 언어를 구사하지 못하는 경우 교정당국은 독립 통역사의 지원을 허용해야 한다.
③ 수용자는 효과적인 법률 조력을 받을 권리가 있다.

제62조 외국인수용자의 보호
① 외국국적을 가진 수용자에게는 소속 국가의 외교대표 또는 영사와 소통하기 위한 상당한 편의가 제공되어야 한다.
② 외교대표나 영사가 없는 국가의 국적을 가진 수용자와 망명자 또는 무국적자에 대하여 이들의 권익을 대변하는 국가의 외교관 또는 이러한 자의 보호를 임무로 하는 국내기관 또는 국제기관과 교통할 수 있는, 제1항과 동일한 편의가 제공되어야 한다.

제63조 신문 등
수용자는 신문, 정기간행물 또는 시설의 특별간행물을 읽거나 방송을 청취하며 강연을 듣거나 교정당국이 허가하거나 감독하는 유사한 방법에 의하여 보다 중요한 뉴스를 정기적으로 얻을 수 있어야 한다.

도서

제64조 도서
모든 교도소는 모든 범주의 수용자가 이용할 수 있는 오락적·교육적인 도서를 충분히 비치한 도서실을 갖추어야 하고 수용자가 이를 충분히 이용하도록 권장해야 한다.

종교

제65조 종교
① 교도소 내에 동일 종교를 가진 충분한 수의 수용자가 있는 경우, 그 종교의 자격 있는 대표자를 임명하거나 승인해야 한다. 수용자의 인원수로 보아 상당하다고 인정되고 또한 여건이 허락하는 경우 그 조치는 상근제를 기초로 해야 한다.
② 제1항의 규정에 의하여 임명되거나 승인된 유자격 대표자는 정기적으로 종교의식을 실시하고, 수시로 직접 그 종교 소속의 수용자와 접견하도록 허가되어야 한다.
③ 어느 수용자에게도 어떠한 종교의 자격 있는 대표자에 대한 접근이 제한되어서는 안 된다. 한편 수용자가 그러한 방문을 거절하는 때에는 그의 태도는 충분히 존중되어야 한다.

제66조 종교행사 등
모든 수용자는 실제적으로 가능한 한 교도소 내에서 거행되는 종교행사에 참석하고 또한 자기 종파의 계율서 및 교훈서를 소지함으로써 그의 종교생활의 욕구를 충족할 수 있도록 허용되어야 한다.

수용자의 소유물 보관

제67조 영치금품
① 시설의 규칙에 의하여 수용자가 소지하는 것이 허가되지 않는 물건으로서 그의 소유에 속하는 모든 금전, 유가물, 의류 및 그 밖의 물건은 입소할 당시에 안전하게 보관되어야 한다. 보관물에 관하여는 명세서를 작성하고 수용자의 서명을 받아야 한다. 보관물을 양호한 상태에 두기 위한 조치가 이루어져야 한다.
② 모든 보관금품은 수용자를 석방할 때 그에게 반환되어야 한다. 다만, 석방 전에 수용자가 금전을 사용하거나 보관물품을 시설 밖으로 송부하는 것이 허가된 경우 또는 위생상의 이유로 의류를 폐기할 필요가 있을 경우에는 그러하지 아니하다. 수용자는 반환받은 금품에 관하여 영수증에 서명해야 한다.
③ 외부로부터 수취한 금전 또는 물품도 동일한 방법으로 취급되어야 한다.
④ 수용자가 어떤 약물을 반입하는 경우 의사 또는 동등한 자격이 있는 보건의료 전문가는 약물의 용도를 확인해야 한다.

통지

제68조 수취인 지명권
모든 수용자는 자신의 구금 또는 다른 시설로의 이송, 심각한 질병 또는 부상 발생 시 연락을 취할 수 있도록 가족 또는 제3자를 지명할 권리가 있다. 수용자의 개인정보의 공유는 자국의 법규에 따른다.

제69조 사망 등의 통지
수용자의 사망 시 교도소장은 수용자의 가까운 친척에게 또는 비상연락처로 즉시 이 사실을 알려야 한다. 수용자의 건강상태에 대한 정보를 수취하기로 지명된 개인은 교도소장으로부터 수용자의 심각한 질환, 부상, 의료기관으로의 이송 등에 대한 통보를 받아야 한다. 수용자가 자신의 질병 또는 부상을 배우자나 친지에게 알리는 것을 거부하는 경우 수용자의 이러한 의사를 존중해야 한다.

제70조 수용자에 대한 통지 의무
교정당국은 수용자의 친지 또는 배우자의 심각한 질병이나 사망소식을 수용자에게 알릴 의무가 있다. 상황이 허락하는 경우 수용자는 단독 또는 계호 하에 병상에 있는 위중한 친지나 배우자 또는 그들의 장례식장을 방문할 수 있어야 한다.

조사

제71조 조사
① 교도소장은 수용자의 사망, 실종, 심각한 부상 발생 시 내부 조사에 착수하고 이를 교정당국과는 독립적으로 존속하는 사법 또는 권한 있는 기관에 지체 없이 보고하고 사건의 원인과 상황에 대한 공정하고 효과적인 조사를 실시해야 한다. 교정당국은 관계기관에 최대한 협조하고 모든 증거물을 보존해야 한다.
② 구금시설 내에서 고문 또는 기타 잔인하거나 비인간적이거나 모욕적인 처우 또는 처벌의 행위를 의심할만한 정당한 근거가 있으면 공식적인 불만이 제기되지 않아도 제1항의 규정을 적용해야 한다.
③ 제2항에 명시된 혐의를 인정할만한 정당한 근거가 있는 경우 혐의 가능성이 있는 자가 조사에 관여하지 못하도록 하고 증인이나 피해자, 피해자의 가족과 접촉하지 못하도록 필요한 조치를 취해야 한다.

제72조 조사 후 시신의 인도
교정당국은 사망한 수용자의 시신을 처리함에 있어 존중과 존엄성을 지키고 조사가 완료되면 가능한 한 빠른 시일 내에 최근친에게 시신을 인계해야 한다. 교정당국은 장례식을 치를 사람이 없는 경우 문화적으로 합당한 장례식을 치르고 모든 관련 사항을 기록해야 한다.

수용자의 이송

제73조 이송
① 수용자를 이송할 때에는 가능한 한 공중의 눈에 띄지 않도록 해야 하고 모욕, 호기심 및 공표의 대상이 되지 않도록 적절한 보호조치를 취해야 한다.
② 환기나 조명이 불충분한 교통수단에 의하거나 불필요한 육체적 고통을 주는 방법으로 수용자를 이송하는 것은 금지되어야 한다.
③ 수용자의 이송은 행정관청의 비용으로 실시되어야 하고 모든 수용자에 대하여 균등한 조건이 적용되어야 한다.

시설 직원

제74조 직원의 선발 등
① 교도소의 적절한 운영관리는 직원의 성실성, 인간성, 업무능력 및 직무에 대한 개인적인 적합성에 달려 있는 것이므로 교정당국은 모든 계급의 직원을 선임할 때 신중을 기해야 한다.
② 교정당국은 직원과 국민의 마음속에 교정업무가 매우 중요한 사회적 봉사라는 확신을 일깨우고 유지시키기 위하여 끊임없이 노력하여야 하고, 이와 같은 목적을 위하여 국민에게 정보를 전달하는 모든 적절한 방법이 사용되어야 한다.
③ 위의 목적을 위하여 직원은 전문 교정직원으로서 상근제를 기초로 임용되어야 하고 선량한 품행, 능력 및 건강이 결여되지 아니하는 한 임기가 보장되는 공무원 신분을 가져야 한다. 직원의 보수는 적합한 남녀를 채용하여 계속 고용하기에 적절한 수준이 되어야 한다. 고용 상의 복리 및 근무조건은 직무의 성격에 비추어 적합하여야 한다.

제75조 직원교육
① 교정시설의 모든 직원들은 적정 수준의 교육과 전문적으로 직무를 수행할 수 있도록 필요한 수단과 권한을 부여받아야 한다.
② 모든 직원들은 직무를 부여받기 전에 현대 형벌학의 모범사례를 반영하여 이에 적합한 교육을 받아야 한다. 교육 이수 시 이론과 실무시험에 합격한 자만이 직무를 수행할 수 있다.
③ 교정당국은 지속적인 직무교육을 실시하여 직원들이 직무를 수행하는데 필요한 지식과 전문성을 확보할 수 있도록 지원해야 한다.

제76조 교육 내용

① 제75조 제2항에 명시된 교육에는 다음과 같은 교육이 포함되어야 한다.
　1. 자국의 관련 법규와 정책, 국제적·지역적 기준, 직무와 수용자들과의 관계에 대한 지침사항 등
　2. 모든 수용자들의 인간으로서의 존엄성을 존중하고 고문 또는 기타 잔인하거나 비인간적이거나 모욕적인 처우 또는 처벌을 하지 않는 등 교정시설 직원들이 직무를 수행함에 있어 부여되는 권리와 지켜야 할 의무사항
　3. 동적 보안에 대한 개념, 무력과 보호장치의 사용, 폭력적인 수용자의 관리 등 보안 및 안전에 관한 사항과 협상과 중재 등 예방 및 대처기술
　4. 응급조치, 정신적 문제에 대한 조기 발견 등 수용자와 구금환경에 대한 심리적인 필요, 사회적 보호조치 및 지원
② 특정 부류의 수용자들을 관리하거나 특수 직무를 맡은 교정시설의 직원들은 해당 분야에 대한 적합한 교육을 받아야 한다.

제77조 직원

교정시설의 모든 직원은 항시 수용자들에게 모범을 보이고 존경을 받을 수 있도록 행동해야 한다.

제78조 전문인력 확보

① 교정시설의 인력에는 정신과 의사, 심리학자, 사회복지사, 교사, 직업강사 등 충분한 수의 전문인력이 포함되어야 한다.
② 사회복지사와 교사, 직업강사의 직무는 비상근직과 자원봉사자 이외에 정규직으로 확보되어야 한다.

제79조 소장

① 교도소장은 인품, 행정관리능력, 교육, 경험 등에 있어서 직무에 대한 충분한 자격을 갖춰야 한다.
② 교도소장은 업무시간에 직무에 충실해야 하며 시간제로 고용되어서는 안 되며 교정시설 또는 인접한 장소에 거주해야 한다.
③ 교도소장 1인이 두 개 이상의 교정시설을 관리하는 경우 교도소장은 각각의 시설을 자주 방문해야 하며 각 시설마다 상근하는 책임자를 두어야 한다.

제80조 언어

① 교도소장과 부소장, 기타 대다수의 직원들은 수용자 다수에게 통용되는 언어를 구사해야 한다.
② 필요 시 자격을 갖춘 통역사가 지원되어야 한다.

제81조 여성 전용구역

① 남녀 수용자를 함께 수용하고 있는 시설에서는 여성 전용구역에 여자 책임자를 두고 해당 구역의 모든 열쇠를 관리하도록 해야 한다.
② 남자 직원은 여자 직원의 동반 없이 여성 전용구역에 출입할 수 없다.
③ 여자 직원만이 여성 수용자를 관리해야 한다. 그러나 남자 직원, 특히 의사와 교사가 교정시설이나 여성 전용구역에서 직무를 수행하는 것을 제한하지 않는다.

제82조 강제력의 행사

① 교정시설의 직원들은 수용자와의 관계에서 자기방어, 수용자의 도주기도 또는 법령이나 명령에 의한 적극적·소극적인 신체적 저항의 경우를 제외하고는 수용자에게 물리력을 행사하여서는 안 된다. 교정시설의 직원이 물리력에 의지하는 때에는 엄격히 필요한 최소한의 한도를 넘지 않아야 하고 즉시 교도소장에게 사태를 보고해야 한다.
② 교정시설의 직원들은 공격적인 수용자를 제지할 수 있도록 특수체력훈련을 받아야 한다.
③ 직무상 수용자와 직접 접촉하는 교정시설의 직원들은 특별한 경우를 제외하고 무기를 소지해서는 안 된다. 더구나 무기의 사용에 관한 훈련을 받지 아니한 직원에게는 어떠한 상황에서도 무기를 지급해서는 안 된다.

내·외부 감사

제83조 감사

① 교정시설과 형법집행에 대한 정기감사는 다음과 같이 구분되어야 한다.
  1. 중앙 교정당국에서 실시하는 내부 또는 행정 감사
  2. 교정당국으로부터 독립적으로 존속하는 외부기관(국제 또는 지역 기관 포함)의 감사
② 모든 감사의 목적은 교정시설이 관련 법규와 정책, 절차에 따라 관리되고 형법상의 교정업무가 올바로 이루어지며 수용자의 권리가 보호되고 있는지 확인하는 것이다.

제84조 감독관

① 감독관은 다음과 같은 권한을 가져야 한다.
  1. 수용인원과 장소 등 모든 관련 정보와 수용시설의 환경과 기록 등 수용자들의 처우에 관한 모든 정보를 열람할 수 있다.
  2. 사전 통보 없이 특정 수용자를 방문하여 면담을 할 수 있다.
  3. 방문 시 수용자 또는 직원들과 단독으로 비밀 면담을 실시할 수 있다.
  4. 교정당국과 기타 관계기관에 권고사항을 전달할 수 있다.
② 외부감사는 관계기관에 소속된 자격과 경험을 보유한 감독관들로 구성되어야 하며 보건 분야의 전문가를 포함하여야 한다. 또한 남성과 여성을 공평하게 대표할 수 있도록 구성되어야 한다.

제85조 보고서 제출

① 감사를 실시한 후에는 관계기관에 서면 보고서를 작성하여 제출해야 하며 이러한 보고서는 동의를 얻은 경우를 제외하고는 수용자의 개인정보를 포함하지 않고 일반에게 공개되는 것을 고려해야 한다.
② 교정당국 또는 기타 관계기관은 합당한 시일 내에 외부 감사를 통해 제시된 권고사항을 반영할 것인지 발표해야 한다.

제2편 특별한 범주에 적용되는 규칙

A. 수형자

지도원리

제86조 기본원리
아래 지도원리는 교정시설이 운영되어야 할 정신 및 지향하여야 할 목적을 서칙 제1조의 선언에 맞추어 제시하는 것이다.

제87조 사회복귀 준비
형기를 마치기 전까지 수형자가 사회로 원활히 복귀할 수 있도록 필요한 준비절차가 마련되는 것이 바람직하다. 이를 위해 경우에 따라서는 경찰에 위탁하는 것이 아닌 효과적인 사회적 차원의 지원을 통해 조기 석방 제도를 실시하거나 감독 하에 심의를 거쳐 석방하는 제도가 고려되어야 한다.

제88조 사회와의 연계
① 수형자의 처우는 사회로부터의 배제가 아니라 사회와의 계속적인 관계를 강조하는 것이어야 한다. 그러므로 사회의 여러 기관은 가능한 한 어디서든지 수형자의 사회복귀 직무에 관하여 교정직원을 원조하기 위하여 참여해야 한다.
② 사회사업가는 모든 교도소와 연계하여 수형자와 가족 및 유용한 사회기관 사이의 모든 바람직한 관계를 유지하고 발전시키는 임무를 맡아야 한다. 법률과 판결에 반하지 아니하는 한 수형자의 사법상의 이익에 관한 권리, 사회보장상의 권리 및 그 밖의 사회적 이익을 최대한 보전하기 위하여 필요한 조치를 취해야 한다.

제89조 처우의 개별화
① 이들 원칙들을 집행하는 데 있어서는 처우의 개별화와 이 목적을 위하여 수형자를 그룹으로 분류하는 신축성 있는 제도가 필요하다. 그러므로 이들 그룹은 각각의 처우에 적합한 개별 교도소에 구분하여 수용되는 것이 바람직하다.
② 교도소가 모든 그룹에 대하여 동일한 정도의 보안조치를 할 필요는 없다. 상이한 그룹의 필요에 맞추어 다양한 수준의 보안조치를 취하는 것이 바람직하다. 개방교도소는 도주에 대한 물리적 보안조치 없이 수형자의 자율을 신뢰하는 바로 그 사실에 의하여, 신중하게 선발된 수형자의 사회복귀에 가장 유익한 상황을 제공한다.
③ 폐쇄교도소에서 수형자의 수는 개별처우가 방해받을 정도로 많지 않은 것이 바람직하다. 몇몇 나라에서는 이들 교도소의 수용인원이 500명을 넘지 않아야 하는 것으로 생각되고 있다. 개방교도소의 수용인원은 가능한 한 적어야 한다.
④ 반면에, 적정한 설비를 마련할 수 없을 정도의 소규모 교도소를 유지하는 것은 바람직하지 아니하다.

제90조 갱생보호
사회의 의무는 수형자의 석방에 그치는 것이 아니다. 그러므로 석방된 수형자에 대한 편견을 줄이고 그들의 사회복귀를 돕기 위하여 효과적인 갱생보호를 제공할 수 있는 정부기관 또는 사립기관이 있어야 한다.

처우

제91조 개선처우
구금형 또는 이와 유사한 처분을 선고받은 자에 대한 처우는 형기가 허용하는 한 그들이 석방된 후에 준법적이고 자활적인 생활을 할 의지를 심어주고 이를 준비시키는 것을 목적으로 해야 한다. 그러한 처우는 그들의 자존감을 키워주고 책임감을 고취하는 것이어야 한다.

제92조 사회복귀를 위한 처우
① 이러한 목적을 위하여 가능한 모든 적절한 방법이 사용되어야 한다. 종교적 지도가 가능한 국가에서는 종교적 지도, 교육, 직업 알선과 훈련, 사회복지사업으로서의 생활환경조성, 취업상담, 신체의 단련과 도덕성의 강화를 포함하는 모든 적당한 방법이 수형자 개개인의 필요에 따라 그 사회적·범죄적 경력, 신체와 정신의 능력과 적정성, 개인적 기질, 형기 및 석방 후의 전망을 참작하여 활용되어야 한다.
② 교도소장은 적당한 형기에 놓인 모든 수형자에 대하여 수용 후 가능한 한 신속하게 제1항의 사항 전부에 관하여 완전한 보고를 받아야 한다. 이 보고에는 반드시 수형자의 신체와 정신상태에 관하여 의사 또는 다른 자격이 있는 보건의료 전문가의 보고가 포함되어야 한다.
③ 보고서와 그 밖의 관계 문서는 개별 문서철에 편철되어야 한다. 이 문서철은 항상 최신의 정보를 담도록 유지되어야 하고 필요한 때에는 언제라도 책임 있는 직원이 참고할 수 있도록 분류되어야 한다.

분류 및 개별화

제93조 분류의 목적, 분류처우
① 분류의 목적은 다음에 열거하는 것이어야 한다.
   1. 범죄경력이나 나쁜 성격으로 인하여 악영향을 줄 가능성이 있는 수형자를 다른 수형자로부터 격리하는 것
   2. 사회복귀를 위한 처우를 용이하게 하고자 수형자를 그룹으로 분류하는 것
② 상이한 그룹의 수형자의 처우에는 가능한 한 다른 교도소 또는 교도소의 다른 구역이 사용되어야 한다.

제94조 개별처우계획의 수립
적정한 형기의 수형자에 대하여는 수용 및 인성검사 후 가능한 한 신속하게 그의 개인적 필요와 능력, 성격에 관하여 얻어진 정보를 참작하여 처우에 대한 계획이 마련되어야 한다.

특전

제95조 포상
수형자의 그룹과 처우방법에 따라 각각 적합한 특전제도를 모든 교도소에 마련하여 수형자들에게 선행을 장려하고 책임감을 향상시키며 처우에 관한 그들의 관심과 협조를 불러일으키도록 해야 한다.

작업

제96조 교도작업의 부과
① 형을 받은 수형자는 작업활동이나 사회복귀를 위한 활동에 적극적으로 참여할 수 있는 기회를 얻어야 하고 이는 의사 또는 그 밖의 자격을 가진 보건의료 전문가가 수형자의 육체적·정신적 건강상태를 고려하여 결정해야 한다.
② 통상의 작업일에는 수형자가 활동적으로 작업할 수 있도록 유용하고 충분한 작업량이 주어져야 한다.

제97조 교도작업의 한계
① 교도작업은 성질상 고통을 주는 것이어서는 안 된다.
② 수형자는 노예 또는 하인으로 취급되어서는 안 된다.
③ 수형자는 교정직원 개인 또는 사적인 이득을 위해 작업을 해서는 안 된다.

제98조 교도작업
① 제공되는 작업은 가능한 한 수형자에게 석방 후 정직한 삶을 살 수 있는 능력을 유지하게 하거나 증진시키는 것이어야 한다.
② 실용적인 직종의 직업훈련은 그 직종으로 소득을 얻을 능력이 있는 수형자, 특히 소년수형자를 위하여 실시되어야 한다.
③ 수형자는 적정한 직업선택에 부합하고 시설관리와 규율의 필요에 부합하는 범위 내에서 원하는 종류의 작업을 선택할 수 있어야 한다.

제99조 사회복귀 준비를 위한 작업
① 교도작업의 조직과 방법은 가능한 한 교도소 밖의 동종 작업과 유사하게 하여 수형자를 정상적인 직업생활환경에 준비하도록 해야 한다.
② 그러나 수형자들의 이익과 직업훈련은 교도소 내 사업에서 오는 재정적 이익의 목적에 종속되어서는 안 된다.

제100조 직영작업
① 시설의 공장 및 농장은 가능한 한 교정당국에 의하여 직접 운영되어야 하고 개인 계약자에 의하여 운영되어서는 안 된다.
② 수형자는 교정당국이 관리하지 않는 작업에 종사하는 때에도 항상 교정직원의 감독 하에 있어야 한다. 작업이 정부의 다른 부서를 위하여 이루어지는 것이 아닌 때에는 작업에 대한 통상의 충분한 임금이 작업을 제공받는 자로부터 교정당국에 지급되어야 하며, 수형자들의 생산고가 참작되어야 한다.

제101조 작업조건
① 자유로운 취업자의 안전과 건강을 보호하기 위한 규정이 마련되어야 하고, 이 규정은 법률에 의하여 자유노동자에게 인정되는 조건보다 불리한 것이어서는 안 된다.
② 직업병을 포함하여 산업재해로부터 수형자들을 보호하기 위한 규정이 마련되어야 하며, 이 규정은 법률에 의하여 자유노동자에게 인정되는 조건보다 불리한 것이어서는 안 된다.

제102조 작업시간
① 수형자의 하루 및 주당 최대 작업시간은 자유노동자의 고용에 관한 해당 지역의 기준과 관습을 참작하여 법률 또는 행정규칙으로 정해야 한다.
② 정해진 작업시간은 주당 하루의 휴일과 수형자에 대한 처우 및 사회복귀 원조의 일부로서 요구되는 교육과 그 밖의 활동을 위해 충분한 시간을 허용하는 것이어야 한다.

제103조 작업에 따른 보수
① 수형자의 작업에 대한 공정한 보수제도가 있어야 한다.
② 이 제도에 따라 수형자는 적어도 수입의 일부를 자신의 용도를 위하여 허가된 물품을 구입하는 데 사용하거나 또는 가족에게 보내는 것이 허용되어야 한다.
③ 이 제도는 교정당국이 수입의 일부를 저축기금으로 마련하여 석방 시에 수형자에게 교부하도록 규정해야 한다.

교육 및 오락

제104조 교육
① 성인교육에 관한 규정을 마련하여 이로써 혜택을 받을 수 있는 모든 수형자에게 행하여지도록 해야 하고, 이에는 가능한 국가의 경우 종교교육이 포함된다. 문맹자 및 소년수형자의 교육은 의무적이어야 하고 교정당국은 이에 특별한 관심을 기울여야 한다.
② 수형자 교육은 가능한 한 그 국가의 교육제도에 통합하여 수형자가 석방 후 어려움 없이 계속 교육받을 수 있도록 해야 한다.

제105조 오락·문화활동
오락활동과 문화활동은 수형자의 정신적·신체적 건강을 위하여 모든 교도소에서 제공되어야 한다.

사회관계 및 갱생보호

제106조 가족관계 유지
수형자와 그 가족의 관계가 서로 최상의 이익을 위하여 바람직한 것으로 유지되고 발전할 수 있도록 특별한 관심을 기울여야 한다.

제107조 사회와의 연대
수형자의 형기가 시작될 때부터 사전에 석방 후의 미래에 관한 배려를 해야 하며, 시설 외부의 개인 또는 기관과의 관계를 유지하거나 수립하도록 권장하고 원조하여 수형자 자신의 사회복귀와 수형자 가족의 최상의 이익을 촉진해야 한다.

제108조 사회복귀 지원
① 석방된 수형자의 사회복귀를 지원하는 정부 또는 그 밖의 부서와 기관은 가능하고 필요한 한도 내에서 피석방자가 적절한 문서 및 신분증명서를 지급받고, 돌아갈 적절한 주거와 직업을 가지며, 기후와 계절을 고려하여 적당하고 충분한 의복을 입고, 목적지에 도착하여 석방 직후의 기간을 살아갈 수 있는 충분한 자금을 받도록 해야 한다.
② 그러한 기관의 승인된 대표자는 교도소 및 수형자와 필요한 모든 접촉을 가져야 하고, 또한 수형자의 장래에 대하여 형기 초기부터 상담을 해야 한다.
③ 그 기관들의 활동은 그 노력을 최대로 활용할 수 있게 하기 위하여 가능한 한 중앙에 집중시키거나 조정하는 것이 바람직하다.

B. 정신장애 또는 정신질환을 가진 수용자

제109조 처우원칙
① 범죄의 위험이 없다고 판명되거나 심각한 정신장애 또는 정신질환을 진단받은 자로서 교정시설에서 생활하는 것이 상태를 악화시키는 경우 가능한 조속히 해당 수용자를 정신보건시설로 이송하는 조치를 취해야 한다.
② 정신장애 또는 정신질환을 가진 수용자들은 필요 시 자격을 가진 보건의료 전문가의 감독 하에 특수시설에서 관찰 및 치료를 받아야 한다.
③ 기타 정신병 치료를 필요로 하는 모든 수용자들에는 해당 치료가 제공되어야 한다.

제110조 석방 후 관리
필요한 경우 사회·정신학적 사후보호를 위하여 석방 후 정신치료가 계속되도록 적절한 기관과의 협의에 따라 조치를 취하는 것이 바람직하다.

C. 미결수용자

제111조 정의 및 처우원칙
① 범죄의 혐의로 체포 또는 구속되어 경찰서 유치장 또는 교정시설에 유치 중이지만 사실심리와 선고를 받지 아니한 자는 본 규칙에서 '미결수용자'라 한다.
② 유죄판결을 받지 아니한 수용자는 무죄로 추정되고, 무죄인 자로서 처우되어야 한다.
③ 개인의 자유를 보호하기 위한 법령이나 미결수용자에 관하여 준수되어야 할 절차를 규정하는 법령에 반하지 않는 한, 미결수용자는 이하의 규칙에서 핵심사항에 관하여서만 기술하고 있는 특별한 제도에 의하여 혜택을 받아야 한다.

제112조 분리수용
① 미결수용자는 수형자와 분리 수용되어야 한다.
② 소년 미결수용자는 성인과 분리되며 원칙적으로 다른 시설에 구금되어야 한다.

제113조 거실
미결수용자는 기후에 따라 상이한 지역적 관습이 있는 경우를 제외하고는 분리된 거실에서 혼자 자야 한다.

제114조 자비음식
시설의 질서와 부합하는 범위 내에서 미결수용자는 희망하는 경우 자기의 비용으로 교정당국, 가족 또는 친구를 통하여 외부로부터 차입된 음식을 먹을 수 있다. 그 밖의 경우에는 교정당국이 이들의 음식을 제공해야 한다.

제115조 사복착용
미결수용자에게는 청결하고 적당한 사복을 입도록 허용되어야 한다. 미결수용자가 수용자복을 입는 경우에는 그 수용자복은 수형자에게 지급하는 것과는 다른 것이어야 한다.

제116조 작업과 보수
미결수용자에게는 항상 작업의 기회가 주어져야 하나 작업의 의무가 부과되어서는 안 된다. 미결수용자가 작업을 선택한 경우 보수가 지급되어야 한다.

제117조 자비구매
미결수용자는 자기 또는 제3자의 비용으로 재판 및 시설의 안전과 질서를 해하지 아니하는 서적, 신문, 필기 용구 및 그 밖의 물건을 구입하도록 허용되어야 한다.

제118조 자비치료
미결수용자가 합리적인 근거를 가지고 신청하고 모든 비용을 지급할 수 있는 경우, 자신의 의사 또는 치과의사의 방문과 치료를 받는 것이 허용되어야 한다.

제119조 알 권리 및 법률자문
① 미결수용자는 자신이 구금된 이유와 혐의를 즉시 알 권리가 있다.
② 미결수용자가 스스로 선임한 법률자문가가 없는 경우 사법기관 또는 관계기관에서 법률자문가를 선임하고 미결수용자가 비용을 지불할 수 없을 경우 무상으로 법률자문을 제공해야 한다. 법률자문가의 조력을 거부하는 경우에는 지체 없이 별도의 심의를 거쳐야 한다.

제120조 법률자문가와의 접견
① 미결수용자의 변호를 위한 법률자문가 또는 법률구조 제공자에 대한 권리와 지원 방식은 제61조에 명시된 원칙에 입각하여 결정되어야 한다.
② 미결수용자는 자신의 변호를 준비하기 위해 필기도구를 제공받을 것을 요청할 수 있으며 자신의 법률자문가 또는 법률구조 제공자에게 기밀로 요구사항을 전달할 수 있어야 한다.

D. 민사상의 수용자

제121조 처우원칙
법률상 채무로 인한 구금 또는 그 밖의 비형사적 절차에 따른 법원의 명령에 의하여 구금이 허용되고 있는 국가에서 이들 수용자는 안전한 구금과 질서를 확보하기 위하여 필요한 한도를 넘는 어떠한 속박이나 고통도 받아서는 안 된다. 이들에 대한 처우는 작업의 의무가 과하여질 수 있다는 점을 제외하고는 미결수용자에 대한 처우보다 불리하여서는 안 된다.

E. 혐의 없이 체포 또는 구금된 자

제122조 처우원칙
시민적·정치적 권리에 관한 국제규약 제9조에 저촉되지 아니하는 한 범죄의 혐의 없이 체포 또는 구금된 자는 본 규칙 제1부와 제2부 C절에 규정된 동일한 보호를 받아야 한다. 본 규칙 제2부 A절 관련 규정도 그 적용이 특수한 그룹에 속한 수용자에게 이익이 되는 때에는 동일하게 적용되어야 한다. 다만, 범죄에 대한 유죄판결을 받지 아니한 자에게도 재교육이나 교화·개선이 적절하다는 취지의 조치는 취하지 아니한다는 조건으로, 그러한 규정을 적용하는 것이 구금 중인 특수부류의 사람의 이익에 도움이 되는 경우에 한한다.

이준

[주요 약력]
박문각 공무원학원, 백석문화대학교 공무원학부를 비롯한 다양한 분야에서 교정학 전문강사로 활동해왔다. 교정학 강의를 매개로 한 교정공무원들과의 소중한 만남을 통해 교정사랑의 깊이를 더하면서 대학원에서 교정시설에서 수용자 한글 표준어 사용에 관한 연구과제로 교정이해의 폭을 넓혀가고 있다.
현재 박문각 공무원학원 교정학 대표강사로 활동하고 있다.

[주요 저서]
2026 마법교정학 기본서(박문각)
2026 마법형사정책 기본서(박문각)
2026 마법교정학·형사정책 압축암기장(박문각)
2026 마법교정학 관계법령집(박문각)
2026 마법형사정책 관계법령집(박문각)
마법교정학·형사정책 연도별 기출문제집(박문각)
마법교정학·형사정책 기출 지문 익힘장(박문각)
마법교정학 요약 필독서(박문각)
마법형사정책 요약 필독서(박문각)
마법교정학 승진 필독서(박문각)

이준 마법교정학 관계법령집

초판 인쇄 | 2025. 8. 13.　**초판 발행** | 2025. 8. 18.　**편저자** | 이준
발행인 | 박 용　**발행처** | (주) 박문각출판　**등록** | 2015년 4월 29일 제2019-000137호
주소 | 06654 서울특별시 서초구 효령로 283 서경 B/D 4층　**팩스** | (02) 584-2927
전화 | 교재 주문·내용 문의 (02) 6466-7202

저자와의 협의하에 인지생략

이 책의 무단 전재 또는 복제 행위를 금합니다.

정가 18,000원　ISBN 979-11-7519-094-8